教育部人文社会科学百所重点研究基地
西南大学西南民族教育与心理研究中心

问学西南丛书　第2辑

张诗亚 ◎ 主编

西双版纳奘寺学童
现象及其教育法规
因应研究

The Monastic Education of Dai Children in Sipsong Panna and Its Countermeasures of Educational Policy and Law

刘晓巍 ◎ 著

科学出版社
北京

内 容 简 介

奘寺学童现象是云南傣族聚居地区一种独特的教育现象。教育政策与法规在傣族聚居地区所需要解决的问题，既有民族地区教育的共性问题，即如何通过制度性安排，保障少数民族学生完成国家对公民科学文化知识的统一要求，同时继承和弘扬本民族的文化特色；也有其特殊问题，即傣族已经形成了一套相对比较完善的奘寺教育体系，且这套教育体系业已内化在傣族传统社会结构之中，成为支撑和传承傣族社会文化的主要力量。

本书采取一种现实主义的态度，探求现代傣族教育及教育背后必要的社会与文化基础（如本土价值、既得利益等）及其对教育法规提出了哪些要求，以及教育法规应当如何因应。

图书在版编目(CIP)数据

西双版纳奘寺学童现象及其教育法规因应研究/刘晓巍著.—北京：科学出版社，2015.8

（学在野：西南民族教育与文化文丛）

ISBN 978-7-03-045386-0

Ⅰ.①西… Ⅱ.①刘… Ⅲ.①儿童教育-教育法-研究-西双版纳傣族自治州 Ⅳ.①D927.742.216.04

中国版本图书馆 CIP 数据核字（2015）第 193581 号

策划编辑：付　艳　汪旭婷
责任编辑：朱丽娜　苏利德/责任校对：赵桂芬
责任印制：张　倩/整体设计：楠竹文化
编辑部电话：010-64033934
E-mail：fuyan@mail.sciencep.com

科学出版社 出版
北京东黄城根北街 16 号
邮政编码：100717
http://www.sciencep.com

文林印务有限公司 印刷
科学出版社发行　各地新华书店经销

*

2015 年 8 月第 一 版　开本：720×1000　1/16
2015 年 8 月第一次印刷　印张：18 1/2
字数：314 000
定价：78.00 元
（如有印装质量问题，我社负责调换〈科印〉）

总 序

　　中国西南，自司马迁《史记·西南夷列传》始，便把其作为一个多民族的地区，以黄河文化开始的中华文化多地多元并存的局面，也慢慢整合为以中原黄河文明为主线的多民族文化共同体。西南，在这一进程中一方面不断与中原文化碰撞、交融，另一方面又保有其原有的文化生态。这种既共生又各具特色的局面从古至今基本未变，只是随着中原王朝向西南扩张的高潮而呈现出差异：自西汉始，通身毒国道，西南纳入中原版图，这一进程直到东汉文翁治蜀基本形成。东汉之后，随着三国格局的形成，蜀开始经略西南。隋唐时期是西南文化与中原文化的又一次大交融，此时广义的西南包括两广地区，是柳宗元、韩愈、刘禹锡等唐代文人被贬西南的缘故，使得儒学在西南深入根植。两宋时期，西南更是以其独特的地理人文优势成为南宋的大后方，支撑着南北对峙中的南宋王朝。元明清时期，自忽必烈完成云南行省，清政府派驻藏大臣之后，整个西南在政区上完全成了中原的一个不可再分的整体。抗日战争之际，西南因陪都的地位，更使之成为世界反法西斯的东方中心，其政治作用已为国之中流砥柱，又因大量教育、文化机构的西迁，西南的文化发展便有了翻天覆地的变化。从此，西南学兴矣！

　　此时，西南虽然完成了政治、经济、文化与中原的一体，却因其交通的不便、地理的阻隔，以及民族支系的磅礴，而始终保有多元的文化格局。这些不同的文明在人类整体文明进程中所处的阶段是不一致的——一些仍处在母系社会末期，另一些却已完全融入现代大都市——可以说，由母系社会一直到现代文明形成了一个阶梯状的发展系统。然而，这样的文化又必须在统一的国家里实行统一的义务教育，因此，如何根据不同民族文化的情况推行国家统一的义务教育，既要照顾文化的特质，又要考虑到学生的认知、文化的特点和背景的差异来推进义务教育，成为西南民族教育发展中一个不可回避的问题。在这种情况下，"问学西南丛书"应时而生。该丛书力求从不同民族的文化特色，不同学生的认知特点，不同学校的校园文化资源等诸多方面考虑，寻求一条切合"因地制宜、民族发展"实际的教育现代化道路。这是一个巨大的实践，其工程量之大，面积之广，涉及的民族之多，文化类型之繁是新的挑战，这也必将使得试图通过简单照搬西方、国内发达地区的教育发展模式、理论方法来推进西南民族地区教育的发展路径遭遇阻抗。对于西方、国内发达地区的教育发展模式和理论方法，一方面要借鉴参考，另一方面又必须把它化为与当地的特点、实际相结合的教育发展之途。这一任务摆在了西南学子的面前。

"问学西南"，这一问是探求，是寻访，是深入实践，是 field work（田野考察），是从活的教育实践中找到活的、具体的问题，继而求其学、求其理、求其道。如此，既结合实际对西南民族教育的实际推进、事业发展有所裨益，又对中国特色教育理论体系的建构有所帮助。更重要的是，使得我们的学生、教师能脚踏实地面向生活，深入到活的西南教育发展的实际中去亲试自己的能力，整合自己的知识，继而形成自己的研究平台、事业基础。只有如此，才能把学生的培养、教师的教学与学理的探究、研究结合在一起，这两者是一个整体，其源都在活的西南之中。

来自五湖四海的学生，其培养体系和学科背景十分狭隘。很多学生对西南最初的了解都是旅游式、观感式的肤浅认识。没有多次的深入、长久的沁入，不可能找到真实的问题，也不可能对其真正理解，更不可能成为自己学术研究的基础、沃土。这个过程对每个学子都是挑战，可以说，我们的学生都经历了这么一个并非轻松的过程。甚至，有的学生说过"开题总通不过，简直脱了几层皮"之类的话。诸如此类的话颇能反映实际。是要脱皮，脱掉从书本中来再到书本中去的做学问的"皮"；脱掉从单一学科、狭隘的视野获得的价值观，居高临下的指导，自以为优越的"支教"的"皮"。这层皮不脱，不能成为真正的研究者，也不能培养出脚踏实地的实践研究者。春蚕吐丝，是要经过若干次蜕皮的，这个过程不是简单的，会有痛苦，但是我们的坚持，我们的主张，我们的执著，我们长期以此为特色培养学生、发展队伍、开展研究……相信只要坚持下去，这一"问学西南"会有成果的，我们的学生也会实实在在地提升自己的能力。当然，我们现在做的还不够，离我们的目标还有很大的距离，但是，坚持下去一定会有收益。这一感受我们的学生都有。无论是来自西南以外地区，或是本身就在西南生长；无论是其他民族，或是西南诸多民族中的一员，其感受都是实在的、研究都是诚实的。尽管还很不够，甚至有的地方还很浅薄，但是，我们的"问学西南"开始了，第一步迈出了，我们相信只要实实在在地走下去、再走下去，就可以至千里。

是以为序。

张诗亚

壬申岁末于说乎斋

前　言

无可否认，虽然我们有了一系列的教育法规，一般来说人们也认同法律之治。但如果仔细观察就会发现，我们利用法律的方式同西方有着很大差别。一些人将这种差别归因为特殊的文化差异，而另一些人却否认这种文化障碍，认为它实际上并不存在，只是伪装成文化阻挠教育法治。这两种评价虽然相互冲突，但其内在逻辑却是一样的，都是以西方的法治理想和法治实践为评判标准来关照中国的法律现实。本书无意如此简单采取两分法将中国与西方的法律文化对立起来讨论中国是否拥有教育法治资源，因为这样做势必继续落入分析法学的窠臼，极易忽视教育法律条文和法律体系背后的人与社会，有舍本求末之嫌。毕竟，规则的存在不是为了验证规则的有效性，而是为了人与社会更好的发展。教育法规亦是如此，教育法规的效力和正当性并不能从法律体系自身的逻辑自洽性得到自己的合法性证明。笔者更愿意采取一种现实主义的态度，探求教育及教育背后必要的社会与文化基础，如本土价值、既得利益等，对教育法规提出了哪些要求，在此基础上，教育法规应当如何因应。正如马克思所说，"法的关系……不能从它们本身来理解，也不能仅仅从所谓人类精神的一般发展来理解，……它们根源于物质的生活关系，这种物质的生活关系的总和……"[①]，这也是本书的基本研究思路。

---

① 〔德〕马克思，恩格斯.1995.马克思恩格斯选集（第二卷）.中共中央马克思恩格斯列宁斯大林著作编译局译.北京：人民出版社，2.

在研究方法上，本书主要采用的是访谈法和田野观察法。结构性访谈和非结构性访谈将同时使用于傣族社区调查。在调查初期和后期，本书使用非结构性访谈方式较多，因其适用于较快地进入较复杂的问题或探索性问题。调查中期拟定了一些标准化的访谈提纲和调查问卷，并邀请当地调查员参与工作。非结构性访谈宜于用来了解多方面的情况，也可用于探索性研究，但与结构性访谈相比，对研究者要求较高，一方面可能会耗时过多，另一方面研究者与受访者之间的社会互动可能会对访问调查的结果产生较为显著的影响。驻点观察对于研究者了解受访者的生活状态和社会环境很必要，也是研究者得以观察社会结构和行动者的主要方式。采用此种方法的难点是研究者要在社区中找到自己的合适位置，关键是研究者要努力营造一种相互信任的融洽气氛，将调查访谈引入自然的互动状态。

要理解傣族人为什么如此钟情于宗教活动，以及奘寺之于他们到底是何意义，要探究其深层心理并非易事，对此，本书主要采用的是结构投射法。采用结构投射，目的是从傣族村民的个人生活中发现傣族的社区结构。与生活相关的话题往往是研究者与受访者之间比较容易开始的话题，更重要的是生活的叙述有助于达到对受访者行动意义的理解。受访者会对他感兴趣的话题有更多的叙述和表达，而连贯的生活的每一个情节的意义将会在讲述者生活的轨迹中慢慢呈现出来。结构性或半结构性访谈穿插其中，这样有助于研究者了解傣族村民面对的问题。

同时，在研究过程中，笔者将受访者的口头叙述作为一个文本来解读。对文本的分析有三个层次：其一，对文本中的语句的字面意思、字里行间的意思，以及对受访者的叙述意图加以领会。受访者在访谈时的叙述可能受其社会情境的影响而导致内容的不完整，这需要研究者通过对受访者在访谈时显现的关于访谈的意义脉络的了解来辨认和识别，或者通过访问了解真相的多人来拼接事实。如果对受访者的言谈心有疑虑，一定要努力验证，以尽可能地接近真相。其二，要从受访者的叙述中寻找普遍意义。其三，在前两项工作的基础上以理论概括为主，同时试图在概括理论的同时寻求同类研究的对话点。

当然，本书也采用了比较研究。一切研究都是比较。这实际上也是本书的主要研究方法。社会功能人类学派的拉德克利夫-布朗在1958年出版的《社会人类学方法》（Method in Social Anthropol）中，专门论及了文化研究中的历史方法与比较方法。在他看来，民族研究的重心在文化的"起源"与"发展阶段"，很大程度上只是对历史的臆测，或者说是拟构。这样的研究可以解释现象，但不能解决问题，因而他倡导文化间的比较。一是共时性的比较，在比较中发现文化的本质性的核心存在；二是历时性的比较，发现文化变迁的规律。他的比较方法主要还是建立在结构功能主义基础之上的。[①]拉德克利夫-布朗认为共时性比较要先于历时性比较，本书则先进行的是学校教育嵌入后的历时性考察和比较，这与本书的研究目的有直接关系。本书也对国外多元文化教育政策和法规进行了梳理。这样做的目的是为了参考和借鉴国外的一些做法，为解决西双版纳地区的教育困境提供思路和方法。本书也对国外多元文化教育的政策与法规进行了梳理，意在相互对比当中，为解决西双版纳地区的教育困境提供思路和方法。

研究西双版纳的奘寺学童现象让笔者对教育问题、对教育学的认识又更深入了一些。近几年来对西双版纳傣族教育现象及其问题的思考，曾一度让笔者产生了无力感，因为突然发现自己以前的知识储备完全不足以去深入理解这些现象背后的东西，所以不得不又大量恶补了许多其他学科的知识，如宗教学、经济学、政治学等。虽然从表面

---

① 〔英〕拉德克利夫-布朗.2002.社会人类学方法.夏建中译.北京：华夏出版社.

上来看，奘寺学童现象只是民族地区学校教育发展所遇到的一个单独个案，但一旦要扒开现象的外衣，深入其学理层面，不仅要解释，还要建立一定的价值标准去评判且要言之有据的时候，总是会发现有些困难。笔者也不希望自己辛辛苦苦搭建出来的房子竟然是建立在沙丘之上。

学了这么多年的教育学，心里深有体会，最简单易学的似乎就是教育学，但是真正要理解教育却又是最难的。德国哲学家康德的墓志铭是这样写的："有两种东西，我对它们的思考越是深沉和持久，它们在我心灵中唤起的惊奇和敬畏就会日新月异，不断增长，这就是我头上的星空和心中的道德定律。"他所说的实际上就是两种学问的向度，一种是向外的宇宙学，一种是向内的人学。要真正地深刻理解教育，非得同时兼及学问的这两种向度不可，否则，如何敢说自己真的懂了教育呢？现在，笔者对奘寺学童现象的思考告一段落了，由于深知自己学养有限，不敢说已经完全把握了现象背后的本质性东西，但求已尽心力，无愧于心而已。

至于本书是否能够达到研究初期所假定的研究意义，笔者只能说，当我们在说一项研究的理论意义之时，往往意味着对这项研究结论的普适性的期待，即这项研究对研究对象的解释或说明能否对解决其他问题起到借鉴作用。鉴于本书的研究对象只是我国西南边陲一种极为特殊的教育现象，因此很难说研究结论会对我国的教育法制建设起到多大的作用。

如果说有一点理论上的意义的话，可能存在于这样一个方面：在以往的教育法制研究、教育法学研究中遵循的通常是这样一条路径，即现象—制度—权利—价值。这是西方法学研究的经典路径，目前也是国内法学研究的主流。但是，这种基于西方话语体系的研究模式或范式能否直接搬到中国，研究中国的实际情况，目前国内学者对此尚有争论。梁治平、朱苏力等人的研究似乎是想摆脱这种牵绊，但在邓正来看来,他们两人依然是在别人的话语体系之中力图寻找中国实现教育法治的本土资源,其结果是可想而知的。① 本书抛开了过多的理论性争论,将教育法规的研究直接针对现实问题和困难,探讨如何通过教育法规的调整促进少数民族教育良性发展,如何在增进少数民族人口的人力资本的同时促进民族地区经济、社会的发展。如果说本书可能有一点理论意义的话,那就在于研究思路的不同而已。但是,本书的实践意义是显而易见的。本书的研究对象明确,因而针对性强。爨寺学童现象自清末民初现代学校教育嵌入之后就一直是困扰西双版纳傣族聚居区教育发展的基本问题。如果本书能为解决这一问题提供些许有益的建议,这项研究也就有价值了。

刘晓巍

2015 年 3 月

---

① 邓正来.2009.谁之全球化?何种法哲学?——开放性全球化观与中国法律哲学建构论.北京:商务印书馆;邓正来.2011.中国法学向何处去——建构"中国法律理想图景"时代的论纲(第二版).北京:商务印书馆.

目　录

总序（张诗亚）
前言

第一章　奘寺学童现象及其文化生境 ··············· 1
第一节　奘寺学童现象及其问题 ··············· 1
第二节　空间分布及地区文化差异 ··············· 10

第二章　学校教育的嵌入与现状 ··············· 25
第一节　清末与中华民国时期 ··············· 25
第二节　建国之后至改革开放 ··············· 31
第三节　1978 年改革开放以来 ··············· 40

第三章　傣族文化生态与奘寺教育 ··············· 51
第一节　傣族文化生态及其教育导向 ··············· 52
第二节　奘寺教育的制度化形式 ··············· 64
第三节　傣族社区与奘寺教育 ··············· 85

第四章　奘寺学童现象的解释与分析 ··············· 98
第一节　学校教育外部因素解析 ··············· 98
第二节　学校教育内部结构性问题 ··············· 122

第五章　傣族地区教育法规面临的困境 ··············· 142
第一节　承认的合法性困境 ··············· 142
第二节　单向度推进的困境 ··············· 149
第三节　教育促进平等的困境 ··············· 159

第六章　国外多元文化教育的法规借鉴 ……………………… 168
第一节　法律认定与实践原则 …………………………… 169
第二节　政策措施及法规保障 …………………………… 193

第七章　教育法规因应的策略与建议 ……………………… 205
第一节　教育法规因应策略 ……………………………… 206
第二节　相关的建议和措施 ……………………………… 213

第八章　结语 ………………………………………………… 227

参考文献 ……………………………………………………… 232

附录 …………………………………………………………… 242
附录一　《云南省西双版纳傣族自治州民族教育条例》……… 242
附录二　《西双版纳傣族自治州僧伽管理若干规定》………… 251
附录三　《南传佛教教职人员资格认定办法》………………… 254
附录四　访谈提纲 ……………………………………………… 257
附录五　笔者田野调查作业期间所拍摄图片 ………………… 260

后记 …………………………………………………………… 277

第一章 奘寺学童现象及其文化生境

奘寺学童现象是云南傣族聚居地区一种独特的教育现象。奘寺学童现象的独特性要求教育政策与法规必须因时、因地、因人、因事而制宜。《战国策·赵策二》有言："观时而制法，因事而制礼，法度制令，各顺其宜。"

第一节　奘寺学童现象及其问题

2009年暑期，笔者在西双版纳全面考察了傣族的社会文化状态，考察范围涵盖了西双版纳傣族自治州的景洪、勐海、勐遮、勐腊、磨憨，同时还包括与傣族文化联系紧密的基诺山和布朗山地区。奘寺学童最初进入笔者研究的视野，正是由于校园内不时跳跃出的那一抹明亮的橘黄色。袈裟下的学童总是引起人们丰富的想象，不由得让人想去了解他们真实的生活状态。最终，笔者将自己的研究对象确定为奘寺学童。

本书所言奘寺学童指的是上座部佛教在云南傣族地区以培养普通信众为目标的僧侣养成教育。傣族人普遍信仰上座部佛教，依照傣族传统风俗，傣族男童要在幼时进入奘寺接受寺庙教育。西双版纳的傣族男童一般在七八岁时进入奘寺。接受奘寺教育的时间，短则三个月，长则十数年，少数终身不还俗。入寺的小男孩先从学习"五戒"的见习僧侣做起，同时也学习佛经和傣文。在此期间，傣族小男孩接受的僧侣养成教育，以及傣族文化的传承教育，本书将其统称为"奘寺教育"。也有研究将其称之为"缅寺教育""佛寺教育""学僧教育""奘房教育"等。本书将其统一称为"奘寺教育"是基于以下几点考虑：

首先，因方言不同，傣族人对寺庙的称呼各异，如西双版纳傣泐语称寺庙为"洼"，也有学者音译为"瓦""窪"等；德宏傣语则称之为"奘"，也有学者音译为"冢""庄""转"等。西双版纳本地人也称寺庙为"缅寺"，寺庙的大殿则被称为"奘房"。"缅寺"之名概得之于穿梭往来于中缅之间进行贸易的马帮和商人，因其形制与缅甸寺庙相同而得名。"缅寺"虽为他称，但在西双版纳考察期间，当地傣族人向笔者介绍寺庙时亦称其为"缅寺"。

本书中将傣族寺庙统称为奘寺，一则因为唐朝玄奘法师之后，"奘"字广为佛家所借用，二则就"奘"字本义讲，亦有神圣之处、宗教场所之意。"奘"字为形声、会意字。依徐中舒《甲骨文大辞典》，"丬"为"木"字中分为二，为木构房屋之会意。① "大"字疑为"宀"的简化异写，像宫室外部廓形，实为"深屋"之意。而"士"，据《中正形意义综合大字典》，"从十从一，数始于一而终于十，推一合十为士，闻一知十为士，其本义作'事'解（见《说文解字义证》），乃能任事之人而言，故《白虎通义》以'通古今辨然否谓之士'，能通古今辨然否之人，方足称能任事之人；此等人即士"②。上古之能通古辨今者是"巫"，是从事宗教事务之人。据李零考证，上古之时巫史不分，巫即史官，亦为主要的知识占有者和传播者。"士"之演化概由"巫"而来。③

其次，进入奘寺之时，由于这些傣族男童尚处于接受义务教育的适龄阶段，于是，校园中便出现了一类特殊群体，身披橘黄色袈裟的小和尚，本地人称之为"和尚生"。本书则统称其为奘寺学童，是因为：

其一，在汉传佛教中，"和尚"一词，又称为"和上"，意"老师""师父"，是对佛门中师长的尊称。一般说来，一座寺院中只有住持一人可被称为"和尚"（习惯上称"大和尚"），其他人不可以随意接受这种称呼。

其二，汉传佛教中，一般称年龄在7至20岁之间，已受过十戒，未受具足戒的出家男性为"沙弥"。"沙弥"为梵文［Srāmaneraka］的讹略，④ 亦有古音译为"室罗摩拏洛迦"，而巴利语称之为［Sāmanera］，音译为"沙马内拉"。如果把"沙弥"转写为巴利语则为［Sāmī］。［Sāmī］意为"主人、物主和丈夫"，是佛在世之古印度，奴隶、仆人对其主人，妇女对其丈夫的称谓，因此，不宜把［Sāmanera］略称为"沙弥"。

其三，有台湾学者将之称为"学僧"。"学僧"之名源于太虚大师的提法，他曾将建立住持佛法之僧才工作分为三类：即学僧、职僧和德僧。此中，"学僧"指出家后受教育，直到成就完美僧格，具足住持佛法之能力的学习阶段。⑤ 所以，"学僧"这一概念在宗教学和佛学研究中亦可指称在寺庙学习或佛学院就

---

① 徐中舒.2006.甲骨文大辞典.成都：四川辞书出版社.
② 高树藩编纂，王修明校正.2003.正中形音义综合大字典.台北：正中书局.
③ 李零.2006.中国方术续考.北京：中华书局，30-40.
④ 唐义净《南海寄归内法传》卷3云："旧云沙弥者，言略而音讹。"慧琳《一切经音义》卷47云："旧言沙弥者，讹略也。"释光述《俱舍论记》卷14云："旧云沙弥，讹也。"
⑤ 太虚.2005.太虚大师全书（第九册）.北京：宗教文化出版社，447.

读的僧侣，未如"学童"概念能够体现其年龄阶段的特殊性，故本书采用后者。

另外，在以往许多学者的研究中，"和尚生"这一概念多指限定于学校教育空间内具有和尚身份的学生。本书将其统称为奘寺学童，意同时涵盖学校教育和奘寺教育两种教育空间和教育形式。奘寺学童的双重教育身份和教育生活使得学校教育与奘寺教育两类教育时空和形式重叠、交融和碰撞在一起，从而形成了一种特殊的教育空间。既是重叠、交融和碰撞，便也有了重新审视和反思的契机和平台。

确定了自己的研究对象之后，笔者广泛地收集和阅读了有关傣族研究的文献，并于2010年11月再次返回西双版纳。此次，笔者将自己的田野工作点选在了勐海县勐遮镇。勐遮位于西双版纳西部，毗邻缅甸，较西双版纳中部和东部，其生计方式和宗教信仰相对保持比较完整，橡胶种植及旅游业的影响也无中部和东部那样深刻。

选择奘寺学童现象作为研究对象的另一个原因是源于傣族聚居地区奘寺教育与学校教育之间现实的矛盾与冲突。这种矛盾与冲突由来已久，且集中表现为对生源的争夺。1961年和1981年，傣族聚居地区甚至出现了两次大规模学生入寺不上学的浪潮。傣族男童纷纷退学入寺，或者有的学龄男童不上学直接入寺了。为了协调宗教信仰与学校教育的关系，学校开始招收和尚学生入学。20世纪80年代，随着《义务教育法》等一系列国家和地方政策法规的出台，学校教育的生源问题得到好转，但依然无法维持稳定。

据《景洪县志》载，从20世纪80年代到1993年，景洪县傣族适龄儿童中，和尚的入学率常年维持在30%～50%之间。进入21世纪，在实现"双基普九"目标的压力下，基层政府联合各个部门和学校加大了"控辍保学"的工作力度。为了"普九"达标，基层政府通常的做法是将督促和落实工作的责任下压给学校。学校无奈，只能向每个教师和班级下指标、派任务，并将指标和任务的完成情况同教师的履职考核和职务晋升挂钩。在巨大的压力下，教师们整天忧心忡忡，生怕学生不来上课。有些行动积极的基层政府组织了由政府牵头，派出所、法院和学校共同参与的联合执法队，定期行政执法，在某种程度上还造成了傣族村民与政府的对立情绪。多种措施，双管齐下，童僧的入学率虽然得到提高，但是教学和管理的困难却日益凸显。奘寺教育与学校教育的矛盾和冲突成了学校领导和教师们抱怨频率最高的问题，他们普遍反映自己的主要精力都放在了维持生源和课堂秩序上，甚至无法保证基本的教学质量。

从抽象的理论层面来说，教育政策与法规在傣族地区所需要解决的问题，既有民族地区教育的共性问题，亦有其特殊性问题。其共性的问题是，如何通过制度性安排，保障少数民族学生在完成国家对我国公民的科学文化知识的统一要求的同时，继承和弘扬本民族的文化特色；其特殊性问题是，傣族数百年来已经形成了一套相对比较完善的，以培养普通信众为目标的奘寺教育体系，且这套教育体系业已内化在傣族传统社会结构之中，成为支撑和传承傣族社会文化的主要力量。面对两种教育体系，教育政策与法规应当如何在教育空间和时间上因而应之，是我们需要解决的最重要的问题。

从具体的法规实践来说，现实的矛盾主要存在于地方上的强制入学并没有带来较好的教学质量，反而在某种程度上造成了傣族村民与政府的对立，以及学校教师和管理者工作压力的剧增。从学校教育本身来看，虽然生源得以艰难维持，但三大问题日益凸显：其一，学业成就低。从2001年至2004年西双版纳的统计数据来看，小学的及格率尚能保证在60%~80%，而进入初中，及格率常维持在20%~60%。从2002年至2005年，勐遮镇考上大专及本科的学生仅有11人，且不全是傣族。其二，隐性辍学率高。以勐遮黎明中学2010年的统计数据来看，有80%的学生旷课20节，且病假、事假达两周以上。其三，教育过程的双客体化。老师不愿教，学生不愿意学，教与学的成就感极低。总之，奘寺学童现象自清末民初现代学校教育嵌入之后就一直是困扰西双版纳傣族聚居地区教育发展的主要问题。

目前，国内外关于傣族教育的研究主要集中在以下几个方面：其一是探讨关于上座部佛教与傣族社区或泰傣族群发展之间的关系；其二是以人类学和民族学的理论为支撑，探讨傣族传统的宗教教育形式、村社教育形式之于现代学校教育的意义。这类研究在傣族教育的研究中大约占到了总数的90%，且其论述较不系统，没有针对现代学校教育嵌入傣族社区所面临的现实问题直接展开。直接针对傣族地区现代学校教育与奘寺教育冲突现实展开的比较有代表性的研究主要是从下面三个角度展开的：一是调查研究，通过对傣族聚居地区，主要是西双版纳的大量问卷调查和访谈，得知，虽然现在学校教育已经成为傣族教育的主要教育形式，且其得到的认同也越来越深入人心（刀瑞廷，2006；罗吉华，2009；邱开金，2011），但奘寺教育与学校教育的矛盾依然严重；二是归因分析，这类研究从政治、经济、文化、学校教育、家庭、观念等多个方面对两者之间的冲突作出了解释（刀瑞廷，2006；陈荟，2011）；三是个案研究，将学校教育视为文化传承与延展的一部分，对两者的矛盾作以民族学或人类学意义上解读（罗吉华，2009）。

在以往的研究中主要存在两类解释范畴：第一类可称之为因素解释范畴。这一类解释范畴把两者之间的矛盾视为一种，或几种单因素组合影响的结果。

主要影响因素可以概括为宗教因素、经济因素和观念因素。但是，从因素分析的角度不足以说明奘寺学童现象的特殊性。首先，宗教中的非理性方面看似与科学知识相冲突，但在实践中，傣族村民并未体现出不适，他们一边按照科学知识种植水稻，同时还会行巫、祭祀谷魂；其次，傣族地区经济相对富裕固然是事实，但并不必然导致不愿入学读书，相反，物质生活的富足往往伴随着对精神文化生活需求的增大，难道现代科学文化竟然满足不了普通傣族村民对精神文化生活的需要？最后，观念因素的解释就更加令人不解，因为按照马克思的观点，观念必然是社会现实的反映，而不是决定因素。也有学者将这种单因素归结为文化不适，如农业社会文化对工业社会文化的不适、传统文化对现代文化的不适等。这种说法有道理，但却过于宽泛，对问题的解决助益不大。

第二类范畴可视为教育时空矛盾的解释范畴，即将奘寺教育与学校教育两种教育体系的矛盾视为对教育空间、教育时间安排上的矛盾。这类解释范畴的优点是将矛盾的焦点转移到了教育本身，但空间与时间上矛盾的存在是必然的，而如何协调两者的矛盾正是我们调整教育政策与法规，促进傣族教育发展的目的。从逻辑上来讲，目的并不能成为某事物自身的原因。

有鉴于此，对奘寺学童现象的研究必须寻找新的突破口。本书认为，现代学校教育制度是与工业社会结构相适应的一种教育体系，它在嵌入长期以来相对比较封闭的傣族农业社会时，必然会遭遇结构性障碍，但是，这种结构性障碍本身可以通过政策与法规的调整得到解决。正是基于这样一种基本假设，本书对此问题的分析思路是采取一种现实主义的态度，以探求现代傣族教育以及教育背后必要的社会与文化基础，如本土价值、既得利益等，对教育法规提出了哪些要求，在此基础上，教育法规应当如何因应。

西双版纳勐海县的勐混、勐海和勐遮三镇均是较大的傣族聚居区。傣族学生流失现象较为严重。为了"控辍保学"，这些地区的教师几乎每天都要家访，去做学生的稳定工作。这种矛盾和冲突是必然的，还是偶然的？是历史发展过程中不可避免的阵痛，还是对学校教育扭曲发展的批判？是可以依靠强制力量纠正的，还是需要相互妥协的？对这些问题的回答就形成了本书的两个核心问题。

（一）奘寺教育是否仍有存在价值

许多人坚信奘寺教育需求的存在本身就证明了其功能和价值存在的合理性，并借用德国哲学家黑格尔的话——"存在即合理"，佐证这一断言的正确性。姑且不论这句话本身就是对黑格尔原命题的误读和断章取义的篡改，而这句话实际上也只说了一半。黑格尔这一在社会上流传甚广又引起很大争议的关于合理性的命题最早发表于其1821年出版的著作《法哲学原理》（Elements of the Philosophy of Right）的序言中，后又在其《哲学全书》导言中作了进一步阐述和发挥。这一命题完整的表述形式应为："凡是现实的都是合理的，凡是合理的都是现实的。"① 英国哲学家、逻辑学家伯特兰·罗素（Bertrand Russell）在其1945年的著作《西方哲学史》（A History of Western Philosophy）中曾经指出人们曲解这一命题的危险，"无论如何，将现实的与合理的相等同，必不可免地会导致某种与'凡是存在的就是正当的'这种信念分不开的欣然自足的心境"②。然而，正如陈启伟所说，从19世纪开始，对黑格尔这个命题的误解就一直持续了下来，并俨然成了一种价值判断。诚然，凡是现实的都是存在的，但并不是说凡是存在的就天然的是合理的，只有适应历史必然性，反映世界发展潮流，符合社会发展规律的才具有其存在的历史现实性与合理性。

奘寺教育需求的存在虽然无法确证奘寺教育存在的价值合理性，但是由此便认为奘寺教育终将被现代学校教育所取代，无疑也是简单和武断的。奘寺教育曾是傣族男童接受的唯一制度化教育形式。在傣族上千年的历史中，奘寺教育应该说是一直以来满足了傣族人物质生活和精神生活的需要，它不仅仅是一种宗教教育，而是整个傣族文化传承的重要载体，也是我国民族教育的重要组成部分。

通常我们提到民族教育时，习惯上总是特指少数民族地区的学校教育。这样的习惯性用法未免有失偏颇，且不说民族地区存在着大量的非学校教育形式，如口传教育、宗教教育、家庭教育等，民族教育不始于现代民族学校的建立也是显而易见的，否则我们无法解释一个民族的文化是怎样传承的。

教育从最广泛的意义上来讲，应当包括人类一切的教育实践活动。这些活动既可以发生在校内，也可以发生在校外。现代学校教育建立后，由于其教育的集中性、系统性，有专职的教师，明确的教育目的和教学计划，迅速成为教育的主要形式，但是学校教育并没有也不可能完全占据优势，成为教育的决定性力量。比较教育学因素分析时代的开创者英国学者迈克尔·萨德勒（Michael Sadler）早在20世纪初就指出："校外的事情比校内的事情更为重要，并且它支

---

① 德文原话为："Was wirklich ist, das ist vernünftig, und was vernünftig ist, das ist wirklich."这句话还有两种不同的译文，贺麟译《小逻辑》和范扬、张企泰译《法哲学原理》中的译文为"凡是合乎理性的东西都是现实的，凡是现实的东西都是合乎理性的"；梁志学译《逻辑学》中的译文为"凡是合理的东西都是现实的，凡是现实的东西都是合理的"。

② 陈启伟. 2009. "存在的就是合理的"不是黑格尔的命题. 读书,（1）：65-67.

配和说明校内的事情。"①

张诗亚在《祭坛与讲坛——西南民族宗教教育比较研究》中有一段话说的也比较精彩:"学校外的诸种教育实践活动正是因其不集中进行、缺乏系统性、无专职教师、计划性和目的性不强等看起来似乎是不利的特点,才具有更为强大的力量。惟其不集中,它才是分散、无处不在的、无孔不入的;惟其不系统,它才是极为灵活的、可以随其紧密契合的文化习俗等分解或组合的;惟其无专职教师之职,它才是人皆可师、物皆可法的;惟其因为其没有明确宣称的计划与目的,它才能在不知不觉之中寓于一切活动之中,作用于人。可以说,学校外的教育正是因为其天然地、极为和谐地寓于人类的一切活动之中,它才是无时无刻不在以最佳的形式,潜移默化地完成其教育功能,因而也是最隐蔽、最有力、最持久、最具有支配作用的,从而也是最无法从根本上替代的。"②

奘寺教育的独特之处在于它极为明显的宗教色彩。傣族文化的核心是上座部佛教,而上座部佛教的传承依靠的是奘寺教育。民族学、人类学,以及文化人类学的大量研究已经证明了宗教在民族文化中的整合作用。任何民族文化一经宗教的整合便会独具特色,形成体系。对于傣族来说,虽然上座部佛教作为一种脱胎于印度文化的外源宗教,但它在对傣族文化其他部分进行整合时,其自身也融入傣族文化的整体之中,业已成为傣族所共有的文化,甚至是最具象征意义的傣族文化。

随着傣族地区不可逆转地被卷入现代化洪流之后,上座部佛教以及傣族文化都面临着改革和扬弃的挑战,但这并不意味着宗教和传统文化失去了其固有的社会基础。即便在公认现代化程度较高的美国,宗教依然具有旺盛的生命力。据《盖洛普 2005 年民意测验》(The Gallup Poll 2005: Public Opinion 2005)表明,96% 的美国人信仰上帝,98% 的美国人会定期祷告。而根据美国《教会研究国际公报》(International Bulletin of Missionary Research)统计,2000 年世界人口约为 60.55 亿,信仰宗教者约为 51.37 亿,大约占总人口的 84.8%。其中基督教徒(包括天主教、新教、东正教)约 19.99 亿人,穆斯林约 11.88 亿人,印度教徒 8.11 亿人,佛教徒 3.59 亿人,以上四种宗教的信徒就占到了世界宗教总人数的 88% 以上。③

---

① 原文为:"In studying foreign systems of education we should not forget that the things outside the schools matter even more than the things inside the schools, and govern and interpret the things inside." 见: Higginson J H. 1961. The Centenary of an English pioneer in comparative education: Sir Michael Sadler (1861-1943). International Review of Education, 7 (3): 286-298.
② 张诗亚. 2001. 祭坛与讲坛——西南民族宗教教育比较研究(第二版). 昆明:云南教育出版社, 3.
③ 耿建尉. 2006. 试论当今世界宗教的影响. 世界宗教文化, (3): 6-9.

同时，现代化的进程也并不意味着消灭民族传统文化，从纵向来看，现代化并不是一个线性的文化扩张进程；从横向来看，现代化也并不是一个单一文化的普遍化过程。20世纪初，英国哲学家约翰·伊林沃斯（John Illingworth）说过这样一段话："对当代观念的一种真正完整的概括，一定会在其中揭示出多样性，而不是统一性——一大堆不一致的而且常常是互不相容的观点，所有这些观点在某种意义上都可称为现代的，但是没有一个能称为这个时代的典型代表，它们相互接近、相互交织，然后又分道扬镳——形成了思想的种种主流、支流、湍流与逆流。"[①]实际上，只要我们仔细观察就不难发现，在现代化进程中，各个民族的文化模式和生活方式不仅在很多地方仍然顽强的保留着其固有的特色，甚至还产生了新的特色。

如果说，现代化的进程不可能窒息傣族奘寺教育的社会文化基础，那么问题的实质就不是奘寺教育是否有存在价值的问题，而是对于傣族文化的发展与傣族地区学校教育的发展来说，奘寺教育存在何种价值的问题。我们的一个基本判断是，傣族地区的学校教育必须，也只有从傣族其他诸方面的教育经验中汲取必需的养分，最终使外发的学校教育系统在民族文化的土壤中生根发芽，这样它才能真正成为傣族自己的教育。

（二）教育法规应当如何因应

西双版纳傣族教育中所表现出的矛盾和冲突本质上是一个民族的传统文化在面对现代文化冲击时的本能反应。换言之，这种紧张或矛盾的存在有其必然的合理性。正如列维-斯特劳斯（Lévi-Strauss）在其著作中谈到的：每一个文化都是以其他文化交流以自养的。但它应当在交流中加以某种抵抗，如果没有抵抗，那么很快它就不再有任何属于它自己的东西可以交流。[②]尤其是在民族地区，民族文化成熟程度愈高，民族文化特色愈是浓厚的地区，这种抵抗就会显得愈加激烈。

当然，我们同时也承认，当传统文化已经丧失或大部分丧失其发展活力，成为一种阻碍力量时，借助外部的文化力量进行现代化改革也是至关重要的。落后就要挨打，我国20世纪的整个历史已经证明了这一点。然而，这种"外发式"的现代化过程，如果要深入下去，推广开来，则必须与具体的民族实际相结合，内化为整个民族的现代化需要。这一过程需要整个民族教育的合力去实

---

① 〔英〕约翰·麦奎利.1989.二十世纪宗教思想.高师宁，何光泸译.上海：上海人民出版社，5.
② 张诗亚.2005.强化民族认同：数码时代的文化选择.北京：现代教育出版社，6.

现，而不是仅仅依靠民族地区的学校教育去实现。因而，在傣族教育中，不能简单地去评判奘寺教育与学校教育孰优孰劣，哪个先进哪个落后，两个方面在傣族现代化进程中应该说各有功效。

现代化进程对奘寺教育更多提出的是改革与扬弃的要求，而对傣族学校教育更多提出的是完善与发展的要求。无论是改革与扬弃，抑或是完善与发展，民族现代化的内在需求都需要国家予以制度性的回应。那么，对奘寺教育与学校教育的矛盾与冲突，教育法规应当如何因应，这本身就是一个价值问题。既然是价值问题，就需要确立一个标准。没有标准就无法判断是与非、对与错，也就没有讨论的基础。本书认为这个标准只能到傣族地区的社会文化生态中去找。

奘寺学童现象既是一种教育现象，更是一种文化现象。文化的传承与传播需要教育，而教育内容、教育的方式，甚至教育的组织形态既植根于其固有的文化资源之上，又需要从文化发展中获取自身发展的动力。文化（culture）这一概念的含义如此之广，关于文化的定义也不可胜数。据田汝康先生统计，早在 20 世纪 50 年代初，就有了 160 余条定义，而到目前为止，粗略估计至少有 200 种以上。虽然众说纷纭，莫衷一是，但是要讨论问题，还是要有一个出发点。田汝康先生为了不纠缠于这个尚需要不断争论的问题，借用了一个最简单的概括，即文化人类学奠基人爱德华·泰勒（Edward Tylor）为文化所下的定义：文化是"整个生活方式的总和"。作为"整个生活方式的总和"的文化是无所不包的，人类一切为了生活、生产而使用、创造出来的东西皆可包含于内。

从文化的内部结构上来看，既可以分为物质层面的、制度层面的和精神层面的，也可以分为政治的、经济的、法律的、宗教的、艺术的等等。无论如何分类，文化必然存在一个内部结构的问题，否则是无法进一步展开讨论的。本书强调把奘寺教育与学校教育放入傣族的社会文化生态中进行讨论，就是要把傣族文化的诸方面看作是相互联系的结构性系统，结合奘寺教育与学校教育在此社会文化结构中所作用的，以及作用于其上的社会文化结构中的其他诸方面来进行研究。

将奘寺教育与学校教育摆入傣族社会文化生态中加以探讨，也是"因应"概念本身所要表达的一层意思。《史记·老子韩非列传论》中，司马迁认为，"老子所贵道，虚无，因应变化於无为，故著书辞称微妙难识。"[①]"因应"并不是什么都不做，而是强调要审时度势，体物之性，顺势而为，所以西汉末年道学大家严君平的《道德指归》（又称《老子指归》）中说，"正直若绳，平易如

---

① （西汉）司马迁. 2013. 史记. 北京：中华书局.

水，因应效象，与物俱起。"① 清代王夫之《知性论》亦言："以作用为性，夫人之因应，非无作用也。""因，就也"（《说文解字》），乃顺应、依据、凭借之义。《韩非子·五蠹》有言："论世之事，因为之备。""因"既是事物兴起之缘由，亦指出了事物发展之途径，即"因其固然"（《庄子·养生主》）。这个固然就是事物本来的样子。对于教育来说，固然就是指整个民族已有的文化生态，因为无论是文化的纵向传承，还是横向传播，教育都必须内嵌于这个文化生态之中，才有可能取得最大的教育效能。

从国家政策与法规来看，如何在国家教育法律的权威性、原则性和区域发展的层次性、文化的多样性之间保持适当的张力，因势利导的做法是普遍共识。社会学研究早已证明，"国家法律并没有能力独自担负起实现和改变秩序的责任。"② 脱离了文化传统，国家的一厢情愿，只可能导致国家权威的丧失与法律合法性的质疑，正如邓正来所说，"法律哲学的根本问题，同一切文化性质的'身份'问题和政治性质的'认同'问题一样，都来自活生生的具体的世界空间的体验：来自中国法律制度于当下的具体有限的时间性，同时也来自中国法律制度所负载的历史经验和文化记忆。"③

传统的生活方式和法律观念是扎根于人们的心灵深处的，并一直延续到现在，而国家"真正的权威来自于内在的精神力量，一旦这种内在的精神力量消失，外在的权威也随之逝去"④。正因为如此，美国著名的法律人类学家埃德蒙斯·霍贝尔（Adamson Hoebel）在《原始人的法》（*The Law of Primitive Man*）中指出，"我们必须全面仔细地俯视社会和文化，以便发现法律在整个社会结构中的位置。我们必须先对社会如何运转有所认识，然后，才可能对何为法律以及法律如何运转有一个完整的认识"。⑤

第二节　空间分布及地区文化差异

行政区划是人为的空间划分，而文化的传播则从来不会受其所限。从国家

---

① （西汉）严遵. 王德有注. 2004. 老子指归译注. 北京：商务印书馆.
② 王启梁. 2006. 习惯法民间法研究范式的批判性理解——兼论社会控制概念在法学研究中的运用可能. 现代法学，（5）：19-27.
③ 邓正来. 2006. 中国法学向何处去——建构"中国法律理想图景"时代的论纲. 北京：商务印书馆，4.
④ 〔德〕卡尔·雅斯贝尔斯. 1991. 什么是教育. 邹进译. 北京：生活·读书·新知三联书店，70.
⑤ 〔美〕埃德蒙斯·霍贝尔. 2006. 原始人的法：法律的动态比较研究（修订译本）. 严存生译. 北京：法律出版社，5.

教育政策与法规角度研究奘寺学童现象就涉及其间这样三种区域性差别：一是傣族文化，以及上座部佛教文化的区域分布与国家行政区划之间的差别；二是同一行政区域内，傣族不同支系，以及同一支系但不同分布区域之间的文化差异；三是不同行政区域之间，傣族宗教文化与其他民族宗教文化的一致性与差异性。这三种差别根源于三种不同的文化形态，即百越文化、华夏文化，以及源自印度的佛教文化，在不同地区之间的碰撞、冲突、消融与整合的程度不同。

（一）上座部佛教文化圈与境内傣族

以往文献中，形容和描述傣族文化的用语有很多，如水文化、稻作农耕文化、贝叶文化、佛教文化、勐文化①等等。以上每一种文化形式都表达了傣族文化中的某一特质，但又都很难说是傣族独一无二的典型文化。通常所说的傣族文化是以"民族"概念作为文化区分的标准，是傣族人在与其他民族交往互动和参照对比过程中构建的一种文化关系。汉语中本无"民族"一词。日本明治维新以后，借用汉语文的"民""族"两字翻译英文的"nation"一词，并于19世纪末20世纪初传入中国，随着中国民族民主革命运动的兴起而被普遍使用。"nation"在英文语境中一般是指被制度化了的人群共同体，即"指那些具有自治要求，已被政治疆界化或正追求政治疆界化的族群"。②

国内学界在使用民族这一概念时通常会强调两种意味，一是作为某种社会建构的政治意味，尤其是在使用中华民族、法兰西民族等这样的概念中；二是作为文化区分的族群意味，民族教育、少数民族等概念则多为此类含义。"族群"概念是针对英文"ethnic group"一词的对译。虽然关于族群概念的定义仍有争论，但大多数学者还是倾向于认为，"族群是人们在交往互动和参照对比过程中自认为和被认为具有共同的起源或世系，从而具有某些共同文化特征的人群范畴"③。"作为一种自认为或被认为具有共同世系、起源从而也具有共同文化的人群范畴，族群的存在和绵延取决于人们对他们的历史和文化认同，无须以

---

① 在傣语中，"勐"作为一个前置词素，其意义通常有两种指涉：其一是作为某社会和政治组织单位，如"勐泐""勐卯""勐遮"等；其二是作为一个地理单位，意"平坝"，指环绕周围山地中间的盆地。在英文中，"勐"的拼法很多，有"muang、meeng、meung、mong、muong、myang"等。见：谭乐山. 2005. 南传上座部佛教与傣族村社经济：对中国西南西双版纳的比较研究. 赵效牛译. 昆明：云南大学出版社，5.

② 庄孔韶. 2009. 人类学通论. 太原：山西教育出版社，340.

③ 潘蛟. 1995. 勃罗姆列伊的民族分类及其关联的问题. 民族研究，（3）：17-28.

共同的地域和共同的社会经济联系为前提。"① 本书中提到的傣族，或傣族群众族，更倾向于第二种意味。

傣族文化并不是一种孤立的文化现象，它与东南亚文化有着密不可分的联系，尤其是中国境内的傣族与泰国的泰族（Thai）、老挝的老族（Lao）、缅甸的掸族（Shan，Siam）地理上毗邻而居，语言相近，拥有共同的文化特征。国际上亦把泰傣族群，主要包括泰国的泰族、老挝的老族、越南的泰族、缅甸的掸族、印度的阿洪姆人（Ahom），以及我国的傣族，作为一个有着共同起源的民族看，并以广义的"泰人"（Tai，亦 Thai）相称。虽然分处不同的国家，但是文化的联系是无法断绝的。在唐宋时，缅甸掸邦（Shan State）同云南南部、泰国，以及老挝的一部分还同属一个不可分割的地区，后来，在元明清时，虽然掸邦已与云南分家，但仍无边界，你来我往，亲如一家。傣族文化的这一特点为我们了解奘寺学童现象提供了较为广阔的文化背景。

泰傣族群源于公元最初的几个世纪里，从东亚大陆，特别是中国南方由北向南不断有族群先后进入东南亚。这些族群及其与当地土著居民之间经过长期融合、分化和发展形成了不同的民族与国家。有学者基于20世纪60年代之后在泰国北部地区，尤其是仙人洞（Spirit Cave，也译为"神灵洞"）、班清（Ban Chieng）、侬诺他（Non Nok Tha）等地的考古发现，认为泰傣族群起源于泰国本土或中南半岛，但是，"大部分学者尤其是中国学者根据大量的考古学、民族学、语言学资料，证实了越南的京族等和泰、缅、老等国的泰掸系民族，都是由最初生活在中国南方的越族群体演化而来的。在公元前就见于中国史籍的，有在越南北部的雒越、云南西南部和缅甸北部的滇越。公元之后，缅北滇西的滇越演化为掸族"。②

东南亚史前史专家彼得·贝尔伍德（Peter Bellwood）也指出，包括泰语、老语、掸语和中国南部壮、仡佬、黎等多种语言（即我们一般所说的壮泰语）的台（泰）—卡袋语的"发源地在中国、东南亚地区"。③

现在的泰傣文化中依然可见诸多百越（粤）文化印迹。古代越人有"巢居"干栏之俗。上面住人，下面喂养牲口，放置农具。这类住房尤为适应多雨、潮湿以及虫蛇出没的自然环境。"雕题""黑齿"等均为"百越"之习俗，泰傣族群至今仍保留有文身（傣族称"刹墨"）的习惯。傣族民间流传这样一句谣

---

① 庄孔韶.2009.人类学通论.太原：山西教育出版社，340.
② 贺圣达.2011.东南亚文化发展史（第二版）.昆明：云南人民出版社，46.
③ 〔新西兰〕尼古拉斯·塔林.2003.剑桥东南亚史.贺圣达，陈明华，俞亚克等译，昆明：云南人民出版社，89.

谚："蛙腿尚有斑斑点点，男人之腿怎能没有花纹。"水稻种植更是史家们公认的百越文化。先秦以前，百越（粤）族系分布在从杭州湾沿海岸线至北部湾，再到云南高原这一广大区域。吕思勉先生就认为，古代越（粤）族人有文身黥面之俗，实由其居沿海使然。①

泰傣族群地区基本上属于上座部佛教文化圈。该文化圈在东南亚最终形成于公元11~14世纪，主要包括缅甸、泰国、老挝、柬埔寨四国。公元1296年，中国元朝人周达观到柬埔寨时，所见已经尽是上座部佛教的景象，其《真腊风土记》载，"小儿入学者，皆先在僧家教习，既长而还俗"，"僧人削发穿黄，偏袒右肩，其下则系黄布裙，跣足"。②

东南亚佛教文化圈形成时，其周边地区已经分属印度文化圈、汉文化圈和伊斯兰文化圈。在此情势下，由于南亚次大陆的地缘限制，上座部佛教文化的辐射能力和扩散能力减弱，使得在以后的数百年间，东南亚的佛教文化基本上既无扩张又无退缩，大致保持了一种内向的、在本区域内活动和发展的状态，直到西方殖民主义和资本主义影响的到来。③ 这一期间内，上座部佛教文化影响开始由坝区和平原地区的民族向毗邻地区和山区的民族扩散，如我国境内的基诺族、德昂族、阿昌族、布朗族、佤族及少部分彝族等山地民族也逐渐开始信仰上座部佛教。

需要注意的是，虽然上座部佛教传入后，经过对泰傣族群原有文化的整合，已经融入其生活的方方面面，但是，泰傣族群文化并不仅仅是上座部佛教文化，早期泰傣族群在文化上还深受华夏古代文明的影响。④ 今天的泰傣族群语言中，有许多词汇还是来自古汉语，如他们古语称保护神为"披"[pi]或"社"[she]，称寨神和地方神为"社曼""社勐"。公元1833年在泰国古都素可泰（Sukhothai）发现的"兰甘亨碑铭"（Ramkhamhaeng），是记载13世纪素可泰王朝历史的重要文献。该碑的铭文中提到"祖先金子一般的社"，其中的"社"指的就是已故祖先变成的保护神。李拂一先生编译的《泐史》说，公元1415年，勐泐第十世王刀更孟在勐宽（现景洪县境）被缢死后成为"（奢鬼）猛"，以后每年都要祭祀。李先生所译的"（奢鬼）猛"即是"社勐"。"社"这个词实际上来源于汉语，祭社习俗亦来源于华夏民族。另外，泰傣族群无一例外都使用干支纪年，对于干支的称呼也几乎都是借用古汉语。这一类的证据还有很多，

---

① 吕思勉.2008.中国民族史两种.上海：上海古籍出版社，188.
② 贺圣达.2011.东南亚文化发展史（第二版）.昆明：云南人民出版社，170.
③ 贺圣达.2011.东南亚文化发展史（第二版）.昆明：云南人民出版社，171.
④ 谢远章.1989.泰—傣古文化的华夏影响及其意义.东南亚，(1)：18-30.

在此就不再赘述。

(二) 境内傣族分布及其主要文化差异

据中国文献载,汉代,傣族先民被称为"滇越""掸";唐宋时期被称为"金齿""银齿""漆齿""绣面"等;元代则称"白夷""金齿""白衣"等;明清则称为"百夷""伯夷""僰夷""歹夷""摆夷"等。明代李元阳修《万历云南通志》将"百夷"误作为"僰夷",自此"僰夷"与特称白族先民的"僰人"便有混淆。明代田汝成在《炎徼纪闻》中称之为"摆夷",并延续至民国时期。中国境内的傣族主要有傣泐、傣讷、傣雅、傣端(白傣)、傣艮、傣朗(黑傣)、傣亮(红傣)、傣友等自称支系。20 世纪 50 年代民族识别后,根据其自称,统一定名为"傣族"。

中国境内的傣族起源于百越族系虽已为大多数学者认同,但在具体分布及迁徙等问题上仍意见不一。① 傣族先民最早见于我国史籍上的称谓是"滇越"。《史记·大宛列传》中说:"昆明之属无君长,善寇盗,辄杀略汉使,终莫得通。然闻其西可千余里有乘象国,名曰滇越,而蜀贾奸出物者或至焉,于是汉以求大夏(今阿富汗)怡通滇国。"这里的"昆明"并非地名,而是族名,系现代彝语各族先民,居住在今滇池区域到金沙江两岸。昆明其西千余里,自然包括今云南德宏一带,但又不仅仅限于德宏。德宏应是滇越的东部区域,其中部区域应当在今缅甸北部,相当于现今掸邦所辖范围,其西部区域则及于印度东北部的曼尼普尔(Manipur)和阿萨姆(Assam),差不多蔓延到了普拉马普特拉河(Brahmaputra Rivers,中国境内称雅鲁藏布江)南岸的峡谷和平坝。②

依据唐朝人樊绰所著《云南志》,宋蜀华考证,唐代傣族的分布已经和今天傣族的分布基本上一致了,即从滇东南的红河流域,到滇南的西双版纳地区,再弧形而上到滇西德宏地区。③ 明代泛称这一地区为"百夷"地区。

公元 1180 年以后,在云南南部以今景洪为中心,出现了傣族首领帕雅真(Chao Bhaya Cheng,又作叭真、帕真)建立的政权"景陇金殿国"(Meeg Jin-grung Meeng Huo-Gham),最高首领称"召片领",其统治的地域范围以现在云南的西双版纳为主要地区。从帕雅真入主勐泐之后,经元代设宣慰使司,历明、

---

① 罗美珍.1981.从语言上看傣、泰、壮的族源和迁徙问题.民族研究,(6):56-62;岑仲勉.1979.据《史记》看出缅、吉蔑(柬埔寨)、仑(克仑)、暹罗等族由云南迁去.东南亚历史论丛,(2):61-75;江应樑.1983.傣族史.成都:四川民族出版社;尤中.1994.云南民族史.昆明:云南大学出版社.

② 《傣族简史》编写组.2009.傣族简史.北京:民族出版社,3.

③ 宋蜀华.1978.从樊绰《云南志》论唐代傣族社会.思想战线(6):58-65.

清、民国至 1947 年，共传袭了 44 代（亦说 38 代）召片领。[①] 在此前后，在西南部的滇缅边境地区，出现了傣掸族系的四大部落——孟生威（Mong Sen Vi）、孟兴古（Mong Singu）、孟底（Mong Ti）和孟卯（Mong Mao）。这四大部落发展到 13 至 14 世纪，统一为以孟卯（今瑞丽）为中心的麓川政权。

明洪武十七年（公元 1384 年）设麓川平缅宣慰使，以麓川政权的首领思伦法为宣慰使。后由于双方矛盾激化，公元 1441 至 1449 年的九年间，明王朝发动三次"麓川之役"，打败了思氏政权，在百夷地区分设木邦、勐养、陇川、遮放、勐卯、干崖、盏达等土司。此后，地跨云南西南与缅甸北部广大地区的麓川政权不复存在。[②] 这一时期，傣族已广泛分布于云南南部、西南部。除了西双版纳和德宏这两大傣族聚居区，在临沧的耿马、孟定，思茅的孟连、景谷、澜沧以及新平、元江等地，也有范围较小的傣族聚居区，都由互不统属的傣族土司统治。

这些傣族聚居区不仅分属不同的行政区划，而且聚居区之间的文化亦存在差异。主要差异有以下三点：

其一，语言文字差异。傣语属于汉藏语系壮侗语族壮傣语支，傣语中有不少汉语和巴利语的借词。傣语主要划分为两个方言地区：西双版纳方言，通行于西双版纳、孟连、金平、澜沧、元江、江城等地；德宏方言，通行于耿马、双江、镇康、沧源、景谷等地。傣族共有四种文字，即傣泐文、傣讷文（亦作傣那文）、傣绷文（亦作傣篷文）和傣端文。

傣泐文，傣语称 [totam]，意"经文"。西双版纳傣族自称"傣泐"，其文字称为傣泐文。傣泐文属古印度字母体系，共有 156 个字母，声母 47 个，韵母 109 个，声调 2 个。书写时自左向右横书，行序自上而下。傣泐文的前身是古孟文（Deng Laem，亦译"得楞文"）和古代南印度的克罗那陀文（Kharannadha）。根据傣文文献《多拉维梯》记载，傣泐文大致在傣历 639 年（公元 1277 年）就已经开始使用。一些学者经考证后，也认为至少迟至 13 世纪下半叶，西双版纳傣族已经适应本民族创制的文字。[③] 傣泐文不仅通行于西双版纳方言地区，而且还使用于芒市、耿马、景谷，以及泰国的清迈（Chiang Mai）、缅甸的景栋（Keng Tung）和老挝等地区，主要用于抄写佛经，并直接在天文历法的传授和计算中使用，所以被视为"经典傣文"。

---

① "召片领"，意"广大土地之主"，为西双版纳最高统治者。元朝设土司制度后，"召片领"受封为"车里宣慰使"。
② 刘岩.1999.傣族//杨福全，段玉明，郭净.云南少数民族概览.昆明：云南人民出版社，207-211.
③ 张公瑾.1986.傣族文化.长春：吉林教育出版社，39-41.

德宏傣族自称"傣讷",其文字称为傣那文[tolik],意"书文"。傣讷文是印度字体,主要使用于德宏方言地区,但在景谷、孟连、耿马、临沧、沧源等地也有使用。这些地区的傣族在书写佛经时使用的是西双版纳傣文,而书写诗歌、小说、文书时则用德宏傣文。傣泐文为圆体文字,而傣讷文为方体文字。傣讷文的使用,据明初李思聪《百夷传》载,当在公元1396年之前,要早于佛教传入德宏地区。

瑞丽和耿马等地的傣族自称"傣绷",其文字称为傣绷文。傣绷文与缅甸掸邦的掸文基本相同,主要用于瑞丽、孟定南丁河外的傣族村寨抄写佛经,这些地区的其他文书仍用傣那文。金平等地的傣族自称"傣端,其文字称为傣端文"。傣端文,又称金平傣文,与越南莱州一带的傣文相似。

其二,宗教派别差异。云南的上座部佛教曾经流传有润派、左底(亦作左抵)、摆奘(亦作摆庄)和朵列四个派别。四个派别的区别主要在于对僧人戒律修持的要求严格程度不同,其余则差异不大。其中,左抵派戒律约束最为严格,僧侣生活更是特殊,他们从不固定于某一寺院,而是集体活动于各个地区,但信教者较少。据1937年统计,此派僧侣共约百余人。[①] 润派的两个支系润坝(亦作摆坝,或山林派)、润顺(亦称摆顺、摆孙,或花园派)在14世纪产生于泰国清迈,都属暹罗派,现在已无法区分。因清迈古称"勐润",故此派称"润"派。润派主要分布在以西双版纳、思茅、德宏、临沧、保山等地为主的五个州市。朵列、摆奘和左抵均属缅甸派,其中摆奘主要分布于德宏州和保山市,朵列主要分布于德宏州、保山市及临沧市。

润派和摆奘派要求男童成年前出家一段时间,而其他教派则不这样要求。成年前出家一段时间的方式,至今在云南西双版纳、孟连、耿马的部分地区继续存在,但在德宏地区,不是每个傣族男童都必须出家。德宏男童出家常是出于三种情况:①家中贫困;②家中男孩多,则送一子出家;③身有残疾,不能自食其力。这三种情况下,德宏男童出家多半终身为僧。不出家的德宏男子年满40岁便可受戒为居士,不必出家。在德宏地区,亦有妇女出家为尼,西双版纳则无。

另外,主要分布在新平、元江及红河沿岸的傣族支系傣雅,汉族他称为"花腰傣",只保留了原始宗教信仰,而不信奉佛教,属例外。如居住在红河中游新平县漠沙、嘎洒的傣雅即是如此,还有西双版纳勐养坝子18个傣族寨子中的曼莫沃、曼莫奈等7个傣雅村寨,勐景洪坝子中的曼养里寨子,虽处于佛教

---

① 江应樑.1983.傣族史.成都:四川民族出版社,546.

四面包围之中，却也如"花腰傣"一般。

其三，经济社会发展差异。总体来看，德宏地区与汉族或国外的商人交往较多，受汉文化影响也要高，因而，经济发展情况高于西双版纳地区。一方面，德宏地区受汉族封疆政权干预较大，发展没有西双版纳地区稳定，如西双版纳就没有发生过类似麓川政权的运动；另一方面，西双版纳地区的汉族相对较少，且多为商人而非居民，对该地区的经济发展影响不明显。①从经济形态来看，1949年之前，德宏农民已经有了土地的使用、继承和转让的权利，而西双版纳地区农民只有土地的使用权和占有继承权，所以，德宏地区的农民相比较而言更加关心自身的经济利益，而西双版纳地区的人们闲暇时间多用于宗教活动，对经济利益比较淡漠，再贫穷的人家也要送孩子入寺。

（三）西双版纳的傣族与上座部佛教派别

西双版纳傣语古称"勐泐"或"勐乃"，汉文献中为"茫乃""勐乃道""车里"或"彻里"，②亦或"车厘"。唐代范绰所著《蛮书》中银生节度管辖之下的"茫乃道"，即为今天西双版纳地区。据傣文文献《泐史》载，明隆庆四年（公元1570年），当时车里宣慰使刀应勐为其缅甸妻子备办回娘家省亲的礼物，将所属各勐划分为十二版纳，以"十二版纳"为单位备办礼物。大的勐一个勐即为一个版纳，小的勐则数个为一个版纳。"版纳"源自巴利语[bara]，意为"千田"。"西双"傣语意为"十二"。"十二版纳"实际是十二个承受封建负担的单位。又一说，"版纳"本有"采邑"之意，领受者需为召片领提供贡赋、徭役，战时提供兵员。刀应勐划分十二版纳，实际是为了应付外侵势力加重贡赋所为，是均摊负担的单位。③在后来的使用中，该词逐渐由封建负担单位演变为行政区划单位，大致包括今西双版纳、普洱市（原思茅市）及老挝北部部分地区。④1953年1月23日，西双版纳傣族自治区成立，自治区又将所辖区域重新划分为12个版纳。西双版纳是我国傣族的主要聚居地，也是本书的主要考察地区。西

---

① 云南民族学会傣族研究委员会.2000.傣族文化论.昆明：云南民族出版社，54.
② 刘隆，王科.1990.西双版纳国土经济考察报告.昆明：云南人民出版社，3-4.
③ 朱德普.1993.泐史研究.昆明：云南人民出版社，82-85.
④ 十二版纳指：版纳景龙，包括勐罕，由宣慰使直辖；版纳勐遮，包括勐鲁、勐翁；版纳勐龙，今大勐龙及小街区；版纳勐混，包括勐板；版纳景真，包括今勐海、勐阿；版纳景洛，包括今勐满、勐昂、勐康等；版纳勐腊，包括勐伴；版纳勐岭，包括今勐旺；版纳勐拉，包括今勐往、思茅（普洱）；版纳勐捧，包括今勐满、勐润；版纳整董，包括今易武、播剌等；版纳勐乌德，包括勐乌晏、勐乌德（光绪二十三年（公元1897年），法国强迫清政府将勐乌、乌德割让给老挝，十二版纳实剩十一版纳）。见：刘隆，王科.1990.西双版纳国土经济考察报告.昆明：云南人民出版社，145.

双版纳境内以傣泐支系为主，兼有傣讷、傣雅支系。景洪、勐龙、勐海、勐罕、勐腊主要以傣泐、傣讷为多；勐养、景讷、普文主要有傣泐、傣讷和傣雅支系。

1963 年，在今天西双版纳景洪和勐腊等地发现新石器时代遗址，出土了石器、陶器、骨器和贝壳等。有学者认为这就是傣族先民的文化遗存。李昆声就持这种意见，他说："远在新石器时代，傣族先民便已分布在滇东南、西双版纳，滇池和滇东北地区。"① 另据体质人类学的研究，也有学者推算出傣族人迁入热带地区应达 1 万年以上，因而可以说傣族是个土著民族，而非新近的迁入者。② 而实际上，西双版纳自来就是一个多民族的杂居区。大约在公元前 8 世纪前后，部分境外傣族先民开始不断进入西双版纳地区，并与原先居于此地的其他傣族先民逐渐融合，成为西双版纳傣族的主体源流。

傣文史籍《帕萨坦》就记载，西双版纳这片神秘原始的森林地区是远古时期到达的傣族先民与布朗族先民"赕弥腊"一同开发的。景洪坝子自古就有自称为"傣勐"（意为本地土著）的居民居住，并从事定居农耕。江应樑所著《傣族史》中说，在公元前 540 年之前，傣族称"滇乃沙哈"的时代，西双版纳的傣族只有"傣勐"，又称"滚本勐"（意为地方上的人）。"傣勐"非常重视"祭龙"的活动，后来，主祭者逐渐演变为人们的领袖，最后分为四"当"，即现在所称的"四当老勐"——曼兴、曼拉闷、曼真、曼费四个寨子的头人。③

秦汉之后，一部分傣族先民在傣泐王率领下，从滇池至通海坝子（傣语为"勐景（清）龙"或"勐浓傣"）、洱海（傣语为"勐少本"）等地南迁至"阿拉维"（巴利语音译，即今西双版纳地区）。其中，女首领婻罕（亦作婻罕捧）带领约 1.2 万傣泐人沿澜沧江辗转至今景洪地区，在澜沧江东岸建立了六个"邦"，开始了农耕生产。数年后，又从勐少本、勐浓傣方向迁来 5000 人，建立了四个"邦"。随着人口繁衍，这些傣泐人后来又迁到了勐腊、勐海等地。另外一部分傣族先民由叭阿拉武率领从"南掌"（Lan Jang，今老挝）等地追金鹿而北上。④ 有学者根据傣文古籍推算，叭阿拉武追逐金鹿到景洪坝子约为公元 360 年左右。⑤

宋、元、明、清后，又有部分傣族先民从今德宏及景谷、孟连等县及境外迁入西双版纳地区。如清乾隆十三年（公元 1748 年），缅甸景栋地区孟艮一代

---

① 李昆声.1990.云南考古材料所见傣族先民文化考//王懿之，杨世光.贝叶文化论.昆明：云南人民出版社，49.
② 曾昭璇，曾宪伟，谢港基.1999.人类地理学概论.北京：科学出版社，34.
③ 江应樑.1983.傣族史.成都：四川民族出版社，144.
④ 王懿之.1990.傣族源流考//王懿之，杨世光.贝叶文化论.昆明：云南人民出版社，123-126.
⑤ 岩峰，王松，刀保尧.1995.傣族文学史.昆明：云南民族出版社，120.

傣族王子争权，造成内乱。王子召丙带领 1000 多户傣族进入西双版纳，后分成两路，一路 800 户进入勐遮，另一路 200 户经勐阿、勐马进入孟连，后又有一部分人进入澜沧一带。① 另外，明清时期，不少汉族，以及内地其他少数民族移入傣族地区，并逐渐与傣族融合。

公元 1266 年，元朝设立车里军民总管府，清朝实行土司制度，至民国时期的流官管理，但实际上一直是土司掌权。20 世纪 50 年代初，据不完全统计（未计很小的勐）共有 36 个勐。② 1953 年，西双版纳成立自治区，1955 年改为自治州。据 2000 年第五次人口普查，全州傣族共 298 004 人，占总人口的 30%，其次为汉族，占 29%。

关于西双版纳傣族地区的上座部佛教派别有两种观点：其一，是"润"派的"摆坝"和"摆孙（摆顺）"两支系，又译为"莲花（塘）寺派"和"花园寺派（或译为"菜园派"）"。③ 其二，"摆坝"和"摆孙"分属两个派别。最先传入的是"摆坝派"，即山林派，傣语称"帕拉西"。该派主张在山林中修行苦练，教义严，傣族群众难于接受，未能传播开来。后传入的"摆孙派"，把佛寺建在村寨旁边，教义较为宽松，而易为傣族群众接受，并逐渐普及。对于后者，刀述仁曾指出："由于傣语的莲花塘寺的第一个字的发音为'罢'，而这个字单独使用时的傣语意思又是山林的意思，所以许多人（包括傣族）误认为此派就是历史上的山林派，这完全是由于语音相同、只写简称、不联下文所造成的误会。"④

"摆坝"和"摆孙"对戒律的解释有所不同，在修持和生活方式上也略有区别：

> 其一，"摆坝"僧人一般居处山中，以托钵乞食为生。终身修苦行，很少还俗。日食一餐，过午不食。不食荤，不杀生，以鹿皮为坐垫，树皮为被，石头为枕。行路不左顾右盼，下山入坝不入民居。禅修中不逃避，也不驱赶虫蝇猛兽。"摆孙"僧人居处佛寺，与村民往来频繁，还俗多，而且自由。僧人经常主持宗教仪式，戒律较宽松。
>
> 其二，"摆坝"佛寺最初建盖在山林中，后来才逐渐在村寨中建盖。无寺奴，也无寺产。"摆孙"佛寺则刚开始就建盖在村寨中，通常有寺奴和寺田。僧侣个人或养马，或经商，或放高利贷，并收取信教民众布施的财物，

---

① 苍铭.2005.云南边地移民史.北京：民族出版社,51-52.
② 马曜，缪鸾和.1989.西双版纳份地制与西周井田制比较研究.昆明：云南人民出版社,90.
③ 刀述仁.1985.南传上座部佛教在云南.法音，(1)：18-27.
④ 刀述仁.1985.南传上座部佛教在云南.法音，(1)：18-27.

不少人都有个人财产。

其三,"摆坝"为男孩举行"升和尚"仪式时,要骑马去,入寺诵经时穿俗装,仪式结束后再换袈裟。"摆孙"则由人将儿童背着去,诵经时穿俗装,但要袒露左臂,仪式后才穿袈裟。[①]

上座部佛教最初传入西双版纳时,"摆坝"和"摆孙"有明显的地域分布[②]。后来由于相互来往传播,分布上逐渐混杂起来。两者在宗教仪轨上的差别,随着社会的发展,也开始模糊。不过从地域上看,在勐龙、景洪、勐腊、勐捧、勐养等傣族地区,一般是"摆坝";景真、勐混、勐海、勐遮和勐阿,大概是"摆孙"[③]。摆坝的戒律太严,僧人一般难于持守,现在该宗的戒律已经宽松很多,几乎与摆孙没有太大区别了。

(四)上座部佛教传统与奘寺教育

西双版纳的奘寺教育基本上是与上座部佛教同时出现的。长久以来,"佛寺是学校,佛爷是老师,经书是课本,和尚是学生"的教育形式早已融入傣族社会文化结构之中,成为了傣族人日常生活的一部分。

如果仅从上座部佛教普遍为傣族人所接受时算起,奘寺教育的存在至少也有八九百年的历史,而现代学校教育的出现至多也就是一百年的事情。奘寺教育与学校教育产生矛盾和冲突当在傣族地区建立第一所现代学校之后,但作为文化背景,有必要了解奘寺教育在傣族地区兴起的时间。奘寺教育是伴随着上座部佛教传入傣族地区而兴起,并随着上座部佛教普遍为傣族群众所接受而在傣族人心中扎下了根。作为一种制度化的教育形式,它的发展、完善过程注定是经历了一段较长的时期。

关于上座部佛教传入西双版纳的时间,学术界仍有争论,概而述之,有以下三种观点:

第一,约在公元前后,时间段包括从公元前3、4世纪至公元5世纪。王懿之在《民族历史文化论》中,依据其在1981年西双版纳调查时在勐海县看到的傣文佛经《帕萨坦》,以及其他傣文史料,认为上座部佛教传入西双版纳"应该是在公元前三四世纪,释迦牟尼及其弟子就曾到东南亚及我国西双版纳一带传过教。公元前后,佛经、佛教相继传入,并先后在景洪、勐龙、勐海等地建盖

---

① 杨雪政.1999.云南宗教史.昆明:云南人民出版社,191-192.
② 这两种宗派划分及名称在泰国、斯里兰卡、柬埔寨和缅甸都有发现。
③ 龚锐.2008.圣俗之间——西双版纳傣族赕佛世俗化的人类学研究.昆明:云南人民出版社,57.

了佛寺和佛塔，最后才从景洪逐渐传到勐腊等地。"① 赵世林则根据傣文佛经《帕萨坦》，认为在建于公元 5 世纪以前的"芒乃"政权时期，上座部佛教就有可能传入西双版纳地区。②

笔者田野调查时发现，西双版纳当地的傣族群众还是深信上座部佛教传入西双版纳地区至少是在公元前 3、4 世纪，距今已有两千多年的历史。当地很多傣族长者都认为西双版纳现在的很多地名都是释迦牟尼传教时命名的，如"勐满"，意"模糊的地方"，因释迦牟尼巡游至此时，雾大而视线模糊不清而得名；"勐混"，意"倒退的地方"，传说境内的南混河原是从格朗流向东南方，经释迦牟尼施法，用拐杖指向西而流向勐混坝子；"曼扫"，意"休息村"，释迦牟尼巡游至此休息；"曼短"意"观看村"，释迦牟尼至此时，百姓只观望不施舍；"曼燕"意"舞村"，释迦牟尼来此，百姓起舞欢迎等等。③ 然而，这些民间传说缺乏史料支持。

第二，约在公元 6 至 8 世纪。杨学政等人就持这一观点，认为上座部佛教从缅甸初传至西双版纳约在 7 世纪。④ 郑鹏程、丁波编著的《中国宗教流变史》称："早在公元 7 世纪上座部佛教就从缅甸孟族地区传入中国云南的西双版纳地区。但那时的佛经主要靠口传心授的方式流传。13 世纪以后，上座部佛教进一步由泰国传入，同时，傣族人民根据巴利文创制了自己的文字，能够将巴利语佛经用傣文字母书写在贝叶上。这使得上座部佛教在西双版纳地区得到进一步的巩固和发展并向云南其他地区传播。"⑤ 王海涛在《云南佛教史》中也认为，南传上座部佛教入滇时间较之大乘佛教要晚得多，大约在公元 7 世纪，首先由泰国勐润（今清迈）经缅甸景栋传入西双版纳地区。⑥

国内学术界目前比较认同的是张公瑾、王锋在其著作《傣族宗教与文化》中的说法，即上座部佛教传入西双版纳地区的时间是在公元 6 至 8 世纪。他们的论据主要有以下三点：

首先，佛音长老使用巴利语撰写和编录佛经，是发生在公元 5 世纪初的事，上座部佛教传入云南当不早于这个时间；其次，傣历制定时间约为 7 世纪上半

---

① 王懿之.2000.民族历史文化论.昆明：云南美术出版社，396.
② 赵世林.2002.社会形态演化与傣族佛教文化的传承.中央民族大学学报（哲学社会科学版），(5)：59-65.
③ 傣语称村社为"曼"，也有写作"万""漫""蛮"的，现规范为"曼"。
④ 杨学政，韩军学，李荣昆.1993.云南境内的世界三大宗教——地域宗教比较研究.昆明：云南人民出版社，59.
⑤ 郑鹏程，丁波.2000.中国宗教流变史.武汉：湖北人民出版社，172.
⑥ 王海涛.2001.云南佛教史.昆明：云南美术出版社，388.

叶，傣族历法中的建元时间与缅历一样，均是公元 638 年。傣历制定与佛教信徒是分不开的，所以，估计上座部佛教传入傣族地区就在此时；再次，建于公元 766 年的"南诏德化碑"碑阴上刻有"大将军三色绫袍金带赵龙细利"。史学界已经一致认定"赵龙细利"是一位在南诏任职的傣族将领，1949 年之前的车里宣慰使司议事庭官员中仍有此官名。20 世纪 50 年代的调查材料中一般译作"召龙细利"，其中"召龙"是傣语固有词，意"大官人"，官阶三品。"细利"是梵语音译，意"吉利""光华"，在梵文中多为宗教使用，常作人名和官名。"细利"一词，在北传佛教中读作［sali］，而在南传佛教中读［sili］，正与"细利"二字相合。①

公元 6 至 8 世纪也是傣族社会有巨大发展的重要历史时期，而历史的飞跃通常是在内部因素和外部影响的双重作用下产生的，因而，认为佛教是在这一时期传入还是比较合理的。另根据勐海傣文文献，当地傣族是来自"勐色本"（今云南景谷一带）。他们的历史分为三个时代：第一个时代叫"滇乃沙哈"（公元前 540 年之前），是"莫米召、莫米宛、莫米倘"的时代，即"没有官、没有佛寺、没有负担"；第二个时代叫"募乃沙哈"（公元前 540～公元 700 年），是"米召、米宛、莫米倘"的时代，意译为"有官、有佛寺、没有负担"的时代；第三个时代叫作"米乃沙哈"，是"米召、米宛、米倘"的时代，意译为"有官、有佛寺、有负担"的时代。② 这一史料中的时期划分也大致与此种说法相同，可为佐证。

第三，约在 14 世纪下半叶至 15 世纪上半叶。江应樑在其《傣族史》说，公元 663 年，暹罗北部的"哈里奔猜国"（南奔）③ 始建佛寺，此时尚未传入泰族部落，"直到公元一二九二年兰那国芒来王（泰族）征服南奔，小乘佛教就传到了兰那，然后从清迈传到景栋，再从景栋传入西双版纳，其时期当在公元十四世纪下半叶到十五世纪上半叶"④。刘岩则认为，清迈佛教景栋传入云南南部西双版纳于公元 1367 至 1444 年间。

---

① 张公瑾，王锋.2002.傣族宗教与文化.北京：中央民族大学出版社，21-23.
② 江应樑.1983.傣族史.成都：四川民族出版社，143-144. 又一说，傣族历史分为"当补腊萨哈"（橄榄时期，即"没有官、没有佛寺、没有负担"，约为公元前 536 年前）、"滇鲁腊萨哈"（食米时期，即"有官、有佛寺、没有负担"，约公元前 536～公元 638 年）、"米腊萨哈"（阶级社会时期，即"有官、有佛寺、有负担"，约公元 638 年以后）三个时期。见：刘隆，王科.1990.西双版纳国土经济考察报告.昆明：云南人民出版社，147.
③ 《蛮书》及《元史》中称之为"女儿国"，是孟族建的小国。
④ 江应樑.1983.傣族史.成都：四川民族出版社，344；谢远章.1982.《召树屯》渊源考.云南社会科学，(2)：91-96.

还有学者认为上座部佛教不是一次性传入傣族地区的。岩峰等人在《傣族文学史》中就认为，上座部佛教的传入最初应始于公元3世纪，最后完成于公元8世纪。①

虽然学术界对西双版纳傣族何时接受上座部佛教尚有分歧，但有两点已无不同意见：其一，上座部佛教传入德宏要晚于西双版纳；其二，大致在明代后，西双版纳的傣族群众才逐渐普遍信仰上座部佛教。江应樑说，到了明代中期，西双版纳傣族民间才普遍信仰佛教，有了佛寺，重大事件皆由僧侣参与，完全排斥了"叭麻那"的地位。②考虑到佛教文化的大背景，即公元11~14世纪上座部佛教文化圈形成，再加上，明初以前的汉文资料中并没有傣族地区此前已经信仰佛教的记载，此说应当比较合理。如元代《马可波罗行纪》记金齿州，"其人无偶像，亦无庙宇，惟崇拜其族之元祖，而云，吾辈皆彼所出"。明初《百夷传》载，"其俗不祀先奉佛，亦无僧道。"到《明史·云南土司传·麓川》时载，"平缅俗不好佛，有僧自至云南，善为因果报应之说，伦（即思伦法）发信之，位诸部长上。"德宏地区普遍信奉上座部佛教也是明代中期以后的事。而到《西南夷风土记》时，情形则大不相同。其载："俗尚佛教，寺塔遍村落，且极壮丽，自缅甸以下，惟事诵经，凡有疾病祝佛，以僧代之，或一年二年三年，募人为之。"

总之，有一点是可以确认的，即上座部佛教传入西双版纳地区并没有很快得到传播。有关资料及研究表明，佛教传入傣族地区经历了多次反复的过程，才普及开来。刀国栋在其《傣泐》一书中提到，上座部佛教初传入西双版纳地区时，当地傣族群众针对其教义提出了关系民族生存发展的8个问题，而上座部佛教做出了10项调整，才得以继续传播。③虽然这8个问题不可能是同时提出的，但是上座部佛教在相当长一段时期内，逐渐调整自己，适应当地文化却是事实。所以，虽然政治的需要，相对封闭的文化状态等为上座部佛教传入创造了一定的背景条件，但是，没有这种主动地互动，不断地调整，上座部佛教很难融入当地，并最终成为世界佛教体系中独具特色的一支。

从本章可以看出：

首先，西双版纳的傣族文化并不是一个完全同一的文化形态，境内的上座部佛教亦是如此。以前我们经常只注意到各个文化间的文化差异，并将其差异

---

① 岩峰，王松，刀保尧.1995.傣族文学史.昆明：云南民族出版社，392.
② 江应樑.1983.傣族史.成都：四川民族出版社，546。"叭麻那"系巴利语［Bramna］的音译，据傣文辞典解释，意"婆罗门阶级，婆罗门教士"，傣语多借用为"巫师"。
③ 刀国栋.2007.傣泐.昆明：云南美术出版社，48-57.

无限放大，符号化、心理化，并将其作为确证"我"或"我族"之存在合法性的天然理由，但从历史上来看，文化间的沟通，族群之间的交流才是常态，并不存在完全静态的、不变的、绝对的文化形式。

其次，西双版纳傣族的文化形态再一次表明，并不存在所谓的强势文化、弱势文化问题。西双版纳地处汉文化、印度文化两大文化圈的交汇之处，但并没有因此而湮灭自己的文化特征，甚至在借鉴、吸收其他文化形式的基础上形成了更有特色的文化形态。文化是动态的，变化的，每当新的文化因素传来，必应着本地文化各因素，如自然环境、交通便利、语言文字、政治与经济结构等诸多因素而发生演化，而这诸多导致文化演化的因素之总和便是在本书中所称之为的文化生态。

再次，上座部佛教传入傣族聚居地区，并逐渐内化成为其符号性的文化标志，其过程亦说明两种文化形态遭遇时必然会经历否定、认识、接纳、认同、内化等一系列心理阶段，如在西双版纳的民间传说中仍存在原始宗教与佛教相较量的痕迹，例如"谷魂婆婆与佛主斗法"，"古代首领桑木底迫令佛主吃屎"等。这一系列心理阶段的发生，概而述之，亦可称为广义之教育过程。

第二章 学校教育的嵌入与现状

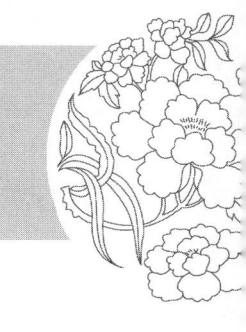

对历史的回顾，既有利于从整体上把握事物发展的规律，也有利于纠正我们已有的一些看法和思维定势。实际上，有些所谓的创新性做法，如果仔细考察历史，就会发现早已有人做过，甚至作为政策推行过。如果当时的做法并没有取得较好的效果，而现在同样没有太大作用，可能就要考虑这些措施是否得当，或者重新考虑问题的症结究竟在哪里。

第一节 清末与中华民国时期

奘寺学童现象的出现有其深刻的历史原因和地域特色。傣族地区奘寺中出现学童至少需要追溯到上座部佛教传入我国云南之初，而僧伽中童僧的出现则最早可以追溯至释迦牟尼的儿子罗睺罗①出家。据佛教经典记载，罗睺罗出家时年仅9岁。奘寺教育与现代学校教育的矛盾与冲突则晚至清末民初。

据《西双版纳傣族自治州教育志》载，清乾隆二年（1737年），倚邦、九龙江（即车里）、勐遮3地土司就捐资各设义学1馆，后至清乾隆五十三年（1788年），此3馆因属瘴乡，无人教读而废止。

义学又称"义塾"，为乡村蒙学一种，由私人捐资，抑或宗族设立，主要招收本族子弟，经费来源于地租。而义学之设早于清代，如宋代范仲淹就曾为同族设立义学，教授同族子弟。作为一种地方教育组织形式，由朝廷大力提倡，在全国普遍设立，推行教化、则是在清代，尤其是在雍正时期，义学作为改土归流的配套措施全面展开。清朝民族教育的重点始从培养忠顺的土司承袭人过渡到对边民子弟进行开化民智的启蒙教育，以推进边疆与内地的一体化进程，

---

① 罗睺罗，梵语和巴利语均为[Rāhula]，又译作"罗侯罗、罗怙罗、罗护罗、罗云"，是释迦牟尼出家前所生的儿子，在佛的十大弟子中号称"密行第一"。南传佛教社会中也有音译为"拉胡喇"。

但当时义学在云南地区的分布主要呈东多西少、北多南少的态势。西双版纳由于地处偏远，仅有少量义学存在。

清末时期的西双版纳地区的教育组织形式还有私塾。据《镇越县新志稿》载，当茶业旺盛，汉人大量移入时，镇越（今勐腊）即有私塾设立。光绪十八年（1892年），倚邦、易武等地开设私塾。宣统二年（1910年），清政府对私塾略加改良，在易武、老街、旧庙等地分设小学堂，没有统一的教学计划，所开课程也多与私塾相似，如《三字经》《百家姓》《千字文》《幼学琼林》等。持续两年后，因经费问题而停办。

学校教育的兴起始于民国。1912年，国民政府教育部颁布《小学教育令》。据《景洪县志》记载，1912年，时任普思沿边行政总局局长的柯树勋，在车里（现景洪）创办了一所汉文学堂，招收三四十名傣族儿童，采用简易识字法教习汉文。这个学堂类似短期小学，应不属于正式学校教育，同时开办时间也不长。1913年，佛海（今勐海）城区也设立了汉文小学1所。当时设立汉文学堂，主要还是为了便于推广政令。

> "查各勐习用缅文，不通汉字，公告、命令非译成缅文不能通晓，大为行政阻碍。现于车里建设学堂一所，收聪颖子弟三四十人入堂诵习汉字，如简易识字教法，籍通语言，随字讲解，用土音翻译。半年来稍著成效。将来经费充裕，每勐各设一堂。俾教育普及，开其智识，化其狂獠，讲究伦常，辨明顺递，蕴其忠爱之忱，作我捍卫只用。其缅文并行不悖，留彰佐证而示大用。"
>
> ——柯树勋，《治边十二条陈·学堂》[1]

民国时期西双版纳地区学校教育大体上可以分为三个时期：

第一个时期：1912年至1930年。这一时期，学校教育举步维艰，成效甚微。

1912年，柯树勋在车里创办汉文学堂1所，招收傣族儿童入读；1913年，佛海城区开设汉文小学1所。

1922年，云南教育司也曾计划分八期在全省各县市施行义务教育，普及初等小学教育，但计划未能如期推行。1923年，柯树勋用在户捐项下加征教育费的办法，拨款在车里兴办正式小学1所，即车里第一国民小学。此后，直至1930年，西双版纳境内先后设立过一些小学，除倚邦、易武、佛海3所和六顺

---

[1] 景洪县地方志编撰委员会.2000.景洪县志.昆明：云南人民出版社，1163.

县景讷区猛岭山小学、大寨小学外，其余办学时间皆不久长。

1927 年，车里宣慰司议事庭也曾设国民小学一所，但时因普洱道尹徐为光强迫少数民族子女学汉文、服兵役，[①] 当地少数民族群众认为"读了汉书，就要被汉官抓去当兵"，[②] 因而不让子女上学。姚荷生在《水摆夷风土记》中也写道，傣族群众认为现在上学是为了将来征点的。当时招生时，下令每个寨子派一名学生上学，被迫之下，傣族群众视上学为"学差"，雇人顶替或让女孩去。新中国成立后，曾任西双版纳州副州长的何贵，本是基诺族，年轻时在曼法寨叭飘家帮工，后被曼海寨头人抓去顶替不愿上学的傣族子弟，强送上学读书。[③] 同年，车里宣慰司费了九牛二虎之力，征调了一批各勐土司的子弟送到普洱中学读书。

第二个时期：1931 年至 1941 年。此时期，西双版纳小学数量发展较快，汉族和傣族聚居的城镇、村寨纷纷开办初级小学、省立小学和短期小学。

1930 年，刀栋材从缅甸回国后，被其大哥第四十世召片领刀栋梁招回车里宣慰使司任"召怀郎曼凹"（相当于小国的首相）。刀栋材既懂傣文、汉文，又懂缅甸文和泰国文，还能讲一口流利的"两广"话。他见识较广，提倡新学，兴办学校。他出任期间，主张傣族学习汉文，提出凡满 8 岁的儿童都必须进学堂读书，并督促各县建立学校，不久，仅车里就在曼飞龙，曼峦典、宣慰街、嘎洒和景德街分别建起 5 所学校。当时，由于不到校读书的学龄和尚较多，刀栋材就派教师到佛寺里教。以庄董佛寺为中心，派 1 个校长和 1 个老师驻扎在那里，把附近 5 个佛寺的小和尚集中在庄董佛寺教习汉文。1933 年，刀栋材出任车里县教育局长。为了解决教育经费的不足，他开始向百姓每户每年征收一个半开银币，后来增加到每年每户 2 个半开银币。[④]

1931 年起，云南省政府大力推行"边地教育"，一批热心边疆少数民族教育的人士和教师积极努力兴教倡学。此时期是西双版纳教育进入民国年间发展最快的时期。1931 年 4 月，云南省政府颁布了《云南省政府实施边地教育办法纲

---

① 1913 年 1 月 8 日，北洋军阀政府颁布划一现行各省、各道、各县地方行政官厅组织令，云南边疆管理实行省、道、县三级制；国民党统治时期，为加强中央集权，1929 年通令废除道制，实行省、县二级制。

② 李拂一.1979. 南荒内外. 台北：复仁书局，107.

③ 何贵.2000. 党的阳光雨露哺育我成长//岩罕主编，中国人民政治协商会议西双版纳傣族自治州委员会文史民族宗教联络委员会编. 西双版纳文史资料（第十三辑）. 昆明：云南民族出版社，134.

④ 当时一部犁架售价 1 个半开，一台纺车售 2 个半开。

要》①，要求统领各县（区）都要设立土民小学。据《勐腊县志》载，镇越县府督促每乡设立初小 1 所，并在宣慰街设县立第一、第二初级小学。而据《勐海县志》记载，佛海（今勐海）城区在省政府推行边地教育后，先后就开办了保国民小学、短期小学、省立宁江小学、省立南峤小学、省立佛海小学和省立佛海简易师范学校。1932 年至 1934 年，仅东里 1 县即新办初级小学 8 所。

1933 年 4 月，云南将边地教育纳入义务教育范畴。1935 年，省教育厅颁布了《实行苗民教育计划》《云南省设立省立小学纲要》，将边疆民族地区划为 12 个学区，其中便有车里学区。② 车里县于次年设立省立车里小学，以招收傣族学生为主，办学经费由省教育厅拨付，书、笔墨纸张、制服免费发给学生，家庭困难者还可得到一定补助。但是，学生很少，一般男孩子都当和尚去了。为了招收傣族学生，时任省立车里小学校长的张丕昌提出"以缅寺、佛寺为校舍，僧侣为学生"的主张。经他苦口劝说，宣慰使刀栋梁、大佛爷刀栋臣采纳了其建议，通令全县各佛寺都必须接受汉文教育。于是，部分佛寺办起短期教学班。③ 同年，佛海县教育局征得景龙头人的同意，在景龙大佛寺开办师资班，招收对象主要是大和尚及二佛爷。

1936 年，为贯彻省政府"义务教育"令，勐腊、勐仑、勐满等地均开办了短期小学。后因两年未见成效，省教育厅责令停办。同年 4 月，省教育厅决定在佛海、南峤、车里、六顺、宁江、镇越等县设立省小，至此西双版纳境内计有小学 12 所，教师 36 人，25 个教学班，1200 余名学生。

同年 8 月，华荫乾受云南省教育厅派遣到佛海县创办"云南省立佛海简易师范学校"。华荫乾在启程赴任前在昆明购买了大量教育教学用品，并组织校警队押送。到佛海后借象山脚斜坡顶商会会址为校址，他招收了两个简师班，后又创办简师附属小学。办学初期，当地百姓不愿送孩子上学。华荫乾便通过政府与土司头人协调，土司头人把学生名额摊派到各村各寨，甚至指派到户，时称"派读"。但村民仍不愿送子女入学，有的甚至出钱雇"学差"代替孩子上学。华荫乾只好走家串户，宣传读书的好处。他组织学生唱歌跳舞、演话剧，通过开文艺晚会、教学生种牛痘、赠送药品等，逐渐扩大办学影响。

这个时间段是民国时期西双版纳学校教育发展的最高峰。据《景洪县志》

---

① 《纲要》中界定了"边地"概念，即"系指云南省腾冲一带，沿边各县以及准县地方，其不在上指沿边地方而地处边界、其人民多系土著、其文化尚未达到与内地同等者，各该地方均在实施边地教育之列"。

② 12 个学区是：普洱学区、车里学区、澜沧学区、镇康学区、腾越学区、泸水中甸学区、丽江学区、东川学区、华宁学区、泸西学区、广南学区和蒙自学区。

③ 景洪县地方志编纂委员会.2000.景洪县志.昆明：云南人民出版社，824.

载，民国20~26年（1931~1937年），车里县就设置小学14所，共24个班，有696名学生。即便如此，此期间，西双版纳全境在学人数最多时也不过3000余人，离普及初等小学教育目标相距甚远。为了稳住边地学生，1936年，教育厅颁布《云南省苗民学生待遇细则》，推行免收学费，供给食宿，并发给津贴的政策。1939年4月，云南省教育厅又颁行《云南省立边地土民小学学生待遇细则》，规定：凡省立土民边地小学及附班师训班学生，一律免收学费、宿费、体育费、图书费，教科书、文具、医药由学校供给，并每学年发制服一套，制帽一顶，学校代寄宿生办理伙食。边地土民小学，每个学级定员15名执行。[①] 但1941年之后，由于战争影响，教育经费日益紧张，当局只好裁校减员，边地教育陷入困境。

第三个时期：1942年至1949年。这一时期，学校教育发展停滞。

1942年日军占领缅甸的景栋，因常空袭车里，学校停办。抗日战争后，学校陆续复课。据《景洪县志》载，1946年，为培养开发边疆干部和初等教育的师资，国民政府在车里宣慰街建了公立十二版纳中学，当年招生，有初中3个班，学生82人，其中部分学生是和尚。这是西双版纳普通中学教育之始，可惜，只办了两年就因地方混乱，无经费而停办。车里、佛海、南峤等地的小学也在此期间复办8所。1947年后，根据国民党云南省政府的规定，选送傣族土司亲友到内地免试升入国立专科以上学校学习，才培养出刀世勋、刀有良等少数大专生。1948年，国民党政权濒临崩溃，境内开办的小学、简易师范学校、初级中学等渐次停办。1949年，中国人民解放军南下，国民政府设置的学校全部停办。

综上，虽然云南地方政府尽心尽力，但办学并不成功。对傣族来说，学校教育是被动接受的。地区政府将学校植入傣族地区后，学校要政府建，教师要从外地聘请，教育制度、教学内容、教材和教学语言等均照内地的搬来。学校教育进入傣族地区总体上是一个嵌入的过程。

总的来说，民国时期傣族地区学校教育的发展有如下特点：

其一，建校目的是让傣族子弟认识汉文，便于内地政令通行无碍，为边疆工作培养人才，办学方式以"劝导为主，强制为辅"。虽然政府对少数民族学校教育很重视，但在少数民族看来，读书和兵役一样是为汉人卖命的苦差事。当一系列有待政策收效甚微之后，政府只好采取行政命令的手段，像抓壮丁一样，把学生名额摊派到各乡、各保、各甲作为政治任务去完成。完不成任务的保长、

---

① 蔡寿福. 2001. 云南教育史. 昆明：云南教育出版社，520.

甲长轻则被斥，重则革职。但对傣族而言，学校完全是个外来之物。加之一些宗教势力为与学校争夺青少年，便设法散布谣言，如读了汉人的书后眼睛会瞎，读了汉人的书后便得当兵、回不了家等。于是，为了使孩子免遭读书之苦，一些贫苦的少数民族家庭宁愿约几家人出几十块大洋去雇一名孤儿，或到外地雇他族儿童，去替自己的孩子上学以充数。①

其二，学校的教师和教育管理者绝大多数是自内地来的汉族教育工作者。由于本地民族中很难找到一个合格的小学教师，绝大多数教师都必须从外地引进。由于他们的生活条件相当艰苦，教师的日常生活往往没有保障，自然怨气颇多。于是，有的教师到实地感受之后便急于请辞，甚至不辞而别。另外，外来的教师往往不懂少数民族语言，学生又不懂汉语，学校教育也难以为继。为了维持学校存在，地区政府只好把当地粗通文化的人招来当教师。在这种情况下，学校发展多赖学校管理者个人能力，如时任南峤县教育局长的刀自强，毕业于普洱师范学校，因深感学校教育的重要，致力于兴办学校，使当地由3所小学发展到21所，学生由70余人增加到2300余人。②

其三，从表面上来看，民国时期的教育管理很完备，但事实上此时期的教育管理却极为混乱，原因是统治集团内部钩心斗角，互相倾轧，凡是能为教育办点实事的人都很难立足。由于少数民族地区人才匮乏，学校的校长一般都由地区的行政长官兼任。地方政府有时也要求教师承担县、乡、保的部分政务，如兼任乡、保的文化干事，帮助训练壮丁，进行社会宣传等。于是，政治与教育紧密联系。

其四，民国时期只有极少数傣族上层的子女能到云南省外接受中学教育。从1935年起，凡有土司的地方，由地方官、参议会及省立学校，会同选送土司直系亲属子弟2名到省城学期，其教育生活费用，特准予公费待遇。据刀学良回忆，不完全统计，有十多人先后到普洱中学、南京中正中学、南京国立边疆师范学校、中正学校重庆分校求学。③

其五，民国时期的小学开始尝试进行双语言教学。当时学校多设在傣族坝区，所聘用的教师也多数会傣语，少数还懂傣文，教学时便用傣、汉双语讲解。有的学校还开设傣文课，如省里车里小学和民国21年由美国传教士在景洪城开设的教会小学。民国35年（1946年）开办的公立十二版纳中学也开设有汉文、

---

① 蔡寿福.2001.云南教育史.昆明：云南教育出版社，528.
② 勐海县地方志编纂委员会.1997.勐海县志.昆明：云南人民出版社，879.
③ 刀学良.2003.求学旧忆//岩罕主编，中国人民政治协商会议西双版纳傣族自治州委员会文史民族宗教联络委员会编.西双版纳文史资料（第十六辑）.昆明：云南美术出版社，16.

数学、英语、傣语等课程,为西双版纳地区中等学校实行傣、汉文兼学之滥觞。

其六,学校规模小,整体上对社会影响力有限。民国时期,边地学校的规模都非常小,规模较大的学校,在校生注册人数最多的也不过一二百人,一般学校在校生的注册人数都在几十人左右,实际上,经常到校上课的学生多则数十人,少则十数人,有的地方甚至只有三四人。[①] 加之学校时办时停,停的时间长,办的时间短,没有连续性,影响力自然不大。

总体来说,民国时期学校教育中上学的傣族学生人数较少,另有个别其他民族的学生是顶替傣族的"学差"。同时,小学校因战乱、经费或有的学校不合规定等多种原因,设了停,停了办,办了又停,屡经波折,均未能形成规模,收到实效。

第二节 建国之后至改革开放

傣语称"汉族"为"贺"。傣族群众称主要教汉文的学校为"学校贺",而称主要教傣文的学校为"学校傣"。"学校贺"与"学校傣"之区别实际上并不是简简单单一个双语教学中谁为主、谁为次的问题,而是涉及学校办学价值取向的问题,涉及傣族教育应当如何发展的根本性问题。新中国成立后一段时期,由于学校教学目标和课程设置与傣族群众的需要脱节,傣族群众认为政府办的是"学校贺",而他们希望办"学校傣"。西双版纳的学校教育发展围绕这一问题,有过争论、有过尝试,但由于各种原因,终未能产生普遍影响。

(一) 1949~1956 年:社会主义改造时期

1950 年,西双版纳全境解放,各县人民政府立即着手重建小学。据《景洪县志》记载,车里县政府成立后就开始重办原有的部分小学校,如重办景德街小学;改名车里小学;重办宣慰街小学,改名景洪区小学。1950 年,全州共开办小学 14 所,有 27 个班,527 名在校生,28 名教职工。1951 年,云南省教育厅决定在民族地区设置民族省立小学,其中,西双版纳地区有 2 所,即云南省车里小学和思茅省小(校址在今景洪县普文镇曼岗纳)。1951 年 3 月,为适应小学教育发展的需要,解决小学师资缺乏的困难,佛海县在原佛海简易师范学校校址上开办佛海初级师范学校,州内师范教育重新起步。1952 年,西双版纳又新建小学 9 所,至 1953 年西双版纳傣族自治区成立时,已建省立小学 11 所(后

---

① 蔡寿福.2001.云南教育史.昆明:云南教育出版社,533.

又建西双版纳小学，共计12所）。建立初期，民族小学均为"包宿包干"、国家"管吃管穿管住管学习"的"省立小学"，后又建立县级民族小学26校，不包食宿，但免收学杂费，供给纸笔课本。

建校初期，由于历史原因，傣族群众心存疑惧，多不愿送子女上学。当时归纳傣族群众有"五怕"，即"怕娃娃进校读书将来不会生产；怕娃娃懂汉文后被抓去当兵；怕娃娃读了书后调到内地；怕娃娃到了学校变成汉人，不让赕[①]佛，不懂民族风俗习惯；怕娃娃进学校后挨打受骂"。所以，实际情况是，傣族学生报名的人多，到校上课的人少。从1953年的情况来看，设于城镇汉族地区的小学，如佛海省一小总校、南峤省一小总校、车里省一小景德分班、镇越完小等，学生基本巩固，缺课请假较少。但设于农村地区的小学，学生流动性很大，特别是坝区傣族学校学生旷课现象尤为严重。按报名人数，能有三分之二到校已算最好的。最突出的是车里一小总校（位于嘎洒），报名学生230多人，而经常到校的不到20人。

为了改变坝区傣族学校教育现状，当时主要采取了如下几种措施：

其一，尊重傣族男童出家为僧的习俗，采取"收进来"和"办进去"的办学形式。"收进来"指国家开办的学校吸纳招收具有和尚或佛爷身份的学生，这类学生俗称"和尚学生"。这类学生可以白天到学校上学，晚上回寺院，或实行"半日制"教学计划，上午在校读书，下午返寺当和尚。据相关县志和教育志记载，1952年，车里第二小学有和尚学生55人，镇越县第二小学有和尚学生45人。1953年，勐遮省一小有4个班，118名学生，其中和尚学生15人，南峤省二小两个班有学生87名，其中童僧34名。"办进去"指教育行政部门根据宗教界人士的要求和建议，将在寺的和尚编成班级，派出教师到佛寺进行教学，即"寺办和尚班"。在佛寺内举办和尚班，是国家办学的辅助形式，教学计划、教学内容、教材等均按国家统一规定执行，傣语文使用自治区自编教材。但是，这种"寺办和尚班"为数不多，主要出现在勐海县，如勐海景龙佛寺和勐遮佛寺就开办过和尚班，各科教师由学校派往担任。

其二，编译教材，培养师资，推动双语教学。办学初期，大多数教师是内地的汉族，不会傣语，上课时先讲汉语，再让人译为傣语。为了改变这一状态，教育管理部门要求教师学习傣语。1952年，自治区内部分具备条件的学校，如有傣文教师的，尝试进行老傣文教学。教材因袭习惯，由教师自编自用。同时，

[①] "赕"为西双版纳傣泐语的音译。"赕"字源于梵语［dana］，汉语译为"檀""檀那"，意译为"布施""奉献"。佛教认为，由此岸到达涅槃的方法和途径有六种，谓之"六度"或"六到彼岸"，音译为"六波罗密"。"六度"之第一就是布施（檀那）。

鉴于使用全国统一教材，学生语言上的障碍，教学进度极慢，有的地方一年还教不完一册书的情况，1953年，自治区文教科抽调人员用老傣文编译小学教材。编就初小第一册傣文课程，经呈报上级审核，并选定车里省一小及南峤省二小作重点试教。1952~1954年，总体上来讲，自治区内双语文教学还处于探索和实验阶段，开展双语文教学的班、校一般是小学一年级学傣文，二年级后主要学汉文，傣文课逐年递减，同时为了解决师资问题，师范学校开始举办傣语短期培训班，如1953年佛海初级师范学校就从当地傣族青壮年"康朗"[①]中招收学员，开办学制1年的短期培训班，是建国后培养双语教师之肇始。1954年之后，傣语文教学工作继续在少量学校试行，年末，国家教育部复函省教育厅和思茅专员公署，同意佛海初级师范学校教学计划中增加傣文一课，并就傣语文授课时数等问题作了明确指示。1955年，西双版纳傣族自治区更名为自治州。同年，西双版纳初级师范学校也开始"试办二年制民族师资（傣文）训练班，原计划招收50人，实有学员38人（全为傣族）"。

1955年6月，新傣文经中央人民政府国务院批准后在自治州内正式推行，自治州成立傣文教材编译室。当时已完成初级第一册算术的翻译与初级第一册傣语文的编译工作，新傣文开始进入小学。1955年，许多教师能用傣语讲课，还学会了傣文。同时，州傣文编译室用新傣文编译了小学第一册的语文和算术，在景洪县的嘎洒曼迈龙小学5个班级试用，与只教汉文相比，教学效果较好。1956年初，编译室并入省民委"云南民族教材编译室"，傣文课本的编译工作由该室"西傣组"（西双版纳傣文组）负责，州内抽调人员参与其事，这种情况一直延续到1963年。这期间共编译出版《初小傣语文课本》和《初小傣文数学课本》1~8册，《高小傣语文课本》1~2册和《傣文珠算》，合计出版发行12万册。1964年，自治州编译室恢复建制，有成员3人。同年9月，自治州内坝区傣族村寨小学增设新傣文课程，使用新傣文教材。思茅专署文教科专门发文，规定统一的教学计划，即"一、二年级以傣文教材为主，三年级开始逐年加重汉语文教材"。据统计，1956年，全州有4700多名学生在校学习傣文，占当时少数民族学生总数的59.64%。

其三，调整学制和教学计划。1922年（民国11年），国民政府教育部颁布"壬戌制"，规定初小4年，高小2年。1925年，又颁布《小学章程》，

---

① "康朗"在傣泐语中的意思是"有学问的人"，是傣族社会中具有较高学识的人的指称。在西双版纳，习惯上用这个词来尊称还俗的佛爷。

将小学学制正式定为"四·二"分段制,分初小、高小两级,初小 4 年,高小 2 年。此后,西双版纳境内的个小学均照此执行,完全小学为六年制,初级小学为 4 年制。另有短期小学学制为一年制或二年制。新中国成立后,依旧沿用的是"四·二"分段的六年制。1952 年,自治区曾试行五年一贯制,但少数民族学生学习汉语文困难较多,难以执行,于是,1953 年,又改行"四·二"分段制。

1954 年,由于农村小学,特别是傣族坝区小学,执行四·二制小学教学计划仍有困难,从自治区的特殊情况考虑,自治区拟定了"街周制"农村小学教学计划(表 2-1),并在傣族地区的农村小学试行。这份计划在课程设置上与教育部颁发的四·二制小学计划相同,只是改星期制为"街周制",即 5 天放假 1 天,每街周实际授课天数 4 天,因而每学期实际授课总时数与教育部颁布的计划有所不同。

表 2-1　1954 年西双版纳傣族自治区初级小学暂行教学计划(街周制)

科目		初　　　　级							
		第一学年		第二学年		第三学年		第四学年	
		上学期	下学期	上学期	下学期	上学期	下学期	上学期	下学期
			卅八街		卅八街		卅八街		卅八街
		每　街(周)各　科　教　学　时　数							
语文	阅读	2	7	7	2	7	7	0	8	8	0	8	8
	作文						2	2	2	2	2	2
	写字	2	2	2	2	2	2	2		2		
	合计	4	9	9	4	9	9	4	0	10	4	0	10
算术		6	4	4	6	4	4	7	5	5	7	5	5
体育		1	1	1	1	1	1	2	1	1	2	1	1
音乐		2	1	1	2	1	1	2	1	1	2	1	1
图画		1	1	1	1	1	1	1	1	1	1	1	1
每街(周)各科教学总时数		4	6	16	4	6	16	6	8	18	6	8	18

注:①第一学期自 8 月 20 日开学至 11 月 20 日放假,其中国庆节放假 1 天,开门节放假 1 街(5 天),以赕为周计 8 周(因关门后七天一赕),温习考试 1 街,实际上足 8 周 8 街,放农忙收割假 35 天(即寒假)。②第二学期自 12 月 25 日开学至 7 月 10 日放假,其中傣历年放假 1 街,新年放假 1 天,春节 3 天,"五一"、"六一"各放假 1 天,温课考试 1 街,实际上课 38 街,放农忙栽秧假 40 天(即暑假)。③从以上学期划分来看,第一学期授课时间短,第二学期授课时间长。第一学期授不完地课书,可移至第二学期续上,每天必须坚持上课 4 节,逐步达到中央要求。④其次收割农忙假,栽秧季节各地不一,因而假期时间还难以统一,可根据放假规定天数,按具体农忙季节执行

资料来源:西双版纳傣族自治州教育委员会.1998.西双版纳傣族自治州教育志.昆明:云南民族出版社,56-57

其四，设立民族校和民族班。1955 年，西双版纳第一小学（1956 年改称允景洪小学）招收邻近傣族村寨曼景兰、曼允、曼蚌囡等地的傣族儿童，入学后专门编成班级，称为"民族一班"，共有学生 30 余人，其中 50％的男生是小和尚。民族班组建后，学校专门选派傣、汉文兼通的教师担任班主任和教学工作，如"民五班"的班主任陶德高，"民八班"的班主任岩捧。除按国家统一的教学计划设置课程外，学校还根据"教学民族化"的要求增开傣文课，进行双语文教学。此后，允景洪小学的民族班（学生均为傣族）一直坚持开办，至 1965 年共招收 6 个班，学生 180 余人。1955 年，州内小学发展到 52 所，其中专设民族小学 34 所，包括傣族小学 23 所；另外兼收少数民族学生的小学 14 所，共 116 个班，学生 4785 人，少数民族学生占 73.23％，其中傣族学生有 2545 人。① 1956 年州内小学增加到 111 所（傣族小学占 50％以上），在校生 10 041 人，其中傣族学生占 50％。②

1955 年，实行"人民助学金"给民族学生提供补助，停止食宿包干的政策。助学金是对省立和县立的民族学生都实行补助，补助的项目有生活费、医药卫生费、服装费、书籍文具费。农村民族小学（指少数民族学生占学生总数 50％以上的小学），仍然免除学杂费。1956 年，"和平协商土改"和山区"直接过渡"后，傣族群众生活水平有所提高，自治区内小学教育不再实行食宿包干办法，但对农村少数民族学校的少数民族学生仍免收学杂费，免费供给教材。这段时期，州内小学教育发展较快，专设民族小学逐步增多。据《勐腊县志》载，1957 年，勐腊县共有小学校 36 所，学生 2120 人，其中民族小学 19 所，少数民族学生 1119 人，占学生总数的 52.7％；1959 年，该县共有小学校 49 所，学生 3301 人，其中民族小学 25 所，少数民族学生 2094 人，占学生总数的 62％。③

总体上看，西双版纳这一时期的学校教育在稳步发展，总结原因，可能有三点值得借鉴：其一，因地制宜，调整管理体制。面对复杂的教育情况，学校反应转圜的力度较大，尤其是 1955 年之后，改变了以前由总校领导分校、分班的做法，各分校、分班脱离总校独自设立。其二，"团结佛爷搞好缅寺关系"是建校办学的成功经验之一。有的佛爷不但不阻止，还督促小和尚上学。其三，正如 1953 年，自治区文教科总结教育工作时所说的，"避免盲目发展，单纯追

---

① 西双版纳傣族自治州教育委员会.1998. 西双版纳傣族自治州教育志. 昆明：云南民族出版社，225.
② 西双版纳傣族自治州教育委员会.1998. 西双版纳傣族自治州教育志. 昆明：云南民族出版社，226.
③ 云南省勐腊县志编撰委员会.1994. 勐腊县志. 昆明：云南人民出版社，597-598.

求学生数量的偏向，把学生的巩固工作抓好，并逐步提高教学质量；要实现教育民族化，教师必须学会少数民族语言，采用少数民族喜闻乐见的形式提高学生兴趣，提高教学效率，这是发展少数民族教育的关键。"① 与之相对，奘寺教育基本维持原状。另外，和尚学生虽然在学生总数中占一定比例，但流动性较大，部分不能完成小学学业。

还需要注意的是，西双版纳境内不同地区之间的情况亦有差别。"1954年，景洪很少有人做大贩。设有学校的地方，大小和尚白天都有跑到学校念书，他们对佛寺'活死人'教育表示不满。不少年轻佛爷准备还俗，要求工作或请求送往昆明学习。宣慰街及其附近9个佛寺，1948年佛爷和尚总计140人，1953年减为81人，1954年又减为47人……小勐养、勐景糯等地群众的宗教观念日趋淡薄，佛爷也很难找到，如勐养10个水傣寨的8个佛寺中，只有两个大佛爷，勐景糯全区只有3个大佛爷，佛寺已经倒塌了6座。"② 佛教活动的开支，"根据景洪中农典型户统计，全年单户约合人民币40万元，折谷800斤，约占农业收入的11%，占总收入的7.6%。景糯中农典型户统计，全年单户约合人民币285 000元，折谷560斤，约占农业收入的8.7%，占总收入的5.5%。"③ 但是，在勐笼，情况则刚好相反。"勐笼全勐佛爷和尚达1014人，较1948年增加了292人。全勐新建白塔4座，塔房5间，改建（拆草房盖瓦房）和新建佛寺19所，和尚宿舍11间。"④ 据1953年~1954年的调查材料撰写的《西双版纳傣族社会经济调查总报告》中称，类似勐笼这样的地区占当时调查的16个勐中的8个，而类似景洪的地区仅有3个勐。据《勐海县志》载，1956年，统计勐海县几所小学，招收一年级新生9个班676人，在读期间学生逐年减少，到1961年应升入六年级时一个学生也没有了。⑤

（二） 1957~1965年：全面社会主义建设时期

1957年，版纳景洪共有学校10所，21个班，学生900人左右，全部都是以傣文教学，版纳勐遮教傣文的有5校，学生经常保持在300余人左右。1957年，

---

① 西双版纳傣族自治州教育委员会.1998.西双版纳傣族自治州教育志.昆明：云南民族出版社，47.
② 《民族问题五种丛书》云南省编辑委员会.1983.傣族社会历史调查（西双版纳之二）.昆明：云南民族出版社，49.
③ 《民族问题五种丛书》云南省编辑委员会.1983.傣族社会历史调查（西双版纳之二）.昆明：云南民族出版社，50.
④ 《民族问题五种丛书》云南省编辑委员会.1983.傣族社会历史调查（西双版纳之二）.昆明：云南民族出版社，49-50.
⑤ 云南省勐海县地方志编撰委员会.1997.勐海县志.昆明：云南人民出版社.

据景洪县统计，每天到校上课的学生，较好的学校经常有50%～70%，多数学校只有40%～60%，严重的如嘎洒小学，全校90多名学生，有时只有七八个学生到校，一般只有10～20人到校。①

1958年，中央提出"教育为无产阶级政治服务，教育与生产劳动相结合"的方针。自治州内开展教育革命，师生停课，参加秋收、秋种、积肥、兴修水利、大炼钢铁，学校教育受到冲击。其一，由于停课太多，教学工作难以正常开展。有的甚至无视教育教学规律，提出现在各项工作都在大跃进，要求初小二年级学生，以一年的努力"跃进"升上高小一年级。有的教师只用15天就"跃进"教完第三册一学期的算术，测验结果学生都得零分。其二，自1958年始，否认边疆特殊，批判双语教学是"民族落后论"，许多班、校的傣文教学被取消。大部分少数民族学校改为"使用全国通用教材，强调统一教学要求，又放松了用民族文字进行教学"。这种情况一直持续到1960年，其间虽有少数班级、学校继续坚持傣语文教学，小学语文、算术等傣文教材仍在编译出版，但教学工作总体上处于停滞状态。其三，佛教活动被禁止，佛寺被拆除，佛爷、僧侣被迫还俗，但傣族学生依然大量流失。1959年，景洪、勐龙和勐罕，傣族学生由2480人减少为1121人，流失率54.8%。② 有的学校因为学生流失太多而无法开课。

与此相对的是，1958～1960年，政策上的"跃进"和"冒进"在教育上也出现超常发展，自治州内小学数量发展较快，学校数量和学生数量猛增。据统计，1960年的学校数量是1956年的2.6倍，班级数量是其2.65倍，在校生数为其2.71倍（其中少数民族生数为其3.02倍），教职工数为其2.73倍。③ 原因之一，1958年始，农村开设民办小学，如景洪县开办4所，共8个班，413名学生；勐海县开办3所，共3个班，150名学生；只有勐腊县直到1960年才开办。原因之二，1960年，大批湖南移民到西双版纳各农场落户，农场就读子女增加。从移民中也选拔了一批教师。

1961年，恢复宗教信仰之后，小学生也开始流动到寺院当和尚。当年，全州大约有2500多名学生离开学校当和尚。据统计，1961年，勐海县初中在校生276人，其中傣族只有23人。1962年始，州内在"调整、巩固、充实、提高"小学教育的同时，采取办定点小学、巡回小学、耕读小学等多种形式发展少数民族小学教育。双语教学也在本时期逐渐恢复。学生流失率有所减少，但依然

---

① 景洪县地方志编撰委员会.2000.景洪县志.昆明：云南人民出版社.
② 西双版纳傣族自治州教育委员会.1998.西双版纳傣族自治州教育志.昆明：云南民族出版社,48.
③ 西双版纳傣族自治州教育委员会.1998.西双版纳傣族自治州教育志.昆明：云南民族出版社,49.

很高。据景洪县统计，1962年，景洪县学生流失率为37.8%，而景洪、勐龙、勐罕3个区傣族学生由2480人锐减为1121人，流失1359人，流失率为54.8%。①

这一时期，州内多数地区和学校均执行双语文教学计划，另有少数班级、学校采用所谓"4+1"或"6+1"形式，即一至四（六）年级都进行汉语文教学，到初小或高小结业时，对不能继续升学的学生再延长学习时间，多学半年，或一年的傣语文。总体上讲，这些双语文教学计划均为"分课制"，汉语文课与傣语文课分设，缺乏有机结合，且学生负担重（有一阶段要同时学汉语文和傣语文）、学习效率低（傣、汉两种语文因集中时间"赶课"而均未学好）、学制延长（有的要上六七年初小才能升入高小）等问题。另外，由于傣文师资不足，部分教师傣文水平低，双语教学发展缓慢。

但是，也正是在这一时期，西双版纳出现了一所受傣族群众拥护和欢迎的"学校傣"——曼燕民族小学。曼燕民族小学位于勐海县勐遮区，该小学以教傣文为主，兼教汉文，并教授算术、珠算等。汉语文课只要求学完初小四年级课程，认识1500字，会写便条。曼燕民小的学生很少流失，大多数学生都能完成小学学业。毕业时，学生的傣语文成绩很好，能作文、写信、阅读傣文报纸，甚至编写"赞哈"② 唱词；算术学习也能够完成全国统一的教学大纲要求，能结算合作社的工分账目。村民称曼燕民小毕业的女学生为"女康朗"，夸男生"胜过康朗"。当地傣族群众主动为该小学投工、投料修盖校舍，寨子里的小孩子平时也喜欢到小学校内玩，曼燕小学成为了周围傣族社区的文化中心。

（三）1966～1978年："文化大革命"时期

1966年"文化大革命"开始后，教育上推行"一刀切"，对民族班、民族学校的特殊政策销声匿迹。西双版纳废除了考试录取办法，傣族地区小学学习傣文时间定为1年，以达到能读会写的目的。傣文教材编译机构不复存在。州编译室3个编译人员下放"五七干校"劳动。1972～1973年，州革命委员会文教卫生组曾抽调人员编写傣文教材，考虑恢复开设傣文课；州师范学校普通班也于是年恢复傣文教学。在"文化大革命"后期，有的小学校在家长和社会的要

---

① 景洪县地方志编撰委员会.2000.景洪县志.昆明：云南人民出版社.
② 傣语"赞哈"直译为"能歌善唱者"，是流行于西双版纳地区的一种专业民间歌唱艺人。"在傣家人的生活中没有赞哈，就像菜里没盐巴"。要成为"赞哈"，至少必须掌握十项基本的传统唱词：亥披勐（请神歌）、苔邦贡（向土司头人赔礼歌）、东雀牙迈（歌手见面礼貌歌）、恒很迈（贺新房歌）、波鲁教（升和尚歌）、甘允（婚礼歌）、西贺勐龙（16个城市来历歌）、捧桑罗（开天辟地歌）、嘎迫（佛经故事歌）、打少西甲（佛祖生平歌）。

求下开设老傣文，但开展面不大，详细情况无考。这段时间以招收少数民族学生为主的小学和小学附设初中班数量大增，但学生巩固率低，流失情况严重。

在学制上，自治州内部分小学试行"五年一贯制"，1967年后逐渐推广，并于1971年后全部执行。而实际上，自1967年4月，州文教科和各县文教科瘫痪，实行军事管制，设文卫组。军代表进驻州直属学校和县直属中、小学后，根本无法开展正常教学活动，全州绝大多数小学被迫停课。1968年，州内各小学开始"复课闹革命"。1969年9月，军代表撤出学校，城镇中学派驻工人宣传队，农村学校实行贫下中农管理学校。

1971年，《全国教育工作会议纪要》提出，"在第四个五年计划期间，农村普及五年教育"，采取多种形式办学，"把学校办到贫下中农家门口"。在"小学不出村，初中不出大队，高中不出公社"和"有条件要上，没有条件创造条件也要上"的口号鼓动下，州内掀起办学热潮。各种形式的小学纷纷出现，全州大抓入学率，小学迅猛发展。1975年末，全州适龄儿童入学率达到历史最高峰，为97%。据州教育志载，1975年，全州小学增至1355所，3779个班，102 017名在校学生（其中少数民族学生65 943人）。[①] 这三项均是西双版纳办学以来最高纪录。据《景洪县志》载，景洪县学生的入学率也达到97.7%，为历史最高纪录，但同时，由于学校办学条件普遍很差，教师数量不足，骨干教师又被中学和附设初中班挖走不少，小学教学力量薄弱。1976年之后，学生流失率逐年增加，入学率逐年减少。仅与1975年相比，全州小学就减少53所，在校学生减少2313人。1977年后，学生流失更趋严重，全州小学又减少22所，在校学生人数减少5100人。[②] 1978年，州教育局提出："当前，教育工作的中心环节是提高教育质量。"要求既抓入学率，同时又要认真抓巩固率、合格率，但在校学生大量流失的局面仍未得到控制。1977年5月15日，州教育局颁行《中小学学制和课程设置暂行规定（试行稿）》规定小学在四、五年级增设傣文课，每周2~3节。经过狠抓学生入学率，提高教学质量，取得了一定效果。

"文化大革命"被一些傣族群众称之为"文化达莫迷"，意为"打耳光革命"。从"四清"运动到整个"文化大革命"时期，在"破旧立新"等的口号下，佛寺和佛像被说成"四旧"，遭到拆毁或改变用途，上座部佛教信仰也被列为封建迷信，强令取消。1970年之后，公开场合佛教活动完全停止，但暗地还是有人活动。据统计，"文化大革命"期间，勐海县266座佛寺被拆毁230所，

[①] 西双版纳傣族自治州教育委员会.1998.西双版纳傣族自治州教育志.昆明：云南民族出版社.
[②] 西双版纳傣族自治州教育委员会.1998.西双版纳傣族自治州教育志.昆明：云南民族出版社.

剩余36座。① 各地剩余佛寺极少，多改为学校，或生产队的粮库、会议室、办公室等。僧人也被要求还俗，坚持不还俗者则迁居国外。

第三节　1978年改革开放以来

1978年，中国共产党十一届三中全会后，政府对教育的投资呈大幅度增加，教育教学质量迅速提高。1978年后，国家的宗教政策、民族政策逐渐放宽，宗教活动逐步恢复。傣族地区佛教活动一时显得特别活跃，傣族、布朗族男童大量回到奘寺为僧，导致严重影响学校教育发展。西双版纳州委等各级政府不得不断协调奘寺与学校教育的关系，使民族教育及扫盲工作得以发展。

（一）1978~1989年：拨乱反正 加速改革时期

1978年之后，州内各校逐步改变"文化大革命"中教学计划、课程设置混乱的局面，按教育部颁发的全日制中小学教学计划试行草案规定开设课程，部分傣族小学恢复了傣文课。1979年11月，州傣文教材编译室正式恢复，州内各县也相继调配专职傣语文教学研究人员，设立教研机构。1980年，普通中学开始设立民族初中班、高中班。1982年11月，全日制寄宿制"西双版纳州民族中学"正式成立，其后，勐海县（1984年）、勐腊县（1988）、景洪县（1991年）也自筹费用设立了民族中学。

1981年初，政府开始落实宗教信仰自由政策，退还了佛寺，拆毁的寺院、佛像得以重建或修复，移居国外的僧人也返回家乡。州内"有的地方宗教活动一时显得特别活跃，有的甚至达到狂热程度"。据相关统计，至1988年，全州已修复474座佛寺，有佛爷643名，和尚4337名，基本接近新中国成立初期的宗教规模。因佛寺增加，国内僧人不足，当地民众便去国外请。1981年，全西双版纳州共有比丘36人，其中就有35人来自缅甸。第二年，比丘增加至44人，其中缅甸籍僧人13人。后来，随着自治州内沙弥升比丘者增加，缅甸籍比丘逐渐回国了。

佛教复兴之初，佛教活动对学校干扰极大，大批男孩和男子退学入寺，出现"佛寺金碧辉煌，学校破破烂烂；佛门热热闹闹，学校冷冷清清"的现象。个别村小只剩教师子女，还有许多乡村小学成了女校，后因女孩也辍学而无学生。据勐海县的调查，1981年全县新建、修复佛寺157座，该县布朗山乡43所

---

① 云南省勐海县地方志编撰委员会．1997．勐海县志．昆明：云南人民出版社．

学校就有 33 所因学生流失而关闭，全县"傣族、布朗族地区的学生现已流动60％左右，比历史上最高年度的 1960 年的 42％还高出 18％"。① 1982 年 3 月，罗阳在佛教活动较强的地区调查时正是开学时期，但是当时傣族村小校舍陈旧、教室破烂，里面只坐着几名女生。勐笼的一所佛寺，僧人之间年龄悬殊极大，最大的有 19 岁，最小的才 6 岁。②

为了控制学生流失，1981 年元月，州佛协召开第二届第二次理事会通过十条决议，其中第十条："全州佛教徒和广大信教群众，要遵纪守法，爱国爱教，要支持和帮助边疆各民族文化科学教育和卫生事业的建设发展，不要强迫和动员适龄儿童退学入教。"但之后对于已经退学入寺或直接入寺者，如何解决没有规定。之后，各县都有了佛协，并制定男孩先上学后当和尚的规定，各个学校也开始与村佛寺签订协议，保证当和尚的适龄儿童上学。但总体上，这一情势并没有扭转。据调查，1982 年，橄榄坝、勐海县的村小只有女生，且人数很少，而 1982 年，仅勐海县退学当和尚的学生达 2000 人，占当年全县在校小学生数的 20％左右，小学入学率从 1978 年的 80％下降到 58.3％。③

1984 年，西双版纳州民族中学为了更好地协调佛寺与学校的关系，学校招收和尚入校插班学习。和尚入学不受年龄限制，只要提出读书要求，学校都热情欢迎（表 2-2）。为解决佛寺拜佛、念经、值日、化缘等活动在时间安排上的具体矛盾，有的学校尝试采取和尚学生单独编班的方式，并在生活、学习等方面尽量为和尚学生提供方便，如尊重和尚学生的宗教禁忌和生活习惯，严禁别的学生，特别是女生摸和尚学生的头，允许和尚学生披袈裟上学，不安排女生与和尚学生同桌，有条件的学校单独给和尚学生安排住房等等。和尚学生因病因事（包括赕佛）耽误的课程，学校会安排教师专门补课。经过多方面努力，情况有所好转，截至1993 年，先后有 82 名和尚学生入学并完成学业，其中 10 名获得高中毕业证书，50 名获得初中毕业证书，3 名考入高等院校，22 名考入中专学校。④

1988 年 12 月，由州政协文员刀庭荣倡议，教育行政部门批准，勐海县勐遮乡景真八角亭佛寺正式开办两个和尚班，就学僧侣 83 人，其中佛爷 6 人，和尚 77 人。学员来自附近 9 座佛寺，办学经费以群众筹集为主。和尚班设傣语文、初小语文、数学、音乐、体育、美术等课程，寺内佛爷教傣文，其余课程有勐遮乡中心小学派出的教师教授。至 1992 年，景真八角亭"寺办和尚班"授完高

---

① 云南省勐海县地方志编撰委员会.1997. 勐海县志. 昆明：云南人民出版社.
② 罗阳.2007. 云南西双版纳傣族社区与发展. 成都：四川大学出版社,208.
③ 云南省勐海县地方志编撰委员会.1997. 勐海县志. 昆明：云南人民出版社.
④ 西双版纳傣族自治州教育委员会.1998. 西双版纳傣族自治州教育志. 昆明：云南民族出版社.

表 2-2　1982～1993 年景洪县和尚入学统计表

年份	和尚总数/人	入学和尚/人	入学和尚比/%	在校和尚
1982	714	162	22.60	—
1983	1218	492	40.40	—
1984	474	180	37.90	—
1986	301	120	39.87	242
1987	230	92	40.00	—
1989	572	319	55.80	—
1990	787	458	58.20	—
1991	953	497	52.20	710
1992	801	338	42.20	516
1993	914	270	29.54	359

注：1984 年后，和尚总数即是适龄儿童和尚数；"—"表示无统计数字，全书同
资料来源：景洪县地方志编撰委员会.2000.景洪县志.昆明：云南人民出版社，825

小六年级课程，学员如期毕业。[1] 1989 年 7 月，确定"寺办和尚班"为"民办公助"，名称定为"景真八角亭寺办和尚文化技术学习班"，要求入学和尚在学习文化基础知识的同时，学习农业技术知识。年内，勐遮乡曼垒佛寺、曼养佛寺亦各办一个和尚班。曼垒佛寺和尚入学 44 人，其中佛爷 8 人；曼养佛寺和尚班入学 55 人，其中佛爷 6 人。[2] 据相关统计，1990 年底，全州有佛寺 508 座，大佛爷 579 人，在寺和尚 5353 人，其中 7 至 11 周岁的适龄和尚 2060 人，已入学和尚 1388 人，入学率达 67.38%，[3] 而勐海县 246 座佛寺中有 2886 名和尚，学龄和尚 1110 名，参加和尚班就读的有 913 人，占学龄和尚的 82.25%。[4]

西双版纳傣族学校教育有一个基本的特征，就是在完成小学教育之后，升入初中及以上阶段学习的学生人数大幅度下降。这一点从表 2-3 中也可以明显看出来。

表 2-3　1988～1990 年勐海县各少数民族小学生、初中生、高中生所占人口比例

民族	6 周岁以上学龄人口/人	小学生/人	占该民族学生比例/%	初中生/人	占该民族学生比例/%	高中生/人	占该民族学生比例/%
布朗族	6 616	5 716	86.40	782	11.82	49	0.74
拉祜族	13 426	11 306	84.21	1 639	12.21	278	2.07
哈尼族	23 474	18 940	80.69	3 654	15.57	517	2.20
傣族	52 901	49 240	93.07	3 032	5.73	335	0.63

资料来源：云南省勐海县地方志编撰委员会.1997.勐海县志.昆明：云南人民出版社，746-747

---

[1] 西双版纳傣族自治州教育委员会.1998.西双版纳傣族自治州教育志.昆明：云南民族出版社.
[2] 西双版纳傣族自治州教育委员会.1998.西双版纳傣族自治州教育志.昆明：云南民族出版社.
[3] 西双版纳傣族自治州教育委员会.1998.西双版纳傣族自治州教育志.昆明：云南民族出版社.
[4] 云南省勐海县地方志编撰委员会.1997.勐海县志.昆明：云南人民出版社.

伴随着宗教信仰反弹的另一个现象是恢复老傣文的呼声。1983年，大部分傣族和布朗族聚居地区的学校都已恢复了傣文教学，仅勐海县就有7个乡镇（全县共14个）、113所小学（全县共406所）、171个班级开展双语文教学，学生6914名，占全县小学生总数的38.6%。[1] 1986年7月，联合州民族事务委员会召开"老傣文教学研讨会"，拟定了傣族小学《傣汉双语文教改实验方案》，并于1986年秋，在勐海县曼贺小学举办教改实验班1个，历时3年。后来，在1989年秋，州内3县又开办了10个实验班。《傣汉双语文教改实验方案》创新之处在于将以往"分课制教学"改为"分课"与"同课"（一堂课内傣、汉文教学同时进行）两种形式混合运用。具体安排是：一般招收6岁儿童入学，先学傣文1年，同时兼学一些简单的汉语；第二年开始系统地按照教学大纲要求进行汉语文教学。低年级阶段的教材采用汉语拼音标注汉字字音、傣文对照对译汉字字义（汉语拼音、汉文、傣文三行排列）的《傣汉文对译课本》。中高年级傣、汉文分课教学，以学汉语文为主，《傣汉对译手册》（将统编教材各册课本中出现的生词用汉语拼音注音、汉文注解、傣文对译）与汉文课本配套使用，辅助汉语文学习。另每周加设傣文课2节，以巩固、提高傣语文的学习。经过数年实验，这种双语文教学有机结合的教学形式效果较好，能使学生正确理解和掌握傣、汉两种语文。经过改革，傣语教学质量得到提高。1986年，勐海县19岁的佛爷都三稍就被吸引到勐遮乡中心小学学习。第二年，都三稍即跳级插入六年级跟班学习，第三年考入州民族中学，被评为"三好学生"，并于1993年考入云南民族学院英语系预科班。

1986年，西双版纳州六届人大五次会议通过《关于使用老傣文的决议》，并决定"在今后每年小学升初中的考试中，除常规科目外，加试傣文……其考试成绩均按20%（1988年又提高到30%）比例计入总分"，州内正式恢复使用老傣文。为了促进老傣文教学工作顺利展开，1988年1月12日至16日，州教委召集20余名具有较高水平的教育工作者进行研讨，拟就《西双版纳老傣文教学规范意见》，2月报州人民政府批准后在全州试行。这是州内第一份关于老傣文声母、韵母、声调系统的规范方案。1989年初，老傣文教材也开始编印出版，教学试点工作于同年内在勐捧勐哈、猛罕曼听、嘎栋曼迈、勐遮曼恩等4所小

---

[1] 云南省勐海县地方志编撰委员会.1997.勐海县志.昆明：云南人民出版社.

学进行。① 但是，由于1955年以来，学校教育中一直使用新傣文，恢复使用老傣文，教材编印、师资力量等方面出现困难，故较长时间里州内双语文教学仍使用新傣文编写的教材，老傣文只在佛寺使用或少数小学试用。

1985年，州内双语文教学计划有所变更。关于坝区农村小学的学制、教材，有三种形式：第一种，四年制傣族学校。教材是用州、局编译的课本，加常识课，这类学校适用于偏僻的村寨学校，属于扫除文盲，进行一般科普知识传授性质；第二种，七年制傣族学校。教材是民文译本与汉文教材公用，民文教学与汉文课本的比例随年级的高低成反比。这类学校适用于区以下完小；第三种，五、六年制学校，使用全省统编教材，增加傣文教材课，课时的安排由各校自定。这类学校适用于县城附近完小。本着扩大地方办学自主权的原则，各县区可以根据当地实际分别采用以上三种学制。② 经过几年努力，入学率和巩固率的难题开始得到缓解，但合格率问题越来越突出。1987年，调整小学布点后，通过普及初等教育和九年义务教育，傣族学生流失率下降。同年12月，勐海县格朗和乡普及小学教育和扫除青壮年文盲工作通过"双验收"，是州内第一个通过"双验收"的乡。

（二）1990~2000年：治理整顿时期

1991年秋，州教委选择几所小学作为试点，试行九年义务教育"六·三"学制全日制小学课程计划。1993年，九年义务教育统一实行，但小学阶段仍然是完全小学执行六年制，其余小学为四年制初小，只是均执行"六·三"学制全日制小学课程计划。1993年5月1日《云南省西双版纳自治州民族教育条例》正式施行，《条例》第二十条明确规定："在有本民族文字的少数民族聚居地区的小学，应按州教育型规整部门规定的傣文教学计划开设傣文课程，力求使有本民族文字的民族学生达到民、汉文字兼通。"州内双语文教学工作于此开始进入新的发展阶段。双语文教学也在教材、教法等许多方面有了革新。"过去编译和使用的教材是单一的，即上汉文课单用汉文课本，上傣文课单用傣文课本，现在编译和使用的课本，除有单一的傣文和汉文课本外，主要还有傣汉文对照

---

① 1989年，用汉语拼音注音、汉傣文相对照的《傣汉对译手册》第一册编译完成；1990年，修订《傣语文一、二册合订本》再版发行2万册，修订《傣汉对译手册》第二册，新编《傣汉对译手册》第三册及《傣语文课本》第五册，编写扫盲教材《傣语文识字课本》《傣汉文识字课本》；1992年，"编译、修改、缮写、出版了《傣汉对译手册》第四、五、六册，供学前班使用的《傣汉对译数学课本》和编译《农村实用技术资料汇编》。"从1989年~1993年，使用老傣文编译的各种教材共出版发行88 000册。参见《西双版纳傣族自治州教育志》。

② 西双版纳傣族自治州教育委员会.1998.西双版纳傣族自治州教育志.昆明：云南民族出版社.

对译课本（用全国通编教材对照对译）；过去任课老师，教汉文的只教汉文，教傣文的只教傣文，现在对任课教师提出了更高的要求，要傣汉文兼通，能胜任傣汉文结合教学；在教学方法上由过去傣汉语文'分课、相互脱离'转移到'同课、有机结合'上来。"[1] 据统计，1993 年，全州能胜任双语文教学的教师达 405 人。

据西双版纳州政府统计，1993 年全州有幼儿园 18 所，附设学前班的小学 140 所，在园（班）幼儿共 311 个班，10 076 人，其中少数民族幼儿 5077 人，占 50.4%；小学校（含办学点）1147 所，在校生 95 060 人，其中少数民族学生 76 060 人，占 80%，小学适龄儿童入学率达 90.6%，全过程巩固率为 61.6%，升学率为 2.6%；普通中学 72 所（其中完全中学 18 所），在校生 24 345 人，其中少数民族学生 14 577 人，占 59.87%；全州 40 个乡（镇），已有 20 个乡（镇）普及六年制小学教育。[2] 结合表 2-4，从数据上可以看出奘寺教育与学校教育对生源的争夺在 20 世纪 90 年代十分激烈。普及九年义务教育的工作十分繁重，尤其小学适龄儿童虽达九成，但全程巩固率只有六成多，有 38% 的少数民族儿童没有读完六年小学教育；至于中学教育，从小学升学率仅 2.6% 来看，接受中等教育的比率显然偏低，接受高等教育的更是凤毛麟角。

表 2-4　1983 年～1998 年西双版纳和尚入学情况择年统计表

年度	寺/座	佛爷/名	校内外和尚总数/人	校内外适龄和尚/人	在校和尚总数/人	在校适龄和尚/人	适龄和尚入学率/%
1983	—	—	2054	2054	1244	1244	60.65
1990	508	579	5353	2060	2141	1388	67.38
1991	507	589	6092	3000	2438	1818	60.60
1992	519	606	5617	2549	2026	1525	59.38
1993	507	599	5157	2881	2037	1743	60.65
1998	479	500	5107	2086	—	1724	82.65

资料来源：西双版纳傣族自治州教育委员会.1998.西双版纳傣族自治州教育志.昆明：云南民族出版社，250；刀瑞廷.2006.透视：站在历史与现实的交汇点上——西双版纳傣族教育发展战略研究报告.昆明：云南美术出版社，42

总之，20 世纪 90 年代以来，为了提高傣族学校教育质量，稳住生源，州教育部门和学校可谓是尽心尽力了。从整体上看，傣族群众受学校教育的程度和人数都在增加，但情况依然不容乐观。从 1990 年第四次人口普查和 2000 年第五次人口普查的数据对比（表 2-5）中可以清楚地了解实际的情况。

---

[1] 西双版纳傣族自治州教育委员会.1998.西双版纳傣族自治州教育志.昆明：云南民族出版社．
[2] 西双版纳年鉴编辑委员会.1997.西双版纳年鉴.昆明：云南科技出版社，362．

表 2-5 第四、第五次人口普查西双版纳傣族受教育程度统计表（6 周岁以上）

年份	人口	未上	小学	初中	高中	中专	专科	本科	研究生
1990	137 080	—	120 129	13 366	1 858	1 352	287	88	0
		—	87.6%	9.8%	1.4%	1%	0.2%	0.06%	—
2000	274 662	33 29	182 104	27 593	4 006	4 058	1 030	233	13
		12.3%	66.3%	10%	1.5%	1.5%	0.4%	0.1%	0.005%

资料来源：刀瑞廷．2006．透视：站在历史与现实的交汇点上——西双版纳傣族教育发展战略研究报告．昆明：云南美术出版社，59-60

（三）2000 年以来：深化发展时期

傣族地区的学校教育一向是地方政府最为头痛的"顽疾"。进入新世纪以来，虽然从整体上看，傣族学生的入学率显著提高，许多乡镇也接连实现了"普九"的重任，[①] 但从实际考察的情况来看，学校管理难、教学质量低，以及"隐性辍学"的问题越来越突出。

笔者的考察主要围绕勐海县勐遮镇展开。勐遮镇辖区内现有 21 所中小学，其中两所县属中学（勐海县第三中学和黎明中学），两所九义小学（嘎拱九义学校、曼恩九义学校），完全小学 10 所，高小点 6 所。该镇于 1997 年实现了"普六""扫盲"目标；2003 年 12 月通过了州级"两基"评估验收；2007 年 10 月通过了省级"两基"评估验收。勐遮是傣族男童出家为僧的"重灾区"。当地教育局工作人员和教师这样向笔者描述："整个西双版纳佛事活动最兴盛的地区在勐海，勐海最兴盛的地区在勐遮"。

以曼恩九义学校来说，2008 年毕业生有 363 人，仅 37 人报名参加中考，其中傣族学生 2 人。从比例上来说，傣族学生仅占参加中考学生总数的 5.4%，低于该校初三年级参加中考学生数的比例 10%，而傣族学生却占当年全校学生总数的 76%。[②] 2010 年，该校初三毕业生有 200 余人，教育局分配曼恩的中考指标是 70 人，因人数无法凑齐，学校只好请求学生参加升学考试，只要先考就行，应付名额。考察期间，与勐遮相邻的勐混镇教育局工作人员向笔者表达了同样的信息。据他所讲，"2003 年之前，勐混镇小学升初中的学生仅占 15% 到 20% 左右，而在 2003 年'普九'之后，初中入学率迅速拉高，提升至 97%，而初中一旦毕业，傣族学生又大量流失。"

一方面来看，傣族学生大量流失同政策上的强硬有直接关系。大多数学生

[①] 按照国家规定，义务教育验收是以县为单位进行，但西双版纳州根据实际情况采取了分步走的方法，即先"普六"再"普九"，并以乡镇为单位，对乡镇逐个进行达标验收，最终实现全县的达标。

[②] 陈荟．2009．西双版纳傣族寺庙教育与学校教育共生研究．重庆：西南大学博士学位论文，61.

本来就不愿意上初中，上初中只是由于国家规定必须完成九年义务教育。为了完成"普九"任务，当地政府想尽了办法，不少乡镇都制定了经济处罚标准，对不送子女到校读书的人家给予经济制裁。有的村委会规定，学生不到校处以每天 10 元的罚款。景洪市嘎洒镇甚至还制定了教育保证金制度。勐海三中的初（134）班学生就都是为了完成国家规定的九年义务教育才入学的。学校也对他们特殊安排，他们不用参加中考，甚至不参加期中、期末的考试。嘎拱九义学校初中部也按照小学升学成绩将学生划为 A、B 两种教学班，语文和数学两门课程总分达 100 分以上者进入 A 班，低于的则进入 B 班。A 班学生是准备要进入高中的，而 B 班则只是为了完成义务教育。A 班课程中必考科目所占比重较大，而 B 班中则多一些与生产劳动相关的技能课。所以，一旦政策稍微宽松，学生自然大量流失。

从另一方面来看，傣族学生的大量流失与学业成就不高亦有相关性。傣族学生的学习成绩普遍不高，本来要考上高中就十分困难。以下是笔者在勐海三中随机抽取初一某班期末成绩的统计数据。2010 年，勐海三中共有 21 个教学班，在校学生总数 1023 人，其中少数民族学生 940 人，占总数的 91.9%，傣族学生 670 人，占 65.5%。被抽取的班级中共有学生 54 名，其中傣族 39 名，占 72.2%。该班学生全部参加了期末考试，实考率为 100%。此次考试为州教育局命题，应该反映了该班学业成绩在州内的真实水平。（表 2-6）

表 2-6　2009~2010 年度第一学期期末初一某班成绩统计表

科目项目	语文	数学	英语	政治
平均分/分	36.75	39.05	46.20	56.83
及格人数/分	4	9	7	23
优良人数/分	1	2	1	4
最低分/分	11	5	10	14
最高分/分	97	119	103	78

资料来源：勐海三中统计资料

仅有一个班的统计数据显然不够，笔者也曾翻阅了勐海三中和黎明中学的部分英语、数学试卷，满分 100 分的试卷，成绩为 26 分、12 分甚至 4 分的试卷随处可见。

除了初中毕业后学生大量流失外，傣族地区学校教育另外一个基本特点就是"隐性辍学"率较高。陈荟在其博士论文《西双版纳傣族寺庙教育与学校教育共生研究》中也有提到，不过她使用的概念是"间歇性辍学"，即学业未完成中途辍学，在被劝说回校后，过一段时间再次离校的情况。陈荟描述的这种情况确实存在，只不过在最近几年"普九"高压态势下，这种情况属于较少的个别例子，相对较多的情况则是旷课，即便上课也从来不听讲。后两种情况也属于本文中"隐性辍学"概念的范畴。所谓"隐"，是相对"显"而言，是人在，心却不在的表征。一般的情况是老师在前面讲课，学生在下面有的吵闹，有的睡觉，教师也没有办法理会。课后教师向笔者表示，"他们不学，我也没有办法。那几个睡觉的平常都是经常性旷课，能来就不错了。我也不敢管，万一不来了呢。"实际上，这也是绝大多数教师的普遍顾虑。

2010年11月，笔者在勐海三中，随机挑选班级进行到校人数统计。统计过程比较简单，因为每个班级教室黑板右上角都有到校人数统计，并且实时更新。总体看来，到校率均在80%至95%之间，只有初（134）班应到56人，实到34人，到校率60.7%，其中请假5人，缺勤17人。当天是星期四，而据该校教师反映，一般周一、周五两天到校率最低。这一情况在嘎拱九义学校的统计数据中得到了印证。嘎拱九义学校现有学生990人，其中傣族学生占80%。（表2-7）

表2-7 嘎拱九义学校2009~2010年度第12周到校情况统计表

时间	应有学生数	实到学生数	未到学生数	未到校学生比例/%
星期一	1061	861	105	14.1
星期二	1061	858	125	11.7
星期三	1061	876	140	13.1
星期四	1061	882	113	10.7
星期五	1061	808	190	17.9

注：未到学生数不含请假学生

资料来源：嘎拱九义学校统计资料

如果以黎明中学"出勤优良学生"奖的统计情况来看，该学期该校至少有75.04%的学生旷课20节，事假、病假累计在两周以上（表2-8）。

表2-8 黎明中学"出勤优良学生"奖统计表（2010年6月30日）

奖项	评奖标准	获奖人数	占全校人数比例/%
出勤优秀奖	本学期内，学生无旷课、无事假、无病假	19	3.54
出勤良好奖	本学期内，旷课少于20节，事假、病假等累计在两周以内	115	21.42

资料来源：黎明中学橱窗公示栏

如此高的旷课比例足以反映出傣族学生对待学校教育的态度，以及学校教育管理的难度。为了巩固入学率，学校采取了多种办法，如勐海三中专门成立了"控辍保学"小组，小组成员共有5人，主要负责每天清点各班未到校学生，并把他们再次请回学校。所以，尽管已经通过"两基"评估，但实际上勐遮镇的"控辍保学"工作仍然不容乐观。也正是因为"控辍保学"任务的艰巨，同时由于必须完成《义务教育法》中的入学规定，各级政府以此为考核学校以及下一级地方政府的硬性指标,每当迎接"普九"和"双基"等国检时,西双版纳地区的镇政府和各级学校都是全员调动,积极备战,甚至连正常的教学秩序都受到干扰。通常的情况是,往往在迎接国检的前半年时间里,整个学校的所有工作都是围绕着国检展开的。

从历史上来看的话,西双版纳傣族地区学校教育办学一直以来均不理想,其间虽有个别学校、个别时期学校教育有过顺利的发展,但总体看来学校教育每前进一步都要付出比别的地区更多的努力。从学校教育嵌入傣族地区的历史来看,我们至少可以看出以下几点:

首先,之所以说学校教育是嵌入傣族地区的,是因为学校教育从民国时期进入傣族地区就一直是作为政府行为存在的,而不是以文化的交流形态存在的。所谓政府行为就是政府凭借其国家强制力在傣族地区推广学校教育,其目的是为了便于推广政令。实际上,在建国之初,政府在傣族地区积极推广学校教育,亦有培养少数民族干部的直接原因在内。既是政府行为,傣族群众便容易将入学堂受教育视为政治行为,而不是文化行为。这也是为什么在民国时期,傣族地区竟有"学差"一词的称呼。傣族群众将入学校视为服差役,其间虽有文化理解的差异,但亦容易简单明白傣族群众对待学校教育的基本态度。

其次,从学校教育嵌入傣族地区的历史上来看,极易发现一个现象,即学校教育入学生源增加之时,奘寺童僧的数量就相应减少,反之亦然。有人据此便推断,学校教育不兴,其根本原因在于奘寺,有些更是得出傣族地区学校教育发展困难的障碍就在于傣族地区的宗教因素以及傣族群众的观念落后。殊不知,学校教育发展顺利与否,与奘寺童僧数量的增减具是同一事物现象的结果,其归因之简单,逻辑之偏差,自是于事情之解决无益。所谓造由之因,必是藏于现象之后,于学理层面之因。本书中,将奘寺学童现象及傣族地区学校教育之困放在傣族地区文化生态之中考察,便是探由之一端,希望能够引起更多学者对傣族教育的关注和研究。

再次,从学校教育嵌入傣族地区的历史来看,所采用的具体办学方式、教学措施不可谓不多,所用心力、物力不可谓不少,然学校教育发展依然困境重重。所幸的是在学校教育发展历程中,有若干时期,如20世纪50年代,若干学校,如曼燕小学等,曾取得过较为理想的教育效果。其间,学校与傣族社区能融为一体,究其原因乃政府当时对学校并未管制太严,学校有较多自主权故,可因时、因地、因人权宜行事,其教学目标、教学内容和方式具可调整,且无如今只频繁检查。今之国检之类检查,故可达管理之效率,然对学校来说,其自主的权力便在如此检查之中日益压缩。且不说,其达标之标准是否符合傣族地区学校教育实际，学校为了达标，不得不强调教育形式多于实质内容。笔者考察期间，适逢某校迎接国检，该校动员全体教师加班加点准备材料。所准备的材料足足堆满了两张大桌子，结果检查队伍一来，仅在堆满材料的房间待了十分钟不足，更未检审所准备之材料，便离开了。所谓达标本意是为促进各个学校提高教育质量，改善教学环境，但实际上却舍本逐末，事倍而功半。

第三章 傣族文化生态与奘寺教育

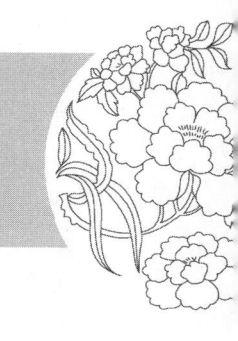

"十二版纳,以佛教为'国教',凡摆夷及蒲蛮聚居之村镇,均有一座,或一座以上之佛寺,亦即摆夷、蒲蛮两族之学校,唯一作育人材之教育机关。凡年满九岁之儿童,必须入寺剃度为僧,接受宗教式之教育。此类初入佛寺之学童,泐语曰:'爬',吾人称之曰'小和尚'。每日早晚,除跟随大佛爷二佛爷到佛前拜诵经咒而外,并由寺内负责教授之和尚,如二佛爷之类,教以泐文拼音及文法。俟能阅读,再教以经典戒条及故事史地算术等学科。若干月年之后,再还俗出寺,蓄发娶亲。在寺期间,并无硬性之规定,数月数年,以至终身,由授教者个人之兴趣,以及其家族之环境如何为断。年满二十足岁,而离寺还俗者,称为'岩迈',若吾人称:'秀才'。年满二十足岁,犹在寺为僧,继续研读者,尊称为'督',俗称'佛爷';还俗后,平民称'勘喃',贵族则称为'召摩诃',如吾人称'学士'。为僧时出家住寺,服黄袈裟,受佛寺住持之管教。除研习泐文,讽诵经咒,实践戒条外,并须为佛寺住持服力役,供洒扫。……女子例不许入寺为学,可请人到家教授泐文,或由父兄亲授。好在泐文较汉文为易学,成人力学半载,可能写读。所以边地识字之人,若仅就泐文而言,可称普遍,一切文告,非成泐文,不能使边民通晓。偏僻小村庄,亦不难觅得识字之人。"

——李拂一《十二版纳志》[①]

这是20世纪50年代,李拂一先生对西双版纳奘寺教育的描述。他将这种教育形式称为"寺塾"。傣族聚居之处,几乎每个村寨都建有奘寺。据20世纪50年代的统计,西双版纳所调查的574个村寨中有大小奘寺542座,占寨子总数的94%。奘寺既是宗教活动的中心,亦是村社的教育机构和学习傣族文化的场所。

---

① 李拂一.1955.十二版纳志.台北:正中书局,178-179.

这种教育形式并非没有局限,如它没有正规的课程设置和计划;死记硬背的学习方式,致使许多入寺学童虽能背诵经书,但不能通晓其义;日常教育中存在打骂现象,"徒弟告师父,和尚告佛爷"都是"不通人性,不懂礼信的人,就是有理也不准告";① 女子不能入寺为僧,只有极少数通过自学或别的方式习得傣文等。据有关统计资料,中华人民共和国成立初期,州内能识用傣文者仍不到傣族、布朗族总人口的10%。这一数字是否确切,已无资料可考。李拂一在20世纪50年代的调查则显示,傣族"平均每五个人中,约有一个人受过他们的佛寺教育",约为20%。② 即便如此,相对于学校教育可能的覆盖范围来说,这一比例仍不能算高。按常理论之,学校教育的建立和发展必当是高歌猛进,成绩斐然,然而现实却是历经曲折。现在,虽然随着现代文明进入傣族地区,男童必须入寺为僧的观念已经改变,但傣族的男孩进寺院接受教育的情况还是普遍出现,一方面这说明奘寺教育还具有极强的生命力,另一方面不能简单地把奘寺教育同学校教育对立起来,而是应该在傣族的文化生态中重新审视奘寺教育的意义。

第一节　傣族文化生态及其教育导向

一定的教育,总是从属于一定的文化。如果借用系统论和生态学的观点,把傣族文化看作一个生态系统,那么奘寺教育便是其中的一个子系统。因此,要考察傣族的奘寺教育,就必须把它同整个民族文化生态系统联系起来考察,这样才能相对正确地认识其系统功能。

(一) 文化生态系统对教育的制约

文化无处不在,无时无刻不在作用于我们,但是什么是文化,就是专门研究文化的专家也是莫衷一是。据统计,关于文化的定义至少已超200余个。目前人们普遍认同的还是泰勒于1871年给文化下的一个定义:"文化是整个生活方式的总和",具体而言,"文化或文明就其广泛的民族学意义来说,乃是包括知识、信仰、艺术、道德、法律、习俗和任何人作为一名社会成员而获得能力和习惯在内的复杂整体。"③ 依照泰勒的这个定义,不同的生活方式便意味着不

---

① 全国人民代表大会民族委员会办公室.1957.云南省西双版纳傣族自治州社会概况(傣族调查材料之三).北京:全国人民代表大会民族委员会办公室,10.
② 李拂一.1979.南荒内外.台北:复仁书局,108.
③ 庄锡昌.1987.多维视野中的文化理论.杭州:浙江人民出版社,100.

同的文化。如果说某一文化就是某一部分人类与其生存环境相互作用的适应形式，那么，不同的生存环境，就将导致不同的适应方式，即不同的文化形态。

如果我们把不同的文化形态视为一个文化生态系统，它通常由三大部分组成：第一，自然环境，即群体赖以生存和发展的各种自然条件的（包括非生物的）总和；第二，社会环境，即与群体生活相关联的各种社会条件的总和。它包括该群体所构成的社会内部结构诸方面和该群体与其他群体的交往、关系等外部环境诸方面的关系；第三，精神环境，即该群体所共有的道德观念、价值体系、风俗习惯、宗教形态等诸方面的总和。[1]

以上三个方面构成一个民族的文化生态系统。依据生态学和系统论原理，文化生态系统中各个部分，包括自然环境、社会环境和精神环境，都是有机的整体，不能孤立地看待任何一方面，或忽视任何一方面。自然环境的变化必将影响到社会环境和精神环境。在民族的历史上，我们不乏见到因为自然环境恶化而导致该群体内部以及该群体与其他群体之间关系改变的实例。这种群体间关系的改变在某种程度上也折射出该群体在道德观念，价值体系等精神环境方面的变化。在傣族地区，近年来由于橡胶的大面积种植，导致的水土流失、环境恶化问题也益发严重。这些都引发了傣族群体内部以及傣族与其他民族群体之间关系的紧张。同样，社会环境和精神环境反过来也会作用于自然环境。傣族群众将村寨的"龙林"[2]当作神一样顶礼膜拜，能间接地起到保持水土、调节气候的作用。傣族还将保护龙林的习俗制度化，固定下来，形成特定的社会氛围和环境。西双版纳的傣族祖代流传下来的傣文抄本《布双郎》，汉译为"祖训"，其中训条就有："不要砍菩提树"，"不要砍龙树"。另外，傣族土司头人还通过《土司对百姓的训条》等规定："寨子边的树木要保护，不要去砍"；"寨子上和其他地方的龙树不能砍"。同时，傣族民间历来祀奉勐神，各村寨均制定勐规，规定"龙山上的树木不能砍，寨子内其他地方的龙树也不能砍"等。

作为一个文化生态系统，它一定是保持着一个动态的平衡。变化是不断的，平衡总是相对的。"最健康的生态系统最能够在面临变化时重新获得平衡。"[3] 生态学家克劳福德·霍林（Crawford Holling）指出了生态系统获致平衡的两个相关但又不同的机能：复原力（resilience）和稳定力（stability）。复原力是"一

---

[1] 张诗亚.2001.祭坛与讲坛：西南民族地区宗教教育比较研究.昆明：云南教育出版社，219.

[2] 一座傣族村寨，一定有一个位于村寨周围丘陵和山地上的"龙林"，意为"寨神林"。傣民认为"龙林"是村寨保护神的居住地，保护着村寨的平安。

[3] 〔美〕普洛格，贝茨.1988.文化演进与人类行为.吴爱明，邓勇译.沈阳：辽宁人民出版社，107.

种衡量一个系统在保持其基本因素或关系的前提下所能承受变化程度的措施"；稳定力是"一种衡量某一系统在消除骚乱后重返平衡的难度和速度。"[①] 无论是复原力，还是稳定力，它们实际都指出了维持文化生态系统平衡的两种调节方式：其一，改变和调节外在环境；其二，改变和调节内在环境。

外在与内在的划分是以人为标准的，这不仅是因为在整个文化生态系统中都有人的有意识的积极参与，也是因为所有文化的问题归根结底都是人的问题。相对于人来说，外在环境当然指的是自然环境，内在环境则指的是社会环境和精神环境。依照这一分类，张诗亚指出维持文化生态系统平衡的两种调节方式还可以具体表现为以下几种类型：[②]

人类对其外在环境的调节和适应包括：①获食系统对地域的适应。不同的地理环境会给不同的族群带来不同的获食系统，如狩猎、采集、畜牧、粗放式农业、精细化农业等。不同的地域，通常会有不同的获食系统，但就一个民族来说，其获食系统通常是混合的；②对资源的适应。自然环境都有一个承载能力的问题，人类的调节与适应也只能在自然环境的承载能力之内保持平衡。资源的耗尽必将导致平衡的根本性破坏，依赖其生存的群体也必将人口锐减，或迁徙他方。对此，美国国家科学院院士、演化生物学家、生理学家、生物地理学家贾雷德·戴蒙德（Jared Diamond）在其《崩溃：社会如何选择成败兴亡》(*Collapse*：*How Societies Choose to Fail or Succeed*) 一书中有着详细而且精彩的分析和论述；③对自然灾变的适应。自然灾变对文化生态系统的破坏通常是突发性的，也是根本性的。

人类对其内在环境的调节和适应包括：①个体与个体之间的相互适应。人作为社会的人，人必须与他人交往，进而其行为、观念相互影响；②个体与群体的相互适应。氏族、部落、民族等群体都会对个人行为和观念产生重大影响，反过来，个人也会作用于群体；③群体与群体之间的相互适应。群体与群体之间或和平共处，或兵戎相向，或同化模仿，或排斥对立，这些都是在相互调节和适应。群体与群体之间的相互适应在同一地理环境之中尤为重要，这是因为"在地区性的生态系统中，各个种群及其文化竞争的极其激烈。由于各个种群纠缠在一起的习俗中，有的是适应的，有的是部分不适应的，有的极不适应，有的与适应无关，因此，不同种群在组织上、经济上、人口上的成败就会不均等；

---

① 〔美〕普洛格，贝茨.1988.文化演进与人类行为.吴爱明，邓勇译.沈阳：辽宁人民出版社，661-664.

② 张诗亚.2001.祭坛与讲坛：西南民族地区宗教教育比较研究.昆明：云南教育出版社，223-225.

而由于成败的不同，各个种群就会散布、收缩、凋萎、征伐，或被并吞"。①

人类适应或调节自然环境、社会环境和精神环境都是以知识和技术为手段。美国学者哈维·布鲁克斯（Harvey Brooks）认为，技术就是运用科学知识以可以复制的方式来解决问题。②所谓解决问题，在宏观上来讲就是要解决人类的生存与发展问题，在微观上来讲也是要解决个体和群体的生存与发展问题。无论知识还是技术，及至解决问题都必须通过教育来完成，所以，可以说教育与知识、技术都是在对一定的文化生态系统中的内在环境与外在环境的适应于调节中发展起来的，即"知识与技术，以及传承知识与技术的教育，都是一定的文化生态系统在动态平衡过程中的产物"。③

下面我们就从内在调节和外在调节的六个方面来看看奘寺教育在傣族文化生态系统中的作用和意义。在现代文明进入傣族地区之前，由于傣族地区坝子的天然隔断，④交通不便，烟瘴盛行，以及傣族群众的安土重迁，傣族文化生态系统处于一种相对封闭的和稳定的平衡之中。

谈到傣族文化生态，其中一个最显而易见，也是最不容忽视的因素就是傣族得天独厚的自然环境资源。任何一个初进傣族坝子的人都会不由得感叹坝子里的富足与安详。自然环境涉及适应与调节的前三个方面，获食系统由于其在文化生态系统中的重要性，我们下一节会专门分析，此节我们就简单看看资源环境和自然灾变在傣族文化生态系统中的作用和功能。

李拂一先生在其《十二版纳志》中对西双版纳的自然资源和傣族群众性情这样描述："十二版纳，地居热带，气候温暖，原野肥沃。有广大无垠之森林，无穷无尽之矿藏。至于粮食、生出满仓盈野，取需不尽。人民天生和平，崇尚自由，富互助精神。惜于交通一道，因循苟陋，极不讲求，道途梗阻，经济满地。顺至社会文明，无由增进天然财富，莫由开发。"⑤

西双版纳地处北回归线以南，故热量丰富，终年温暖，加之地势北依青藏高原，南近印度洋与太平洋，冬季南下寒潮微弱，夏季西南季风发展，溽热而

---

① 〔美〕基辛．1988．文化·社会·个人．甘华鸣等译．沈阳：辽宁人民出版社，173．
② 张诗亚．1988．教育的生机：论崛起的教育技术学．成都：四川教育出版社，7．
③ 张诗亚．1994．西南民族教育文化溯源．上海：上海教育出版社，9．
④ 坝子是我国云贵高原上的局部平原的地方名称，坝子与坝子之间多为群山隔断，交通不便。根据坝子的形态和成因，大致分为①盆地坝：是地壳断裂而陷落成的山间构造盆地，最初积水成湖，后淤积成平原，有的坝子里的低洼处还有湖泊存在，如昆明坝子有滇池；②河谷坝：分布在河流沿岸，多呈狭长状，一般宽约几公里，长可达几十公里，为局部的河谷平原。西双版纳就为河谷坝；③山麓坝：位于高山的山麓，是由山麓冲积扇连结而成的山麓平原，如大理坝子。
⑤ 李拂一．1955．十二版纳志．台湾：正中书局，61．

富含水汽的海洋气流从印度洋、太平洋北上，雨水丰沛而不受台风影响，兼具大陆性气候及海洋性气候的优点而无其缺点，高温、高湿、静风、多雨、少寒，日温差大，季温差小。每年11月至翌年4月为干季，5月至10月为雨季。严冬少雨但雾浓，弥补降雨量不足。近二三十年来由于原始森林猛减，每年冬季雾日已由过去的40天左右减少到二三十天，且浓不如前。

西双版纳的自然矿藏不算丰富，几乎没有重要的矿产和矿业。水利资源还算充沛，但受雨季、旱季影响差别较大。西双版纳为稻谷主产区，自古以来在农耕社会中，还算生活富足。笔者考察过的勐遮镇是一个以傣族为主体的坝区农业镇，勐遮坝子则是西双版纳最大的平坝。当地雨量充沛，土地肥沃，据说"插根木头也会发芽"，素有"滇南粮仓""版纳粮库"之称。勐遮镇傣族人口占68.7%。全镇辖13个村委会，农业户口10 100户。经济以农业为主，主产水稻、茶业和甘蔗。2008年，全镇财政收入427.3万元，农民人均收入达到3685元，经济生活相对富足。在1959年至1961年间，勐遮也很少有饿死人的现象。

因为自然资源优越，生活富足，在外人看来西双版纳的傣族村民便显得有些懒散。江应樑对民国时期傣族农业生产的描述，就可见一斑。"每一大平原内，生荒固不必论，熟荒亦触目都有。摆夷种田，不施肥料，如今所种田地觉得产量不够丰富，明年便抛置而另换一地耕种。""割稻时，腰部亦懒于弯下，故留存田地上的稻秆，有尺多长，因为稻草在夷地中并无用途（喂马不喂稻草，皆饲青草，故该地马匹一到汉地，便常因冬季无青草饲养而饿损），故任其留存田中。""农作物的种植，也极简单随便，一不施肥，二不锄草加土，三不知选种及防害虫，但都可得到丰富的收获，这便全由于土壤与气候的优良，诚谓得天独厚了。"①

许多研究者认为傣族群众柔顺懦弱、寡欲无华的习性皆是受上座部佛教的影响。佛教中劝人为善、寡欲无争、安于现时的思想深入每个傣族群众的头脑，使得他们对现实环境和遭遇都坦然接受，毫不反抗。笔者在调查中也发现，一般傣族群众都是不愿轻易舍弃自己这种田园生活而去另谋出路。实际上，优越的自然环境资源很可能也是傣族群众习性的深层诱因。

很多研究者还看到了傣族群众这种习性对学校教育的影响。他们认为正是傣族群众与世无争、懒散的习性使得傣族孩子无法适应学校教育的竞争环境，导致学习质量不高。这种说法有一定的代表性，但实际上却没有看到傣族群众勤苦耐劳的一面。住在傣族村寨中，你会发现每天太阳刚刚升起，男女老幼已

---

① 江应樑.2009.摆夷的经济文化生活.昆明：云南人民出版社，156，162.

经工作在旷野中。每逢街期，市集交易都是在天微明之时，等到了太阳升起，集市已经散场。用江应樑的话说，"摆夷对于一锄一锄的辛苦而得到仅够维持饥寒的农耕生活，他们是乐于担承"，① 不辞劳苦的。

此外，自然资源与环境也对傣族群众的生活习惯形成了制度性约束。在雨季，由于行动不便，同时插秧的等农事工作也已经完成，庄稼正在生长，傣族地区各寺院便利用这段时间集中进行念经活动，傣族群众也要参加。依照傣族习惯法，在雨季这段时间里，所有佛爷、僧人都要回到自己的寺院，斋戒、念经。官家也要停止办理工时；一般傣族群众也禁止盖房和结婚。虽然佛教早有"结夏安居"之说，② 但是在其成为佛教的制度性安排之处，也是因为雨季的存在。在傣族地区，雨季的到来更是固定为关门节和开门节。

在以前，傣族群众还有轻易不敢离开坝子区而居住在汉人区或四山上的习俗，说是离开坝子就会死亡，这实际上也是由于他们习惯了坝子潮湿燠热的环境气候，移居凉爽而干燥的地方反而不易适应，于是这种做法作为一种习惯法保留下来。

至于自然灾害，在傣族地区可能最为严重的就是"瘴气"。原始封闭、湿热蓊郁的森林气候是瘴气滋生的有利条件，以前西双版纳发育完好的雨林可以留住雾气，造成瘴气横行。据史书记载，明清时期的西双版纳瘴气横行，外人几乎难以入内。西双版纳有句民谚："十人到勐腊，九人难回家；要到车佛南，首先买好棺材板；要到橄榄坝，先把老婆嫁。"为了防避瘴气，傣族群众也有自己的方法，即所谓"三不一吹"。三不就是：一不起早，因早晨多雾，雾中多有瘴气；二不吃饱，吃饱胃滞，容易中瘴气；三不讨小，讨小就是纳妾，不纳妾保精力以抗瘴气；一吹就是吹鸦片，吹鸦片就是抽鸦片，他们相信抽鸦片可以防瘴。③ 现代科学实已证明，这些方法事实上是似是而非，瘴气实际上是蚊子叮咬传播的疟疾。以前，傣族群众生病多是到寺院求大佛爷念经，或请人按摩，现在则很相信医药了。无论如何，这些都是傣族群众在适应自身与自然环境的关系时所采用的方法和技术，这些方法和技术都是通过教育流传、发展，并逐渐与傣族的文化生态系统逐渐适应。

---

① 江应樑.2009.摆夷的经济文化生活.昆明：云南人民出版社，26.
② 在印度，夏季的雨季长达三个月，佛陀乃订定四月十六日至七月十五日为安居之期，在此期间，出家人禁止外出，聚居一处精进修行，称为安居。这是雨季期间草木、虫蚁繁殖最多，恐外出时误蹈，伤害生灵，而遭世人讥嫌，因此禁止外出。
③ 江应樑.2009.摆夷的经济文化生活.昆明：云南人民出版社，26.

（二）物质文化及其教育导向

一般情况下，我们认为文化由三部分构成：物质文化、制度文化和精神文化，也有学者认为只有物质文化和精神文化。实际上，物质文化和精神文化是紧密结合在一起的。无论任何自然事物，还是人工事物，其上必然凝结着人类一定的精神和制度，因为无论是对自然事物的认识和利用，还是对人工事物的使用和加工，都必然经历一个人类思维加工的过程。"环境中的几乎每一事物都留下了人工的痕迹。"[1] 美国心理学家韦纳（Heinz Werner）在研究原始人的空间概念时就明确指出：

> 就原始人能在空间中进行各种技术活动而言，就他能测量距离、划独木舟、把鱼叉投向某个目标等活动而言，原始人的空间是个行动的领域，是个实用的空间，它的结构与我们的空间并无区别。但是当原始人使这种空间成为描写的对象和反省思维的对象时，就产生了一种根本不同于任何理智化的描述的特别原始的观念。对原始人来说，空间的观念即使在系统化之后，也是与主体密切结合着的。它更多的是一个表达情感的具体的概念，而不是具有发达文化的人所认为的那种抽象空间……它在性质上远不是客观的，可测量的和抽象的。它显示出自我中心的或人类学的特征，并且是植根于具体物和实际存在物的观相学的原动力。[2]

可见，物质文化实际上既是人对外界事物的认识，也是人的外化和对象化。我们这里将文化的物质层面和精神层面分开来说，也只是为了讨论的方便。在文化生态系统中，教育必然要受制于一定的物质基础。这个最重要的物质基础就是获取物质资料的方式。

一般认为，在民族地区，大致存在五种主要的获食方式：①渔猎—采集式；②畜牧式；③粗放农耕式；④精细农耕式；⑤手工业—工业（商业）式。史继忠先生则将西南民族传统的经济文化划分为三种类型：一是游牧经济，如藏北高原及阿坝草地的藏族；二是刀耕火种农业，如滇西的若干民族及部分苗瑶；三是水田稻作农业，如傣族、壮族、布依族等。[3] 细分析，游牧经济可归为渔猎、畜牧式经济；刀耕火种则是典型的粗放型农业经济；水田稻作则是精细化农业经济。传统经济模式，自然环境是决定获取物质生活资料的决定性因素。

---

[1] 〔美〕赫尔伯特·西蒙．1987．人工科学．武夷山译．北京：商务印书馆，6．
[2] 张诗亚．1994．西南民族教育文化溯源．上海：上海教育出版社，10．
[3] 史继忠．1997．西南民族社会形态与经济文化类型．昆明：云南教育出版社，15．

不同的自然环境决定了获取物质资料的方式不同，获取物质资料方式的不同又决定了不同的文化生态系统和教育形式。

现在，单纯以某一获食方式为获取物质资料的民族已相当少见。事实上，以民族为标准来划分获取物质资料的方式，或将某一民族简单归为某一获取物质资料的模式是极不准确的。不仅任何一个民族都不会局限于仅采用一种获食方式，而且同一民族内，不同地区之间，获取食物的方式也大不相同。以傣族来说，它就是以水田稻作的精细农业为主，辅以其他的经济模式。

傣族从事的是水田稻作农业，属于精细化农业耕种方式，因而也拥有与从事精细农业的民族共同的特点：

（1）大多居住于平坝、河谷地区，也有一些居住于山地丘陵，但海拔都不高，且气候温暖，雨量充沛，日照时间长。在西双版纳，境内的雨量和气温足以保证多数地方每年栽种两茬稻谷。

（2）水稻是傣族村寨中的主要生产物，也是傣族经济的重心。过去，凡傣族社会一切有经济价值的事物，都是用稻谷来衡量。土司的职官、佣工皆是以谷米为报酬。傣族除种植稻谷外，还兼种蚕豆、豌豆、棉花、甘蔗、茶叶和果类等。

（3）建有永久性住宅区。傣族属于百越族系，其居室多为干栏式建筑，竹楼木架，上以住人，下栖牲畜。现在的傣族村寨也有居住土墙平房，内隔三间，分卧室客厅，这显然是受汉人影响。傣族竹楼，下层空旷，每天清晨牛马出栏后，傣族群众便将牛马粪便清楚，日出之后，太阳照射，不致秽气熏蒸，因而较之其他边民清洁。

（4）形成了一套以水稻栽培为主的农耕技术，包括整田、撒谷、栽秧、挞谷、扬场、储存等。傣族群众的耕作技术已经比较纯熟，也重视牛耕。由于土壤和气候优良，以前，傣族群众的稻谷种植并不如汉民精细，不施肥、不锄草加土，也不知道选种和防害虫，但都可获丰收。现在，傣族群众的耕种已经更加精细，也使用化肥和机械。

（5）重视农田水利，形成灌溉网络。傣族群众能善用天然河流，开为若干沟渠，不仅可得灌溉之便利，也可放涝救旱。在西双版纳，"很早就有相当完整的水利组织和灌溉系统。上自召片领和各勐①的官署中，下至各个火西和村社中，关于修理沟渠和分水灌田，都有严密的制度和专管人员。'召片领'的内务

---

① "勐"是"坝子"的意思。按解放前西双版纳地区的行政区划来说，勐是宣慰使议事庭所辖的下一级行政单位。勐以下为"陇"或"播"，每陇下辖几个"火西"，相当于现在的行政村，火西以下就是村寨。

总管'召龙帕萨'就是水利官。分布在各勐的各大沟渠都有'板闷竜'（大水官）、'板闷囡'（副水官）二人。各村社都设有'板闷'（水官），并推选二人协同管理。"① 每年泼水节后，宣慰使司议事厅都会发布修水利令，要求"板闷"带领本村成员加固堤坝，疏通沟渠，并检查连接每块田地与水沟的分水器（按需水量凿孔的竹筒，用来定量分水浇灌）。

（6）有完整的土地制度。西双版纳在民主改革前一直盛行份地制。在傣族地区，每个村寨都有固定的区域，村寨土地是全村寨居民公有，由头人分派使用。头人分派不公，村民可以抗议，甚至罢免头人。村民领得的土地可以传之子孙，但不得转卖和转让。迁离本村时，领得的土地要交回；新迁入的村民也可要求头人划拨土地；非本村的居民不得耕种和使用本村所属土地。全村寨的土地可若干年全部调整一次。至于村寨的摊派，有的是按户分摊，有的是按领取土地的多少摊派。每个村寨还会保有一定的村寨公有土地，主要用于三个方面：其一，土司所有的田地，村民有代为耕种的义务；其二，头人的酬劳田，某处田地规定为村寨头人的酬劳，由村寨居民共同耕种，所得归头人。此田不能世袭，头人离职，该份田便由新头人享有；其三，特殊用途，即指定该田地转作某一事项的开支，如赕佛、官员下乡的招待、供给宣慰署畜养大象等。

（7）以水稻种植为基础形成了对自然环境的认知体系，如傣族有以天象观测为基础的历法系统。傣历属于阴阳历，年为阳历年，月为阴历月。傣历将一年分为三季十二个月，即冷季、热季和雨季。农历正月定在公历四月。傣历采用的是干支纪年，每60年为一甲子，显然是受汉文化影响。此外，上座部佛教传入后，傣族还使用佛历。长期以来，由于傣族在社会变迁，傣历未能正常使用，加之受佛教影响，因此傣族群众只顾借用佛历。后人因为不太清楚傣历的原本，误把"泼水节"当作了傣族的新年来宣传。

（8）形成了自给自足的经济体系。傣族的手工业不仅普遍，手工产品还十分精美，如织布、织锦、烧陶、制银、冶铁、竹工等等。傣族的手工业不仅发达，而且以寨为单位，各有精专。有的寨子专门烧陶，有的寨子则负责专门冶铁。普通的手工技术则是人人皆会。对于傣族群众来说，手工制品的生产只是耕种以外的副业，没有一个傣族群众是完全以手工业为生的。

（9）形成以食糯米为主的饮食文化和农耕礼仪。傣族群众最喜吃糯米，而且用糯米加工为各种食品，如竹筒饭、粽子、卷粉、糯米油果、糯米卷等。傣族人口味喜欢酸，而西双版纳的酸食中几乎都以糯米饭作为发酵剂。傣族的米

---

① 马曜，缪鸾和．1989．西双版纳份地制与西周井田制比较研究．昆明：云南人民出版社，241．

酒也是利用糯米发酵而成的。另外，傣族群众赕佛时的贡献之物也是糯米。此外，傣族也有祭祀谷神等一系列农耕礼仪。

由上，我们发现傣族的精细化农耕方式在满足物质方面需求的同时，也发展出并适应了该群体社会方面和精神方面的需求。所以，文化生态系统中的物质方面总是与社会方面和精神方面共同起作用的。无论任何一种获食方式，其社会和群体都要解决几个共性的问题，即如何生产劳动的问题，如何在生产劳动和分配中协调人与人、人与群体、群体与群体之间的关系，以及如何将这些观念和理念固定下来并传之后世的问题。对这些问题的回答都有一个教育的问题存在。与此相对应的，解决这些问题的教育内容也必将包括以下几个方面：

（1）与生产活动相关的自然知识，如关于土壤、气候、材质等方面的知识。历法知识对于一个以农耕为主的社会尤为重要。粗放型农耕时期，历法的知识多是依据自然界的周期性，凭借感觉经验而制定的，表现为"物候历"；到了精细化农耕时期，则发展出了以观测天象进行计算的"太阳历""太阴历"等，这显然要比物候观测要靠得住。傣历就是一种以太阳年和朔望月相结合的阴阳合历。他们已经发现太阳运动的不均匀性，还提出了自己的改正数。奘寺的佛爷在傣历的发展中起到了很重要的作用，一方面是他们将历法复杂化和精细化；另一方面也主要是由他们对傣历进行传承。

（2）关于生产活动本身的知识。到了精细化农耕时期，社会的分工变得日益复杂和细致，与之相伴的是一部分与生产相关的特殊技能就必须由专门的人员掌握和继承。我们可以将这时期的生产活动的知识分为两类，一类是一般的生活技能知识，如农耕技巧、渔猎、驾舟、建造竹楼等。这类知识一般都是由家长或有经验的长辈示范和传授；另一类是专业化的生产和与生产相关的领域的知识，如制作农具、冶铁、特殊牲畜的养殖、水利、制陶、歌唱等。在傣族社会，这些知识都是由不同的村寨继承和传承。傣族存在复杂的劳务村寨分工。为了向土司服役，一些劳役或生产技术，如金匠、木雕、制陶、水利、仪仗、养象、吹号等分由不同的村寨提供，形成村寨各有专业且世代相袭。还有一些特殊的专业，如傣族地位较高的歌手以及文身师傅等。这些技术要求从业者具备较高的条件和技能，所以多是由具有这种专业技术的人自行收徒教导。

（3）随着劳作而展开的人际关系知识和道德知识。关于这方面的知识，有的是随着祭祀活动，或是以讲故事、歌唱等方式自然而然展开，有的则是以习惯法、寨规、族规等形式固定下来，并有专门的人从事这方面的解释和教育工作，并在出现纠纷的时候协助解决问题。虽然是以不同的形式出现，但其主要作用还是要调节人与人、人与群体，以及群体与群体之间的关系。祭祀看似是调节人与神之间的关系,从根本上来说,还是要解决人自身的问题。傣族是将佛教戒律与自身生产、生活需要相结合,以适应自身需要而制定出自己的律法和寨规,如据《西双版纳傣族社会综合调查》记载,西双版纳勐海县以前通行的 15 条寨规如下:①

  1. 佛爷、和尚不得私自乱拿佛寺的佛衣穿用;

  2. 佛爷、召勐②、头人必须尊重和严守教义,不得用新的礼教取而代之;

  3. 不得用佛寺的砖头、木料盖房、修仓;

  4. 佛爷、和尚不得谈论国事和寨内的事情,不得佩金银首饰,不得做生意,不得玩女人;

  5. 有人到佛寺里去玩,佛爷、和尚不得谈论有关婚姻、丧事、牛马牲畜之类的话;

  6. 佛爷、和尚不得穿衣批毯去串姑娘;

  7. 本勐本寨不得请外勐外寨的人来当官办事;

  8. 本勐有规,本寨有礼,不得用外勐的规,外寨的礼来代替本寨、本勐的礼规;

  9. 各勐必须按各勐的规矩办事,各勐土司必须住在各勐,一勐不得有二召,一山不得有二虎;

  10. 当召、当帕雅的人,要注意百姓犯不犯罪;歧视佛爷或不佛的人,有罪无理;

  11. 当召、当帕雅的人,不得应用别勐的法规来解决本勐的事;不得用别寨的礼来处理本族本寨的纠纷;

  12. 当召、当帕雅的人,不懂三规(教规、赕佛规、头人规)或轻视亲戚家族的,有罪无理;

  13. 当百姓的人必须有三个父母,第一个是亲生父母,第二个是哥哥姐姐,第三个是寨里的老人、头人。这三个父母都要尊重、孝顺,违者无理;

  14. 子女长大后,必须替换父母负担和劳动,孝敬父母,若东奔西跑,不孝敬父母者,有罪无理;

  15. 父母老后,无力劳动,子女不得打骂父母;不抚养父母者,有罪无理。

---

 ① 韩达.1998.中国少数民族教育史(第二卷).昆明:云南教育出版社,937.
 ② 傣族一般称宣慰使为召片领,称土司为召勐,称头人为帕雅。

（4）关于崇拜与习俗的社会知识。粗放式的刀耕火种时期，每一个生产环节，如备耕、砍地、烧地、播种、催苗、薅草、收割、晒场等，都已经有了与之相应的仪式。到了精细化农耕阶段，又发展出了与其相适应的神祇崇拜和习俗，祭祀的原则和要求也越来越严密，如在傣族地区，一个寨子的寨神只能由本寨的祭祀供奉。甲寨的祭祀不可祭祀乙寨的寨神，乙寨的寨神也不可由甲寨的祭祀来供奉。祭祀活动还是具体的生产措施，如傣族祭祀水神时的放水仪式。各寨子的板闷从水头寨放下一个竹筒扎的筏子，上插黄布神幡，意水神乘筏巡视。板闷敲着芒锣顺着水流走，为水神开道。当他发现竹筏受阻，水流不畅或沟埂漏水，就令管理这段水渠的寨子立即修好。因为兴修水利、放水灌溉是以村社为单位进行，所以祭祀水神的活动也是以全村社为单位主祭。犁田、插秧、收割和谷仓管理都是各户自己的生产活动，对谷神的祭祀就是各户单独进行。

从上面的分析，我们还可以看出物质文化对文化生态系统中的教育内容导向还是多方面的，既有同生产活动相关的知识，也有涉及社会精神活动、意识形态的内容。物质文化对教育形态和教育手段也有一定的影响。如果没有定居的村落，相对稳定的环境，有一定保障的物质生活条件，相应的社会组织，也就不可能有相应比较稳定的学校以及相应的学校制度。

需要注意的是，虽然我们一直是以物质文化的需求为讨论教育导向的起点，但实际上，就像物质文化并无可能完全与精神文化决然分开一样，在教育导向的问题上，物质的、社会的和精神的需求对教育的影响常常是交织在一起的。对物质需求的满足通常也是通过社会组织活动和宗教精神活动体现出来，如对一个群体头人的选择。对头人的遴选、标准的设定、认可的程序虽然都属于社会活动范畴，赋予头人一定的宗教地位或神的地位也属于宗教精神活动范畴，但从根本上来说，反映的还是群体对增强生存本领、改善生活状态的需求和愿望。这种情况下，村寨头人所主持和领导的农耕祭祀，就不仅仅是传授生产知识技能、劳作知识，强化头人地位的活动，也成为加强村寨联系、学习历史传统的教育。所以，一定的文化生态系统必定产生与之相适应的教育；反过来，不同的教育也会对一定的文化生态系统发生不同的影响。要考察一定的教育就必须首先要了解其赖以存在的文化生态系统。

从教育形式形式上，我们可以看出，粗放式农业社会中的教育多是非制度化的，也是情境化的，教育活动随着人们具体的生产、生活自然展开。关于自然界的知识、关于生产劳作的知识，还有人际关系的和道德的等等都是同具体的劳作和祭典意识有机融合在一起的，其教育可以说是其物质文化需求、社会文化需求和精神文化需求的自然流露。精细化农业社会中的教育则出现了专门化和制度化的形式,即教育活动从社会其他活动中分离出来。由于教育的专门化,某些教育形式则成为一种有意识的引导活动。奘寺教育就是傣族社会一种有意识引导的教育形式。这种有意识的教育活动也是与傣族文化生态系统中的物质、社会和精神需求紧密结合在一起,并作为其文化生态系统中的一个子系统发挥着作用和功能。

第二节　奘寺教育的制度化形式

一般来说,按照民族教育形式,可以概略地将其分为学校教育和非学校教育两类。这里的学校指的是现代学校,如果把有固定的教学空间、相对稳定的教学内容和教学制度、稳定的师资、固定的教学计划,这些教育形式的综合就可称之为学校的话,奘寺教育当然算得上是一种学校教育。所以,傣族地区也流传一句话,"佛寺即学校"。但是,奘寺教育毕竟与现代学校教育的内涵有着本质的区别,应当属于非学校教育的一种。在少数民族地区,非学校教育按照其规范程度和制度化程度,我们可以将其分为三类:非制度化教育、准制度化教育和制度化教育。按照这个标准,奘寺教育当是傣族地区制度化教育程度较高的一种教育形式。

(一) 教育目的与对象

张诗亚在《西南民族文化教育溯源》中将西南民族教按内容划分为生产教育、行为道德教育、文化知识与科技教育、艺术教育与体育等。[1] 孟小军则将西南少数民族"日常生活世界"中的基础教育划分为家庭场域中的生育教育、成年礼教育、恋爱教育、劳动技能教育、家庭道德礼仪教育和社会场域中的节日教育、民歌与舞蹈教育、竞技与游戏教育、禁忌与习惯法教育等。[2] 从教育内容方面,我们很难将奘寺教育归为其中某一类,因为奘寺教育不仅传授佛教的信仰和戒律、规范,也传授部分历史、地理、天文、历法、艺术、文学和建筑等知识。从这方面来看,奘寺教育既有其宗教性的一面,也有其世俗性的一面,单纯把奘寺教育归为宗教教育是不准确的。

无论是奘寺教育,抑或宗教教育,人们对这两个概念所表达的意义都存在不同程度的混淆,有人甚至在使用时直接将其等同于宗教。宗教教育确实是宗

---

[1] 张诗亚. 1994. 西南民族教育文化溯源. 上海:上海教育出版社.
[2] 孟小军. 2007. 断裂与链接:西南民族地区基础教育类型研究. 桂林:广西师范大学出版社.

教最主要的表现形式，但是宗教本身并不等于宗教教育。宗教教育一词在英文中为"religious education"。根据乔治·培奇（George Page）和约翰·托马斯（John Thomas）主编的《国际教育辞典》（*International Dictionary of Education*）上的解释，"religious education"的含义是："某种或某些宗教信仰及其活动的导入、传承或教授。"① 所以，宗教教育的目的是为了传播教义、灌输信仰、培养信徒。宗教是宗教教育所导入，传承和教授的对象，它的教育内容包括宗教的世界观、宗教的情感、宗教的仪式、宗教的组织、宗教的道德规范、宗教的偶像等等。由此，奘寺教育亦不能完全等同于上座部佛教教育。

但是，从本质上说，奘寺教育的同宗教教育一样，是一种"导入教育"。著名神学哲学家保罗·蒂利希（Paul Tillich）指出："导入教育的目的，不是发展个人的潜能，而是将个人导入群体的现实，导入一个集体、家庭、宗族、城镇、民族、教会的生活和精神之中。类似这样的导入，亦可在个人参与群体生活的过程中，自发地发生。而且，它亦可称为一种智力指导的问题。导入教育发生的形式往往是对群体规定和标记的解释，这个群体是儿童或新来的成人已经生活于其中的。导入先于解释，而解释则使导入得以完成，……民族的标记和生活，民族的过去和传统，将被解释给哪些已经生活于其中，但对它们尚无明确意识的人们。"② 对奘寺教育的教育内容来说，它既要把傣族儿童导入傣族群众早就生活于其中的上座部佛教之中，更是要把傣族儿童导入傣族社会"民族的标记和生活，民族的过去与传统"之中。

奘寺教育的这两种导入，从傣族群众对待奘寺教育的态度上也可看出来。对于奘寺中的佛爷来说，他们认为男童入寺当和尚，最重要的就是教规、戒律的学习和遵守。对于奘寺来讲，男童入寺就是来学当僧侣，做个出家人。但是，对男童的家长而言，孩子只有进入奘寺为僧，经过佛教的洗礼，这个小孩才能成器，日后长大才会有社会地位。未入过奘寺为僧的男孩，在傣族社会中会被瞧不起。人们认为，连和尚也未当过，会懂什么？这种人被视为"生人""野人"，不仅没有社会地位，甚至长大后连娶妻也困难。③ 所以，奘寺教育的内涵并不仅仅局限于培养能弘扬佛教的僧侣或广大信众，而是培养能熟悉、遵守傣族社会法则的文明社会人。对于其父母来说把家中男孩送入奘寺则是自己应尽

---

① 张诗亚.2001.祭坛与讲坛——西南民族宗教教育比较研究（第二版）.昆明：云南教育出版社，27.
② 〔美〕保罗·蒂利希.1988.文化神学.陈新权，王平译.北京：工人出版社，190-191.
③ 曹成章.1988.傣族社会研究.昆明：云南人民出版社，187；张公谨.1986.傣族文化.长春：吉林教育出版社，157.

的职责。

另外，从奘寺教育的制度安排上也可以看出，奘寺教育从宗教教育的角度来看，其主要目的是为了培养广大的信徒，而不是培养职业宗教者。这也是为什么西双版纳男童出家为僧的时间可以不受限制，但一般不得少于一个雨安居，亦称入夏安居（三个月）。[①] 傣族男童若入寺为僧若干年，到 20 岁仍不愿还俗者，则可依为僧时间长短和学业进程依次晋升。对于一般人来说，终生在寺为僧者极少。

从奘寺教育的教育对象来看，傣族社会中的每一男子在其 8 至 9 岁时均须出家入寺学习，且无任何能力、财产、社会出身等方面的要求。奘寺教育的招生对象唯一限制是性别限制，即女童不得入寺学习。据了解，奘寺教育的性别区分只有在德宏地区有个别突破。傣族妇女一般可信仰佛教，但不出家。德宏地区有少数尼姑，称为"帕毫"，意"白和尚"，或"朗毫"，意"白姑娘"。瑞丽著名的姐勒金塔的住持即为"帕毫"。

关于奘寺教育在招生对象上的性别区分有两种解释：其一是被动说，即奘寺教育招生对象上的性别区分源于对佛教传统的被动继承。事实上，如果从佛教的根本教义来说，佛教对解脱的追求是无关性别的，女性在实现精神解脱的可能性上是与男性平等的。在组织形态上来说，佛教也是最早允许女性出家的宗教之一。然而，另一方面来看，佛教的律典又将男性在僧团中的优越地位合法化和制度化。如地藏菩萨本愿经中卷，如来赞叹品第六，有言："……若有女人厌女人身，尽心供养菩萨画像……是女人尽此一报女身，百千万劫更不生有女人世界。"在其他佛经中亦不乏案例。在佛教漫长的历史当中，各个时期，不同文化的佛教传统中普遍存在歧视女性的现象。直到 20 世纪 80～90 年代，东南亚各佛教国家也才开始逐渐恢复女性出家为尼的比丘尼制。泰国在这方面的努力则要更早一些，可以追溯到 20 世纪 30 年代。其二是主动说，即只准男性出家源自早先傣族群众对佛教传统的修正。依照刀国栋的说法，傣族明确女人不准出家当尼姑的目的很明确就是要把女子留在社会上，以吸引出家人尽快还俗。这样有利于傣族群众人口的不断增长。是主动，抑或被动，这个问题还有待宗教学、人类学，以及文献学等多学科的研究证明。然而，笔者相信奘寺学童招生对象的性别限制是佛教传统与傣族传统的相互适应的结果。

需要注意的是，有学者将奘寺教育在招生对象上的性别差异视为傣族社会男女不平等的重要表现。事实上，江应樑早就指出，在傣族村寨中，除开宗教

---

① 张公谨. 2002. 傣族宗教与文化. 北京：中央民族大学出版社，31.

活动，傣族女子在社会上的地位，从任何一个角度看都并不弱于男子。如在西双版纳，男人入大殿要脱鞋，而女人却是在围墙外就要脱鞋袜，但是在傣族家庭中，男女同为家庭经济的生产者，且女方的能力有时还超过男方，丈夫的生活多少是靠着妻子的。傣族女子在家庭中可以蓄有私产，且其储蓄往往较丈夫为多。所以，在傣族聚居地区，如果夫妇离婚，依照习俗，女方必付给男方赡养费。不仅如此，女子即便离婚在社会上也不会被看不起。江应樑还举了两个例子证明傣族社会的女性在政治上也操有支配大权，如"几年前，车里大猛笼的土司太太，为和丈夫口角，曾迫使丈夫去位出走，一部分人民鉴于土司的受辱，拟以武力威胁这位太太，太太也居然号召了另一部分人民以武力来对抗，几乎造成边区的内战。又景栋土司的妹妹，也曾用武力威逼这位土司哥哥退位，流亡不敢归。这都显示摆夷妇女在政治上虽无职位，但却有其威势权能"①。

（二）教育内容与制度

系统化的宗教知识需要系统化地学习。对此，黑格尔说，"既然建立一个普遍精神的教会仍然只是理性的一种理想，既然建立一个没有一点偶像崇拜的公众宗教几乎是不可能的，那么一个民众宗教怎么可以建立起来呢？这个民众宗教（一）消极方面要尽可能少地给呆板依赖传统的风俗习惯提供机会，（二）积极方面要把民众引向理性宗教并接纳进理性宗教。"② 宗教经典是宗教理性化的结果，也是把民众引向理性宗教的唯一方式。奘寺教育就是一种集中进行的理性教育。它有其固定的教育机构，某种意义上也可以称之为有目的、有计划、集中地由专职教师系统传授的"学校教育"。

所谓宗教的理性化教育必然是一个由浅入深的教理学习过程。傣族男童在奘寺里的佛教知识学习也有一个循序渐进的过程。一般来说，入寺后首先接受"三皈十戒"的教育。"三皈依"[巴利语 tisarana] 即"皈依三宝"。"三宝"即佛、法、僧。"皈依三宝"意以佛法僧作为皈依处或庇护所。依据巴利佛典小部（Khuddaka-nikaya）经典之《小诵》（*Khuddaka-pātha*）第一，"三皈依"即下述礼文：③

皈依佛、皈依法、皈依僧。
再皈依佛、再皈依法、再皈依僧。

---

① 江应樑.2009.摆夷的经济文化生活.昆明：云南人民出版社，48-49.
② 〔德〕黑格尔.1988.黑格尔早期神学著作.贺麟译.北京：商务印书馆，19.
③ 片山一良.2012.佛的语言：巴利佛典入门.北京：宗教文化出版社，212.

三皈依佛、三皈依法、三皈依僧。

其内容直译就是我服从并学习佛、法、僧。三皈依表达了对佛教三宝佛、法、僧的皈依和信仰。通过唱诵三皈依，人人都可称为佛教徒。

"十戒"［巴利语 dasasīla］即童僧应当遵守的 10 条戒律。[①] 上座部佛教的戒律分为四级："五戒"［巴利语 pañcasīla］、"八戒"［巴利语 atthaṅgasīla］、"十戒"和"具足戒"［巴利语 upasampannasīla］，称"四级戒"。其中，"五戒"为"离杀生，离不与取，离非梵行，离虚妄语，离放逸之因的诸酒类"；"八戒"在"五戒"之上增加"离非时食，离观听跳舞、唱歌、音乐、表演，离装饰、装扮之因的穿戴花鬘、芳香、涂香"；"十戒"在"八戒"之上再增加"离高、大床座，离接受金银"。"五戒"与"十戒"与汉传佛教完全一致。具足戒与汉传佛教的具足戒稍有不同，南传上座部佛教的具足戒分八段，共有"二百二十七戒"，较汉传佛教少了 23 条，且在次序上也有先后之别。在家居士[②]一般所持"五戒"或"八戒"，而出家的"沙马内拉"［巴利语 sāmanera］和"沙马内莉"［巴利语 sāmanerī］[③] 则应修持"十戒"，"比库"［巴利语 bhikkhu］和"比库尼"［巴利语 bhikkhunī］[④] 需要修持"二百二十七戒"。出家的童僧也要遵守"十戒"，但现在对童僧的要求比较宽松，"十戒"中只有前四戒为根本戒，不能开戒，其他六条都有了变通的方法。

接着，童僧要学习《三十二身分》和《童子问》。《三十二身分》是佛对身体的观察，其具体内容是：

发、毛、爪、齿、皮、肉、筋、骨、骨髓、肾脏、心脏、肝脏、肋膜、脾脏、肺脏、肠、肠间膜、胃物、大便、脑髓、胆汁、痰、脓、血、汗、脂肪、泪、脂肪油、唾液、鼻液、关节液、小便。

学习《三十二身分》的目的是为了修习定学，即观察从脚下到头皮，以皮

[①] "戒"亦有"学处"的别名，或译为"学足"。巴利语为［sikkhāpada］，［sikkhā］为学、学习、训练；［pada］意为足、处所。"学处"即学习规则，戒条。

[②] 南传佛教社会中亦将已皈依佛、法、僧的在家男子称为"近事男"，为巴利语［upāsaka］的直译，即亲近侍奉三宝的男子，亦作"净信男""清信士""居士"等。古音译作"优婆塞""邬波索迦""伊蒲塞"等。女子则称为"近事女"，巴利语为［upāsikā］，亦译为"优婆夷"。

[③] 南传佛教世界中，"沙马内拉"指于世尊正法、律中出家、受持"十戒"的男子，女子称"沙马内莉"。此处采用的巴利语音译作法，而没有采用汉传佛教中的"沙弥""沙弥尼"的用法。根据 2005 年云南佛教协会的统计，现共有"沙马内莉"30 余名。南传佛教一般不给女性受具足戒。

[④] "比库"为巴利语音译，指于世尊正法、律中出家、受具足戒的男子。汉传佛教依梵语"bhiksu"音译为"比丘""苾刍"等，含有破恶、怖魔、乞士等义，而"比库"则有行乞者、持割截衣者、见怖畏等义，两者有所不同。受具足戒的出家女子则称"比库尼"。

包裹的身体，以此产生"只有身"的念，从而不执着于任何事物，了知空性。

《童子问》则是为了揭示慧的学习，其内容是：①

> 一者为何？一切有情（五蕴）以食（缘）住。（此为缘起）
> 二者为何？名（心）与色（身）。（此等为无我）
> 三者为何？三种感受（乐、苦、非苦非乐）。（此等为无常）
> 四者为何？四圣谛（苦、集、灭、道）。（或四食、四念处）
> 五者为何？五取蕴（执着对象之色、受、想、行、识等五蕴）。（此等为无我）
> 六者为何？六内处（眼、耳、鼻、舌、身、意）。（此等为无我）
> 七者为何？七觉支（念、法吟味、精进、喜、轻快、禅定、平静等觉支）。（以此等获得觉悟）
> 八者为何？圣八道（正见、正思、正语、正业、正命、正精进、正念、正定）。（以此等见涅槃）
> 九者为何？九有情居（有情的九个住处：恶处、梵身天、光音天、遍净天、无想天、空无边处、识无边处、无所有处、非想非非想处）。（此等为无常、苦、无我）
> 十者为何？具十支（十无学法：无学的正见、正思、正语、正业、正命、正精进、正念、正定、正智、正解脱）者，阿罗汉。（或十不善业道）

以上佛教知识的学习逻辑和理据是，童僧进入奘寺，首先依据"三皈依"进入教导，再依据"十学处"确立戒律，其次以"三十二身分"通过冥想，断除贪念，再次通过"童子问"断除愚痴。通过以上佛教知识的学习，童僧可以基本上了解佛教的根本教导和实践，即从信到皈依，持戒从事利己、利他的行为，并努力做到不贪、不嗔、不痴。虽然学习内容并不多，但其内容实际已经包含了佛教的基本教理，不是简单可以理解的。对于那些并不像成为职业宗教者的傣族男童来说，由于"三十二身分"和《童子问》都是巴利语写成的，他们学习前者只是认识了人体生理结构32个部分的巴利语名称，学习后者则主要认识了一些巴利语数词和一些基本的佛教术语。学完以上的佛教的基本知识，童僧才开始学习傣文字母和巴利语，且每日都要坚持学习。

奘寺教育中的教学读本，依其材质主要有两类构成，一为贝叶经，即"用

---

① 片山一良.2012.佛的语言：巴利佛典入门.北京：宗教文化出版社，216-217.

铁笔在贝多罗（梵文 pattra）树叶上所刻写的佛教经文"；① 一为纸本经，一般为傣族自制的"狗皮纸"或汉地的白棉纸。需要注意得是，千百年来，傣族群众除了把佛经刻在贝叶上之外，还把大量的天文、地理、历史、节庆、医药、文学、语言，甚而乡规民约也刻在贝叶上。如果是世俗的典籍，则要在前言、后记，或中间插入佛经语录或佛经教义。所以，在使用贝叶经这一概念时需要它的两种含义，一种为广泛的含义，即指以贝叶典籍为代表的所有傣族文化典籍，另一种含义则较为狭窄，专指佛经。在佛教经典中，"贝叶"还有佛典之意。《大慈恩寺三藏法师传》卷六云："法师（玄奘）操贝叶开演梵文。"《贞元新定释教目录》卷十六亦云："将敷贝叶之文用启莲宫之会。"

傣族文化中的世俗典籍都由老傣文写成，但佛经不同。佛经如果从内容上来分，可以简单分为音译经和义译经两种，但实际情况稍微复杂一点。西双版纳的佛经从译文形式上如果细分可以分为三类：第一类基本上是用傣语直接义译，仅夹杂少量的巴利语借词。诵读这类佛经时，普通男女老少，人人能懂；第二类是半傣语、半巴利语的译经；第三类全经书都是巴利语，只是用傣字母拼读而已。后两种只有修养较高的佛爷和部分傣族知识分子才懂。傣族佛经没有纯粹用傣语翻译的，但有纯巴利语的，并且几乎上座部佛教的经典俱为巴利文。② 上座部的佛教经典虽然不存在大量译介的问题，但却有一个学习巴利文以学佛经的问题。这也是西双版纳等地的傣族男童接受奘寺教育的部分原因。傣族男童接受奘寺教育还不仅仅只是一个学习老傣文的问题。关于新、老傣文的问题，我们后面会专门讨论。

从学习内容来看，我们可以看出奘寺教育实质上是一种为着世俗而进行的宗教教育。对于一般人而言，入寺的目的只是学习一些宗教教义、做人规则、识文断字、天文地理等知识。实际上，傣族男童在寺中主要的学习活动也只是

---

① 任继愈.1981.宗教词典.上海：上海辞书出版社，184。贝叶经：西双版纳地区接近热带，盛产棕榈树。棕榈树叶纤维经酸褪去绿色表皮，并用砂磨、干燥、压平、裁剪等程序后，当地人用此为纸，以铁笔在叶上刻下佛经，每片 4~6 行，刻完依序编辑成册，刻痕用墨涂抹后在用油蜡使字迹清楚，最后用绳捆储藏，里面多为佛经即傣族的历史及各项生活知识或诗文。这类书籍统称为贝叶经。这类贝叶比一般纸质印刷还耐久藏。在西双版纳地区的村寨奘寺中，目前仍有使用这种经书。

② 巴利语（Pāli-Bhāsā）是由佛陀在世时中印度马嘎塔国（Magadha，亦作摩揭陀国）一带使用的方言变化而来。它属于与古印度正统的雅语，即梵语（Sanskrit），相对的民众方言布拉格利语（Prākrit）的一种。梵语是贵族语，也是婆罗门教和印度教的标准语，而巴利语是民众语。佛陀曾禁止僧众们用梵语来统一佛语。南传上座部佛教相信巴利语是佛陀当年讲经说法时所使用的马嘎塔口语，故又称"马嘎底语"（Māgadhika, Māgadhī, 摩揭陀语）。"巴利"［pāli］一词的原义为圣典、佛教（Buddhabhāsā），用以区分作为解释圣典的文献义注（atthakathā）和复注（tīkā）。因记录圣典，所以以后来也就逐渐成了"圣典语""佛经语"的代名词。据语言学家考证，巴利语晚于古典梵语，约在公元前 3 世纪形成。

抄写经文，刻写贝叶经，训练书法和阅读能力，以及学习加减乘除法，而傣文的读写能力和基本的算术能力在传统傣族社会中尤为被看重，拥有这些能力的人在村寨中会被视为"能人"，拥有较高的社会地位和声誉。对于傣族男童来说，出家在奘寺期间，戒律、教规和简单经书教义是必学，至于傣文的拼读、算术等则看个人兴趣、资质和进修时间长短，并不是所有出家为僧的人都会傣文或简单算术。

对于天资聪慧的儿童，有些奘寺的长老们还会传授天文、历法及医学等知识。童僧在课余时间可以阅读文学作品。寺院藏书（表3-1）中有关于科学、历史等方面的书籍，并且佛典和佛教故事大都也是以通俗的语言写成，故童僧在学习佛教知识的同时也能学习一些文学、诗歌和科学知识。但是，这些知识的学习并没有统一的制度性规定，即学哪些、学多少并不强求，视男童的兴趣和奘寺佛爷自身的学识而定。现时，有的佛爷还会教童僧骑摩托车。对于童僧们而言，佛爷会什么就教什么，愿意多教就多教，自己愿意多学就多学。佛爷不教时，或没有强制规定时，童僧们自己放鸽子是常有的事。

表3-1　1990年勐海县佛寺藏书统计表

乡名	佛寺名称	藏书种数	藏书册数	乡名	佛寺名称	藏书种数	藏书册数
勐遮	曼垒	76	451	勐海	曼蚌	49	422
	曼刚	44	172		曼养	46	315
	曼短	31	201		城子	35	213
	曼纳麻	27	101	勐海	曼拉冈	30	192
	曼柔	19	125		曼扫	21	121
勐遮	曼厂	56	248		曼真	21	177
	曼掌	34	201		曼兴	29	168
	曼蚌	82	554		曼养坎	25	134
	曼景	27	64		曼垒	25	167
象山镇	景龙	103	301		曼贺	88	394
					曼派龙	47	279

资料来源：云南省勐海县地方志编撰委员会.1997.勐海县志.昆明：云南人民出版社，760

奘寺教育学习内容的深度和广度与傣族男童在奘寺待得时间长短有直接关系。一般而言，待得时间越长，学习内容越深；时间越短，所学内容则比较浅显。童僧在奘寺中学习，一般两年的时间就可以独自念一些简单的经书，也会抄写傣文。在村寨奘寺中，即便十分努力，所能了解的知识也是有限的，如果要多学一些，则必须在奘寺中待更长的时间，或到更大的寺院接受有专业知识的佛爷的指导。类似天文、历法、医药、文学、艺术等较高深的知识，在普通村寨奘寺是很难获取的，一般都要在寺院学习十年左右才有机会接触。这类教材不是童僧的日常教学课程，属于奘寺教育的较高层次。傣族男童如果在奘寺待的时间较长，可以依据其学识和能力逐渐提高自己的僧阶。

上座部佛教的僧侣及寺院制度在西双版纳地区是完善和严密的。根据2005年国家宗教局政策法规司西双版纳调研工作会议中的有关资料，西双版纳"润"派的僧阶由低到高分为8个等级（表3-2）：①"帕"[pha]；②"都"[tu]；③"祜巴"[hubā]；④"沙弥"[Sāmī]，亦作萨米、沙密；⑤"僧伽罗阇"[Sang ha lātsa]，也有作桑哈拉扎、桑卡拉扎；⑥"帕召祜"[pha tsau xu]；⑦"松迪"[Sum det]；⑧"松迪·阿伽摩梨"[Sum det aka moli]，也有作松迪·阿戛莫里。①

表 3-2　西双版纳上座部佛教润派僧阶一览表

僧阶		俗称	僧阶要求
松迪·阿伽摩梨			召片领的血亲
松迪			王储接位前出家的封号
帕召祜			学识渊博，精通教义的僧侣的尊称
僧伽罗阇			德行高，有特殊成就之僧侣的尊称
沙弥			德行高之僧侣的尊称
祜巴		中心佛寺或总佛寺的大佛爷②	年满40岁，德行高，如缺由召勐或宣慰使任命
都	都弄	大佛爷	一般由中心佛寺选定任命
	都因	二佛爷	20岁，熟悉教义、能作法事
帕	帕弄	大和尚	15岁或16岁，熟悉经书、傣文，经寺内主持认可
	帕因	小和尚	懂五戒
科勇		预备和尚	未出家，6岁

---

①　多列派僧阶只分4级：召尚（小和尚）、召闷或闷召（比丘）、召几（长老）和召崩几（大长老）；摆奘派僧阶也是4级：嘎比（预备和尚）、尚旺（小和尚）、召闷（比丘）和召几（长老）；左抵派只有比丘一级，分小和尚、大和尚。另据颜思久《耿马县小乘佛教》一文，孟定地区的多列派曾实行过三等九级僧阶，即一等芽宝、芽金、芽银；二等叶宝、叶金、叶银；三等宝花、花金、花银。但并未流传下来。见：《民族问题五种丛书》云南省编辑组.2009.云南少数民族社会历史调查资料（五）.北京：民族出版社，348。

②　西双版纳有一种与行政系统相一致的奘寺系统，即在村寨奘寺的基础上，以行政区域形成全陇的中心奘寺，陇以上又有全勐的中心寺院，勐以上又有统辖全西双版纳寺院的总寺院，称作"洼弄"（大佛寺）或"洼诰"（总佛寺）。现在的管理方法则是采用佛协和总佛寺相结合的方式，即以州、县两级分设总佛寺，由州、县佛协管理；其下是州、县佛协所属各地区的中心佛寺，管理下属四、五所村寨奘寺；最基层的是村寨奘寺。

在年轻男子入寺成为"帕"前，首先要成为"科勇"，也有译为"贺勇""护拥""孔勇"等，指"预备和尚"，即虽已进入奘寺但尚未取得和尚资格的小孩。这只是一个称谓，不属于僧阶之列。"帕"又分为"帕弄"（俗称大和尚）和"帕囡"（Pha noai），俗称小和尚。从语源上看，这些僧阶名称多来源于巴利语，但读音，以及意义已有变化，如"沙弥"原意只是"息恶行善"之人，但在傣语中已经成为高于"祜巴"一级的僧阶名称。再如"松迪"一词原文是巴利语的［sumedha］，意为"善慧"，由于傣文特殊的拼写法，使其读音变成了［sum det］。①

"科勇"在寺中不剃头、不披袈裟，只在奘寺内学习傣文和简单的佛教仪规，为将来升为童僧做准备。"科勇"是男童正式出家之前的预备时期。这时期，男童需向佛爷背诵教规和戒律，并在奘寺里做一些如挑水、打扫等杂活。科勇必须时常到奘寺，但不得穿僧衣。在一段时间的见习后，等男童对奘寺生活和一般佛教礼仪有了一定的了解，并能够流利地背诵教规和戒律后，寺院的佛爷会告诉其家长准备让孩子正式受戒当和尚。这也是一种筛选的过程，并不是所有男童都照单全收。男童必须有些慧根，同时也愿意遵守戒律，这是作为接受出家的基本要求。同时，由于男童在出家之前要在奘寺同很多年龄相近的男孩一同生活，男童如果无法适应奘寺生活，或不愿意出家，也会形成自然淘汰。虽然奘寺对适龄男童不入佛寺出家没有任何约束和限制，但由于这些人未在奘寺接受教育，在傣族社会是不受人尊敬的，也就是所谓的"生人"。

升为童僧，即升为"帕囡"，俗称"升和尚"。出家男童的家人在男童"升和尚"受戒仪式前，要办酒席请村里的人到他家喝酒祝贺，狂欢三天。受戒当天，先由大佛爷念戒律，然后领着这些即将出家的男童诵经，最后由男童自念。诵经的内容主要是持戒、皈依三宝、遵守教义等。佛寺中的"帕"不仅要学习傣文和诵经，还必须承担寺内杂务劳动、服侍长老、外出化缘等。"帕"不得与"都"同吃同坐，且一切行动必须遵从"都"的安排。

"帕"年满 20 岁，若本人愿意继续修持，可向乡（镇）佛协小组提出书面申请，报请县（市）佛教协会审批后，经长老主持晋升仪式，接受比丘戒，就可升为"都"（亦音译作"督"）。"都"有大小之分。"都囡"［傣语 tu ni］俗称"二佛爷"。"都囡"经过三年以上的习经修持，达到一定的佛学造诣，经若干名长老考试合格，即可升为"都弄"［傣语 tu loŋ］，也有译为"都龙""都竜"等，

---

① 张公谨．2002．傣族宗教与文化．北京：中央民族大学出版社，31．

俗称"大佛爷"。①

"都龙"晋升"祜巴"的要求较严格,"祜巴"的候选者必须任僧职10年以上,并熟悉经典、精通教义、教理、仪轨,严守戒律。"祜巴"一般就是一个地区的佛教领袖。以前"祜巴"升任除了需经上级佛寺批准外,还必须认当权头人或召勐(即土司)或召片领(宣慰使)为教父,经召勐或召片领及同级议事庭推荐。在现代一个勐升"祜巴"时,一般首先需经本人同意,由各级佛教协会推荐,县(市)宗教事务部门审查,报请州级宗教事务部门批准,才可以举行"祜巴"晋升仪式。对一些有影响的僧侣升为高级僧阶,还需要报请省级人民政府宗教事务部门批准,才能进行晋升。② "祜巴"升座仪式亦相当隆重。过去在一个勐的范围内有一个祜巴威望最高,他往往就在勐议事庭的中心佛寺内,负责统管全勐的佛教事务,他通常会被尊称为"祜巴勐",其级别在"祜巴"之上。

祜巴之上还有五个僧阶,但其等级比较含糊。"帕召祜"仅是对学识渊博、精通教义的高级僧侣的尊称,并无明确的等级界限和晋升制度。"松迪·阿伽摩梨",或简称为"阿伽摩梨",只有召片领的血亲才能担任。历史上只有一个召片领的儿子获得过"松迪·阿伽摩梨"的称号。"松迪"则是王储接位前出家为僧时的封号。王储还俗后接位就可称为"松迪帕丙召",一般翻译为"至尊佛主"。

(三)教育方式与手段

20世纪60年代以前,奘寺教育的教育方法比较简单粗暴,上层僧侣拥有殴打下级僧侣,特别是"科勇"和"帕"的权力。郎曼轰的《司法文簿》明文规定:"徒弟告师父,和尚告佛爷"都是"不通人性,不懂礼信的人,就是有理也不准告。"③

当时的寺院管理也很严格。据罗阳采访的一位傣族老人回忆,他自己出家为僧时,每天早上5点钟起床念经。每人轮流做一天的饭,早上9点,值日做饭的和尚背一个大箩筐到寨子化缘,每家都要去,化到糯米饭、盐、油、青菜和

---

① 有关云南上座部佛教的著作常把"督"译成佛爷。中国佛教协会副会长,云南省佛教协会主席刀述仁先生指出:这是一种误译。督的原文(Guru)只是对僧侣的尊称,并无佛与爷的意义在内,还是直接用音译,或参照其他宗教习惯译为"长老"为好。见:世界宗教研究编辑部.1990.云南上座部佛教研究刻不容缓——访刀述仁先生.世界宗教研究,(3):15。
② 2009年5月8日中国佛教协会第七届理事会第四次会议通过,2010年1月10日公布的《南传佛教教职人员资格认定办法》对僧阶晋升有了更为详细的规定。
③ 全国人民代表大会民族委员会办公室.1957.云南省西双版纳傣族自治州社会概况(傣族调查材料之三).北京:全国人民代表大会民族委员会办公室,10.

白菜。回寺后洗菜，稍大点的和尚煮菜。化缘由一人承担，年幼者要分两次才能把化缘所得背回寺院。平时不许上街、回家。和尚要回家拿点东西，走时，大佛爷在寺中的大石头上滴水。若水干了才回来，得挨一棍子；若水干的时间太长，挨两棍子。为防止处罚，他跑着回家，跑着回寺。[①] 笔者田野考察时，当地一位曾出家20年的傣族老人也向笔者描述了自己当时的奘寺生活。"每天要及早起床，不起床，佛爷就舀一瓢冷水直接泼进被窝。回家需要先征得佛爷允许，且有时间限制，一般不生病不允许回家。那时候读经书，不懂也要大量地背诵，背不出来就要挨打。我们都怕挨打，所以当时也是背了不少经书。"虽然挨了打，但是老人现在回忆起自己那段时光，还是颇有留恋，"没事时，我们几个小和尚就赛马玩。一般准备出家前一年，家里就会准备好马匹。出家时，我们是骑着马入寺的。[②] 马平时就养在寺里，闲时，我们自己给马喂草、洗澡。那时候路还是土路，我们骑着马一溜跑过去，扬起一股尘土。那时还是很好玩的，不像现在"。

历史上的每一次佛教的恢复，都让奘寺教育的管理变得宽松一些。1961年，恢复宗教信仰之后，上座部佛教开始有两个明显的变化，一是寺内的小和尚不再被打；二是僧人不到村寨化缘了，改为寨子按户轮流送饭到寺院。据一位当了11年和尚，读了许多经书，于20世纪50年代初还俗，既精通老傣文又懂汉语的傣族老人介绍，"1958年不给信佛教，后来给信，老百姓就自己送饭给和尚、佛爷。新社会讲平等，不给打人、骂人"[③]。20世纪80年代，再次恢复宗教信仰之后，奘寺内的管理就更加宽松了。

总体上来说，童僧在奘寺中的生活还比较自由。一般情况下，童僧要在早上六点左右起床，洗漱完后要在佛殿晨诵半个小时左右。打扫奘寺卫生后，童僧可以回家吃早点。在非佛节，也无邀请外出的时候，比丘或佛爷就给童僧上课。教学活动是以小组或个体教学的方式进行，没有固定的教学内容和进度，通常就是诵读经文和学习傣文拼写。有时候，寺院的佛爷会根据当天举行的宗教活动，要求童僧诵读某本经书。一般情况下，童僧也可自己选择某本经书学习，或结群嬉戏。午饭时间，当值的童僧要给佛爷做饭，其他童僧则可以回家吃饭。下午时间可以自由活动。吃过晚饭，大约晚上7点以前，所有童僧都会回到奘寺。打扫完卫生，童僧们还要集体诵经半个小时左右，然后学习傣文。

[①] 罗阳.2007.傣族社区与发展.成都：四川大学出版社，186.

[②] "升和尚"时，不同的上座部佛教派别之间习惯不同，"摆坝"一般要求骑马入寺，现在则比较多样，可以骑摩托、乘拖拉机，或抬着入寺。"摆孙"则会将准备"升和尚"的孩子背着入寺。

[③] 罗阳.2007.傣族社区与发展.成都：四川大学出版社，186.

晚上 10 点上床睡觉。这样的奘寺生活与以前相比要宽松许多了。以前，童僧是不允许回家的。每天早上，当值的童僧还要到村寨中去化缘。现在，奘寺生活与世俗生活的界限越来越模糊。农忙时间，童僧还会经常回家帮忙干活。

对于童僧而言，这样的生活安排现在只会在学校假期时才会实现。由于童僧们还要上学，他们就不得不学校和奘寺两头跑。我们可以看看一个橄榄坝傣族"和尚生"的生活安排（表3-3）。

表 3-3　童僧岩罕应的一天生活时间安排

时间	事项
6:00	起床、洗脸
6:15	念经、打扫佛寺卫生
6:45	回家吃早饭
7:05	到学校
7:10~7:45	晨读
7:45~7:55	课前休息
8:00~11:00	上午三节课及课间休息
11:10~11:40	第四节自修课或齐读
11:40	放学
11:45	回佛寺，看看有没有什么事
12:00	回家吃饭（在家时间）
13:55	到校
14:00~16:30	下午三节课及课间休息
16:30	体育课或者课外活动
17:00	放学
17:10	回佛寺打扫卫生，玩耍一会儿，回家吃饭
19:00	回到佛寺
19:00~20:00	念经、学习傣文
21:00	在佛寺留宿

资料来源：相虹.2010.岩罕应为什么不穿袈裟了：一位傣族和尚学生身份认同下的选择.学园，(2)：55-61

从这样的生活安排来看，至少可以看出两点：其一，奘寺中的童僧学习老傣文的时间大大缩短了，主要集中在晚上一段时间；其二，奘寺生活与世俗生活的界限已经完全不存在了。如果不是还要在奘寺中留宿，佛教中"出家"的真实意图"避世"的意义就几乎完全消失了。在这样的情况下，佛爷对童僧的学习要求自然又为降低了。

佛教的教学方法一般主要包括记诵、讲解、辩论、自省、践行等。在奘寺教育中，记诵是最主要的教学方法，它要求学习者反复诵读佛教经典，并能烂熟于胸。能够记诵大量的经文是对佛教僧侣的一个基本要求，也是傣族社会评判一个僧侣是否有较高的佛学修养的主要依据。在以前，傣族童僧在长老或佛爷的指导和要求下也要背诵一些经文，但是，现在不会那么严格要求他们。对于童僧背诵的基本要求已经降到了会背诵戒律即可。对于那些待在奘寺中时间较长的僧侣而言，他们一般都会背诵一些法事活动时需要的经文，不过，现在很多奘寺的法事活动中僧侣们多是念诵经文，而不是背诵了。一位老僧人这样对笔者说，"以前的和尚都会当到佛爷才还俗，至少要十年以上，当然会学的更多一些，最难的巴利文也能掌握。但现在的小和尚在寺里的时间太短了，几个月，一两年就还俗了，何况大部分时间是在学校，只有周六、周日能够回来，怎么可能学那么多，只要能诵读赕佛时需要的经文就行，不背下来也可以。"

讲解是指详细阐述教义或解答疑惑，帮助学习者尽量立即掌握。由于傣族佛教经典多是由巴利语和老傣文写成，对于这两种语言的掌握程度就成了能否理解经文的重要前提。对于奘寺中童僧们来说，所谓的讲解大多也只是对老傣文和巴利语的解释。据了解，对于学习认真的"都"级僧人来说，只要能掌握老傣文，背下一两部经书就已经不错了，还谈不上对经书的全面理解，更别提掌握巴利文了。"都"级僧人尚且如此，童僧们就更不用说了。在奘寺中，佛爷需要对童僧讲解的内容主要是佛教的基本教理和戒律，如四圣谛苦、集、灭、道的含义等。对戒律的讲解，尤其是"五戒"的讲解在童僧的奘寺教育中尤为重要。

以"离杀生学处"为例，何为"生"，何为"杀生"都需要对童僧加以明确解释。依据《律藏》《小诵注》等经典和译注，上座部佛教中所谓"生"，巴利语为 [pana]，直译为有息者，即有呼吸的生命。"生"包括人、畜生以及非人，如饿鬼、龙、天神等。植物并非"生"，不包括在内。杀生是指故意夺取有息者的生命。自杀也属于杀生。杀生的方式既包括亲自杀、教他人杀，也包括通过赞叹或鼓励而使对方死亡，以及堕胎等。构成杀生要具足五个条件：其一，对方是生命；其二，知道是生命；其三，意图对方死亡；其四，付出努力；其五，由此而死。其中，尤需注意的是第三条"意图对方死亡"。按照上座部佛教的说法，不仅恶意的杀害是"意图对方死亡"，就连出于悲悯而希望对方早点死亡或无痛苦地死亡，也属于"意图对方死亡"。这些内容，不解释，童僧是不会理解的。当然，也有佛爷通过讲述佛教故事灌输持守五戒的重要性，至于童僧能否领悟是另外一回事。

辩论和自省对于童僧而言并不是主要的教学方式。辩论是佛教教育常用的一种教学方式。由于僧侣彼此的阅历和知识水平并不相同，辩论能让他们有机会展现自己的见解和理由，揭露对方的矛盾，以获得越来越接近真理的认识。

早在玄奘的《大唐西域记》中就有关于印度最大佛学寺院那烂陀寺举行辩论大会的记载。在目前藏传佛教，尤其是格鲁派的经院教育中，辩论更是不仅作为学经的一种方法，更是一种考试以获取学位的方法。在奘寺教育中，由于童僧所学内容及其年龄所限，一般不会采用辩论的教学方法。佛爷如果要检查童僧是否掌握所学内容，通常也只是采用问答法，主要考察的还是记诵功夫。依照傣族习俗，每年特定的一些日子中，各奘寺的佛爷们要集中念经，如傣历十一月十日至十五日。傣历二月五日至十日，各奘寺的佛爷还要集中到上级佛寺念经。在这些活动中，各寺的高级僧侣之间可以交换意见和切磋佛理，但其内容和方式并无强制要求。自省是指自我研修、反省自我，以独善其身。要求年幼的童僧自省无疑是困难的，在奘寺教育中，"都"级以上的僧侣或立志成为僧职人员的僧侣才会自觉地研修经典，自我反省。一般来说，奘寺的佛爷安排和教导童僧念经，认识老傣文之外的时间可自己安排学习佛教经典、抄写经书，也可朗读、写作诗歌等。有个别佛爷也会钻研天文、立法、医药、建筑等。在奘寺教育的传统中，关门节和开门节之间的三个月时间，僧侣是不允许外出的，一方面要从事诵经等活动，另一方面自我反省也是这段时间僧侣们的主要任务。

　　践行是指佛教僧侣们对教义身体力行，不论洒扫庭除、起居饮食等日常小事，无不实践、履行佛教的精神要义，遵守其清规戒律。对于任何宗教教育而言，其内容主要有二：其一是学习该宗教的各种信仰和教条、教义；其二是道德训练，即该宗教教徒所必须遵循的行为律法。对于前者的学习主要是通过多次的重复记诵使其娴熟于心，而后者则要求宗教职业者身体力行。前者是后者的前提，而后者则是前者的巩固。在奘寺中，对于童僧们的要求也是如此。傣族男童出家后，每天的早课、晚课要诵经，也要背诵教规和戒律，并在整个寺院生活中，身体力行。对于童僧而言，他们主要践行的是佛教五戒。如不杀生、不偷盗、不淫邪、不妄语四条，一般只要佛爷提出要求，小孩子都比较容易遵守。至于不饮酒，执行起来可能有困难。傣族习俗一遇节庆就喝酒作乐，孩子在当和尚期间可回家，饮食能否持戒是个问题。笔者在勐海某寺院考察时，正碰上一位佛爷宿醉刚醒。佛爷尚且如此，男童则更无所顾忌了。

　　奘寺教育并没有修业期限。男童入寺后，其修业年限并不一定，最少三个月，一般的为三年，长则十年、二十年，甚至终身出家。童僧出家时间的长短与其父母的期望紧密相关。一般来说，家中经济条件较好的，父母会期望男童在奘寺待得时间长一些，希望他能够读写傣文，并做个有学问的人，十年八年是常有的事。家中经济水平不高的，男童必须分担家中耕种等工作，待在寺院的时间就会很短。他们一般会在农闲时进入寺院，三个月后即还俗。还俗后，如果男童还希望到佛寺学习，寺院也会欢迎。

奘寺教育中对于犯错的童僧没有开除或退学的办法。童僧犯错后，佛爷只能规劝，特殊时会告知家长接回童僧，但一般情况下，被接回的童僧过一段时间后仍可继续回到奘寺接受教育。依照奘寺教育以前的管理，佛爷是可以体罚童僧的，但现在，佛爷只可以对童僧进行轻微的体罚，其他人则不得对童僧体罚，包括学校的老师、村寨的长辈和父母。因为依照佛教习俗，僧侣是必须恭敬的三宝之一，不能打骂。事实上，童僧在奘寺中的生活有佛爷约束，不会出现太大的问题。他们的父母也住在附近的村寨，对童僧的行为也十分关心，童僧犯错的机会不多。反倒是在学校，有些过于调皮的童僧会被汉族老师体罚。虽然教育法明确规定了不准体罚学生，但是由于有些傣族男童实在"不服管教"，打一两下的情况还是时有发生的。对此，一位傣族老人对笔者说："打是可以的，但要先让他把僧袍脱了再打。"

总之，对于童僧而言，其教育内容还只是以戒律为主，其他知识，如傣文等为辅。在教育方式上，对童僧学习的成绩优劣并没有制度化的考评，注重其自发、自觉。有的童僧资质较好，可自行多方面地研究。对这些资质较好的童僧，如果本寺佛爷的能力无法指导，他会被推荐到更上级的奘寺，由学有专长的佛爷来指导。

对于资质较差的童僧，上座部佛教认为只要在村寨佛寺中持守戒律，勤诵经书，同样可获佛的庇佑，亦可成就阿罗汉果。所以，对于这些童僧的教育，亦不必强求。

（四）教育经费与师资

由于奘寺教育的经费直接取决于奘寺的收入，奘寺教育并无固定的教育经费。奘寺中的比丘和佛爷是由全村寨集体供养，因而，童僧在奘寺中的教育也是免费的。但是，科勇"升和尚"时家里是要捐些钱给奘寺的。费用依据童僧待在寺院中时间的长短，以及家长的经济能力而各有差异，一般在两千元至三千元。如果包括"升和尚"当天请客的费用，那么花费在本地来说是相当高的，但家长都不愿被人看不起，即便举债也要完成。家庭经济实在困难的，家长只能不让孩子上寺院或缩短孩子待在寺院的时间。家长捐给寺院的钱财，并不直接捐给佛爷，而是有寺院的"波章"① 收取和管理，主要用于修葺寺院和增添设

---

① 即佛事主礼人，主要负责联系信教群众。德宏称为"贺录"，保山、思茅、临沧大部分称为"安章""阿章"，西双版纳称为"波章"。巴利语为 [acariya]，泰语为 [acan]。

备。奘寺中的水电费用，也是由波章负责结算，并分摊给村寨各个家庭。对于奘寺的费用，没有家庭会拒绝或推诿。

在过去，西双版纳奘寺的经济来源大致可以分为三类：一类是寺田收入。奘寺成立之初，村民会捐献一些田地作为奘寺的财产。田地通常由雇佣的佃农耕作，收获后的一部分会作为奘寺的食物或财产。各寺的寺田收入并不固定，时多时少，通常不足寺庙的用度。第二类是村民的捐献，以及法事诵经等活动的收入。这部分收益视寺院的大小而各有不同。通常来讲，大的奘寺，活动多，收入也多。小村寨的奘寺的收入有时会少得可怜，寺院的开销需要波章计算后分摊到村民头上。第三类是傣族土司对奘寺经济上的支持。"在西双版纳等土司制度较为严密的地区，傣族土司对南传佛教予以经济上的支持，如规定农民每年应向佛寺交纳一定数量的谷物，并往往将其赐给寺院，为寺院服各种劳役；还将其占有的少量土地赠给佛寺，由佛寺租给农民耕种，收取一定地租等等。"[①]虽然有此三项收入，但实际上奘寺的收入并不多，多数情况下只能保证僧侣和寺院管理人员的基本生活需要，并不能解决奘寺的自养问题和教育经费问题。

随着"和平协商土地改革"的结束，奘寺的建筑设备费用、宗教活动费用、僧侣生活费用等，就主要依靠村寨傣族群众的供养了。傣族群众以户为单位轮流给本村寨奘寺的僧侣送饭，并提供僧侣的日常生活费用。在重大宗教节日中，傣族群众还要给佛寺和僧侣赕佛。不论是在西双版纳，还是在德宏，这实际上已经成为一种传统的宗教义务，或说是宗教习惯法。然而，这些供养十分有限，远不能满足奘寺的消费和僧侣的生活费用。现在，政府为减少村民负担，也会给奘寺一定的补贴，但原则上童僧到奘寺，其食宿都是由奘寺及地方供给，钱则由寺里的佛爷在捐款中调拨。政府也对涉及宗教文物以及佛经的研究提供拨款和鼓励。

由于奘寺是由村民共同修建和维护，僧侣人员的花销也由波章协调各户捐献和布施供养，虽然日常花费并不多，但由于各村寨之间的经济状况存在差异，奘寺教育的教学环境也参差不齐。较大的奘寺会有专门的学经教室，没有学经教室的寺院，佛爷就会利用寺院大殿或鼓房、院子，甚至附近的树下，童僧们席地而坐。村寨的奘寺在过去由于经费的原因，可能连桌椅和课本都没有。近年来，一般寺院都会提供纸质的课本和练习本。而几个人共看一本经书，随着佛爷口诵的情况，至今仍然存在。有的奘寺近年来还添置了一些家电设备，如

---

① 梁晓芬.2009.云南傣族上座部佛教佛寺教育的变迁与发展//云南傣族土司文化学术研讨会论文集.昆明：云南民族出版社.

电视等。空闲时间，童僧们常常聚集在一起看电视，代替了过去的诵经或学傣文。据说有的奘寺还将影碟作为童僧学习的教具。

由于经费不足，通常情况下村寨奘寺里的童僧除了佛经外别无课本。平常奘寺大殿都会摆有十几本不同的佛经。这些佛经的来源是当地傣族群众在节庆等重要日子出钱请佛爷抄经而来。过去抄经多用贝叶，近代则用毛笔写在布帛或纸上。以前，由于佛经不易取得，村寨的童僧能拥有一两部佛经已经很不容易。佛经的抄写主要是《本生经》《召树屯》《大佛经》，以及一些节日的宣示文、祝词等。一般说来，中心佛寺因规模较大，历史较久，有相当的库藏经书，而村寨的奘寺藏书则不多，内容和种类也较少。在西双版纳，佛经的储藏也多在较大的老寺院里，村寨的寺院中除了一些常诵的经书，其他种类的书籍，如有关历史、语言、文化、民俗、医药、天文、历法的书则很少。

即便在较大的奘寺或中心佛寺，由于寺院日常费用和奘寺设备的增加，加之佛爷的开销日渐加大，仅依靠傣族群众的供养和捐献是难以为继的。西双版纳的总佛寺也遇到相同的问题。总佛寺的学习同其他村寨佛寺不同，几乎同现代学校教育一样，有固定的课表，有专业教师上课，作息时间也与学校一致。总佛寺的佛学院中的僧人们所学的课程有中文、英文、日语、电脑、音乐等，而且有日课表。[①] 这样的学习方式和课程安排自然对教育经费有更大的需求，如英文、电脑等课程还需外聘专业教师上课。据总佛寺的大佛爷介绍，总佛寺的学僧人数在 1995 年以前有 200 余人，因经费不足，人数逐年减少，目前只能供 50 余人进修。其他地区性的村寨佛寺更是捉襟见肘。

所以，奘寺教育的经费主要依赖傣族群众供给，来源并不稳定，因而教育经费问题无法有效保障。村寨奘寺更是无法提拨预算改善师资和教学设备。由于存在奘寺普遍教育规模较小，教育形式单一，缺乏灵活性等问题，上座部佛教僧才的培养，即奘寺教育的师资问题，也日渐成为奘寺教育发展的瓶颈。

奘寺教育的主要形式是由"都"教"帕"，即"大和尚"教"小和尚"。这种形式自由度较高，但"都"，这个老师的重要性也更为凸显。奘寺教育虽然有一套自己的学习制度，但还远远不如藏传佛教的学习制度严密和系统，童僧的学习进度和强度更多的还是依靠奘寺中的"都"自己掌握。如何考试，考什么，

[①] 经国务院宗教事务局批准，1994 年在西双版纳总佛寺建立了"云南佛学院西双版纳分院"培养僧才，在版纳分院办学经验基础上，云南省佛教协会报经云南省政府、国家宗教局批准，于 1997 年 6 月正式筹建云南佛学院，2004 年 12 月招生开学。教学内容以成人教育汉语言文学专业规定的课程内容为主，佛教基础知识为辅。云南佛学院目前在校南传教学僧人 90 余人，毕业后可以继续留校攻读本科，或出国留学（如去泰国、斯里兰卡、缅甸获得本科文凭），或回到原寺院弘扬佛法。

考到何种程度也主要由"都"决定。这样，奘寺中的"都"，这个老师的修为和水平则直接决定了奘寺教育质量的高低。以前，凡是升到"都"级的僧人，至少要十几年的时间，学的多，自然修为水平要高，对宗教、对文化、对教育的理解也要深刻得多。所以，"都"不是奘寺教育中简单的组成部分，更重要的是，他是把奘寺教育其他构成部分融为整体，并代代传承下去的关键，是奘寺教育的基础。也正是由于"都"的存在，出家的傣族男子还俗后，又形成一支强大的进行佛教伦理道德宣传和教育的"专业水平"队伍。①

从20世纪50年代到80年代恢复宗教政策，三十余年的时间内，断断续续地，不仅是奘寺教育没有很好地开展，更为严重的是，尤其是在"文化大革命"期间，大量的僧人被迫还俗，或远走缅甸、泰国，"都"的培养的连续性被扯断了。虽然，80年代后，出国的僧人们纷纷回国，同时大量傣族群众也纷纷出家，但一则回国的僧人数量毕竟有限，二则之后出家的僧人本身年龄较大，长期并没有接受良好的、系统的宗教教育，自然也无法承担起延续奘寺教育的责任。紧接着，由于20世纪90年代以后国家经济的发展，许多傣族群众在有一段出家的经历之后，又纷纷还俗。僧职人员短缺的情况益发严重。从表3-4可以看出，直到20世纪90年代初，"都"的数量也仅及20世纪50年代的一半左右。童僧的数量虽然还维持在大致相当的水平，但只打算短期出家的孩子占了绝大多数。

表3-4　1950～1991年西双版纳寺院数量及比丘、沙弥人数统计表

年份	寺院/座	都/人	沙马内拉/人	共计人数/人
1950	574	930	5560	6490
1957	594	1034	6568	7602
1981	145	36	655	691
1982	—	115	4365	4480
1983	—	—	—	5464
1984	405	338	6309	6647
1985	415	436	5417	5853
1986	447	546	5507	6053
1987	485	670	5131	5801
1988	494	643	4337	4980
1989	503	664	5125	5789
1990	505	636	4926	5562
1991	526	646	6833	7479

资料来源：谭乐山.2005.南传上座部佛教与傣族村社经济.昆明：云南大学出版社，84

---

① 刀波.1998.试论南传上座部佛教对傣族教育的积极影响.民族教育研究，(3)：23-28.

近年来，随着老一代僧人的相继离世，僧职人员不足的情况更是雪上加霜。在笔者田野调查的期间，发现很多寨子有寺无僧的情况非常普遍。有调查统计数据表明，2002~2007年，云南上座部佛教的奘寺数量从1648所增加为1684所，增加了36所；但僧侣人数却从1597人减少为1450人，减少了147人，平均一寺一僧都无法保证。由于本地的宗教职业者人数严重不足且素质偏低，远远不能满足傣族群众宗教生活的需要，而与此形成反差的是，和云南接壤的缅甸、老挝由于上座部佛教传承体系从未中断而人才济济，且僧侣素质较高，傣族群众往往愿意到境外聘请僧侣。他们普遍认为这些境外的僧侣信仰更为虔诚，佛教学识更高。于是有的寨子便通过熟人关系到缅甸等国专门去请僧人回寨主持，有的寨子实在请不到僧人回来，只好在举行宗教活动时请曾经出过家的老人，如波章等，代行宗教职责，举行宗教仪式。

梁晓芬在其2009年发表的《云南傣族上座部佛教佛寺教育的变迁与发展》一文中曾经给出过自己对云南上座部佛教有寺无僧和境外僧人入境传教情况的调查数据：

> 据调查，德宏州共有正式登记的南传佛教寺院592所，但只有18%的寺院有僧侣，82%的寺院均无僧侣担任住持，平时一般由"贺路"管理，实际上平时处于关闭状态，只有在重大佛教节日时才开门让群众进去拜佛。其中，瑞丽市共有114所佛寺，只有17所有佛爷主持，有97所空寺，占总数的86%；陇川县2006年依法登记的佛寺有120所，只有20所有住寺僧人，空寺高达100所，占总数的83%；盈江县共有佛寺124所，27所有主持，空寺达97所，占总数的78%。畹町有佛寺9所，只有1所有主持，空寺8所，占总数的89%。其他南传上座部佛教地区除西双版纳州稍好一些之外，有寺无僧的情况也比较突出。例如，临沧市耿马县共有南传上座部佛寺119座，只有83座有主持，空寺有36座，占总数的30%；临沧市双江县31座佛寺中，有13座是空寺，占总数的42%；普洱市依法登记的南传上座部佛寺有168座，现有42座空寺，占总数的25%，其中景谷县78座南传上座部佛教寺院中就有18座是空寺，占总数的23%。
>
> 据统计，2000年西双版纳州全州有境外僧侣98人住持寺院，2001年经过清理后还有59人，现在仍有23人。德宏州的情况尤为突出，全州有僧尼住持的寺院总共90所，而缅甸籍僧尼住持的寺院就有40所（其中外籍比丘当住持的29所、外籍沙弥尼当住持或管理的11所），占总数的44.4%。2006年陇川县23名住寺僧人中，21名是缅甸人，另外两名也是从缅甸学成归来的；瑞丽市总共有11所由沙弥尼管理的寺院，其中有10所是由缅甸

人担任住持。同时，德宏州全州 264 名僧人中，缅甸籍的僧人就有 88 人（其中比丘 43 人、沙弥 18 人、沙弥尼 27 人），占僧人总数的 33%。瑞丽市 34 名比丘中，中国籍的只有 11 人，而缅甸籍的就有 23 人，16 名沙弥尼中有 15 人为缅甸人。畹町 2 名比丘全部是缅甸人。潞西市的 12 名沙弥尼也全部是缅甸人。此外，目前德宏州不仅有境外僧侣到境内主持寺院宗教事务，而且从缅甸到境内主持寺院管理的"贺路"也不少。例如，瑞丽市 114 名贺路中，70 人为缅甸籍人员，其中少数为短期聘用，多数为长期聘任，而且有的已在我国境内落户，分给田地，并在当地结婚。①

"都"延续性的断裂，直接导致了两个后果，其一，僧职人员的素质严重下降；其二，奘寺教育的质量严重下降。现在奘寺中的"都"级僧人，即俗称的大佛爷、二佛爷普遍比较年轻。在笔者考察的曼宰弄中心佛寺里，大佛爷仅 22 岁，还有个二佛爷是 20 岁。年轻的僧人们并不像老僧人那样坚守戒律，他们白天可以回家，能与村中青少年交往，饮食不忌荤腥，还可以骑摩托逛街。在西双版纳的街道上行走，通常都会碰到僧人们骑着摩托，飞驰而过。少数奘寺中的佛爷还有吸毒、赌博等行为，结果被寨子的村民赶出佛寺。勐海的曼龙坎、曼应就有两个佛爷因吸毒而被逮捕。对于僧人们的一些不良行为，佛教协会也制定了许多规范，采取了许多检查措施，但由于僧职人员的缺乏，很多惩罚手段根本起不到什么作用。比如罚款，有的佛爷干脆就以还俗相要挟。佛爷尚且如此，童僧们更是乐得自在。现在各村寨奘寺的条件很好，有的奘寺有电视、VCD，童僧们每天只是念念经，学习一段时间的傣文，然后就可结伴玩耍或看电视等。有的佛爷想严格管教小和尚，但整个社会的形势如此，只要童僧们没有出格的举动，也只好默许了。所以，有许多家长向笔者表示了这样的担心，"寺庙待久了，孩子就学坏了"。

正如梁晓芬在 2009 年的文章中所说，尽管云南傣族地区的奘寺教育近年发生了不少变化，也取得了不少的成绩，但是作为一种传统教育方式还存在与现实需求不太适应之处，其表现在两个方面："一是在世俗生活影响下，培养的人才留不住。二是国内佛学教育内容与现实需求有较大差距，培养的僧才用不上。"②

综上，虽然奘寺教育并不如学校教育一样有着严格的制度化形式，但是已

---

① 梁晓芬.2009.云南傣族上座部佛教佛寺教育的变迁与发展//云南傣族土司文化学术研讨会论文集．昆明：云南民族出版社．

② 梁晓芬.2009.云南傣族上座部佛教佛寺教育的变迁与发展//云南傣族土司文化学术研讨会论文集．昆明：云南民族出版社．

经形成了一系列的制度性安排。这套制度性安排在长期的历史发展中业已与傣族的社区生活紧密结合在了一起，现从奘寺教育的三个层次加以总结。

一般来说，奘寺教育可分为三个层次：成人教育、成才教育和成佛教育。成人教育即对于傣族男童来说，要通过奘寺教育将傣族社区基本的价值规范、道德要求内化为自己的行为，同时获得成为傣族社区成员的资格。这一点在傣族将没入过寺为僧的人称之为"生人"即可得知。所以，入寺为僧不仅仅是傣族的风俗习惯，也是傣族自我认同、族群认同的重要形式，关系着傣族群众、傣族的自我存在感。不理解这一点，仅将其视为宗教迷信行为显然是偏颇的。再说成才教育，所谓成才教育，即要成为傣族社区内的有用人才，或者换句话说成为傣族社会的精英。傣族社会的精英实际可以分为两个层次，第一个层次相对较低，即被称为"康朗"的阶层。这一阶层入寺为僧时间较长，有一定的佛学基础，也通过奘寺教育获得了一定的读写、计算能力。这些人还俗后一般在村寨都享有一定权威，并用其能力为村民解决困难，还可在土司衙门任职。一般村寨的"波章"也都由"康朗"担任。傣族社会精英的第二个层次就是佛爷阶层。佛爷阶层就涉及奘寺教育的第三个层次，即成佛教育。成佛教育是奘寺教育的终极目标，但在傣族社会生活实际中，是否所有入寺童僧都必须向着这一目标前进则不会强求。所以，奘寺教育总体来说还是有着一定的淘汰率，只不过这种淘汰并无严格之规定而已。对于大多数傣族群众来说，只要入寺能够获得一些粗浅的读写能力便已足够，毕竟真正向往成佛，得阿罗汉果的傣族群众只是少数。下面章节，我们将就此问题继续论述。

第三节 傣族社区与奘寺教育

"十二版纳是纯粹佛教的世界，每一个男子都曾一度做过和尚，每一个女子都是虔诚的佛教徒。因此这里的庙宇也特别多，差不多每一个寨子都有一座庙。"……"缅寺里除了佛经，寺里还有神话、诗歌、历史等类书籍。所以缅寺不仅是宗教上修行和拜佛的处所，也是文化的保持者和传播者。在寺里不但有佛学湛深的长老，还有渊博的学者，伟大的诗人。他在精神生活上的地位和中古时期欧洲的修道院一样。"

——姚荷生，《水摆夷风土记》[①]

正如姚荷生先生所言，傣族地区几乎每村都有一所奘寺，较大的村寨甚至

[①] 姚荷生.1990.水摆夷风土记（影印本）.上海：上海文艺出版社，194，197.

有两所以上的奘寺，也有相邻几个村寨共用一所奘寺的情况。一般奘寺多为竹楼、殿宇或其他混合式建筑。奘寺主要建筑以佛殿为主，次为鼓房和僧舍。有些奘寺有专门的藏经楼。中心佛寺设有布萨堂。一些较大的奘寺在佛殿左侧或前面还建有佛塔。据云南省边委 1955 年统计，当时仅勐龙、勐罕、勐混、景真、勐往、打洛、勐遮、勐捧、勐宽、勐醒等勐的 230 个自然村，便有佛寺 183 所，佛寺的数量与自然村数量之比为 79%。① 如果仅仅把目光聚焦在奘寺教育的制度化规定上，很容易忽略在傣族地区发生的围绕奘寺活动展开的其他一些非制度化的、随情境展开的，无意识引导的教育形式，以及这些教育形式在传递傣族生产劳作知识，人际关系、道德知识和宗教知识方面的濡化作用。对于傣族群众来说，奘寺是一个非常特别且重要的空间存在，可算得上是他们社会生活和精神生活的中心。

（一）傣族社会生活与奘寺教育

据刀国栋等人的调查，20 世纪 50 年代以前，西双版纳傣族主要有以下一些宗教节庆及重大佛事活动：

  1. 赕帕（袈裟节）：节期为傣历一月八日。做佛事三天。村民送棉布给僧侣做袈裟。

  2. 赕老轮瓦（赕谷）：傣历一月。谷子收割后，每户出谷子少则一斗，做佛事三天。

  3. 景比迈（赕新年）：傣历六月。是日早上各家抬祭品，到佛寺，为死去的父母先人举行滴水仪式。还要放高升，划龙船，做佛事五天。

  4. 赕坦（赕经书）：傣历十一月十日至十五日。僧侣集中为信众念经，所获收入较多。每家赕经书一至三本，出钱请比丘或和尚抄写，过去每本约花三元（半开银币）左右。

  5. 毫洼沙（或"赕关门"，即入安居）：傣历九月十五日，需时 2 天。

  6. 奥洼沙（或"赕开门"，即出安居）：傣历十二月十五日，需时 2 天。

  7. 赕星：入安居至出安居的三个月间，每当四个拜佛日，男女老人都要到佛寺住宿一夜"朝佛"，共 11 次。

  8. 赕沙兰（祭祖）：傣历十一月，赕衣服、金银、生活用品给死去的父母和祖先，需时 3 天。

---

① 《民族问题五种丛书》云南省编辑委员会 . 1983. 傣族社会历史调查（西双版纳第二册）. 昆明：云南民族出版社，73.

9. 赕岗（斋戒诵经）：傣历二月五日至十日。各寨比丘集中念经，净戒5天。每天两餐，晚上不得讲话。

10. 温帕（升小和尚）：每年傣历四月至八月举行。

11. 乌巴若厅（赕水神）：傣历每年四月十五日举行。

12. 赕暖帕短（赕比丘）：傣历十二月，群众悄悄献供给年满50岁而不再还俗的比丘。

13. 赕帕干厅、帕点宰（赕比丘）：比丘、和尚中谁遵守佛规最好，就为谁献供。

14. 赕柯蒙（赕桥）：修桥。

15. 赕迫帕召（修佛身）：傣历十一月，修补佛身。

16. 赕墨哈班（修来世）：傣历十一月，修来世。

……

仅粗略计算，这些宗教节日活动在一年之中就占了50余天，再加上为了宗教节日而做的准备工作，可以说，宗教活动是傣族群众一年之中最重要，也是最主要的社会活动。另外，依据当地习俗，自关门节起，49岁以上的善男信女每逢初一、初七、十五和二十三便携带行李，住在佛寺，听僧侣念经，至次年开门节止。左抵派凡获高级称号的信士每七天一次，吃过早饭后都要到寺院听经。

日常生活中，如人们为小孩过生日、起名字、作满月、结婚、盖房、人死、遇到不顺利的事情，都会请佛爷念经。念经的主要内容都是因果报应，劝人行善，或皈依三宝。另外也有祝福词，如结婚、盖房时所念的经书内容就是要人们多读经书，要听好人教育等。由于各种重要活动都要读经，因此傣族地区男女老少对一些佛经都会比较熟悉。这种宗教活动，除了单纯的听经之外，成年人也可以借机学习、复习一些傣文。此外，奘寺内的佛像和大量的壁画也均具有较高的艺术水平，而其制作者则主要是僧侣，所以，奘寺教育对传播傣族的文化和艺术也有一定的积极作用。

傣族信仰佛教，人人皆应为僧，终身不离经书，事事必本经训。故社会状况，人们的思想、言语动作、家庭服饰、礼尚往来，无一不以佛教为标准，体现佛教之精神。

上座部佛教的教义在很多方面与傣族当时的生活相合，例如，主张人生皆苦，提倡自我解脱和自我拯救，追求一种安静的田园生活，并在日常的宗教生活中提倡赕佛，其最高境界为修成阿罗汉果。上座部佛教主张平静恬淡的田园生活、反对动乱和残害生灵，迎合了傣族以村社为单位，平静、自给自足生活的特点。所以，傣族社会中甚少发生为遗产分配争讼之事；村里人盖房子，全村人相互出工帮忙；男孩升和尚，亲友们捐款相贺；佛寺经费不足，村人负责施食……

人类学家陶云逵于1936年到西双版纳地区进行社会调查。他在《车里摆夷之生命环》里记载了当时傣家人一天的生活：

> 早饭吃完，在冬天，大约九十点钟。妇女们收拾食具，然后到寺中给住宿的男孩送饭。有的开始织布、纺线。更小的孩子不在寺中住，而在寺中当和尚的，便去上学了。不上学的男孩，家中有牛放自己的，或是去替人家放牛。男子们当公事的，去到司衙或其他头人处接洽公事。作手艺的，如银匠、木匠，也就开始做工了。有些既不当公事，又不作手艺，则出去到四山打柴或是到亲戚朋友处闲谈或是在家中闲待，当过和尚的认识字的（在摆夷中识字者多），也许坐在那里看看经书，经书中有许多传奇故事，颇能做这班闲人的消遣品。同时佛道也就传进他们的思想。……入晚，天气渐寒。大家连妇女、小孩都围着火塘向火，不久婴儿就在母亲怀里入睡。加入父兄们兴致好，便把哪些佛教故事搬出来，讲给大一些孩子和妇女们听。妇女们一边听，一边就趁着灯火在那做点细小活计，佛教的知识和道德观念，借此便传入妇女们中间。摆夷看书必得高声朗读，夜深那种从容不迫，抑扬有调的朗读，听得格外清晰，字句深深印入听者心底。好学的女孩们或兴致很浓的父兄们，便在这个时候传授和学习识字。所以摆夷妇女中，识字的颇为不少。①

所以，傣族群众一般都乐天知命，与世无争。对于傣族孩子来说，上学自然也就缺乏诱因，他们认为一切事物顺其自然，没有离开家乡去异乡做大学生的必要。对于城市里的孩子来说，他们追求生活欲望的实现，但傣族人追求的是族群的和谐、认同以及宗教信仰的忠诚。他们认为男孩入奘寺是一件非常光荣的事，"升和尚"时便张灯结彩、敲锣打鼓，并在街道游行。男孩坐在花车上，兴高采烈。所有族人都向他表示祝贺。

如果我们将勐海地区的学校和寺庙的设备来作比较，就可见一斑。勐海地区的学校设备普遍落后，条件不好，但每一个村寨奘寺的设施却建造得非常好。奘寺的费用都是当地村寨的住户所捐赠。为何奘寺的捐赠可以节衣缩食，不惜举债，因为在他们的观念中，这是对三宝的布施，可以消灾祈福。至于建造学

---

① 韩达.1998.中国少数民族教育史（第二卷）.昆明：云南教育出版社，942.

校，他们认为那是政府的事。

　　奘寺既是傣族社会的教育中心，也是社会文化中心。《贝叶文化》一书也指出"凡佛教经典、贝叶本文学经典和其他类的贝叶经书，全部集中珍藏在佛寺的藏经阁里，平时人们想读经文、听佛经，只有到佛寺里借看或请佛爷和尚诵念。这样，佛寺既是宗教活动的中心场所，又是贝叶文化传承与传播的中心。"[1]

　　由于傣族整个社会的支持，寺院里能有一批僧人专门从事文化教育事业。僧侣除了寺院里的教学工作以及向社会宣传佛教之外，还要钻研佛学、天文、历法、地理、历史、医学、数学、文学等各方面的知识。十五世纪的《论傣族诗歌》，详细探讨了艺术的起源和诗歌的分类、特点，是傣族文艺理论的一部经典之作，该书的作者就是一位高级僧侣。傣族地区有言："不是大佛爷学胡腊（历书），越学越糊涂。"同时，由于佛教支配了傣族社会生活的各个方面，寺院中从事文化教育事业的僧人便能涉足宗教以外的其他社会领域。即便还俗的僧侣，也会作为傣族社会的知识分子，成为社会管理阶层和其他各种专业人才。

　　凡傣族人入寺还俗后，依据其入寺时间的长短和文化、学识水平，分别称呼"吉囡""卖"。当到佛爷还俗后，即可获"康朗"的称号。当到祜巴还俗的则称为"康朗厅"。这些称呼分别代表识字、知识分子、高级知识分子的意思。在一般村寨里，那些能读、会写、会算的知识分子，是深为人们喜爱的。家中如有这样的人，一方面既能为家庭解决一般实际问题和处理一些宗教事务，家里人的脸面上也觉得光彩。

　　村寨中的各类管理人才也大都由当过僧侣，并有一定知识的人来承担。据20世纪50年代的社会调查，西双版纳曼广寨7个会读写、会算的康朗中有5人是现职头人。村长不会写，只会看傣文，但算起账来是一把好手。在曼厅寨有文化的30人中，各级头人即有11人。其中"波章"是必须由熟悉经书的还俗佛爷，即康朗担任，职责是组织各类宗教活动，为群众婚丧、建房等选择日子等。专司文书的"昆次"也必须由会读写的人担任。另外，占卜师一般也需知识分子充任，因为从事这一行业必须能识字看书。除各级管理人员外，傣族社会上各类专业人才，也多是由寺庙还俗的知识分子担任，如歌手、医生、商人等。另外，还有一批人还俗后，会帮寺院抄写经文、历史书、文学书、唱本等。当上佛爷后才还俗的人，在社会上地位很高，被视为有文化、明道理的人，有资格担任某些特定社会职务。

　　德宏州是汉化程度较高的地区，当地知识分子也大都是由寺庙培养出来的。

---

[1] 岩温扁. 2001. 贝叶文化. 成都：四川民族出版社，146.

据 20 世纪 50 年代对潞西县那目寨所进行的调查，全寨识傣文的傣族人共有 193 人，占那目寨总人口 1665 人的 11% 左右。① 在德宏，一般人的傣文程度不高，只能简单记账、写个通知或阅读一般的傣文书籍。傣文修养较深的多为地方上的头人或佛爷。学习傣文的一般是两个群体，第一个群体是在家自学，或请人专门教授的村民。如果家庭经济条件不好，也可以每天到寺院中请教佛爷。这类人由于学习时间不能保证，且由于每个寨子佛爷自身傣文修养也参差不齐，所以傣文学习不系统，也不连贯。但是，这类人对常用的傣文经典是十分熟悉的。第二个群体就是还俗的僧人。这类人傣文修养较高，是村寨中的高级知识分子，能够承担撰写祭文、颂词等用于宗教活动的各种文章。他们也是担任社会管理职务的主要人员。

在德宏州土司衙门里，平民唯一能从政的机会是当文书。在村寨里，傣文程度较高，对佛教经典较熟悉的人，年老不能从事生产劳动时，还可以做"波章"。波章主要负责领诵经书，并处理村寨与寺院之间的一般性事物。傣文程度较高，能写会算者，还可以帮助头人处理有关本寨事务及与司署来往文书。寨子里的各种账务也由其登记和整理。司署的官租、杂派，或全寨的各种摊派，也都由他负责整理。

若僧人还俗后，傣文程度高，傣文书写熟练且美观，还可替别人缮写经书。傣族村寨做"叭夏"或"坦木"，或家里老人死去都要向寺院送经书一部，所以每年需要写经书者很多。一般来讲，每个村寨中能写经书者并不多，仅一二人而已。能做各种文章和祭文的人更少，因而更受大家欢迎和敬仰。也有极少数人会在村寨教授傣文。

傣族社会是一个封闭性很强的社会。村寨里的大事无非是一些婚丧嫁娶和宗教活动。在这些活动中，如果能讲一些得体的话，写一些祭文和告示，或给村寨的人帮忙抄写经书、记账，协调解决纠纷，就能成为村寨里有身份和地位的人。任何一家有事都需要他来帮忙。需要知道的是，这些知识的获得都是通过奘寺教育得来，所以傣族人认为入寺为僧是一件很神气的事。

另外，由于傣族聚集于河谷地区，相较于山区各民族来说，其社会组织更为严密，加之佛教相对于原始宗教来说更有吸引力，傣文又简单易学，因此傣族的文化优势显而易见。傣族土司的政治势力在当地的影响力也十分巨大，周边各族或多或少都要听命于土司。于是，其他各民族引进佛教，学习傣文的也不在少数。明代芒市土司代办方克胜的《建设腾龙边区各土司意见书》中说：

---

① 韩达.1998.中国少数民族教育史（第二卷）.昆明：云南教育出版社，940.

"今德宏州一带居住着汉、傣、景颇、栗粟、阿昌、德昂等民族，除景颇族、汉族外，其他各族多采用摆夷文。大半谙摆夷语言者，即易习其文字。傣文是当地通行的文字，除佛经外，土司告示、私人契约文件甚至小说剧本，均以傣文为主。"①

据云南档案馆 20 世纪 40 年代调查报告显示，在镇康县佤族也有将子弟送入奘寺读夷经的。这里的夷经就是傣文佛经。也有德昂族僧侣读摆夷文佛经的记载。德宏州一带的德昂族懂傣文的相当多，因佛经由傣文书写。栗粟族在基督教传入之前也有很多人信佛教，读傣文经书，在基督教传入之后才开始有自己的文字。明代《滇缅南段未定界调查报告书》说："凡接近我国沿边，受汉化之洗礼，而尤深受摆夷各土司之感化者，已知礼仪，有衣服居室之较进步兼用摆夷文者为纯卡瓦，如班洪、班老、永邦、岩师皆是。"②

四川民族出版社出版的《贝叶文化》一书中，作者岩温扁、杨胜能指出："在傣族的封建社会中，佛教不但是占统治地位的意识形态，而且和世俗的政权直接结合，佛教的高级僧侣来自领主阶层，直接参与政权；而召片领等封建领主，又直接具有宗教地位。"书中认为上座部佛教对傣族的影响为："一方面使佛教很快就成为封建领主制社会中占统治地位的意识形态，对维护封建领主制起到了其他意识形态所不能起的巨大作用；另一方面佛教作为一种文化现象，据其意识形态的优势地位，对傣族的文学、艺术、哲学、科技、道德、教育等各个方面都产生了巨大的影响"。③ 据《泐史》记载，1180 年西双版纳傣族首领帕雅真登位时，举行了十分隆重的滴水礼。滴水礼是傣族佛教中一种富有宗教含义的仪式，其有祝福、宣誓之意。当时傣族统治者已经利用佛教来为其统治提供某种担保和祝福。此外，傣族世俗统治者也常利用佛教来帮助其推行政令，他们一般在宗教节日决定重要的政策措施或任免下属官员，其目的是提高君权神授的权威性。虽然如此，上座部佛教对傣族教育的影响却是不争的事实。傣族社会传统中的各种科学知识和文学作品都是佛教僧侣用傣文记载和传播的。同时，由于僧侣、佛爷对天文、历法、医药、建筑等知识都有精深的研究，使得佛教僧侣成为傣族中最有知识的阶层，因此奘寺成了继承和传播文化、知识的中心。

从奘寺自身的组织系统来看，西双版纳的奘寺有着同其政治组织相匹配的体系。在村社基层寺院的基础上，设有以行政区域形成的全陇的中心奘寺，陇

---

① 韩达 . 1998. 中国少数民族教育史（第二卷）. 昆明：云南教育出版社，942.
② 韩达 . 1998. 中国少数民族教育史（第二卷）. 昆明：云南教育出版社，942.
③ 岩温扁 . 2001. 贝叶文化 . 成都：四川民族出版社，146.

以上又有全勐的中心寺院，勐以上又有统辖全西双版纳寺院的最高寺院。在宣慰街的瓦垄是全西双版纳最大的佛寺，被称为"总佛寺"。总佛寺统辖全西双版纳的所有佛寺，其主持"祜巴勐"就是全区佛教的最高首领。各勐的中心佛寺统辖本区的大小佛寺，从而形成一种与行政系统相一致的佛寺系统。

上级佛寺对下级佛寺有指挥、批准、撤销其决定的权力，下级佛寺对上级佛寺则有请求、报告的义务。每一级佛寺都与同级的世俗政治组织相适应，基层佛寺则与村社组织保持紧密的联系，各种宗教活动都以相应政治区划为单位举行。

高级僧侣的晋升也需获得世俗统治者的认可或赐封。在西双版纳傣族地区，一般来说佛爷的升迁要有村寨头人的认可，并要请头人当教父，而祜巴以上等级的宗教职位则需土司或宣慰使的认可，并由土司或宣慰担任教父。在这种情况下，佛教很快渗入傣族的生活中，对其政治、经济、文化、教育等各方面产生了深远的影响。1829 年，西双版纳宣慰使征派命令的开场白里就说过这么一段话："大家都知道我们地方是由佛寺、天朝官员及宣慰使来领导的，好像大伞，庇荫这西双版纳各头人、百姓。"①

总佛寺的祜巴勐仅对宗教信仰活动有影响力，对当地的经济及行政事务，因涉及其他不同族群，没有具体的影响。这种情况与藏族的宗教领袖在西藏地区对行政、司法、经济及宗教活动有绝对的影响力是有很大差别的。

（二）傣族群众对奘寺教育的态度

面对学校教育与奘寺教育，傣族村民的心情和态度是复杂的，甚至矛盾的。其间，既有对往日传统的留恋，也有对僧人不端行为的痛心疾首；既有对学校教育实用主义的追求，也有对学校教育内容，乃至教育形式的不满。但是，如果将傣族村民的态度总结、比较，还是可以发现其中有一些通性。这些通性的特征是相对的，即是相对而言的，因为态度更多的是价值问题，优劣对错尚不是绝对的，更何况是程度的差异。

在学校教育嵌入之前，依据傣族传统习俗，一般的在家子弟，出家为僧时间较短就可还俗参加劳动，娶妻生子。出过家为僧的傣族男子会被认为是有教养、有学识的。出家为僧时间越长，僧阶级别越高，无论是为僧，还是还俗都能享有很高的声望，受到社会的尊重。② 一般来讲，依傣族习惯，凡做"帕"未

---

① 韩达.1998. 中国少数民族教育史（第二卷）. 昆明：云南教育出版社，931.
② 江应樑.2009. 摆夷的经济文化生活. 昆明：云南人民出版社，207.

满二十年而还俗者,还俗后一概取名"吉銮";做"帕"二十年以上但未满三十年者,还俗后名字会冠以"克囊";已满三十年者,则名"克囊厅";若做到了"二佛爷"才还俗的,会命名"康朗弄"。"克囊厅"和"康朗弄"都是非常崇高的名字。没有出过家的傣族男子则在社会中没有地位,会被称为"岩百"或"岩令",即没有知识、不开化的野人,结婚和工作都会受到影响。所以,是否接受过奘寺教育成为衡量傣族男子社会地位的重要标准之一。因而,如果有孩子出家,每个家庭都会当作一件大事。其规模之大、仪式之隆重、礼品之贵重往往会让外来者或初来者瞠目结舌。那时的普通家庭,如果家里有两个男孩,往往就不得不在两个中间做出艰难的选择,因为很可能家里只能承担一个孩子出家的费用。笔者田野考察时的联系人岩迈老师就是家人在他与哥哥之间做出选择后才出的家。虽然供孩子出家意味着一笔数目相当大的花销,但任何家庭都会不遗余力,尽量去做。

随着现代学校教育的兴起,傣族地区的社会舆论,以及风俗习惯也在逐渐转变,选择不出家为僧的孩子较之以前也越来越多。加之"升和尚"所需费用较高,送男童入寺庙为僧也并不是每个傣族家庭的必然选择。从当地普遍流传的一句俗语也可看出部分傣族家长的心态,"生儿是名,生女是福。"这句话至少可以从两个方面传达出这样的信息,其一,傣族村民们的价值观悄然发生了变化,较之以前功利性更加显现;其二,虽然心中有些怨言,但囿于某些束缚,还是会送男孩入寺。这些束缚既可能来自传统习惯,也可能来自社会舆论,当然,不同的家长在不同的时期,会有不同的顾虑。①

从西双版纳的大致情况来看,学校教育招收学生相对比较困难的两个时期主要集中在 20 世纪 80 年代初期和 90 年代后期。在 20 世纪 80 年代初期,由于刚刚恢复宗教政策不久,傣族村民的宗教热情被激发起来后,傣族男孩开始涌入奘寺。但此时傣族家长们的态度也并不是完全否定学校教育。当时,在交通便利,经济发展较好,或者城镇附近的寨子,中年人对男孩子入寺的态度普遍是由孩子选择或只让其上学,而老年人则多希望孙子能到寺里学老傣泐文,并取个佛名,还俗后再回学校学习汉文。

普通的傣族村民没有姓,只有名,且名字不止一个,是随年岁、生活、事业的变动而有不同的专名。一个傣族男子一生中通常总共会有 5 个以上随生活阶段而改变的名字。这 5 个名字是:①乳名,即初生的孩子,请佛寺里的"大佛爷"命的名。这个名字用到男孩入佛寺当童僧为止;②僧名,男孩入寺后,

---

① 在德宏、耿马等地,传统的束缚要比西双版纳弱很多。

乳名便弃而不用，由佛寺中的老和尚再取一个名字；③还俗名，还俗回家后，作僧人时的名字便不能再用了；④父母名，结婚生子后，还俗名又弃置不用，大家对他的称呼又换了一个做父母特有的名字；⑤官名，如果做了头人、村长，或者宣慰司里的职官，则以前的各种名字都废弃不用，而以所任的官名为自己的私名，如果官职变动，名字亦变。① 以傣族著名歌手康朗甩为例，他是嘎洒乡嘎洒村人。父亲给他取了岩甩的名字，意思是希望他健康成长，将来做个有光彩的人。7岁时，他便能阅读各种傣文书籍。20岁那年，他从和尚晋升为佛爷。还俗后，便更名为康朗甩。后来，宣慰使刀栋梁认为康郎甩的歌确实唱得不错，便封他为"鲊"一级的赞哈，② 于是，他的名字又改为"鲊罕勒"。

　　由于以上诸多原因，当1986年勐海县佛协规定，13岁前的学龄男童必须先进学校读书，完成学业后才能当和尚，这项最初的几年都难于执行。20世纪90年代后期，西双版纳多数地区出现同类现象。此时期，傣族村民态度的变化主要是由于从20世纪90年代后期高校扩招之后，大学生毕业后就业困难，同时普通傣族村民的家庭经济收入又大幅度增加，因而入学积极性降低。勐海县勐遮镇曼洪村党支部书记的儿子2004年从云南农业大学毕业后，一直没有找到工作，这对当时镇里村民和孩子的求学积极性是一个很大的打击。傣族村民们认为，从学校毕业回来的孩子，"干家务不如嫂子，干农活不如老子"，倒学会了自视清高，游手好闲。如果再找不到工作，就成了闲人一个，还不如进寺庙当几年僧人，帮人诵诵经。

　　当然，现在奘寺教育的质量亦令人忧虑。现在佛寺僧侣的衣食住行也不像过去完全依赖于村民的"赕"了。僧人的经济来源大致有三个方面：第一，是村民大小赕佛活动的收入；第二，为游客开光赐福、拴线、烧高香等活动的收入；第三，是外出念经、做佛事的收入。由于僧人缺乏，"佛爷"们每个月都会有几次应邀外出参加佛事活动的机会，连跟去的童僧也会有这方面的收入。经济上的宽裕以及对寨子经济依赖性的降低，自然也从侧面刺激了僧人们放宽了对戒律的持守。奘寺教育在这样的社会形势下，其教育质量自然堪忧。很多僧人背不下经书，就照着读。有的僧人在佛事活动时，诵读经书偷工减料，故意省略大量的经文不读，以减少读经时间。很多僧人甚至连基本的"滴水"仪式③

---

　　① 傣族有姓氏的只限于土司贵族和几家汉化很深的人。另因傣族女子不入寺做和尚，也不做头人、村长，或当官，所以便没有僧名、还俗名和官名，自出生至嫁人都用乳名，生子以后则用母名。见：江应樑.2009.摆夷的经济文化生活.昆明：云南人民出版社，205-206.
　　② "鲊"是寨子头人的一种。村寨头人一般分为"叭""鲊""先"等。"叭"总管全寨，其次是"鲊"和"先"，他们是"叭"的助理，负责具体工作。不设"叭"的寨子，"鲊"就是全寨最大的头人。
　　③ 节日到佛寺赕佛、滴水，由佛爷念《滴水经》，把后人献给的祭物献给亡灵。

都不会做。

但是，需要注意的是，傣族村民对现在的僧人行为、对奘寺教育质量的失望并没有影响他们信奉宗教的热情。2002年，龚锐在曼春满佛寺做调查时，正值佛寺来了一位从缅甸过来的高僧（赵本忠）。他亲眼目睹曼春满的所有村民都虔诚地跪倒在地，双手合十，等候高僧到来。村民那种虔诚至极的态度至今给他留下了非常深刻的印象。他曾针对这件事问过一些村民。村民回答说："那种由衷的虔诚是想高僧能摸一下自己的头顶，得到佛的保佑。"①笔者在田野调查期间也亲身参加了曼宰弄佛寺"赕白塔"的佛事活动，佛事活动一直持续到午夜12点，放过"高升"，②才告结束。其间，村民们投入的精力，以及那种参与的热情会令任何一个置身其中的人都深受感染。一位村民虽已迁居缅甸，但为了参加这次"赕白塔"活动，还专门带领全家4口人，提前两天返回村子。

笔者观察到，活动当天的傍晚时分，村民们赕佛的钱财汇集起来，已经堆满了桌子。当然，这笔钱并不会归寺庙中的"佛爷"支配，村子里有佛事活动管理小组，钱财由他们统一负责，用以维修寺庙，或在下次佛事活动中使用。这种寺庙经济的管理模式目前在西双版纳以及德宏等地已经非常普遍。当然，"佛爷"也会从中收取部分，但仅相当于参与佛事活动时念经的劳务费之类。从这些事实可以看出，在傣族的宗教生活中，村民可以很清楚地将宗教与宗教的神职人员区分开来。显然，神职人员所犯的错误，板子并不能完全打在宗教身上。

2006年2月，罗阳曾对西双版纳历史上佛教信仰较强的傣族村寨进行过调查。结果显示，与50年前相比，傣族女性对男子是否有出家为僧的经历并不如以前重视。当傣族妇女被问及，"希望女儿找的丈夫是当过和尚的，还是读过书的"时，回答有地区差异。在旅游和交通要道旁的村寨，她们多表示要读过书的；而在偏僻傣村里，绝大多数人则倾向于既当过和尚，又上过学的。她们认为，当过和尚的懂礼貌、会傣文，上过学的会做生意，比较聪明能干，不会吃亏。③这在50年前是绝对不会有的事。

为了撰写毕业论文，笔者在勐海县走访了众多教师、教育管理者、普通傣族村民、童僧和"佛爷"，经过整理发现一个有趣的现象，需要教育工作者，特别是教育政策制定者深思。这个现象就是，"佛爷"们对待学校教育的态度相对

---

① 龚锐.2008.圣俗之间——西双版纳傣族赕佛世俗化的人类学研究.昆明：云南人民出版社，82.
② 所谓"放高升"就是用整棵的大竹子，在竹节里装上火药，点燃以后可以把整个大竹子崩上天空百十丈，成为名副其实的"高升"。
③ 罗阳.2007.傣族社区与发展.成都：四川大学出版社，185.

比较温和，绝大部分均表示支持，至少不明确反对，而学校教师和管理者们则众口一词，对奘寺教育多持否定态度，且态度坚决。虽有部分学校领导也向笔者表示，奘寺教育与学校教育是既有矛盾，但也可相互促进，但在实际谈话中，却无不表露出奘寺教育应当如何为学校教育提供便利，学校教育应当如何搞好与"佛爷"的关系，利用"佛爷"来促进学校教育工作和管理工作的顺利开展。其言谈中还是明显带有一定价值偏向的，潜台词里还是学校教育最重要。

  2008 年，邱开金针对傣族男童教育问题对西双版纳自治州所辖两县一市（即勐海县、勐腊县和景洪市）内傣族聚居村镇的社区与学校进行的调查中获取的数据亦可佐证这个现象。邱开金的调查共发出问卷 2000 余份，测试人群区域覆盖自治州的 6 个乡镇，10 所中学和 9 所小学。根据其数据统计，对于当和尚是否对学校学习有影响，46.6% 的教师认为影响特别明显，47.1% 的教师认为有一定影响，认为无影响的仅占 6.3%；对于傣族人的意识里学校教育和宗教教育相比较那个更重要，68.7% 的教师认为是宗教教育，15.4% 的教师认为是学校教育，15.9% 的教师认为都重要。与之相对，傣族家长和奘寺佛爷的看法则较为温和或积极。接受调查的 281 位傣族成年男子从自己的成长经历评价了孩子的教育，其中有 155 人（占 55.2%）认为宗教教育和学校教育都重要，有 81 人（占 28.8%）认为学校教育更重要，只有 27 人（占 9.6%）认为宗教教育更重要。在接受调查的 281 位傣族成年女子中，对于"作为母亲你真的愿意送自己的孩子去当和尚吗"的问题，23.4% 的成年女子选择是，23.8% 的成年女子选择不是，其余则是"说不清楚"。[1]

  "佛爷"是奘寺教育中重要的教育主体，受到傣族村民普遍的信任和尊重，享有较高的威望，因而"佛爷"对于学校教育的态度至关重要。根据笔者的考察，"佛爷"对待学校教育的态度主要可以分为两种：其一，事不关己型，对学校教育不排斥，也不参与。持这类态度的"佛爷"大多为年轻"佛爷"。其二，积极参与和推动型，持此类态度的多为年纪较长，佛学修养较高，且德高望重的"大佛爷"。年轻"佛爷"虽然人数较年老"佛爷"为多，但社会影响力则差之甚远。勐遮镇召庄中心佛寺的沙咪"佛爷"就是一位积极参与和推动学校教育发展的"大佛爷"。沙咪"大佛爷"不仅与本地中学保持着紧密的日常联系，每逢学期开学，沙咪"大佛爷"还会被学校请去嘱咐童僧们要尊重师长，努力学习文化知识。开学典礼时，沙咪"大佛爷"通常会对傣族学生说，学校老师

---

[1] 邱开金. 2008. 民族文化传承与学校教育的张力——云南西双版纳农村傣族男童教育问题的调查研究. 民族教育研究，(2)：97-102.

是他们的第三父母①，他们必须听老师的话。遇到辍学的傣族学生，沙咪"大佛爷"还会主动协同镇政府工作人员，以及学校教师去做学生家长的工作。沙咪"大佛爷"佛学修养较高，据说能将整本、整本的佛经背诵下来，在傣族村社中享有很高的声望。笔者田野考察抵达勐遮时，时逢沙咪"大佛爷"去世一个星期。据勐遮村民描述，当时镇上商店和摊贩全部歇业，全镇人都去为他招魂。由于普遍的尊重和信任，傣族村民比较乐意听从沙咪"大佛爷"的教导。由他出面解决的很多镇政府和学校看来较困难的工作，如"双基普九"等，也往往事半功倍。

从以上傣族村民对待两种教育的态度可以看出，虽然学校教育的主导地位已经开始显现，并逐渐被傣族村民和"佛爷"所接受，傣族男童同时接受两种教育的可行性，也基本得到肯定，但是奘寺教育在傣族社区内依然存在广泛的教育需求。据邱开金对西双版纳童僧的调查显示，对于到佛寺当和尚是自主决定还是父母意愿，自主决定的约占63.7%，父母意愿的约占30.3%。傣族和尚学生在对今后理想的选择方面，"大佛爷"排名第一，商人和农民（并列）及科学家分列第二和第三位。②

---

① 沙咪"大佛爷"的意思是傣族男童的亲生父母为其人生中的第一父母；男童出家时觅定的义父母为第二父母；教师为第三父母。
② 参加调查的"童僧"中，中专"童僧"有69人，初中"童僧"97人，小学"童僧"68人。小学"童僧"均为高年级学生。所有234人中，当和尚不满1年者76人，超过10年者5人。见：邱开金. 2008. 民族文化传承与学校教育的张力——云南西双版纳农村傣族男童教育问题的调查研究. 民族教育研究，(2)：97-102.

第四章 奘寺学童现象的解释与分析

从上面的历史，以及现状考察其实已经可以感觉到，奘寺学童现象固然是奘寺教育与学校教育在教育空间、教育时间，以及教育内容等诸方面存在一定的冲突，但这种矛盾本身不是不可调和。造成这种矛盾日益剧烈还有更深层次的原因，这种原因应该既存在于学校教育外部，也有学校教育自身的问题。与之相关，更重要的问题是这两种教育在傣族整体的现代化进程中应该如何定位，两者之间的问题只有放在这样一个大的背景之下展开讨论才能认识清楚奘寺学童现象背后的本质。

第一节 学校教育外部因素解析

傣族的知识分子们，主要以高级别僧侣和傣族老人为主体，以及部分受过高等学校教育，且有着深切民族认同情感的学生们，乃至傣族文化的研究者们都在为同一个问题所困扰，即傣族文化、傣族教育应当如何发展的问题。学校教育的工作者们也在努力试图将傣族传统文化与现代学校教育结合起来，但也正如上面所说，他们关注的侧重点与前者不同。虽然关注的侧重点不同，两者从各自的角度对影响傣族教育现状的相关因素却基本能够达成一致，经过整理，大致可以归为以下三类。

（一）宗教因素

宗教因素是最容易为学校教育工作者所诟病的因素。一位学校领导者向笔者明确表示了这样一条规律，即"从解放初期到现在，凡注意协调学校和佛寺关系的时候，民族教育就顺利发展；反之，则受挫败"。这已经成为傣族聚居地区众多学校教育工作者的通识和共识。如果仔细分析这句话，说话者实际上在使用"佛寺"这个概念时表达了两层含义，即宗教的因素和宗教教育的因素。

宗教和宗教教育，这两个概念表达的意义实则是不同的。固然，送孩子入寺接受奘寺教育，也可称之为是受宗教信仰影响之故，但也正如前面所分析的那样，送孩子入寺为僧，傣族家长们也有别的因素考虑，并不尽然是宗教信仰所致。后面章节中，笔者会就奘寺教育展开讨论，本节则集中关照宗教因素。

在国内少数民族地区展开教育和文化的调查与研究，宗教信仰问题是不可避免的。英国人类学家布劳尼斯拉夫·马林诺夫斯基（Bronislaw Malinowski）曾说过："凡有文化必有宗教……尽管文化对于宗教的需要完全是派生的、间接地，但归根结底宗教却植根于人类的基本需要，以满足这些需要的文化形式。"[①]宗教观念不仅自始至终同民族文化的其他方面紧密契合在一起，而且经宗教整合的民族文化作为一个有机整体显示出了其鲜明的民族特色。可以说，所有宗教在任何民族文化中所具有的作用都是不容低估的，其产生的影响都是极为深远而持久的。从某种意义上说，这种影响已渗入无意识层面，作为生活方式化，为习俗而无处不在。

1. 宗教的心理认知基础

有宗教，就会有相应的宗教教育。我们在广大的少数民族地区已经看到，现代学校教育系统的发展在很多地区都遇到了来自宗教教育的强大挑战。在中国西南的众多民族中，尤以藏族和傣族最为特殊，不仅几乎全民普遍信仰佛教，且其知识阶层，大半由喇嘛和"佛爷"构成。藏区还有一句高度概括的话："舍寺院外无学校，舍宗教外无教育，舍喇嘛外无教师。"所以，宗教对少数民族教育的影响是不以我们的好恶而改变的客观事实。宗教不会，也不可能消失。

在西双版纳所观察到的就有这样一种有趣的组合：知识理性与巫术并行不悖。傣族村民农业种植活动是与巫术混在一起的。傣族村民们虽然在知识理性下耕作，但还会行巫，谨防意外发生。虽然是准确按照节令播种，但也要请"波摩"选择良辰才插秧，即便吉时是在三更半夜，也要照行不误；虽然傣族有一套保存谷物，防潮、防虫的知识，但仍要叫"谷魂"，确保丰收。自古以来，从春耕到秋收，傣族对每一粒谷子、每一株秧苗都会倍加爱护，因为有"谷魂"附在上面，收割完毕家家户户还要到田间地头叫"谷魂"，并把掉到田里的谷穗捡回来。叫了"谷魂"并不会使得傣族村民们放松耕作的职责，无论是下种，抑或是粮食归仓，他们都会一丝不苟。

虽然多数人也承认宗教不可能消失，但对宗教问题的认识显然还是不足，动不动就给其扣上"愚昧""迷信""落后"的大帽子，而不去思考宗教背后深

---

① 张志刚. 2002. 宗教学是什么. 北京：北京大学出版社，15.

层次的问题和存在原因。或有人也认识到宗教有其存在的意义,但却对宗教之于人生、文化、社会、教育的存在和发展的学理不甚明了,在实践中无所适从,甚或滑入盲目热情之地步。如果要探寻宗教存在的深层次意义,或者回答宗教能否被消灭或取代,最根本的是要看导致宗教起源的那些条件和原因是否不存在了,或者能否被取代。如果这些条件和原因依然存在,或者无法取代,宗教自然也无法被消灭或取代。

目前学界对于宗教起源和宗教性质认定的最普遍的说法是,宗教起源于远古人类由于无法掌控自然和社会而产生的恐惧,宗教是人们对于世界虚幻的、歪曲的认识的产物。这也是一种公认比较"科学"的解释之一。这种认识并不是现代唯物主义者的独创,从古希腊到中世纪,乃至近代,都有许多哲人表达了这样的观点。古希腊哲学家德谟克利特(Democritus)就从心理上解释为,宗教根源于人对森严恐怖的自然现象的畏惧。中世纪哲学家托马斯·霍布斯(Thomas Hobbes)则认为是人类为了求索自然现象的起因,出于对无形之力的恐惧与来世的思虑而催生了宗教。近代荷兰哲学家巴鲁赫·斯宾诺莎(Baruch Spinoza)也提出宗教起源于人对自身力量的迷惘、对未来的憧憬和对未知的恐惧。德国心理学家弗洛伊德则从另一个角度解释了这种恐惧。他认为,原始时代,人类分为小群,每群由一男性家长主宰。由于男性家长占有所有女性,有觊觎的儿子辈们则格杀勿论。久而久之,众儿子们怒杀其父并分食其肉,以有其力。由于众多儿子之间相互争斗,互斗俱伤,于是新组织产生,制定禁止乱伦的第一批禁忌。同时,由于父亲形象久留心中,致使众儿子又敬又怕,遂以动物代之,定期分食,图腾乃生。[①]

这种说法固然解释了宗教的起源的部分原因,其根源并不在此,但这种说法也为我们进一步讨论提供了线索。恐惧的产生表明了宗教起源的两个主要方面,一个方面来自于人的情感,恐惧也是人自身情感的重要组成部分。丹麦宗教哲学家和心理学家哈罗德·赫夫丁(Harold Hoffding)就认为:"感情……是所有宗教及所有宗教观点最本质的特征。各种观念同感情相比都是从属的和受制约的。"[②] 美国心理学家威廉·詹姆士(William James)也认为:"感情是最深刻的宗教来源,而哲学和神学理论仅仅是派生的上层建筑,犹如将原著翻译成别国语言那样。"[③] 这种情感影响至深,或被解释为"依附感",或被解释为"神

[①] 〔英〕约翰·麦奎利.1989.二十世纪宗教思想.高师宁,何光泸译.上海:上海人民出版社,271.
[②] 〔苏〕德·莫·乌格里诺维奇.1989.宗教心理学.沈翼鹏译.1989.北京:社会科学文献出版社,100.
[③] 〔苏〕德·莫·乌格里诺维奇.1989.宗教心理学.沈翼鹏译.北京:社会科学文献出版社,100.

圣的恐惧和赞美"的特殊统一，或被解释为"安全感和强烈的期待感"。①

宗教起源的另一个方面来自于人的认知的有限性，恐惧的产生正是由于人们那时无法解释那些似乎拥有超自然力量的自然现象，如刮风、打雷以及生老病死等。同样从心理的角度出发，德裔英国宗教学家麦克斯·缪勒（Max Muller）就认为宗教是出于对无限物的知觉。他说，使用语言去描述人类对无限物的知觉这一现象时，由于"语言的疾病"而导致了各种神话的产生。②

也正是基于这两个方面的原因，黑格尔在其《民众宗教与基督教》（*National Religion and Christianity*）一文中区分了"主观宗教"和"客观宗教"两个概念。他认为主观宗教只表现在自身的情感和行为中，"当我说，某一个人有宗教时，我不是指他对于宗教有很多知识，反之，我的意思是说，他的心感受到了上帝的行动、上帝的奇迹和上帝的临近。他的心在他的本性里、在人的命运里，认识并且看到了上帝。它俯伏拜倒于上帝之前，以他的行为来感谢上帝、赞美上帝。他不仅只看到他的行为是上帝所嘉许的，而上帝才是他的推动力——常常是最强大的推动力"。而客观宗教则是一种"'大众所信仰的宗教'，理智和记忆在这种宗教里是起作用的力量，他们寻求知识、透彻思维，并且保持或相信其所知或所思。实践的知识也可以属于客观宗教，不过只就这些知识是一种僵死的材料来说。人们可以在头脑里对客观宗教加以整理，把它整理成为一个体系，写成一本书，并且可以向别人讲演"③。

应该承认，无论是我们对人类情感、人类心理的认识，还是对外部世界，乃至人自身大脑的认识都是严重不足的。我们可以解释视觉的产生是由于光线的吸收和反射，但却无法解释大脑内的脉冲是最终如何形成了图像的；我们无法理解创造性思维是通过一种什么机制突然出现的。对于这个我们日夜生活于其中的世界，我们依然知之甚少。我们无法想象大爆炸之前的宇宙是什么样的，至今仍找不到宇宙的边缘；我们也无法理解量子为何会同时出现在同一时空中的两个位置，但却是不可分割的；我们也无法解释"弦"是如何通过振动、波动最终创造出了整个世界的。总之，随着科学技术的发展，我们突然发现，人类对世界的了解似乎不是越来越多了，而是越来越少了。也可能有人会认为这种说法不对。他们会说，人类知识的增加就像白纸上的一个圆圈，圈内代表已知世界，圈外是未知世界。随着圆圈的增大，由于与圈外接触的圆圈边缘的增加，我们会发现越来越多的未知，但实际上人类的知识总量是在增加的。这种

---

① 〔苏〕德·莫·乌格里诺维奇.1989.宗教心理学.沈翼鹏译.北京：社会科学文献出版社，101.
② 〔英〕埃里克·夏普.1988.比较宗教学史.吕大吉等译.上海：上海人民出版社，54.
③ 〔德〕黑格尔.1988.黑格尔早期神学著作.贺麟译.北京：商务印书馆，5-6.

观点就如同"技术上的缺陷只有依靠技术的进步才能克服"的观点一样,某种程度上可以说都是人类对于征服自然时那种欣然自足的情绪的表露。从笛卡尔的名句"我思故我在"(I think, therefore I am),从哲学上将主体与客体、自我与他者分开之后,人类面对自然世界的骄横习气日益增长,普遍失去了对自己所生活、所依存的自然的敬畏,所以葛兆光曾说,也许中世纪才是一个更加文明的世界。对此,当然并不需要急于做出反驳。但只要圈外的世界还存在,就足可证明宗教依然拥有其存在的空间和缘由,至少马克思所提出的那个"自在世界"是无法穷尽的。著名的测不准原理的提出者韦尔纳·海森伯格(Werner Heisenberg)和英国天文学家阿瑟·爱丁顿(Arthur Eddington)等人亦提出,现代科学最终代替不了神秘的体验。他们所说的神秘的体验就是对非感官世界的领悟,也便是宗教的起源。

2. 宗教的社会学基础

从另一个角度来说,宗教的存在还有其深刻的个体原因和社会原因。埃德蒙德·胡塞尔(Edmund Husserl)的现象学派认为,人不仅生活,而且得为生活寻求力量。在人自己的力量与另一力量遭遇之处,宗教遂生。① 实际上,每当人们追寻自己存在(向内),以及自己之于他人(向外)的意义时,都不可避免地碰到宗教问题。这也是为什么古希腊埃利亚学派的哲学家色诺芬(Xenophanes)、阿拉克萨格拉(Anaxagaras)等认为,人们是以自己的状貌为自己塑造神祇的。宗教关于神的存在曾经有过如下的本体论证明:当我思考着完美的上帝时,那上帝的完美中不可能没有存在的属性,所以上帝存在。然而,马克思以其哲学视角审视这个逻辑时,逻辑的推衍便成了这个样子:"当我思索'存在'的时候,什么存在是直接的呢?自我意识。"因此,马克思说:"对神的存在的证明不外是对人的本质的自我意识存在的证明。"②

法国哲学家埃德加·莫兰(Edgar Morin)则将宗教的意义直接追根到了人性存在的本身,他说:"人类存在并不是只靠理性和技术生活的。他也投身于、专心于、尽力于舞蹈、通灵、神话、巫术、礼仪,他相信贡献牺牲的效能,他在生活中经常为他超越死亡的另一种生活做准备。在各处,节庆、盛典、祭祀及其狂想、激奋、挥霍、'消费'又显示了贪玩的、诗意的、消耗的、想象的、狂热的人。游戏的、欢庆的、礼仪的活动不是简单地为着重新投入实际的生活

---

① 〔英〕约翰·麦奎利.1989.二十世纪宗教思想.高师宁、何光沪译.上海:上海人民出版社,271.
② 〔德〕马克思,恩格斯.1982.马克思恩格斯全集(第四十卷).中共中央马克思恩格斯列宁斯大林著作编译局译.北京:人民出版社,285.

或工作而进行的放松活动,对神祇和观念的信仰也不能被规为幻觉或迷信,他们具有潜藏在人类的深处的根基,他们关系到人类存在的本性本身。"①

从社会学的角度来说,现代社会本身产生的诸多问题不仅不会缩小宗教的发展空间,某种程度上还会增长宗教的需求,因为"宗教乃是减轻现代化带来压力的一种可能方式"②。现代社会是一个充满风险的社会。现代社会的风险既可能来自社会现实,也可能来自非现实,"一方面,有很多危险和破坏今天已经发生了;另一方面,风险实际对社会的刺激在于未来预期的风险"。③ 在安东尼·吉登斯(Anthony Giddens)看来,全球化时代"风险的影响被普遍化了"④。

近 20 年来的经济全球化浪潮无可避免地把西双版纳卷进了现代化的进程之中。复杂的经济制度、多民族国家的政治制度、工业生产、市场经济、旅游业、橡胶种植,乃至茶叶、稻米的种植与出口,这些众多的现代性因素都正在构建着一个现代的西双版纳。景洪市区的混凝土高楼、星级酒店、琳琅满目的商店,以及农贸市场内做着傣族服装生意的妇女和操着河南、山东、湖南口音满街跑的出租车司机,无不向人们昭示着一幅生动、鲜活的现代景象。作为一种战略储备物资和汽车工业崛起后的重要原材料,橡胶在现代工业体系中的重要地位,也已经将西双版纳这一中国云南边陲地区同世界资本和经济体系,乃至其他可种植橡胶的发展中国家紧密地联结起来。如同人类学家悉尼·明茨(Sidney Mintz)在《甜蜜的权力与权力之甜蜜》(*The Power of Sweetness and Sweetness of Power*)一文中描述的,欧洲对蔗糖需求的增加将美洲蔗糖生产地卷入资本主义体系之中,并造成当地社会文化的变革一样,⑤ 橡胶也正在起着同样的作用。当西双版纳与中国其他地区,乃至世界的联系日益紧密的同时,社会的不可控因素、不稳定因素也在增加,社会风险产生的概率也在加大。

南美洲的一只蝴蝶煽动一下翅膀,在机缘巧合之下,甚至可以在北美洲掀起一场风暴。沿着风暴产生的链条,我们理性的分析思维可以倒追至那只惹事的蝴蝶,但是如果我们沿着风暴起源的每个环节追寻,就会发现每个环节上都会生发出无数的可能,每个可能又存在着诸多产生其他可能的危险。危险如此不可预测,风险时刻存在。为了规避风险,对于个人而言,最好的办法莫过于

---

① 〔法〕埃德加·莫兰.2006.复杂性理论与教育问题.北京:北京大学出版社,44.
② 〔德〕苏为德.1992.现代化和宗教辩证法.世界宗教资料,(4).
③ 〔德〕乌尔里希·贝克.2004.风险社会.何博文译.上海:译林出版社,35.
④ 〔英〕安东尼·吉登斯,克里斯托弗·皮尔森.2001.现代性——吉登斯访谈录.尹宏毅译.2001.北京:新华出版社,77.
⑤ 〔美〕悉尼·明茨.2004.甜蜜的权力与权力之甜蜜.历史人类学学刊,2(2):143-163.

将自己融入集体之中，依靠集体的力量抵抗风险，或度过灾难。在所有的集体类型中，拥有相同价值观和共同追求的集体最稳固，也最值得依靠，而宗教信仰恰巧就为人们提供了这样一种团体。所以，美国学者托马斯（Thomas Borchert）在讨论中国的现代性与傣族佛教信仰的关系时已经断言，"现代性已经介入到传统的佛教图景中"[①]。另外，个体将自己融入集体之中，也有对自身存在意义的追寻诉求。正如马克思所说，"单一的东西唯有作为许多单一体才能成为真理"，"人也只有在自己的类存在中，只有作为人们，才能是人格的现实的理念"[②]。虽然马克思这里所说的类存在只是一种非常抽象的人性，而当这种非常抽象的人性不易把握时，寻找另外一种替代，也是方便的选择。

2006年，沈海梅考察西双版纳曼底村的寨神（Guardian Spirits，傣语 phi ban）信仰时，发现两个有趣的现象，其一是曼底村民"总是按自己的需求方式来想象竜（古"龙"字）神"；其二是当发现寨神失效后，反而更加热情地投入宗教活动之中，一次一次虔诚地献祭。对于这两种现象，沈海梅给出了自己的解释："人为的、生态的灾害与增长的风险并存，交织进曼底傣泐人迈向现代的喜悦中，成为引发曼底傣泐人村寨神失效的社会动力。除了受自然灾害的影响，橡胶的售价每年也不断在变，有的年份高，有的年份低，这些变量是他们难以掌控的。在他们的认知体系中，尽管难以将长年累月用来引火做饭的废胶皮的燃烧气体与肺癌等疾病关联起来，难以将风灾与毁林种植橡胶关联起来，也不能指认世界天然橡胶市场如何左右了橄榄坝的胶价和他们的收入，但曼底傣泐人仍有自己解读风险和管理风险的方式。对于他们，村寨神的失效才是人们心灵世界里最大的风险，对于风险人们选择投入更多的钱来修缮缅寺，更加隆重地来祭祀竜神，或是更加密切地与竜神管理者的联系。从另一角度看，曼底村寨神的失效也是一种社会隐喻，映射出其社会成员的集合状态，因为'当人们集合起来，彼此之间形成亲密关系的时候，当人们拥有共同的观念和情感的时候，神圣存在才达到了它们最大的强度'。少数民族社会在共同面对现代性风险时必须在集体的民间信仰体系中重新团结在一起。"[③]

人的感情世界同样需要宗教的抚慰，如辜鸿铭所说："宗教是一种感情、一种激情的东西，它与人的灵魂相联系"，"宗教使那些既非诗人、艺术家，也非

---

① Borchert. 2008. Worry for the Dai Nation: Sipsongpanna, Chinese modernity and the problems of Buddhist modernism. *The Journal of Asian Studies*, 67 (1): 107-142.

② 〔德〕马克思，恩格斯. 1995. 马克思恩格斯全集（第一卷）. 中共中央马克思恩格斯列宁斯大林著作编译局编译. 北京：人民出版社，277.

③ 沈海梅. 2010. 曼底傣泐人村寨神的"失效"与中国民间信仰的现代性困境//高师宁，杨凤岗. 从书斋到田野：宗教社会科学高峰论坛论文集（下卷）. 北京：中国社会科学出版社，232.

哲学家和科学家的百姓们得到了安全感和永恒感，从而减轻了这个世界给他们造成的压力"。① 理性是无法取代宗教的这种作用的。"即使在实践领域，人也并不生活在一个铁般事实道德世界之中，并不是根据他的直接需要和意愿而生活，而是生活在想象的激情之中，生活在希望与恐惧、幻觉与醒悟、空想与梦境之中。正如爱比克泰德（Epictetus）所说的：'使人扰乱和惊骇的，不是物，而是人对物的意见和幻想'。"②

3. 宗教与科学的两种知识向度

既然宗教依然有其存在的社会基础和价值，那么宗教是否必然会妨碍我们理性的增长与对科学知识的追求呢？实际上，"早在原始宗教起源之初，便已包含了对诸如宇宙起源、万物生成、人类起源等诸多方面的思考，但是，这些思考是模糊的、萌芽状态的，因而也只能是神话式的；而到了世界宗教阶段，对这一切的思考显然已不能与原始宗教时同日而语。无论是佛教、伊斯兰教、基督教，都已具备自己的博大精神的理论体系，都已对物质与精神、现实需求与终极关怀、社会与人生、自己与他人等现代哲学仍在竭力探索的问题，提出了自己独特的、基于深邃的理性思维的认识，远远脱离了神话时代的稚气，而步入了神学、哲学和科学奇妙地交织在一起的时代。在这个时代，任何一种世界性宗教的存在和传承都需要（也不可能不）把自己的根扎进理性思维之中。"③

对于这个问题，爱因斯坦也有回答，"在探索者不倦的努力后面，潜藏着一种更加强烈的、更加神秘的推动力：那就是人们希望理解的存在与实在"。他发现宗教的意义正是存在于这种对实在世界的探索之中。我们从自己的心智中发明了具有数学精美性的种种观念，当付之经验检验时，它们竟然是真的！他为之感叹道："关于这个世界，最不可理解的事情是：它竟然是可以理解的。"④ 对此，爱因斯坦认为这便是能给科学家的创造力以重要灵感的"宇宙宗教"。也正是在这种意义上，美国著名神学家蒂利希说，宗教不仅是人类精神生活的某一种特殊功能——如道德功能（戒恶从善），或以深化想象和神秘直觉形式表现出的认识功能，或宗教艺术中所展示的审美功能，或给人以强烈感染的情感功

---

① 辜鸿铭．1998．中国人的精神．中国精神・百年间声．深圳：海天出版社．
② 〔德〕恩斯特・卡西尔．1986．人论．甘阳译．上海：上海译文出版社，33-34.
③ 张诗亚．2001．祭坛与讲坛——西南民族宗教教育比较研究（第二版）．昆明：云南教育出版社，217.
④ Schilpp P A. 1949. Albert Einstein, Philosopher-Scientist. Evanston, IL: Northwestern University Press, 248.

能——它同时具有所有上述方面的功能。而且更为重要的是，宗教，任何一种形式的宗教，无论它是高级的或是低级的，都是人类精神生活中所有功能的基础。[①]

所以，妨碍科学认知的原因并不能简单归结为宗教。一方面，正如德国物理学家马克思·普朗克（Max Planck）所说的那样，存在着三个世界：一是感官知觉世界，物理学的所有观念据说都来源于此。二是感官知觉世界背后的一个实在世界。它独立于人，且不能直接把握。但人们可通过感觉而间接地领悟，尽管感官的中介可能歪曲；此外，通过某些象征——这些象征被普朗克认为是"来自实在世界的新的神秘信使"——可以领悟。三是物理学世界，它不同于上述两个世界，而是由人类心智的有意识的创造物所构成。物理学世界正在不断地退出感觉世界而日益趋近于实在世界。所以，他强调，"宗教与科学之间，绝不可能存在任何真正的对立，因为二者之中，一个是另一个的补充"。[②] 另一方面，我们也要看到宗教中的狭隘、偏执在科学世界中也屡见不鲜。英国当代科学史专家威廉·丹皮尔（William Dampier）曾对科学的含义做过解读。他认为科学有两层意思，就广义而言，是拉丁语中"Scientia"（Scire）学或知之意，而狭义的则是关于自然现象的有条理的知识，"可以说是对于表达自然现象的各种概念之间的关系的理性研究。"[③] 这可以说是将科学与理性关联起来的最直接的表述，而梁漱溟则用"清明安和"四个字恰如其分地表述了理性所应该具有的内蕴。他指出与理性相违背者有二，"一是愚蔽偏执之情；一是强暴冲动之气"，"违失于理性，这是孔子所最怕的"。[④]

如果我们把科学视为将人类从"无知""被自然奴役"，以及"无法掌控自身命运"的梦魇中拯救出来的普罗米修斯（Prometheus），那么黄克剑在其著作《人韵》中的一段话可谓宗教与科学两种精神向度的最好注解：[⑤]

"道成肉身的耶稣是秉承上帝的意志降临人间的，他的以身殉道是在于唤起世人对自己固有罪孽（原罪）的觉悟，启示一种为神所统辖的灵魂净化的境界；普罗米修斯为人类盗取天火，把自己置于以宙斯为首的神界叛逆的地位，他的以身殉'人'是在于启示人们与他在的神权抗衡，对既得世界做一种合于人道的改变。前者开辟的精神向度在于反观自照，但这精

---

① 〔美〕保罗·蒂利希. 1988. 文化神学. 陈新权，王平译. 北京：工人出版社，4-7.
② 〔英〕约翰·麦奎利. 1989. 二十世纪宗教思想. 高师宁，何光沪译. 上海：上海人民出版社，271.
③ 〔英〕丹皮尔. 1975. 科学史及其哲学和宗教的关系. 李珩译. 北京：商务印书馆，9.
④ 梁漱溟. 2005. 梁漱溟全集. 济南：山东人民出版社.
⑤ 黄克剑. 1996. 人韵——一种对马克思的读解. 北京：东方出版社，107.

神的内返是以神的救赎和人的涤罪为前提的,因此以忏悔和祈祷为主要方式的灵魂净化所遵循的是发自神意的他律原则;后者启示的精神向度在于争胜于外,它引导人们通过境遇的改变来改变以更新着的境遇为存在对象的人本身,因此这种精神反倒在意志上是出于自律的。前者走的是顺道——由神而人的顺修之道,尽管'原罪'这一前提注定了每个人的灵魂修持必得有逆人性才能顺达神旨——他把人的气质引向温润、平和、谦卑;后者走的是逆道——逆抗天威、为人谋取幸福权利之道,这种'逆'却随顺着人在满足中总会生出不足的那种需要——他把人的气质引向果敢、争胜、进取。前者对人的灵魂做出一种静态的安顿,这安顿似乎适合于一切时代,因而也便以某种终极眷注的方式把时代的概念变得了无意义;后者对人的权利做一种动态的求取,这求取似乎有着恒常的孩子,但却因着可直观的求取状况而使人的行为演变成某种有节奏的时代的步伐。显然,以耶稣和普罗米修斯为象征的两种精神对于人的生命存在和心灵境界的价值是无从以高下、优劣相区分的,问题只在于认同某种精神的人对这精神的分际的把握和把握这精神时所具有的人生的宗旨,——因为耶稣精神的下委可能使人落于对现实境遇的奴性的屈服,普罗米修斯精神的下委则可能由膨胀着地功利欲或权力意志把人引向灵魂迷失后的那种狂妄。"

(二) 经济因素

西双版纳州教委的官员曾对笔者说:"越是繁荣进步的地方,佛寺教育就越是淡化,传统的习俗已逐渐消失。"他们举例说,德宏自治州的傣族男孩到佛寺念书的已明显比西双版纳少;在西双版纳州江北地区也明显比江南少。澜沧江源于金沙江,过云南后进入缅甸、泰国为湄公河。西双版纳州的江南地区较多高山,接近缅、泰,学校少,生活较落后,居民靠奘寺来教育及寄托精神,佛教气息较浓;江北地区坝子多,生活较富裕,办学较早,宗教信仰较为淡薄。

这情况与我的实际观察也是相符的。傣族村民大多生活在坝区,但是平地不适宜种植茶树,所以多数家庭上山开垦荒地,而把田地租给外地人耕种。一个拥有三百棵茶树的三口之家,生活可以很富足。事实上,勐遮还不能算是西双版纳最富裕的地区。勐海因海拔的原因并不适宜种植橡胶,景洪、勐腊多大面积种植橡胶林,普通傣族村民的收入要远高于勐海,而诸如打洛、勐满等边境县市则由于地理位置优势,边境贸易繁盛。这也是为什么前面提到过,入奘寺为僧现象在勐遮地区最为普遍的原因之一。

1. 家庭收入的增多

需要一提的是，虽然早在元初，傣族地区的商品经济就已有发展，与东南亚的经济交往也日渐频繁。《马可波罗行纪》（The Travels of Marco Polo）载："金齿市场'其货币用金，然亦用海贝。其境周围五日程之地无银矿，故金一两值五两，商人多携银至此易金而获大利'。"① 明钱古训著《百夷传》亦言："地多平川沃土，民一甸率又数十千户，众置贸易所，谓之街子。凡贸易用银，杂以铜铸，若半卵状，流通商贾间。"② 所以，李侍尧在《延阅边境情形录》中感叹，"新街蛮莫互市，边内外诸夷皆赖之。此时渔盐之利，贸易之便，莫如车里"③。但此时从事此等贸易的多为到边地的汉人，而非傣族。

一般来讲，经济上富足了，人们就有能力和时间追求精神上的享受。一个社会愈是富裕，花在学校教育上的投资也会愈多，这也是教育经济学的普遍规律。1990年5月17日，费孝通先生在1990年民族研究国际学术讨论会上，当被问及少数民族的现代化是否意味着更大程度的汉化时，他说："我是这样想的：一个社会越是富裕，这个社会里的成员发展其个性的机会也越多；相反，一个社会越是贫困，其成员可以选择的生存方式也越有限。如果这个规律可以用到民族领域里的话，经济越发展，亦即越是现代化，各民族间凭各自的优势走发展民族特点的机会也越大。在工业化过程中，各民族人民生活中共同的东西必然会越来越多，比如为了信息的交流，必须有共同的通用语言，但这并不妨碍各民族用自己的语言文字发展有自己民族风格的文学。"④

但在西双版纳，我们却看到了相反的情况，主导学校教育投资的更多的是政府，而普通的傣族村民却花费了极大的热情和金钱在佛事活动上，甚至可以用狂热来形容。2009年，勐遮曼垒村的两个兄弟为了争相出钱赕佛，修建寺庙，产生了矛盾，差点导致冲突，最后还是村委会出面调停了事。那种对赕佛的狂热极容易让人联想到田汝康先生在《芒市边民的摆》中所描述的做"大摆"的场景。进入任何一个傣族村寨，最漂亮、最富丽堂皇、最雄伟的建筑一定是奘寺，虽然近年来普通的傣族村民们也纷纷盖起了二层小楼，装饰得也不错，但与奘寺相比，就显得朴素多了。

学校的教师们对这种情况自然是愤愤不平，所以，当笔者表明自己是位研

---

① 〔意〕马可波罗.1935.马可波罗行纪.冯承钧译.北京：正蒙书局，65.
② （明）钱古训.1980.百夷传（江应梁注释本）.昆明：昆明出版社，185.
③ （清）李侍光.1941.延阅边境情形录//李根源辑.永昌府文征.昆明：滕冲美利公印版，136.
④ 1990年5月17日，费孝通在1990年民族研究国际学术讨论会上的讲话。见：费孝通.1991.中华民族研究新探索.北京：中国社会科学出版社.

究民族教育的学生时，教师们总是显得情绪激动，纷纷向笔者描述傣族村民赕佛时的夸张之举。教师们的情绪可以理解，但宣泄情感并不是解决问题的办法。问题的症结并不在于富裕，抑或贫困。在西南众多的少数民族地区，我们可以普遍观察到的另一个现象就是，很多尚处贫困线的少数民族群众对上学读书亦不热心，尤以贵州部分地区和西藏农牧区为甚。对教育产生影响更多的是经济发展所带来的当地社会生计方式、生活方式，乃至社会结构的变化。

2. 生计方式的改变

以生计方式来说，前面提到，西双版纳傣族传统的生计方式是稻作农耕，并在此基础之上建构起了一整套别具特色的稻作文化体系。随着橡胶种植规模的逐渐扩大，旅游业的发展，以及其他经济利益的刺激，傣族村民们逐渐放弃农耕种植，转向经济作物种植。以前，西双版纳地区有一句俗话："傣族人种田，白族人做官，纳西族人读书。"而现在西双版纳地区大部分的山地主要种植的是橡胶，而坝区的稻田则租给外地人种香蕉，许多人基本放弃了稻田种植。笔者调查时发现，在景洪、橄榄坝的一些村寨中，基本上已经没有水田可种，山地上全都种满了橡胶，甚至园地里也种上了橡胶。

笔者在橄榄坝住宿的傣族人家，就将田出租给四川和广东人种香蕉。家中男主人50多岁，有两个女儿，已经出嫁。家中有37亩橡胶林，他和老伴的主要精力都放在橡胶树上，割胶季节，每天的收入都在千元以上。他为笔者算了一笔账：耕作稻谷不仅费时费力，成本高，且收入不多，一亩稻田一年种两季的话，纯收入也就400多元。而一棵胶树可割胶30~40年，一亩地约可种胶树33棵。虽然新胶树要七八年后才可以割胶，但现在也有四五年就开割的。割胶时节（割胶期一般为7个月，即3~9月，一个月割胶15天），一棵树的胶水大约可卖1元左右，如家里有胶树几百棵，一天进账就几百元，有几千棵，就进账几千元。如果除去成本和其他开支，一般的家庭割胶的年收入也能在7万~8万元，基本能占到家里经济收入的65%左右。笔者在调查中遇到的不少傣族村民都表示，稻田出租后的收益要远远大于农耕，都愿意出租出去，以便腾出时间来管理胶林。在勐遮，笔者还能看到大片的稻田，是因为勐遮海拔较高，自然条件不太适宜胶树生长。

傣族耕种水田的历史悠久，《蛮书》卷四就有茫蛮"土俗养象以耕田"的记载。过去傣族喜种糯谷，产量较低。20世纪70年代后，为提高产量，开始种植籼稻。进入20世纪80年代后，普遍引种杂交水稻良种，单产比糯谷提高了两倍多。傣族有完善的水利灌溉系统以及水利分配和管理制度，重视选种和秧田管理，习惯用水车提水灌田，施用畜肥，不用人粪，喜用垡墒和"教秧"方式育种。① 每年傣历九月（公历7月）插种，十月（公历8月）载种，十二月或次年一月（公历10月或11月）割谷。这种以传统水稻种植为主的生产方式，靠祖辈的传统生产经验就能完成从种到收的全部过程，对学校科学知识的需求较少。傣族村民的劳动技能全是经血缘关系通过实践经验传授的，无需文化教育机构培养，奘寺里也不可能教授农业生产技能。近10年来，勐遮的水稻种植已经普遍采用机耕、机收，施化肥，用除草剂，摆脱了传统的牛耕、薅草、手工收割的生产方式。特别是在调整种植结构后，还种植了不少经济作物，有橡胶、西瓜、甘蔗等。不同经济作物需要用不同的化肥、农药，运用不同的种植技术和田间管理方法。

生计方式和生产方式的转变最根本上是打破了原来傣族社区相对的封闭性，地区的发展日益与世界其他地方紧密联系起来。在这种形势下，不同地区的沟通交流就显得格外重要。这本应该是有利于学校教育发展的有利因素，如旅游发展使得懂汉语不仅成为与游客、外来商人沟通交往的必要条件，同时还有利于学习和使用科学种植、养殖技术。勐海县的每个傣族村寨都有一名村级科技辅导员。选聘为科技辅导员的条件是家庭富裕、有科技意识、懂傣文、文化程度为初中毕业，若无初中毕业生，小学毕业生也可。对农民的技术培训后，不少人掌握了橡胶种植、割胶技术，学会了水稻种植的新技术等。科学知识和技术的运用、经济发展、文化交流等也引起过观念上的改变。在20世纪90年代时，傣族民间对学校教育的认识产生过一些变化。那时，傣族村民的汉语普及较快，年轻人都能说一些汉话。景洪地区甚至出现了踊跃上学的情况，这是因为"学傣文过不了澜沧江"成为了共识。

3. 生活方式的变迁

生计方式转变的同时，傣族村民的生活方式也发生了转变。过去，傣族的生产生活全是围绕着稻作种植而展开的，粮食、家禽、蔬菜水果均能自给自足。村头寨尾的"黑心树"（学名"铁刀木"）柴薪林满足了傣族村民四季的能源需求。妇女们自种棉花，自己纺纱织布。傣族地区传统的市场主要表现为周期性的"街子"，卖出剩余农产品可以换回日常生活用品。那时的生活随着四季更替，昼夜轮转。傣族的稻作种植虽早有"早稻""中稻""晚稻"之分，但实际上只有灾荒之年才种两季稻。劳动之余的大量时间，傣族群众彼此之间就加强

---

① 将垡墒撒育20天左右的秧苗移植于耙好的另一丘田里，并施以足够的肥料，经15~20育壮后又拔起，剪短须根再插入稻田。"教秧"肥壮，生长快，杆粗穗大，颗粒饱满，产量高。

联系，沟通感情，增进认同。故无论村里是有红白喜事，还是起房盖屋，或是民间节日、宗教祭祀，村民们都视之为自家的事，尽可能参与。

现在，日出而作、日落而息的传统生活方式已经不复存在了。以橡胶种植为例，橡胶的割胶期就长达 8~9 个月，而培育胶苗、防治病虫害，无不牵扯人们的精力。家里如果有几百棵橡胶树，全家的主要劳动力几乎就全部围绕胶林进行了，植胶、割胶、卖胶、管理胶树成为了生活的重心（表 4-1）。笔者在嘎洒镇考察时发现，傣族村民的日常生活已经与往昔的农耕生活大相径庭。一位傣族老人向笔者介绍，他们家有胶树 700 余棵，割胶季节，他和儿子每天凌晨三四点钟起来，骑摩托 40 分钟左右到胶林割胶，早上八九点钟将胶水卖给专门来收胶水的人，然后就回家睡觉。如果上午太累，下午就基本休息了，有时也干点零散的活计。晚上或是与其他人聊天，或是看电视、吃烧烤。嘎洒镇的有些男青年，干脆昼伏夜出，白天睡觉，晚上 10 点多以后就开着小轿车到景洪城里去玩，3、4 点钟就到橡胶地里割胶。以前夜晚宁静的傣族村寨，现在常常因为摩托车、汽车的轰鸣声而变得躁动不安。

表 4-1　20 世纪 90 年代中期曼勒寨傣族人家一年农事活动的时间安排记录①

月份	男性活计	女性活计
1	做生意；玩；砍草	做生意（卖菜）；管理西瓜
2	做生意；玩；砍草	做生意（卖菜）
3	做生意；砍玉米地里的草；犁地；砍橡胶林里的草，准备割胶；挖台地；收、卖西瓜	做生意；找苦笋；砍玉米地里的草；砍橡胶林里的草，准备割胶；挖台地；收、卖西瓜
4	做生意；种玉米；砍西番莲、柚子	割胶；种玉米；收、卖西瓜；找野菜；找苦笋
5	做生意；犁、耙田；撒秧；种西番莲、柚子	割胶；找野菜；种棉花
6	做生意；种橡胶；犁、耙田；栽秧	割胶；栽秧；拾菌子
7	做生意；收玉米；种橡胶；割胶；放水、砍田埂草	割胶；收玉米；拾菌子；拔秧田草；锄棉花草
8	做生意；放水、砍田埂草	割胶；拔秧田草
9	做生意；采砂仁、收西番莲	割胶；锄棉花草
10	做生意；收谷子	割胶；收谷子
11	做生意；收柚子	割胶；收棉花
12	做生意；犁西瓜地	种辣椒、土豆等蔬菜；种西瓜

从人际交往的范围来看，由于交通便利，劳作时间又自行安排，傣族村民社会交往的空间极大地扩展。走村窜寨逛县城是十分频繁的事，到缅甸、老

---

① 杜鹃. 2003. 选择性减少，风险性增加——以橡胶树与曼勒村傣族商业化土地利用为例//尹绍亭，深尾叶子. 雨林啊胶林. 昆明：云南教育出版社，90.

挝、泰国走亲戚也日益频繁。青年人选择配偶的范围也不再局限于村寨附近,有的配偶甚至在数百里之外。电影、电视、录像、VCD已在傣族农村普及。新家具、摩托车甚至汽车等高档消费品也进入了普通家庭。有的傣族家庭同时拥有四五台车。过去生活方式的单一难以显现出傣族两代人之间较大的差别,而今天这种差别已显得十分明显。老年人在生活中还是较多地依循传统,除操持家务、做些手工活计外,更多的时间花在宗教活动上,而青年人除了劳作之外,则热衷于各种娱乐休闲活动、打扮、学习等。虽然交际空间扩大了,青年人也更热衷于交际活动了,但实际上傣族村民之间的互动和联系远不如以前那么频繁了,情感之间的交流和羁绊也减少了。以前的节日活动更多的是以村寨为单位,而现在更多的则是以户为单位,户与户之间则免不了竞争、攀比、暗自较劲。所以,有的傣族人家尽管不会开车,也会买辆车,终日放在车库里。

　　生活方式的改变对教育的影响是多重的,虽然入寺为僧不再是傣族村民生活的最重要内容之一(虽然也很重要,但不如以前那么重视了),但送孩子入寺,或扶助"义子"入寺却成了傣族家庭彰显自身财力的动力之一。虽然现代性因素的输入,读书入学成了生活的必需,但橡胶、茶叶等经济作物的实际种植并不需要太多的文化知识而且还拥有丰厚的回报,所以上学的积极性自然受挫。傣族家长的普遍心态是能识汉字,说汉语就可以了。现在的傣族村民们更多的是把入学受教育视为投资,而不是像以前送孩子入寺为僧那样是出于精神需要。当然,这种态度事实上也是部分受到学校教育宣传的影响。"教育改变命运"等口号的实践逻辑与傣族村民的想法实际上如出一辙。勐海县勐遮镇地曼比村是全国文明村,曼比村的村民靠做生意都富了,家家都盖起了砖混结构的新式傣楼,但却在送孩子读书上并不积极,原因就是到学校读书并不能够增加家里的经济收入。所以,一般只在小学阶段主动送孩子读书,到初中就不积极了。小学阶段的孩子尚小,在家中也不能帮着做事。2003年,勐海县一中有一名傣族学生考上了云南大学,当地曾经掀起了一股努力学习的热潮,但由于后两年没有人考上,热潮很快又冷了下来。①

　　4. 社会风险和压力的增加

　　此外,还需要认识到,西双版纳经济的发展主要是依靠旅游业和橡胶业。旅游业虽然为普通傣族青年人提供了大量就业渠道,但毕竟收入有限,大部分

---

　　① 刀瑞廷. 2006. 透视:站在历史与现实的交汇点上——西双版纳傣族教育发展战略研究报告. 昆明:云南美术出版社,81.

傣族青年并不愿意干。大量从事旅游业的反而是会说傣语的布朗、拉祜等山地民族。笔者在布朗山考察时，就发现很多布朗族姑娘远在景洪从事导游工作。傣族园里也有不少他族姑娘表演傣族节目。橡胶业的发展虽然为傣族村民带来了极高的经济收入，但种植结构的畸形发展也带来了极大的风险和不确定性。尤其是 2000 年后，国际橡胶价格飞涨，在利益的驱使下，橡胶林以燎原之势蔓延到了西双版纳各个角落。景洪甚至出现了放火烧林，以种橡胶的现象。大片的原始森林、水源林毁坏殆尽。"曼远是位于景洪背面的一个傣族村寨，90 年代中期，当地仅有橡胶林 549 亩，而到本世纪初，全村 1250 多亩的山地已绝大多数种上了橡胶。"① 笔者在调查时，从长途汽车的窗口向外望去，放眼全是橡胶林。当地傣族村民也有对于单一经济作物种植产生焦虑的，他们告诉笔者说，橡胶林使"青山不见水，绿树无飞鸟"，整个版纳是"绿色的沙漠"。

但是，橡胶价格的增长趋势能够维持多长时间，谁也不好预测。不仅橡胶价格增长的趋势存在极大的不确定性，橡胶种植对环境的破坏则存在着更高的风险。研究表明，橡胶种植园地土壤侵蚀率是热带雨林的 3 倍，其结果将影响到土地生产力的持续性维系，同时，大面积的橡胶种植导致热带雨林面积减少，引起气候干热化。景洪市景哈乡有一个村子，由于周围满山遍野都是橡胶，使水源枯竭，严重缺水，全村农民只有靠购买桶装矿泉水维持生活。②

经济发展为傣族村民日常生活带来的另一种不确定因素来自于社会秩序的不稳定和安全感降低。其中，最明显的就是偷盗、破坏胶树和胶苗。嘎洒镇曼迈村委会在乡规民约中专门规定："偷割他人橡胶树按每株罚款 100 元，伤树严重的每株罚款 150 元，偷他人的胶乳按每公斤罚款 50 元，乳胶当场退还。进入他人的胶林（包括农场胶林地）捡混胶，每公斤罚款 30 元，偷砍他人橡胶树每株罚款 1000 元，包括损失在内。"此外，还有因有钱而带来的赌博、吸毒、无照驾驶等不端行为增多，并由此引发家庭的破裂、村民冲突。据统计，仅 1983～1993 年，景洪共破获贩毒案件 246 起，抓获犯罪嫌疑人 396 人，缴获鸦片 426.28 公斤，海洛因 81.312 公斤。笔者在勐遮还听说了一件比较好笑，却也令人忧虑的事情，勐海曾发生过一次车祸，结果发现撞死的两个人的腰上缠满了海洛因，有数斤之多。毒品的泛滥使得学校教育也不得不卷入其中，承担相应的教育责任，傣族地区几乎每所学校都专门设有"禁毒防艾"办公室，由副校长牵头。学校的墙报上也写着"禁毒防艾"的科普知识和标语口号。虽然学

---

① 郭家骥.2006.西双版纳傣族的水文化：传统与变迁——景洪市勐罕镇曼远村案例研究.民族研究，(2)：60-68，112.

② 黄映玲.2006.生态文化.昆明：云南教育出版社，128.

校、政府、社会可以说是齐抓共管，但形势似乎并没有缓解。

江应樑在1950年所撰的《摆彝的生活文化》一书中说道："摆彝是集中居住于平原的，生活上边很容易发生联系，其他边民是零落分住于四山间的，生活上边显得涣散分离；摆彝在政治上是有组织的，居于统治者地位，其他各族是没有政治组织的，只好受摆彝的支配与管理；摆彝因为据有肥沃的平原区，所以便操纵着全境的经济生产权，其他皆居于贫瘠的山间，经济力量便远不能与摆彝相比。"[①] 这种经济和政治上的优越感自然会带来整个民族的认同加强，以及傣族村民个体的安全感。以前的西双版纳，由于地理气候宜人，自然资源富饶，当地人不用精耕细作，即可获温饱。在50年前的西双版纳，傣族村民只求能够足以维持传统生活标准的收入。如果挣更多的钱意味着辛劳，他们就不太愿意干了。所以，有学者就说，傣泐只种那些好种的田而废弃大量的可耕地不顾。但是自20世纪60年代之后，尤其是80年代之后，可耕的荒地不再有了，稻作也从单季变为了双季，并且采用了高产的品种。究其原因，人口增长的压力是促成傣族的农耕方式从粗放型向精耕细作型转变的重要因素。

需要提出的是，傣族本身的人口增长缓慢。傣族不仅没有多子多福的观念，而且也没有生育性别偏好。一般傣族家庭只有一到两个孩子，不会多要孩子。据罗阳对曼占宰村从1970年到2005年的数据统计，20世纪70年代以后，傣族就基本实现了从多孩到少孩生育的转变。到了2003年至2005年，有些地方的傣族人口甚至出现了负增长的现象。据2000年第五次人口普查数据显示，云南傣族妇女的一孩生育率为60.59%，总和生育率为1.7人，已低于人口更替水平（2人）。西双版纳人口总体数量的增加，主要是大量的移民涌入，尤其是汉族移民，其中大部分是国营农场的职工。这种人口结构直接体现在学校学生的人口结构上。以勐海三中为例，勐海三中的傣族学生基本来自学校所在的勐遮坝区，哈尼族、布朗族等学生则多来自离镇中心较远的山区和半山区的西定哈尼族乡和巴达布朗族哈尼族乡，汉族学生主要来自勐遮黎明农场。黎明农场由1955年中国人民解放军十三军官兵集体转业到勐遮时所建。"一个族群的大规模人口迁移，无论对自身还是对居住在迁入地的本地族群，都会带来重大的影响，而最为直接的就是对迁入地自然资源分配、就业机会和未来发展机会的影响。"[②] 汉族人口的大量涌入，一方面削弱了傣族村民固有的民族优越感，另一方面也增加了傣族村民的经济和社会压力，尤其是当国有农场在社会组织、文化、语言

---

① 江应樑.1950.摆彝的生活文化.上海：中华书局，71.
② 马戎.2004.民族社会学——社会学的族群关系研究.北京：北京大学出版社，355.

和经济等方面都表现出与当地民众生活格格不入之时。

总之，这些不稳定的因素，以及安全感的降低对傣族村民的心理冲击是巨大的。耶鲁大学人类学教授詹姆斯·斯科特（James Scott）在其《小农的道义经济：东南亚的叛乱与生计维持》（*The Moral Economy of the Peasant：Rebellion and Subsistence in Southeast Asia*）一书中就明确提出小农经济行为的主导动机是"避免风险""安全第一"。心理上的冲击使得很多村民在其自身的知识系统内寻求解决之道。由于现代学校教育还不能够承担起这样的重任，于是傣族村民只能在传统知识范畴内试图化解压力，于是便又更加热心地投入到宗教活动当中。

（三）观念因素

观念因素是最受责备的因素之一。之所以如此，乃是因为观念是最容易观察到，也是最容易透过，且不用负较大责任的借口和理由。从另一个方面来讲，观念似乎又不容易转变，至少在较短的一段时期内不容易看到成效，毕竟移风易俗是需要时间的。既然如此，只要能有些许改变，就已然不错了，又成了表功的筹码。观念的形成是有其社会基础的。在前面的论述中，实际上已经涉及诸多观念背后的社会结构问题，也有阐述过一些傣族村民思想观念的变化，本节将就傣族的教育观念问题集中讨论。

在西双版纳考察，除了"读书无用论"不时盈耳之外，莫过于人们对傣族人攀比心极强的描述。"读书无用论"前面已经涉及，此处就不再多言，所以着重讨论后者。后者看似对于学校教育的影响并不重要，但实际上如果不理解后者，我们就无法理解普通傣族村民面对现代社会的深层次心理焦虑，以及他们对与现代学校教育的心理期待与失落。

最初，笔者亦百思不得其解，如此一个柔顺内敛的民族，为什么会做出如此张扬的事情来。自古以来，描述傣族群众习性的，大都会以柔软懦弱等词汇来形容。《云南通志》谓其"习性柔软"。傣族"村寨中，没有斗殴、截杀、抢掠这类事，土司一家一姓世袭统治数百年，遇到残暴昏庸的土司，对人民欺侮压迫无所不至，但自来没有听到过人民反抗土司发生近似革命一类的事。"[1]也有人将傣族文化的核心价值观念概括为："盘田种好粮，积蓄盖新房，老有人送终，死后升天堂。"[2] 无论如何，这些习性应当都与争胜好强的攀比沾不上边。

---

[1] 江应樑.2009.摆夷的经济文化生活.昆明：云南人民出版社，174.
[2] 郭家骥.1998.西双版纳傣族的稻作文化研究.张文力译.昆明：云南大学出版社，126.

田汝康先生曾经描述过 20 世纪 40 年代在德宏芒市傣族地区摆夷"做摆"时竞相攀比的情形："在摆夷社会中，一般人们所看重的是对于财富的施舍，而不是对于财富的储积。收入多的，消耗应该更多；越是有钱，自己越感觉自己消耗得不够，因为怕别人不像自己富有，而在摆上的消耗却超出自己若干倍。"[1] 如果说以前傣族村民的竞相攀比还主要集中在佛事活动领域，而现在的攀比则似乎波及了一切事情。罗阳在《傣族社区与发展》一书中说："傣族的攀比心比较强，认为你家有的我家也要有。家庭经济较差的，也要买一辆较好的自行车，或买二手、三手摩托车。同时，有摩托车的人家会看不起没有的人家，互相交往也会少。因此，大部分傣家人都不希望别人看不起自己，没钱的人家也会借债消费。"[2] 田汝康先生所描述的"做摆"时的攀比毕竟还是有度的，因为单纯"做摆"并不一定会带来好的声誉，而现在的攀比之风却有愈演愈烈之势。盖房子要比、购置家具要比、买车要比。罗阳的解释固然有其直观的一面，但如果要深入理解这种风气是如何形成的，还要深入到傣族村社的社会结构变迁之中。

法国著名社会学家爱弥儿·涂尔干（Emile Durkheim）曾将社会分为机械连带社会（mechanical solidarity）和有机连带社会（organic solidarity）。在机械连带社会，"此种社会少有分工情形，其结果是几乎每个人都从事相同的工作"，而在有机连带社会，"社会则有了大量的分工，而人们也会去承担越来越专业化的工作。因为现代社会有非常多的分工，所以社会的凝聚力是来自差异，换句话说，人们需要更多人的贡献以维持正常运作，乃至生存"。[3] 涂尔干尤其强调"前一种团结（solidarity）是建立在个人相似性的基础之上的，而后一种团结是以个人的相互差别为基础"。[4] 应该说后面这一句话点出了传统社会与现代社会不同之处的关键点，而且这种差异在傣族地区表现得尤其明显。

传统的傣族社会内部并非没有分化。历史上的傣族族群不仅存在着等级分化，而且等级内部亦有分化。根据 20 世纪五六十年代中国少数民族社会历史调查资料，以及一些学者的研究，在民主改革之前，西双版纳傣族就分为不同的等级。在景洪地区，大致可以分为 6 个等级："孟""翁""鲁郎道叭""傣勐""领囡""卡召"，其来源组成和权利分配可见表 4-2。

---

[1] 田汝康.2008.芒市边民的摆.昆明：云南人民出版社，84.
[2] 罗阳.2007.傣族社区与发展.成都：四川大学出版社，96.
[3] 〔美〕乔治·瑞泽尔.当代社会学理论及其古典根源.杨淑娇译.2005.北京：北京大学出版社，12.
[4] 〔法〕爱弥儿·涂尔干.社会分工论.渠东译.2000.北京：三联书店，91.

表 4-2　西双版纳傣族族群内部分层构成表

等级名称	来源组成	权利分配
"孟"又称"萨都"	"孟"意"人的头盖骨",一般由召片领的直系亲属组成	领主阶层最高级的人,可以继承召片领职位、担任议事庭庭长、受封为各勐土司
"翁"	"翁"意"亲属",指宣慰使的家臣或非宣慰血族的"召勐",即地方首领	亦属于领主阶层,可以担任宣慰司的大臣
"鲁郎道叭"	贵族的后裔,可以与"翁"等级通婚	可以当头人,至少也是"鲊",即村寨头人。属"自由民",拥有自己的土地,交纳少量官租,充当侍卫等
"傣勐"又称"滚本勐"	"傣勐"意为"本地人",自认为是最早到当地开垦田地者。占有大量的土地,也是西双版纳各等级中人口最多的一个等级	要承担大量的农业性劳役,负担地方性公共事务,但在政治上亦有一定特权,可以充任"叭""鲊""先"等村寨头人;在宗教上,亦有祭祀"披勐"(即勐神)的权利。祭祀"批勐"时,即便领主阶层也不能参加
"领圄"又称"滚领圄"	"领圄"意"主子家内的人",来源较为复杂,有外地逃难而来的,①有战败作为战争赔偿而来的,有召片领府中的奴隶,也有"傣勐"因犯罪而被贬黜等	主要为领主阶层承担非农业性的专业性劳役,如养马、养牛、厨师、歌手、送信、纺纱、抬金伞、抬大刀、盖房子等,也可充当寨中头人
"卡召"	"卡召"意为"奴隶",其来源主要有逃灾逃难的,战俘,其他等级因犯罪降级者等	主要承担较为低下的劳役,如搭厕所、舂米等,最高可做寨子头人中的"鲊"

资料来源：杨筑慧.传统与现代——西双版纳傣族社会文化研究.北京：中国社会科学出版社,2009：25-27.

此外，还有"洪海"等级，主要为本地丧失生产资料或外地逃难而来的人，以及一些被诬为"琵琶鬼"者。他们得到召勐允许，居住在边沿地带。② 不仅如此，同一等级内部亦存在分化，如属于"领圄"级别的曼令寨是召片领的"滚炸"，即厨夫。在"滚炸"中，"乃"专做细活，如切菜、炒菜；"鲁依"专门打杂，如抱柴、添火、洗碗、洗菜等。在政治地位上，"鲁依"最高只能做到"鲊"级，而"乃"则可做到"叭"级。③ 如果傣勐与领圄、洪海同居一个寨子，头人必定由傣勐级别的人担任。按当地的说法是"官有官种"。

总体上说，傣族族群内部的分层主要依据是血缘关系、人身来源、土地占

---

① 勐遮的曼别、曼凤凰、曼磨中、曼湾勒、曼弄卖、曼迭等寨传说他们的祖先来自景谷，因逃难而至勐遮，被召勐收留。见:《民族问题五种丛书》云南省编辑委员会.1984.傣族社会历史调查（西双版纳之六）.昆明：云南民族出版社,6.

② 杨筑慧.2009.传统与现代——西双版纳傣族社会文化研究.北京：中国社会科学出版社,25-27。曹成章在《傣族村社文化研究》一书中，将"领圄""洪海"和"卡召"统称为"滚很召"，意"官家的人"，均属于被统治阶级。见：曹成章.2006.傣族村社文化研究.北京：中央民族大学出版社,128.

③ 杨筑慧.2009.传统与现代——西双版纳傣族社会文化研究.北京：中国社会科学出版社,29.

有等方面。不同的等级之间享有不同的政治、宗教权利和社会声望，也存在不同的人身依附关系。这种等级的安排多与先赋，即傣族村民所说的"根骨"有关，等级之间虽有流动，但不是常态。傣族族群中的相同等级一般会聚居在一处，于是又形成了不同等级的村寨。笔者考察的勐海勐遮乌龟山附近的曼宰弄（亦称曼宰竜）、曼章岭（亦称曼宰令）、曼垒（亦称曼吕）等寨，其寨民历史上是土司的家臣和亲近仆从，属于"傣勐"级，故其地位就要比坝子上的其他寨高。（表4-3）

表 4-3　勐海不同等级村寨分布①

户数	寨数	等级	寨　名
62	2	召庄②	曼弄坎、曼奥
455	14	傣勐	曼腊、曼景买、曼法、曼丹勐、曼朋竜、曼打、曼真、曼赛、曼费、曼兴、曼谢、曼板、曼火勒、曼拉冈
372	12	召片领的滚很召（又称"滚孟"，即"郎目乃"）	曼董、曼降、曼鲁、曼垒、曼中、曼央坎、曼勒、曼满、曼贺、曼蚌、曼外、曼来
343	14	召勐的滚很召	其中：滚乃（7寨）：曼回宫、曼丁曼、曼丹卖、曼恩、曼先、曼丹往和城子的一部分；领囡（4寨）：曼些、曼禄、曼海、曼暖藤以及十三陵子的一部分；冒宰（3寨）：曼扫、曼两、南里以及城子的有一部分

　　历史上，不同村寨之间的等级边界十分清楚，在进行节日和宗教活动时就可明显看出。如勐养祭祀勐神时，傣勐寨子就负责买牺牲，滚很召寨子只负责屠宰和烹制；在勐往祭祀勐神时，曼海寨子负责挑水和指派扮演"鬼妻"角色的姑娘，曼回寨子则负责杀鸡、抬猪，曼岭寨子负责摆饭，曼光寨子负责出酒。③ 在傣族社会的这种制度结构中，无论是村寨，抑或是每一傣族村民都有属于自己的位置，每个人都很容易在村落结构中定位，通过自己的地位和角色明确别人对自己的期望，从而协调相互之间的关系。另外，这种社会结构方式并不会增加同一寨子、同一村落中不同傣族村民之间的心理压力，因为在傣族社会中，诸多重大事务并不是以家庭为单位进行的，而是全村统一行动，如绝大多数宗教活动即是如此。村寨中如果有人有建房、红白喜事等重大事情，村寨里其他人家都要来帮助，所以，往往一家建房，全村都会去帮他把房子建起来；哪一家有人去世，村中每家都要派人来帮忙，直到丧事办完。在耕种和收割的

---

　　① 《民族问题五种丛书》云南省编辑委员会．1983．傣族社会历史调查（西双版纳之二）．昆明：云南民族出版社，87.

　　② 勐海"召勐"（土司）的子孙分出去，就叫作"召庄"。

　　③ 宋恩常．1986．云南少数民族研究文集．昆明：云南人民出版社，682.

季节，村民之间也是通过互助协作的方式，不计劳动力强弱，也不计人数多寡。主人家仅招待便饭而已。这种情况田汝康先生在其著作《摆夷的摆》（后改名为《芒市边民的摆》）中已经有过详细描述。总之，村社中的每个傣族村民都会对村社、对村社中的其他村民毫无怨言地尽自己的责任和义务，如修建水渠、堤坝、村寨围栏、桥梁、道路等等。这种互助形式在傣族社会中已经形成了一种习惯和风俗，也是傣族村民认同村寨、归属村寨的重要表现。这种传统至今仍留有痕迹，如在笔者参加的勐遮曼章岭的"赕白塔"活动中，每家都会出一桌菜、一瓶酒、一包烟。

同时，由于在一个傣族村落里，村民之间"从事着相同的稻作农耕生计方式，妇女们纺纱织布，男人们编制竹器，每个村寨都有自己的'寨父'、'寨母'、银匠、铁匠、木匠、酿酒师、石匠、'赞哈'（歌师）、'波莫'或'咪莫'（巫师）、寨老、村民议事会、村社民众大会等，还有寨神、寺院，人们自给自足，相互帮助，自行处理村寨的内部事务，各种民间习惯法调节着个体与他人和社会的关系，通婚范围也基本局限在村寨内部，较少与其他村寨人通婚，亦不与山区的哈尼、布朗、基诺等民族通婚。可以说在政治、经济、文化等方面，村寨具有相对的独立性、稳定性和保守性。"[①] 再加之傣族"村落内部血缘关系的联系，对物质生活资料不求丰厚"，佛教"安于恬静简单生活和厌恶战争的思想，以及封建负担的相对固化和对土地的依赖，使西双版纳傣族聚落成为一个相对封闭的空间，反过来又进一步加深了层级间的隔阂和内部认同的固化，形成较强的集体感"。[②] 所以，傣族村寨内，很少有独立的个体意识，傣族村民们村社集体意识很强，均注重村社集体的利益和荣誉。这可能也是傣族村民们修建佛寺时热情高涨的部分原因，因为佛寺是傣族村落最具象征意义的符号，是傣族村落的"脸面"，与此相对应的是，并不是每一个村寨都有学校。

如果我们把傣族社会的这种固化结构与村民参与"赕佛"的热情再结合起来考察，就会发现"赕佛"实际上承载了更多利用宗教文化资本体现村寨或村民社会价值的作用和功能。虽然各个村寨在经济实力上肯定是不同的，而且领主阶层可以用于"赕佛"的物资要明显多于非领主阶层，但是事实上并不是"赕"的财物愈多，功德愈大。对此，村民的解释是，"赕"的功德的取得需要符合两点要求：其一，必须是正当所得，劳动，尤其是种稻谷是获得"清白"财富的唯一正确的、道德的方式。经商赚的钱"不干净"，因为低价买，高价卖

[①] 杨筑慧．2009．传统与现代——西双版纳傣族社会文化研究．北京：中国社会科学出版社，30．
[②] 杨筑慧．2009．传统与现代——西双版纳傣族社会文化研究．北京：中国社会科学出版社，31．

是一种欺骗；其二，要诚心诚意，不在意自己的利益。西双版纳有一个流传甚广的故事：一位召勐供奉了大笔财富给佛，建造了宏伟的宝塔和寺院；但一位虔诚但是贫穷的寡妇没有东西可"赕"，于是就造了一座沙塔供奉佛，而且"雅南"（即滴水）。结果她的虔诚震动了上天与大地。召勐建造的塔和寺庙坍塌了，寡妇造的沙塔却没有事儿。召勐没有得到功德，而寡妇得到了很多功德。每当询问村民如何衡量"赕佛"到底能够得到多少功德时，村民都会津津乐道地用这个故事来说明。与此有相同作用的一个看法是：如果一个人供奉的多于自己留下的，挣的功德最多；如果供奉的与留下的相等，挣的功德不多也不少；供奉的少于留下的，挣的功德最少。这两种看法都说明，功德的多少与供奉的绝对数量并不一致。它为那些无力供奉大量财物的傣族村民提供了心理抚慰。心理抚慰只是从消极方面来说，如果从积极方面来说，这种解释和说明同时也为处于社会下层的傣族民众提供了与上层领主享有平等待遇甚至超过其待遇的方式与途径，所以往往下层傣族民众更加热衷于宗教活动。

综上可以得出，过去傣族村民赕佛时的竞相攀比与我们现在所见的攀比的内在意并不相同：

其一，当时的社会结构是以村社为主体。如果村社集体的一致性较强，家庭的作用和功能就会显得很弱。村民赕佛时所获得的荣誉可以通过村社内村民之间的社会联系均摊到村社每个家庭之中，因而也是整个村社的荣誉，更何况傣族村社大多是以血缘关系为纽带，傣族民间常用一棵树上的枝叶、一棵树上的瓜蔓来比喻同一氏族成员之间的关系。虽然有血缘联系，但是傣族村民对于村社的重视程度要远远高于家族，只有很少傣族村民能够记住自己父辈埋葬在何处。正如傣族俗谚所说，"互助能使荒山变良田，团结能使草坪变村寨"，"种田地，约村人相助，沟塌方，要共同抢修"。① 每天，傣族村民都乐此不疲地在为整个村社的事情奔波，认为自己能为村社的事情奔波是一件非常荣耀的事。同一村社中，如果有人"赕"了佛寺，这于全村人都是好事。

其二，赕佛的相互攀比在客观上实现了傣族社会的均质化，这一点在田汝康先生的著作中表露无遗。在傣族看来，单纯追求财富并不一定幸福，得到周围的人的信任、尊重、爱戴和赞誉才是获取财富的目的，如何将财富转化为提高其声誉或地位的是创造财富的重要动力之一。这种均质不仅是在财产上，而且是在心理上，因为"阶级结构只是摆夷社会的片面结构，只以影响他们的政治和经济为主，社会结构才是综合结构，规律整个社会的秩序，没有人除外，

---

① 高立士．1990．傣族谚语．成都：四川民族出版社，79，83．

不但土司要做摆，大和尚也得做摆。"①

　　第一种因素为傣族村民的均质化追求提供了比附的范围，而第二种因素则提供了动力。以上两种因素经过相当长的一段时期已经内化为傣族深层的心理结构，即无意识层面，所以其影响一直留存至今，甚至不用仔细观察就可以明显感觉到。进入任何傣族村寨，就会发现同一村寨的砖混结构楼房，每家每户都修得差不多样子，而且节日期间，同村落的妇女们穿戴往往也很一致，无论是衣服还是发型、首饰，都具有相当的同质性或从众性。所以，在某种意义上，现代傣族村民之间相互比附表达的是一种对传统生活方式和生活结构的缅怀，也是对现代社会强调差异性，强调分化的隐性抵制。

　　明白了这一点，就会对傣族村民抵制学校教育有更深一层的理解。首先，由于各个家庭从事行业的不同，有的主要种植橡胶，有的主要做生意，有的则多种经营，因而收入开始有了差距，而同时，市场经济与交通的便利使得人们交际范围极大扩展，人们相互比附的范围也自然扩展了。这种情况在学校内也有反映。同一所学校的学生来自不同的村寨，也扩大了学生家长，以及学生之间比较的边界。看到别人家的孩子 20 岁左右就骑上了摩托车，自己也要给孩子买一辆。有傣族村民看到别人家的孩子初中就辍学帮家里做生意或割胶，家庭经济收入直线上升，便也怂恿自己的孩子辍学，甚至以买摩托车诱惑。这种比附的扩展甚至在一定程度上深化了不同民族学生之间的矛盾。在学校中，傣族学生会形成小团体，一般不与布朗、拉祜、哈尼等山区民族学生交往，最具体的表现就是傣族学生不愿意与其他民族学生同桌、同宿舍。比较极端的例子是，为了解决民族学生之间的矛盾，勐混中学只好专门为拉祜族学生组了 2 个班。其次，以前的比附通过宗教的转换机制客观地形成了一种利他即是利己的思想。褚建芳在谈到芒市傣族的摆时，明确说道："按照他们的世界观和信仰体系，人们在今世所拥有的财务只不过是今世暂时存放在自己这里的东西，是自己前世所做功德的'果'。这还不能算是真正属于自己的财富，必须要经过佛的认可和代管后，才能真正属于自己，到了来世才能归自己所有。这种财富只能通过其所有者的亲身劳动来，并为其所有。任何人都不能巧取，也不能豪夺。这一切都是由佛来掌管的，佛是人的万能而公正的主人。在此基础上，他们在社会生活与交往中形成了明确的关于公平、公正和施报的观念。"② 所以，通过佛教信仰，利他、利群即是利己的互惠，这种思想得以存在和发挥，并在历史上形成

---

① 田汝康. 2008. 芒市边民的摆. 昆明：云南人民出版社，96.
② 褚建芳. 2005. 人神之间——云南芒市一个傣族村寨的仪式生活、经济伦理与等级秩序. 北京：社会科学文献出版社，385.

了一个相对公平、均质的社会。对于民国时期的西双版纳，姚荷生曾欣喜地描述到："这里没有腰缠巨万的富豪，没有贫无立锥的穷汉，大家都能维持适当的生活。因此也没有乞丐，没有盗贼，实在可以称得起是夜不闭户，路不拾遗的世界。"① 现在佛教信仰的衰落使得一切都变了味道，人们相互攀比只是为了获取相应的声誉，对当下的关心似乎要远远多于"天堂的宝座"。

信仰变淡了，但获取声誉的形式还在。"赕佛"时，傣族村民总会在功德碑上刻下捐赠者的名字及金额。如果修盖佛寺的大门是多人出钱，就会看到门框上、门柱上都刻上不同的名字，而且异常醒目。第二种方式是散财，主要是请吃请喝。2007年6月11日的《西双版纳报》就有报道：现在的傣族村民"如今突然有了大把的钞票，除了欣喜以外，他们用这些钱买电视、配手机、买高档家电和摩托车。日常生产生活所需的设备配齐后，一些在这方面缺乏计划性的农民便在吃喝上大手大脚。过去除了正常的饮食外，逢年过节、朋友相聚或有事求人才会外出请吃请喝，而今是只要有机会有名目，就要请客吃喝；农民之间甚至出现了相互比吃比喝的现象。"② 人们找各种各样的借口聚会，其目的就是通过此获得"不小气""不吝啬"的赞誉。有人将这种情况视为个体求得社会认同的生存技巧，而实际上在笔者看来是在精神信仰缺失后，社会个体在独自面对种种社会压力后的不得已选择。

从上面的分析，其实已经可以看到傣族村社的社会结构在向现代转型期间引起了傣族村民心理上的不适应，进而试图通过回归传统寻求缓解之道，但由于生计方式的改变、宗教功能弱化使得对传统形式上的追求越来越强烈，离人们的期望实际上愈遥远。学校教育与奘寺教育之间的种种微妙关系可视为这种矛盾心理的侧面反映。这种矛盾心理并不会必然导致傣族村民心里偏向于任何一种教育形式。村民们已经习惯了没有心理压力的生活，他们最高的愿望也只是重新回到这种生活状况中去。所以，他们对待两种教育的态度多取决于他们对何种教育能够帮助他们缓解社会压力，找回失落的安全感。

第二节 学校教育内部结构性问题

无论从学校教育嵌入傣族村社的历史考察来看，还是从对傣族村民深层次的心理分析，傣族村民的习俗，以及所受的传统教育并不必然是排斥学校教育

---

① 姚荷生.1948.水摆夷风土记.上海：大东书局，118.
② 申健，曾崇明.2007-6-11.景哈乡为农民花钱指点迷津.西双版纳报，1.

的。江应樑曾经用"圆滑""多变"来形容摆夷的民族习性。他说:"西南边民中,如苗瑶,如倮倮,都很固执守旧,不轻易变更其言行习俗,也不轻易接受外来的刺激;摆夷则正相反,模仿与接受外来事物的适应力极强,土司头人们到过缅甸一趟,都必穿上西装,衣襟上也必挂起一支水笔,少女们也多喜欢缅甸装束,喜欢购用外地来的物品。"① 事实也是这样,固守传统并不是傣族的习惯。有学者曾用水来形容傣族,这个比喻可谓恰当。以此观察学校教育在傣族地区的曲折历程。就会发现,傣族村民们排斥的并不是国家的教育,也不是学校教育的教学形式,更不是学校传授的科学知识,而是学校教育远离了他们的生活。

(一)教育内容的疏离与融合

学校教育远离民族地区少数民族人民的生活是个普遍现象,很多学者都注意到了这一点,并提出现在学校教育理论最核心的缺失存在于其城市化倾向之中,脱离了民族地区的文化环境。大家普遍都感觉到了民族地区的学校教育存在问题,并相继提出了建立校本化课程,民族文化进校园等等建议。从近年来实施的效果看来,情况似乎并没有太多改善。做得好的地方,学生们对自己民族的传统文化知识的了解确实增长了,但留给他们融入主流社会的机会并不多;做的稍差一些的学校则徒然增加了教师和学生们的负担。

1. 民族文化课程

以傣族地区的基础教育来看,目前学校课程的设置通常都是按照教育部颁布的《课程设计方案》的统一标准开设并实施的(表4-4)。

表4-4 傣族地区各学习阶段课程设置表

学习阶段	课程设置
小学	语文、数学、品德与生活(三年级以上为品德与社会)、体育、艺术(音乐、美术)、综合实践活动课、外语(三年级以上开设)、地方与学校课程、民族语文(民族小学开设)
初中	思想品德、历史与社会(历史、地理)、科学(生物、物理、化学)、语文、数学、外语、体育与健康、艺术(音乐、美术)、综合实践活动课、地方与学校课程
高中	思想品德、语文、数学、外语、物理、化学、生物、地理、历史、信息技术、体育

西双版纳地区编写的乡土教材也有《西双版纳地理》《西双版纳少数民族》等。在新课程改革中,这些多元文化课程的安排并不与学科课程等同,在归类

---

① 江应樑.2009.摆夷的经济文化生活.昆明:云南人民出版社,175.

上是属于综合实践活动课的教授范围。上课时也只有弹性化的指导纲要，并无严格的计划安排和考核要求。

美国著名学者詹姆斯·班克斯（James Banks）针对多元文化课程设计曾提出了变革的四种基本途径：一是贡献途径（the contribution approach），即课程在其基本结构、目标、重要特征上保持不变，但是将少数民族英雄的事迹和少数民族的节假日加入原有的课程实施中去。有关少数民族的内容主要限于介绍少数民族对主流社会的贡献。它是教师将有关少数民族的内容整合进课程中最容易的一种方法；二是附加途径（the additive approach），即在没有改变课程的基本结构、主题、观点的情况下，将有关少数民族的内容增加到课程中。其常用方法是将描写和介绍少数民族的一本书、一个单元或一堂课加入原有课程的实施中；三是转换途径（the transformation approach），即改变课程的基本假设，使学生能从多个少数民族的角度来分析概念、问题、主题。其关键是将多种少数民族的不同观点、不同的参考标准和内容整合到课程中，以扩展学生对社会性质、发展和复杂性的理解；四是做出决定和采取社会行动的途径（the decision-making and social action approach）。它不仅包括转换途径中所运用的改变课程基本假设的方法，还要求学生做出与他们已经学习的一些概念、问题有关的决定并采取实际的行动。其主要目标是培养学生的思考能力和做出决定的能力，帮助学生获得政治效能感。[①] 按照班克斯的分类，傣族文化课程的开发目前主要还是采用的前两种途径。

在学校教育理念、教育体制尚不可能做出大的调整的情势下，采取前两种途径毕竟也是一种可以接受的努力。然而，这种努力本身也受到了不同程度的挤压。来自学校达标、教师考核的压力促使很多学校不得不压缩民族文化学习时间，并且课程安排上也多以自学为主的非正规课程的形式出现。勐遮的中学也设有劳技课，使用的是由云南教育科学研究院编制的教材《木工、金工与机械维修》。勐遮的劳技课老师无奈地向笔者表达："我们学校没有条件让学生实际操作，也没有课时和经费保证，上课就只能看看课本。"

正式课程与非正式课程的划分虽然有利于学生将更多的精力集中于基础知识、基本技能的掌握，但这种划分由于应试的需要而在课程之间形成了等级区别。例如英语，如果不是为了升入大学，几乎很难看到傣族学生学习英语对他们将来有什么帮助。这不是说英语不重要，随着傣族地区与其他地区的联系更

[①] 〔美〕詹姆斯·A·班克斯. 文化多样性：基本原理、课程与教学. 荀渊等译. 2010. 上海：华东师范大学出版社，55～58.

加紧密,英语是必不可少的交流工具,只是由于应试而使得英语学习功利化和工具化了。将民族文化仅作为非正式课程教授潜在地还会使学生产生另一个错误印象,即本民族文化的知识是边缘的、非主流的,进而影响到其对本民族文化的认同。虽然在邱开金以及笔者的调查中,约有三分之一的童僧是自愿入寺的,但其所给出的原因几乎不涉及喜欢本民族文化,更多的是一些现实的选择,如"汉文太难了""当和尚轻松"等等。笔者曾经访谈一位勐海三中从事傣文教学的老教师。老人熟稔傣族文化的各种知识,包括天文、历法、武术等等,但当他想教自己上初中的儿子时,孩子却不愿意学,说"学了没用"。虽然不愿意学,但是孩子还是对自己的父亲非常尊敬,向笔者骄傲地介绍,"我的爸爸可是当了20多年的和尚的"。

2. 双语教学

傣族有自己成熟的语言和文字。依照国家政策,傣族地区要实行双语教育。针对双语教育的重要性,世界著名的双语教育家威廉·麦凯教授(William Mackey)和米格尔·西格恩教授(Mignel Siguān)曾经说过:"就世界范围而言,双语教育对加强各民族相互理解是我们所能够做的最有价值的贡献;就国家范围而言,这是促进各个种族群体和少数民族和平共处的主要途径。双语教育的代价无论多么昂贵,它都将比不进行双语教育所付出的社会代价要低。"[①]

目前傣族地区的双语教育依据各个地方的实际情况分别采用了三种不同的形式:其一,单语单文教学,即采用国家统一编写的教材,以汉语教学为主,主要在景洪和勐海、勐腊县城等傣族孩子汉语水平较高的地区开展;其二,双语单文教学,主要是利用傣语辅助教学。针对部分边远的农村傣族孩子大多不会讲汉语的情况,有的学校在小学一、二年级先教傣文或以傣文为主,逐步提高傣族学生的汉语能力。三年级之后,汉语教学逐渐增多,傣文课时逐渐减少;其三,双语双文教学,即傣汉双语文教学。这类教学方式主要集中在傣族聚居地区的学校。虽然双语课程设置各地不一,但教学形式,正如前面所说,主要有两种:"分课"式教学(即汉语文、傣语文分为两门课教学)与"同课"式教学(即傣汉双语文结合起来教学)。后者由于在实际教学中不易操作,大部分学校实际使用的教学形式都是前者。

关于傣汉双语文教学的实际效果,20世纪80年代,勐海县勐遮中心小学曾做过实验对比:在进行双语教学实验时,实验班经过三个学期(二年级上学期

---

① 〔加〕W·F·麦凯,〔西〕M·西格恩.1989.双语教育概论.严正,柳秀峰译.北京:光明日报出版社,15.

结束）的教学，与同期混合班（傣汉学生，以汉语为主）的 23 名傣族学生比较，学生实验班的汉语文平均分为 78.9、数学平均分为 94.7，混合班的汉语文和数学平均分是 69.2 和 72.1，实验班的汉语文和数学及格率分别是 86.5% 和 100%，混合班的汉语文和数学及格率分别是 34.1% 和 52.2%。实验班中有 4 名学生可以读傣文长诗，家长很高兴。① 傣汉双语文教学虽好，可由于当时缺乏好的傣文教师和教材，推广速度慢。

景洪市嘎洒镇曼校和曼弄枫小学也在 1989 年开展过傣汉双语文教学实验。具体的做法是学生进入一年级之前，先学一年傣文，并进行一些基本的傣汉双语对照会话练习；一年级使用《汉傣文对译课本》进行双语同步教学；二至四年级使用与统编汉语文课本配套的《汉傣文对译手册》进行傣汉双语文同步教学；五、六年级傣语文、汉语文分课教学，并以学习汉文为主。这一实验取得了较好的效果，同年 9 月在嘎洒镇普遍推广。

虽然傣汉双语文教学实验曾经取得过较好的教学效果，但在 90 年代之后，教学效果便大不如以前了。究其原因，其一，傣文课挤占其他考试科目的课时，必须压缩授课时间。不设傣文课时，国家的教学大纲和教学计划尚在傣族学校难以全面实施，何况还要为副课腾出时间。现在国家要求为中小学生减负，并没有出台相应的配套措施和考核办法，仅仅对上课和放学时间做出了具体规定，学校的做法也是无奈之举。在频繁考核的压力下，有些学校设立傣语课，其主要目的也只是为了利用傣语学好汉语；其二，有的地区小学施行双语文教学，但升入初中后就不再教了；其三，傣文课是副课，工资待遇没有主课好，评职称也困难，没有老师愿意教。在笔者调查的勐海县勐遮镇，现在的勐遮镇中心小学就未开设傣文课；嘎拱九义学校也只在小学部开设傣文课，且每班每周只有一节课；勐海三中只有不参加升学考试的一个初中班上傣文课，周一至周四每天一节，目前学校只有一个傣文课教师。据统计，2003 年年底，全西双版纳州实行双语文教学的共 127 个班级，3738 人，占傣族学生总数的 11%，其中，接受双语文单文字教学的傣族学生就占傣族学生总数的 57%。② 但是，也有个别学校能够坚持了下来。据了解，勐遮镇曼燕小学不仅一直坚持傣、汉双语文教学，且已有 40% 的班级实行了傣、汉、英三语教学。

傣语文课时的减少实际上并未提高其他主课的学业成绩。表 4-5 是 2001 年至 2004 年景洪市嘎洒镇和普文镇教学质量检测的统计情况。需要注意的是，普

---

① 云南省勐海县地方志编撰委员会. 1997. 勐海县志. 昆明：云南人民出版社．
② 西双版纳傣族自治州教育委员会. 1998. 西双版纳傣族自治州教育志. 昆明：云南民族出版社．

文镇从统计数据情况来看,无论是小学、还是中学的平均数据均高于全市平均水平,在乡镇小学中名列前茅。由此也可概观西双版纳州的整体教学质量。国家政策明确保证的傣语文教学尚且如此,更何况其他民族文化课程。

表 4-5　嘎洒镇、普文镇 2001～2004 年教学质量统计表

城镇	阶段	项目	2001 年	2002 年	2003 年	2004 年
嘎洒镇	小学	平均分	62.7	53.9	62.5	56.8
		及格率/%	59	39.8	60	51.5
	中学	平均分	36	64.7	45.8	38.7
		及格率/%	28.4	60.8	27.2	17.9
嘎洒镇	小学	平均分	76.2	70.7	65	66.1
		及格率/%	84.2	73.6	66.8	67.4
	中学	平均分	37.3	64.3	52.1	46.2
		及格率/%	30.4	57.1	34.6	25.3

资料来源:景洪市全市教学质量检测统计

3. 教学内容连续性

笔者调查期间发现,学校教师怨言最多的都集中在初中阶段。小学升初中不用考试,对老师的考评压力相对较小,而初中就不一样了。每个县镇都对初中的升学人数、甚至参考人数做出了规定,并以此作为考核教师和学校的重要标准。有初中教师向笔者抱怨:"他们(指傣族学生)小学升上来的时候,有的汉语都说不溜,算术都常算错,你让我们如何提高教学质量?教育局不应该要求我们,而应该从小学抓起。我们自己的教学计划都完不成,还得去补小学的课程?"笔者听课时,很多次都发现,老师在讲台前讲课,而傣族学生在下面玩,有的干脆睡觉。课余时,笔者试探着问老师为何不维持一下秩序,老师回答说:"醒了,他们也听不懂,睡觉还算好的!"当笔者询问能否放慢授课进度时,老师则说:"学校要考核我们,领导来了发现我还在讲老东西,怎么办?教育局也不答应啊!"以"为什么上课不听讲"为问题,笔者在学校随机做了一下统计,10 个傣族学生中,有 7 个回答说"难,听不懂",2 个只是笑了笑,1 个学生回答"没意思"。而根据勐海县教育局 2006 年对勐遮、勐混两镇初一至初三 410 名中学生问卷调查的结果(收回有效问卷 401 份),因学习困难不愿读书的学生有 247 人,占学生总数的 62%。考核的压力如此之大,初中教师们根本不可能有精力和心情去完善教学方法,或者针对民族学生的文化背景对教学内容做出适当调整,老师与学生之间的双重不适应自然也是必然的。

傣族地区学校教育的历史上不是没有因将教学内容与傣族村民生活实践相结合而获得傣族群众欢迎的实例。勐海县勐混乡中学曾实行"2+1 学制"或"2.5 分流学制",即前两年或前两年半学习文化基础课程,后一年或半年学习农

村实用技术，走农科校结合的道路，受到群众欢迎。勐遮镇九义学校也曾开办了拖拉机维修培训班后，群众还要求继续开办汽车、摩托车和其他农用机械的维修班。

其中最值得一提的就是勐海县勐遮乡的曼燕小学在 20 世纪 50 年代的教学尝试。曼燕小学是一所傣族村完小，建于 1956 年。曼燕小学开办时招收了 120 余名一年级学生，年龄小的 6 岁，年龄大的 18 岁。开学后不久，学生出现大面积流动。经过调查发现，流动的原因一是学生在校时间多，影响到学生参加家庭劳动和在合作社挣工分；二是教学内容脱离生产、生活实际，学生不感兴趣，觉得学了也用不上。针对这种情况，学校先是把学制定为半日制，使学生每天下午都能参加劳动；再是改每星期休息 1 天为每 10 日休息 1 天，与农民的生产、休息统一起来；三是改寒暑假为农忙假，使学生在农忙季节能够帮家里和社里干活。在教学上，学校大胆地调整了课程及教学内容，根据家长、学生的要求，结合生产、生活实际，开设傣文课，进行傣汉双语文教学，增加应用文写作、算账等知识的教学。学校还积极绿化美化校园，根据学生普遍喜欢文艺、体育活动的特点，因陋就简开展民族娱乐、体育活动，吸引学生到校学习。采取这些措施后，曼燕小学培养出来的小学毕业生大都能读、能写、能计算、能记账，有益农村生产，受到傣族群众欢迎。1962 年，首次有傣族女学生高小毕业，当地群众称她们为"女康郎"。1963 年 4 月 13 日，国家教育部给云南、贵州、四川 3 省教育厅厅长的信中，肯定了曼燕小学的办学经验。[①]

所以，要解决傣族地区学校教育内容与傣族学生学习、生活相脱离的矛盾，不能仅仅依靠傣族文化的课程附加，以及傣语教学，而必须有一个通盘的考虑。民族地区地方化课程、校本化课程目前所遭遇的尴尬主要是学校教育与当地社会结构，两个系统之间的关系没有处理好所致。学校教育目前采用的教学方式主要是分科教学。分科教学某种程度上是满足工业社会对劳动力劳动效率的追求的扩展。这一点如果我们把学校教育发展的历史同 18 世纪后世界工业的发展史比照来看会有更加清晰的判断。法兰克福学派的赫伯特·马尔库塞（Herbert Marcuse）就曾警告人们不要因工业社会制造工具而把人变为"单向度的人"。[②]从知识论的角度来看，分科教学是从已有的、书本知识的学科出发，制定教学大纲、组织教材编写，这里对学科完整性的追求却替代了对知识的丰富性和有用性的审视。现在最糟糕的是学校中的测验考试、质量评估、学校管理、教师

---

① 西双版纳傣族自治州教育委员会．1998．西双版纳傣族自治州教育志．昆明：云南民族出版社，74．
② 〔美〕赫伯特·马尔库塞．单向度的人——发达工业社会意识形态的研究．刘继译．1989．上海：上海译文出版社，1989．

培训等等还都是以此为中轴而进行。时下虽有一些"选修课""综合课"的课程设置，但实际上在应试体制的重压之下，基本上是事倍功半，流于形式。分科教学与应试体制两者的相互挤压，民族地区的特色教育、地方化课程便很难在学校教育中找到自己的生存空间和延续动力。

(二) 教育主体的认同与客体化

在西双版纳，可以明显感觉到两股力量，一股力量要把傣族村民们往所谓现代化的道路上引导，而另一股力量则来自傣族村民们的躲避周旋，寻找自我空间的意愿，更何况，傣族的习性天生擅长于此。江应樑就深有感触地说道，"摆夷谈话措词之技巧，恐为内地一般善词令擅交际的人物所难及，他要求一件事，绝不直截了当说出，不惜花上半天功夫，婉转曲折地兜圈子，让对方猜出他的意思；一个摆夷要是有了过错，当责备询问他时，他必有一套巧妙的饰词来文饰他的过失；要他们做一件事，当面满口应承，转过去，他会衡量人与事的关系，某事全办，某事办到几分为止，某事全然不理；""边地人民中，最易接近熟稔的是摆夷，最难信托依靠的也是摆夷"。① 从这一段话中，我们除了可以对傣族有更加直观的了解，同时也需要明白，傣族村民对某件事情的认同是有其精细的"盘算"的，也可以说是理性斟酌的。

在当地部分教师和学校领导者看来，傣族村民对奘寺教育的热衷证明了其在对自己生活安排上的"短视"和非理智，是宗教的狂热替代了理性的思考。笔者此处无意去探讨"理性"与"非理性"之间的具体差别，但是，首先必须指出的是，理性（ratio）并不是人性的全部，何况单纯依靠理性也不能解决所有的问题。教育和生活上对理性的过度追求实际上是受到了近 30 年来经济导向的社会发展之影响，以经济的标准来衡量教育和生活的结果。"理性经济人"是经济学的基本假设。如果以"理性经济人"的观点来看傣族村民，是很难说他们不是在现有生活资料条件下追求家庭经济收入的最大化，何况傣族人"从来就有做生意"的头脑，这是公认的。黄宗智在对华北小农的经济生活进行大量实证调查后，得出结论"在我看来，他们从来并不是只有小农意识，总是在现有的条件下尽可能地采用各种方法提高自己的收益"。进而，黄宗智提出了"内卷化"（involution，又译为过密化）的概念，即在劳动力边际效益降低的情况下，小农会通过调整种植结构取得经济总量的增长。②

---

① 江应樑.2009.摆夷的经济文化生活.昆明：云南人民出版社，175.
② 〔美〕黄宗智.2007.经验与理论：中国社会、经济与法律的实践历史研究.北京：中国人民大学出版社.

诺贝尔奖获得者，西方著名经济学家西奥多·舒尔茨（Theodore Schultz）在其《传统农业的改造》（*Transforming Traditional Agriculture*）一书中也曾精辟地论述到：小农的经济行为，绝非西方社会一般人心目中的懒散、愚昧，或没有理性。事实上，他是一个在"传统农业"（在投入现代的机械动力和化肥以前）的范畴内，有进取精神并能对资源做最适度运用的人。传统农业可能是贫乏的，但效率很高。它渐趋接近一个"均衡"水平。在这个均衡之内，"生产要素的使用，较少有不合理的低效率现象"。[1]

在笔者的调查中，所接触到的傣族村民都可以清楚地向笔者娓娓道出自己家里一年的经济收入状况，并且会在做出预期之后适当调整第二年的收入结构。在田汝康先生对傣族村民"做摆"的描述中，我们也可以看到，傣族老人们不仅对自己"做摆"的大致花费能够做到心中有数，而且会对"做摆"的花费相互比较，在综合考虑种种因素，包括在掂量前人"做摆"所获得的声誉之后，对自己在村社中的"声誉"地位都会有一个清楚的认识。因而，关于傣族村民在生活安排上缺乏理性思考的观点是很难成立的。此外，关于"短视"的说法就更加有趣。按照通常理解，"短视"是由于不能将自己的长远利益与短期利益结合起来考虑，为了长远利益可能要对短期利益的获得让步。以此推论，一个人最长的长远利益至多百年，而傣族村民们心目中所关心的利益则是百年之后的"天国"生活，何者更加短视呢？

鉴于村民的这种理性与城市市民口中所谓的"理性"又有着如此的不同，我们也可权且称之为"乡土理性"。金观涛把对人生的终极关怀（例如对上帝的信仰）与理性表现出的二元分裂状态称之为工具理性。在他看来，西方科学、技术、政治、经济和文化在十七世纪的大发展正始于终极关怀与理性的二元分裂。对此，他解释道："为什么二元分裂如此重要呢？人是有终极关怀、有信仰的，同时又有理性的。假定一个人的理性是由信仰推出来的，那么，当信仰发生变化的时候，理性也会随之变化，变成不稳定的。同样，当社会制度理性化（理性的不断扩张）的时候，理性对信仰（它往往是道德的基础）就会具有颠覆性。这样一来，信仰对理性便构成限制，使理性不能贯彻到一切社会行动中去，从而妨碍了理性（包括科学技术）在社会生活和公共事务中的无限制地应用。"[2]

以上学校教育工作者的观点更多的是混淆了"理性"与"合理性""合理化"之间的差别。莫兰区分了虚假的"合理性"与真正的"合理性"。在他看

---

[1] 〔美〕黄宗智. 2007. 经验与理论：中国社会、经济与法律的实践历史研究. 北京：中国人民大学出版社，2.

[2] 金观涛. 2010. 探索现代社会的起源. 北京：社会科学文献出版社，7.

来，虚假的"合理性"就是抽象的和单向度的合理化，而真实的"合理性"，他解释说："无视存在、主观性、情感性、生命的理性主义是不合理的。合理性应该承认情感、爱情、懊悔的领域。真正的合理性知道逻辑、决定论、机械论的极限，它知道人类精神不可能是无所不知的存在，也知道现实包含有神秘。它与非理性的东西、神秘的东西、不可理性化的东西谈判。它不仅是批评的，而且是自我批评的。人们认出真正的合理性是从后者具有发现自己的不足之处的能力上。"[①]

有关宗教的教育也不尽是狂热的情感。首先，从宗教的构成上看，一个宗教必须包含三个方面：对人以及人以外的世界的认识；强烈而执着的情感；系统而严格的仪式。[②]无论是形成对人以及人以外的世界的认识，还是组织一套系统而严格的仪式，都必然需要理智的参与。法国社会学家、人类学家路先·列维-布留尔（Lucien Lévy-Bruhl）曾提出宗教是一种"集体表象"。他认为，"个体往往是在一些能够对他的情感产生最深刻印象的情况下获得这些集体表象的"。[③]宗教观念的"集体表象"的形成如果仅依靠情感是无法维持的，它还需要通过强烈的情感浪潮达成某种理智范畴的认识。

其次，宗教教育本身即是出于理性的目的，它需要借助形式严整的理性表述，渗透至人的理念深处，最终化为一种信仰的传承。如果说，原始宗教还是主要依靠情感为主的传承，世界宗教的扩展，在地域上，在人种上，在政治区划上，在文化传统与民族心理上，在社会发展阶段上，甚而在社会内部的阶层和阶级上的扩展，必须依靠统一的理智基础，而不是私人性质更加浓厚的情感。为此，世界宗教还形成了组织化、制度化的宗教教育体制，以统一教义、教规、教会等。组织化、制度化的宗教教育体制使得宗教的传承彻底摆脱了依靠情感为主的情境式传授，而向以学经、讲经为主的经院式方向转变。西南民族地区中流传的世界宗教，如佛教、伊斯兰教和基督教等，其构成与传承的主体无不都是以体现教义的经典和系统地学经为主。

如果我们抛弃对宗教先入为主的偏见，将其及其教育视为一种文化现象，就会发现村民们对学校教育的抵制，明显的，或不明显的，反而是一种现实的生活策略。耶鲁大学政治科学和人类学教授詹姆斯·斯科特（James Scott）在马来西亚塞达卡村庄所观察到的农民们与榨取他们的劳动、食物、税收、租金和利益者之间持续不断的斗争也许会为我们理解傣族村民，以及学生在面对学

---

① 〔法〕埃德加·莫兰.2004.复杂性理论与教育问题.陈一壮译.北京：北京大学出版社，15.
② 张诗亚.2001.祭坛与讲坛—西南民族宗教教育比较研究（第二版）.昆明：云南教育出版社，105.
③ 〔法〕列维-布留尔.1981.原始思维.丁由译.北京：商务印书馆，26.

校教育时的种种反常行为做一个极好的注解。在塞达卡，农民们利用心照不宣的理解和非正式的网络，以低姿态的反抗技术进行自卫性的消耗战，以保护自己的利益，对抗长期以来或保守、或进步的秩序，对抗无法抗拒的不平等。"人们争论的不是价值观本身"，不是共同的价值观遭到背弃，"而是这些价值观使用的事实：谁富、谁穷、何以致富、何以贫穷、谁吝啬、谁逃避工作等。"①农民的日常反抗形式包括偷懒、装糊涂、开小差、假装顺从、偷盗、装傻卖呆、诽谤、纵火、暗中破坏等等；在傣族地区的学校内，傣族学生们则表现为逃课、睡觉、不听讲、搅乱课堂秩序、撕书本、装病、不参加考试等。

河清曾经区分了英文的"identity"与中文的"认同"两个概念之间的差别。他说："英文 identity 意思很明确，是指一个人一个事物区别于他人他事的内在属性：'个性'、'己性'、'特性'、'身份'等，无论如何都与'认同'风马牛不相及，因为'认同'是人们对外在事物表示的'认可赞同'。译者之所以把'文化个性'译作'文化认同'，与学术界眼下正流行'认同'一词有关。什么叫'自我认同'（self-identity）？其实不过是'自我确认'，'自我定性'、自我搞清楚'我是谁'，自我验明自己正身而已。"②河清的这个区分很重要，它为我们指出了"认同"的深层次含义，即区别他者，认识自己。对于一个民族来说，就是要找到民族自身的独特精神。

民族认同还不同于文化认同，"没有文化谈不上一个民族，民族也不是能够离开文化而存在的，但'民族'这个概念应该说更侧重的是社会中的相互关系，'文化'则不是群体与群体、社区与社区之间的相互关系，而是一个共性的由纵向发展而来的这样的一个定位。文化是民族思维发展的产物，而文化又创造了民族。"③ 有了文化认同，才会有民族认同，离开民族文化，谈不上民族认同。

美国多元文化教育研究者曾于 1993 年至 1995 年间对美国不同地区、不同年级的黑人学生进行了大量问卷调查，研究得出以下结论：①学生们普遍认为课程与教学中缺乏对少数民族族群及文化的反映，缺乏对自身文化相关内容的学习和体验；②学生们普遍认为如果他们在学校中能学到他们自己的文化和别的族群的文化内容的话，学校教育就会对他们更有吸引力；③学生们的共同质疑是，为什么我们一定要学习这些主流文化为中心课程？这些内容与我们有何关系？这些内容对我们的现在和将来有何帮助？④ 其中第三点的质疑同样也是众多

---

① 〔美〕詹姆斯·C·斯科特.2011.弱者的武器.郑广怀，张敏，何江穗译.南京：译林出版社，5.
② 河清.1999.文化个性与"文化认同".读书，(9)：101-106.
③ 张诗亚.2005.强化民族认同——数码时代的文化选择.北京：现代教育出版社，55.
④ 王鉴.2001.近年来西方多元文化课程与教学研究简论.西北师大学报（5）.

傣族学生心中的疑问，这一点在学生们面对傣语、傣文时体现得更加明显。

　　语言如此重要，以致一些学者视文字的使用为"文明"的标志，如美国民族学家路易斯·摩尔根（Lewis Morgan）就是以文字对原始社会分期。加拿大著名传播学者马歇尔·麦克卢汉（Marshall McLuhan）更是赋予了文字这种传播媒介以时代特征。他在《理解媒介：人的延伸》(*Understeanding Media：The Extension of Man*)一书中提出媒介即信息的观点，他认为每一种媒介的出现，无论它传递的具体内容如何，这种媒介的形式本身就会给人类社会带来某种信息，并引起社会的某种变革，也就是说媒介本身代表着某种时代的信息。①

　　张公瑾先生在《文化语言学发凡》一书中曾提出，一种语言文字的交际功能和应用价值的高低，主要取决于四个因素：第一，语言拥有的信息量多少，即传统文化遗产和现代科学财富的多少；第二，语言覆盖面的大小，即使用人口的多少和分布地域的大小；第三，人均占有信息量指数的高低，即民族使用母语普及教育的程度和文化水平的高低；第四，语言传播渠道的畅通程度，即有无母语广播、电视、音响资料以及书刊和报纸等。②

　　应该说，张公瑾先生提出的这四个因素很重要，但值得提出的一点就是，这四个因素，以及因素之间并不是能够有一个清晰的比例来说明那一种文字或语言占了两条、甚至三条以上就能够得到更大的认同。如果仅从西双版纳范围来看，无论是以上四条中的第二条、还是第三条与第四条，新、老傣文都极不占优势，以从人口多少为例，依据2010年西双版纳州第六次全国人口普查主要数据公报（第1号），在全州二县一市的人口中，汉族人口为340431人，占总人口的30.03%，而傣族人口为316151人，占总人口的27.89%，其余42.08%为其他少数民族。同2000年第五次全国人口普查相比，汉族人口增长了17.72%，占总人口的比重上升了0.92个百分点；而各少数民族人口加在一起只增长了12.62%，占总人口的比重下降了0.92个百分点。③ 如果说，老傣文所承载的传统文化知识很丰富，但现代科学则几乎全都是由汉语和汉文传播的，再加之傣语广播、电视以及傣文书刊和报纸不多，学校也几乎都在使用汉语教学，傣语的使用范围和功能并不占优势。然而，西双版纳的傣语保存得还相对比较完整。

　　文字在傣族村民的文化生活中扮演的角色十分重要，它已经超越了作为交流工具而存在的实用性意义，在很多方面进而成为了傣族的象征性文化符号，表达着人们对自己民族文化的自豪与认同。西双版纳地区广泛流传着这样一个

---

①　〔加〕马歇尔·麦克卢汉.2000.理解媒介：人的延伸.颜建军等译.北京：商务印书馆，4.
②　张公瑾.1998.文化语言学发凡.昆明：云南大学出版社，108.
③　资料来源于西双版纳州第六次全国人口普查办公室。

民间故事：远古时候没有文字，人们只好用相思豆、酸角子来计算东西，结绳刻木以记事。后来，人世间诞生了佛祖，给人类带来了文字。汉族、傣族和爱伲人（哈尼族的一个支系）就去向佛祖讨要文字。汉族把佛祖给的文字写在纸上，半路被雨淋湿了，字体变形成了鸡爪一样的汉字。爱伲人把文字写在牛皮上，途中肚饿，把牛皮煮吃了，所以他们没有文字。傣族人则把佛祖给的文字原样刻在贝叶上保存下来，成了今天的傣文。这则传说向听故事的人至少表达了两层意思：第一，傣文是神圣的，是佛祖给的，也是与佛祖沟通的工具。所以，每逢赕佛时，傣族妇女们总会在幡上绣上傣文字母或十二生肖的名称；第二，它表达了傣族村民对傣族文字的钟爱。过去的傣族男子13到20岁时便要文身，很多男子便将傣族文字文在身上。文身不仅仅是个修饰身体的问题，它还表示一个青年开始被族群所接受，而文字则潜在地充当了这种象征的媒介。对于文身的意义，王懿之和杨世光曾经说过：文身"对家族或更大的族群言之，无异于正式宣布又一次完成了族群传统精神的授承，承认所增加的新成员的合法性；对文身者言之，则表明某种资格的获得，包括祖神佑护的福分及恋爱、婚姻、参加各种社会活动等权利和义务。"[①]

保明所于2004年对嘎洒镇曼洒村傣语的使用情况进行了随机问卷调查。笔者也曾考察过曼洒村。曼洒村应该说是受现代化影响较高的一个傣族村落。从地理位置上来看，曼洒村与嘎洒镇实际上已经连成一片，两者之间的空间边界比较模糊。嘎洒镇上的机关、学校和商店里的人大部分是汉族人，只有村寨是傣族聚居区。保明所考察时的曼洒村共有566人，134户。其中559名傣族，5名汉族（入赘女婿），1名哈尼族（入赘女婿），1名拉祜族（嫁入者）。接受调查的81名傣族人均能熟练地听说傣语。据介绍，全村人都能掌握傣语，只有1名湖南来的汉族人听得懂，但是不会说，另有6名外族人能听能说，但发音不太准。81人中，24人识傣文，占29.6%，多为40岁以上的男性；22人基本不会说汉语，或回答"好多听不懂"，占27.2%，这些人大多数在40岁以上，40岁以下不会说汉语的都是没上过学的。在会说汉语的59人中，36人能识汉字，占总人数的44.4%，其中绝大部分为40岁以下的青壮年。[②]从笔者调查的总体情况上看，傣文依然是傣族村民日常交际的常用语言。如果说有些差别的话，只是因为接受现代教育的原因，年轻人普遍能够说汉语，识汉文，而老年人懂得傣文的则更多一些。曼洒村处于城乡结合部，尚且如此，偏远一些的村寨，

---

① 王懿之，杨世光.1990.贝叶文化论.昆明：云南人民出版社，729.
② 保明所.2007.南传佛教在傣语传承中的作用.版纳，(2)：53-61.

傣语保存则更加完整。虽然，在可见的将来，随着傣族与汉族之间交往的日益密切，傣族村民中懂汉文、会说汉语的人会越来越多，但是，傣文及其语言仍然会继续存在，还会继续充当傣族认同的机制，成为物化形态的傣族村民认同的基础之一。

之所以会如此，一方面同历史上与傣文所承载的傣族传统文化的优势有关。在西双版纳，傣泐文不仅是傣族村民相互交流的工具，也为布朗族、基诺族等山地民族所使用。布朗族虽有语言，属于南亚语系孟高棉语族，但没有文字；而基诺族的语言属汉藏语系藏缅语族，没有文字。这两个民族都兼通傣语和傣文。而更加重要的，一个民族的语言同一个民族的文化认同有着深层次的密切联系。

根据加利福尼亚大学伯克利分校的丹·斯洛宾（Dan Slobin）的研究，语言不只是符号，大脑是经验塑造的。所以，一旦形成语言，语言反过来会作用于人的思维本身，如思维的过程、方式和特点等。他进一步提出，语言思维可能会影响我们认为重要的东西，并且最终影响我们对世界的看法。[①] 正如恩斯特·卡西尔（Ernst Cassirer）所认为的那样，人创造了符号，符号最终又反过来影响人自身。既然不同的语言是不同经验的结果，所以每一种语言都以独特的方式折射出世界不同的思维方式、历史和文化。语言、文字对于一个民族的思维、认知如此重要，自然也就是该民族文化认同最基本的，也是最重要的物态承担者。这种思维、认知，以及语言、文字所固有的特征在内化为傣族深层次心理结构的同时，又与傣族民众外显的行为方式、集体记忆紧密牵连在一起，共同构成了傣族的文化心理场，这才是导致傣族民众认同的最为基本的原因。

"如果认同不是基于养成（accomplishment），那么就会更加安全，更不容易受到威胁。尽管养成在人们自我认同的意识中有着举足轻重的作用，但我们的自我认同意识似乎在最基本的层面上取决于归属（belonging）的标准，而不是养成的标准。归属上的稳固认同对于人们的幸福安乐尤其重要。"[②] 文化认同提供了"自我认同的根基，轻易可靠的归属安全感"。但是反过来，这又意味着人们的自尊与他们民族群体所得到的尊重唇齿相依。"如果某一文化没有受到普遍的尊重，那么其成员的尊严与自尊也会受到威胁。"[③]

---

① 艾莉森·莫特勒克 2013-1-13. 人如其言. 参考消息，3.
② 〔加〕威尔·金利卡. 多元文化的公民身份——一种自由主义的少数群体权利理论. 马莉，张昌耀译. 2009. 北京：中央民族大学出版社，130.
③ Margalit A, Joseph R. 1955. National self-determination//Kymlicka W（ed.）. *The Rights of Minority Cultures*. Oxford：Oxford University Press.

（三）教育系统的封闭与开放

近代系统论兴起之后，人们才开始逐渐把学校教育视为一个系统，而且是社会系统下面的一个子系统。这样的安排本身存在着两个潜在的危险：第一种危险来自分类的结构性危险；而第二种危险则来自分类本身。在第一种危险中，无论学校系统是被视为社会系统的二级系统，抑或组成部分，都无法摆脱潜在的依附和从属地位。在功利主义思想的引导下，为了所谓社会整体的福利，学校教育系统有时必须做出适当的让步和调整。第二种危险则在于它容易人为地把学校教育从其存在的背景和环境中抽离出来，从人类的整体知识中剥离出来，进而封闭化，形成对所谓专业化、学科化知识的追求和奉行。异质共生理论的提出者，美籍日本青山大学丸山孙郎（Maruyama Magoroh）教授就提醒人们，"生活在分类的世界中的人带着下述认识行事：所有的系统都是封闭的，除非它们被以其他方式说明。"①

莫兰更是对知识分类的专业化倾向提出了批评。他说："专业化的知识是抽象（abstraction）的一种特殊形式。'抽象的'（abstrait）专业化，就是说把一个对象从它的背景和它的总体中提取出来，舍弃它与它的环境的联系和相互交流，把它插入一个抽象概念化地区域亦即被箱格化的学科的区域；后者的边界线任意地打碎了现象的系统性（一个部分对于整体的关系）和多维度性。它还导致一种数学的抽象，后者实现自身与具体事物的分离，推崇一切可计算的和可形式化的特性。"② 同时，1931年，德国著名数学家、逻辑学家库尔特·哥德尔（Kurt Gödel）提出的不完全性定理（the theorem of incompleteness）也早已指出，一个具有一定复杂性的形式系统，其内部至少包含着一个真命题是它不能证明的。这就承认了这个形式系统存在着内在的逻辑盲点。但同时，哥德尔定理又指出一个形式系统内部的不可判定的命题可以在包含该系统的内涵更丰富的元系统（metasystem）中得到判定。③ 美国科学哲学家托马斯·库恩（Thomas Kuhn）更是从知识进步的角度指出，认识的任何重要的进步都必然地通过封闭系统的破裂和粉碎来实现，这些系统本身不拥有自我超越的能力。一旦一个理论表现的不能将实际生活中具有关键意义的观察经验整合，就会引起一场真正的革命，后者在系统中打破既产生其协调性又产生其封闭性的东西。

---

① 〔法〕埃德加·莫兰.2008.复杂性思想导论.陈一壮译.上海：华东师范大学出版社，19.
② 〔法〕埃德加·莫兰.2008.复杂性理论与教育问题.陈一壮译.北京：北京大学出版社，30.
③ 李啸虎，田廷彦，马丁玲.2005.力量：改变人类文明的50大科学定理.上海：上海文化出版社

实际上，分类本身并没有问题，分类是人类认识世界最基本的策略与方法之一，错的是将"分"之后的"人为事物"[①]奉为圭臬，进而在学科与学科之间、专业与专业之间设置藩篱，划分标准，不许越雷池一步。那么，应当如何认识学校教育系统呢？17世纪法国著名哲学家布莱士·帕斯卡尔（Blaise Pascal）为我们提出了方法论原则："任何事物都既是结果又是原因，既受到作用又施加作用，既是通过中介而存在的又是直接存在的。所有事物，包括相距最遥远的和最不相同的事物，都被一种自然的和难以觉察的联系维系着。我认为不认识整体就不可能认识部分，同样的，不特别地认识各个部分也不可能认识整体。"[②] 在部分中认识整体，在整体中认识部分，这便是我们对待学校教育最基本的原则和态度。

事实上，系统论自贝塔朗菲（Ludwig Bertalanffy）在20世纪50年代从对生物学的思考出发建立起来以后，已经在不同的方向上极大地扩展开来。开放系统的概念就是其一。开放系统的概念虽起源于一个热力学观念，但却很好地体现了莫兰所说的系统本质。他说，系统的实在本质"既存在于开放系统与其环境的联系之中，又存在于其间的区别之中"。[③]

在这一原则下，如果我们把民族地区学校教育视为一个系统，其封闭与开放与否更多地取决于它能否顺利地与其所处的环境交换教育资源与能量。这个过程如果能够顺利展开，不仅是学校教育，包括社会教育、家庭教育等等教育形式就能形成整个民族教育的合力，进而还会成为民族教育持续发展的动力；反之，这个过程如果阻断了，不仅民族教育的合力实现不了，大家各自为政，而且更重要的是从长远看来，民族教育特色的丧失，民族认同感的衰弱并不会形成其对国家、对社会文化更大的忠诚。

加拿大学者威尔·金利卡（Will Kymlicka）和英国南安普敦大学彼得·菲格尔如（Peter Figueroa）在对少数族裔群体研究之后，于2004年指出：认同是多重的、内嵌的、变化的，以及复杂的。实际上，那种认为强烈的种族与文化认同会阻碍学生形成对国家和更大的民族文化的忠诚的观点是基于这样的假设，

---

① 1978年诺贝尔经济学奖得主赫尔伯特·A·西蒙（Herbert A. Simon）教授提出了自然科学与人为事物科学（the sciences of the artificial）的分类。按照西蒙教授的分类，所谓"人为事物"便是人所合成的，从人创造的符号，包括形象的、抽象的、艺术的、科学的，乃至符号运行的法则、规矩、习惯等等，到各种实在的物体，如工具、用品、建筑、文具等等，再到法律、组织、程序、社会关系等等都是人为事物，总之，包括一切物质化和智能化的生产、生活和精神事物。见：〔美〕赫尔伯特·A·西蒙.1988.关于人为事物的科学.杨砾译.北京：解放军出版社，4.

② 〔法〕埃德加·莫兰.2001.复杂思想：自觉的科学.陈一壮译.北京：北京大学出版社，208.

③ 〔法〕埃德加·莫兰.2008.复杂性思想导论.陈一壮译.上海：华东师范大学出版社，18.

即认同是一种零和博弈。零和博弈,亦称零和游戏,是博弈论中的一个概念。零和博弈属非合作博弈,指参与博弈的各方,在严格竞争下,一方的收益必然意味着另一方的损失,博弈各方的收益和损失相加总和永远为"零"。对此,金利卡写道:"多元文化主义的理论和实践是建立在反对这种认同的零和概念的基础之上的。对多元文化主义的支持者来说,认同可以是,而且典型性地是多重的、内嵌的和交错的。当少数族裔族群成员具备了对其种族的认同和种族文化传统的价值观时,他们似乎更易形成,而不是更难形成对国家的忠诚。对种族身份的骄傲感总是与对更大的国家的公民资格的骄傲感积极地而不是消极地联系在一起。"① 相反,那些认同本民族文化,却未能产生国家认同的大多仅仅是那些未经反思和极端主观的种族主义者。另外,根据班克斯对波兰裔和犹太裔的观察,得到一个基本的事实就是,对于少数民族学生来说,当他们对自己的民族感到羞愧或感到自己的群体受拒于基本的公民权利和机会时,是很难支持其对民族群体争取基本权利,以及支持民族与国家的建设理想的。

只要我们回顾一下历史,就会发现,历史上没有哪个民族、哪种文化一直以来能够保持或维持自己的纯粹性。任何民族、任何文化都是在相互交流中,取长补短,面对新的环境,经历着不断调整和适应。那种对唯一纯正性的追求,实际上只是人类意识的假象。张诗亚对"文化"二字的解释亦表达了相同的意思,他说:"中文中的'文'甲骨文中是主要体现在'杂相交'的意思上,而'象交文','物相杂'故曰'文'。假如是单一的对象相交就谈不上'文'。用台湾学子曹敏的话说,'文'就是要各种相异的东西很和谐地相杂在一起,自然有序、璨然有彩,才能叫'文'。'化'的存在是以'和'为条件的,而'和'显然不是相同之物聚在一起,而是很多相异的事物经过和谐的搭配彼此融洽地组合在一起,自然而然地不显痕迹地就互相同化了。这种同化中国人叫'潜移默化',较之有形之变又要高出一个境界。"②

在我们指出建立一套开放的学校教育系统对于民族、对于文化、对于国家都是极大有利的事情之后,我们再反观傣族地区的学校教育,就会发现,学校教育系统似乎总是与当地社会格格不入。在空间上,学校教育就像是突然嵌入的,尽管通过学校教育,学校的生活似乎与傣族生活空间之外的另一个范围更加广大的空间连接着。在时间上,村民们也没有跟上学校节奏的意愿。傣族群

---

① 〔美〕詹姆斯·班克斯.2010.文化多样性与教育:基本原理、课程与教学.荀渊等译.上海:华东师范大学出版社,30.

② 张诗亚.2001.祭坛与讲坛—西南民族宗教教育比较研究(第二版).昆明:云南教育出版社,40-41.

众对待学校的态度似乎不是必不可少，但也无法提起什么热情。老师们总是忙忙碌碌，村民们却悠闲自在；老师们在为"现代化"教育殚精竭虑，村民们私底下却有着自己的"小算盘"和"小生活"。"学校在自成一体的官方文化系统中运转，尽管其建立在社区之中，然而却独立于社区之外，不仅仅如此，它还将本属于社区中的下一代与社区隔离。"①

傣族地区教育系统的封闭性还可以通过学校教育中的一系列现象表现出来，如前面所说的教育内容的疏离阻断了学校教育资源与傣族学生日常生活的联系，信息和能量无法协调一致；由于教育内容的疏离，教育主体在情感上、行为上表现出的不认同，以及群体间的强化作用导致对学校教育的更加排斥。如果仔细观察，还可以发现诸如此类的许多现象，如傣族教师的明显不足。以勐海三中为例，勐海三中2010年在编教职工有72人，除3名哈尼族教师和2名傣族教师外，其余均是汉族教师。这只是从教育过程中的教育要素的角度来看教育系统，还可以从学校教育的入口和出口两个方面来看。虽然学校教育本身是个复杂的过程，其中不可控的影响因素很多，但是还是可以像控制论发现复杂性的时候，为了绕过它从而把它悬置起来，提出的黑箱（black box）原则一样来比较讨论。从入口来看，适龄傣族学生都必须进入学校接受义务教育，这是刚性规定，没有缓和的余地；但从出口来看，傣族学生初中毕业后进入高中的人很少，能考取大学者更少。据统计，2004年，西双版纳州在册初中毕业生人数为12387人，参加中考的仅为7529人，占60.78%，中考录取4020人，占参考人数的53.39%；全年实际回乡人数8367人，占毕业生总数的67.5%。② 入口严格把关，但学生毕业之后，所学非所用，或者根本用不上，学校教育的封闭性由此可见一斑。下面是笔者调查时的两个实例：③

实例1

YJ是勐遮裁缝店的一位傣族女孩，今年18岁。她在高一的时候主动从县民族中学退学，到缅甸学习绣花技术。县民族中学已经是当地比较好的一所中学了。按照她自己的说法，自己退学并不是学习困难，"其实，当时我的学习成绩在班中还算是好的，应该能够考上昆明的一所大学吧"。当笔者问她为什么不继续读下去时，她说："就是不想读了，没有意思。我们老

---

① 罗吉华.2009.文化变迁中的文化再制与教育选择.北京：中央民族大学.
② 刀瑞廷.2006.透视：站在历史与现实的交汇点上——西双版纳傣族教育发展战略研究报告.昆明：云南美术出版社，115.
③ 感谢师弟、师妹所做的调查。这两个例子在聂吉凤2011年的硕士论文《西南民族地区基础教育价值取向偏差及纠正——基于西双版纳勐遮镇的实地调查》中亦有相关论述。

师也说要是能赚钱,最好不要读书了。我在云南民族大学读书的表姐现在也愁找工作呢,她以后赚的肯定不如我赚的多。她当时坚持读下去就是为了在昆明找个工作,现在又发愁。我这样子倒是挺好的。"对于未来,她也有自己的想法,"我现在先帮妈妈做衣服,以后我可以自己做,同时还可以卖一点布料。我还想学点服装设计,自己设计。"

实例 2

AH 是勐海三中一位让所有老师都头疼的学生。他经常偷偷地从学校溜走,在家里拿点钱,跑到外面,一连几天不回家。之所以偷偷溜走,他给了笔者两个重要理由,其一,学校没有意思,也听不懂老师讲什么,整天趴着睡觉,感觉太无聊了;其二,自己想出去看看能不能赚点钱,或者去跟朋友帮帮忙。之所以回来,大多是因为钱花完了,自己又找不到活儿赚钱。对于以后的安排,AH 并没有什么想法,他出去就是不想再像父母一样种地为生了,但上学又实在听不懂,用他自己的话说,"走一天看一天,不行就当和尚去!"

实际上,西双版纳的傣族村民并非没有融入主流社会的愿望。谭乐山在其著作中也谈到了这一点。他说,西双版纳的汉人大多是湖南人。20 世纪 50 年代末 60 年代初,政府招募了大量湖南人迁到西双版纳,建立国营农场种植橡胶。除了国营农场工人之外,其他汉人主要是国家干部。50 年代,政府很难从傣族村民中征募国家干部,但现在这种政府职位已经对傣族群众产生了很大诱惑力。有的老人甚至对自己当初的选择非常懊悔。现在傣族青年人都渴望到政府机构去工作,即便是当兵、当教师、当工人,或者当小职员,只要能领一份稳定的工资就行,但政府的职位和其他国家发工资的职业却几乎对村民们完全关闭了。每年一度的征召,只对受过高等教育的,或者在政府有私人关系的少数几个人开放,[①] 而对于傣族学生来说,通过学校接受高等教育的愿望又遥不可及。

有学者认为学校教育系统在民族地区的封闭性根源于学校教育固有的基本特征,如学校教育从根本上是面向城市的、工业社会的,而不是农村的、农业社会的;学校教育是竞争选拔性的,最终的结果是为了体现差异,做出区分,而不是均质;学校教育是要求统一的,不是差别的。这些都有道理,但是还有更为重要的一点,就是目前学校教育系统对统一教学标准的严格控制,而这种严格控制体现在了学校教育的方方面面,如教学内容、教学大纲、教学的组织

---

① 谭乐山. 南传上座部佛教与傣族村社经济——对中国西南西双版纳的比较研究. 赵效牛译. 2005. 昆明:云南大学出版社.

形式等等。同时，对教师、学校的考核、评价也都仅围绕着这些标准展开。为了达标，学校和教师只能是筋疲力尽，学校教育中的"怪现象"也自然屡见不鲜。勐海县民族中学为了完成"普九"任务，专门开办了傣族班。2004年，该校共招收傣族学生80人，其中50多人是经过反复动员后"请"到学校来的。①

综上，学校教育在民族地区的封闭性形成，既有许多来自现实的利益问题的考量，更有人们对教育认识上的错误，形成了教育中的急功近利。其中，对民族地区教育发展损害最大的就是标准的绝对化、单一化。德国哲学家汉斯-格奥尔格·伽达默尔（Hans-Georg Gadamer）在其著作《科学时代的理性》（*Reason in the Age of Science*）中也明确地提出："以仓促构造的体系实现的对统一性的迫切需求，正如我们全部的世界经验呈现为一个逐渐无拘无束、永无止境的过程，（用海德格尔的话说），这个过程又发生在变的日益陌生的世界中，因为世界总是被我们自己改变得太多；对事物做出一个哲学说明的迫切需要又是一个无尽的过程。在这个过程中不仅实现了我们每一个人思想中与自己的对话，而且也是空闲了我们大家都卷入而且永远不停地卷入的对话。无论人们说哲学已经死亡，或者说哲学没有死亡。"②

---

① 刀瑞廷.2006.透视：站在历史与现实的交汇点上——西双版纳傣族教育发展战略研究报告.昆明：云南美术出版社，84.
② 〔德〕汉斯-格奥尔格·伽达默尔.1998.科学时代的理性.薛华等译.北京：国际文化出版公司，17.

第五章 傣族地区教育法规面临的困境

奘寺学童现象对教育法规提出的挑战是多方面的，它几乎要求现行的教育法规体系在不同的层次上都要做出相应的调整。这种调整应当是结构上的，而不是在现有教育法律、法规体系下增加另外一部法规，如《云南省西双版纳傣族自治州民族教育条例》就能解决。① 也有学者建议要设立《民族教育法》，提高立法层次，但在笔者看来，现行教育法律、法规体系的内容性结构不做调整，单增加一、两部法律对改善民族地区教育现状助益不大。柏拉图就曾讽刺法学家们是可怜虫，说他们"不停地制定和修改法律，总希望找到一个办法来杜绝商业上的以及……其他方面的弊端，他们不明白，他们这样做其实等于在砍九头蛇的脑袋"。② 以柏拉图所说的这种情况来看民族地区的教育法治现实，似乎一语成箴。

第一节 承认的合法性困境

合法性（legitimacy）是一个相当棘手的术语，它本身有许多含义。美国斯坦福大学劳伦斯·弗里德曼（Lawrence Friedman）就曾用它来指一种公众的感觉，即某一部法律或某种法律秩序的正确性和适当性。有一个普遍性的假定与公众的这种感觉有关，即"合法性是社会稳定的强有力因素，如果人们认为制度合法，即使在他们不同意时也会服从。社会科学家们进行的一些研究支持这一普遍观点，那就是，如果人们认为一个制度合法，他们会倾向于支持它，会更乐意遵从这项制度的各种规范。"③

---

① 该条例早已在 1993 年 3 月 21 日，由西双版纳傣族自治州第八届人民代表大会第二次会议通过，在 1993 年 4 月 7 日，经云南省第七届人民代表大会常务委员会第二十九次会议批准，于 1993 年 5 月 1 日施行。
② 〔古希腊〕柏拉图 . 1957. 理想国 . 吴献书译 . 上海：商务印书馆，143.
③ 〔美〕劳伦斯·M·弗里德曼 . 1998. 法治、现代化和司法 . 傅郁林译 . 北大法律评论，(1) 290-320.

(一) 民族国家与承认的政治

在一个文化多元的时代,不同文化、不同群体、不同族类之间的相互承认是政治共同体得以存在的基础。德国著名社会学家马克思·韦伯(Max Weber)和哲学家尤尔根·哈贝马斯(Jürgen Habermas)曾提出,合法性统治表现为"下"对"上"的承认,即合法性意味着某种政治秩序被认可的价值以及事实上的被承认。而近几年,关于多元文化主义(multiculturalism)的讨论则把承认引申到了群体与群体的关系(平行的承认)、当权者与被统治群体的关系("上"对"下"的承认),这种关系构成了一个共同体内异质文化群体的"承认的政治",即加拿大哲学家查尔斯·泰勒(Clarles Taylor)所说的,特定的文化或者具有特定文化的群体通过这种过程获得自己的合法性。[①] 近代民族主义和民族国家(nation-state)兴起后,这种社会整体认同的重要性又提高到了一个新的高度。

依照教育法学的基本理论,国家的教育权力来自家庭教育权和社会教育权的让渡。然而,这只是极为抽象的一种说法,因为紧跟着而来的问题是,谁来划定让渡权利的家庭或社会范围。换句话说,国家这个政治共同体的范围如何确定。

对于国家这个政治共同体问题,金观涛曾在自己的著作《探索现代社会的起源》一书中给出过自己的答案。按照金观涛的理解,现代社会的兴起有三种重要因素:工具理性、个人权利和民族国家。工具理性是人的终极关怀与理性的二元分裂,进而为现代社会发展提供了价值上的合法性,而个人权利概念的提出也为现代社会的发展提供了基本的组织单位,然而,个人权利的概念无法明确划出政治共同体的边界,即区分出"我们"与"他们",于是民族的概念以及民族国家的概念应运而生。金观涛的这种说法有一定的普适意义。

同时,按照定义"我们"(民族)的理解不同,金观涛将现代国家分为了两类:第一种把国家等同于主权(立法权)。这时国家的主权被视为由一个个个人基于契约原则将权利让渡合成。第二种则是把国家视为该认同规定的"我们"(民族)组成的实体,而立法权是该实体,即国家的属性,主权并不依赖人权。第一种以美国为代表。这种类型的民族国家的认同形成大多是在经历了相当长

---

① [德]尤尔根·哈贝马斯.2009.合法化危机.刘北城,曹卫东译.上海:上海世纪出版集团;[德]奥特弗利德·赫费.1998.政治的正义性——法和国家的批判哲学之基础.庞学铨,李张林译.上海:上海译文出版社;[加]查尔斯·泰勒.1997.承认的政治(上).董之林,陈燕谷译.天涯,(6):51-60;[加]查尔斯.泰勒.1998.承认的政治(下)董之林,陈燕谷译.天涯,(1):150-158.

的时间后自然发生的。这一群人互相承认属于同一共同体,而不是由于某种客观存在的属性或社会有机联系。正如英国学者欧内斯特·盖尔纳(Ernest Gellner)所说:"两个人属于同一个民族只需要他们互相承认对方是同一个民族……而不是由于他们共同具有其他相同的属性……"① 第二种则以近代德国为代表,统一的认同不能依靠长时间的主观上的互相承认,而必须基于文化、人种,以及其他客观认同符号的凝聚力,但同时,民族国家也会反对和排斥与这一认同符号相背离的东西。这种国家的国家主权仅被视为国家的属性,而多与个人权利无关。一般来说,民族认同的符号的客观性越小,认同的开放程度就越大。②

应该说,金观涛的论述尝试在为政治认同找到它的文化基础。它说明仅仅依靠国旗和宪法并不能回答"我是谁",而人们在其社会性行动中,总是会依据对文化秩序的既有理解,来组织行动计划,并赋予行动目标以意义。对此,邓正来也说,"法律哲学的根本问题,同一切文化性质的'身份'问题和政治性质的'认同'问题一样,都来自活生生的具体的世界空间的体验:来自中国法律制度于当下的具体有限的时间性,同时也来自中国法律制度所负载的历史经验和文化记忆。"③ 而这种历史经验和文化记忆多是由个人记忆决定的,但更多的是由家庭、学校和媒体传递的所谓"集体记忆"所决定。这些传递本身铸就了各种身份,并进而影响到人类群体构思和组织其未来的方式,即对政治事务的组织。④ 在同一条思路上,有的学者走得更远,如美国康乃尔大学国际研究院本尼迪克特·安德森(Benedict Anderson)教授在其《想象共同体》(*Imagined Communities*)一书中,就直接宣称民族国家的意识形态是来自于社会集体对"过去"历史的选择,重组与重新诠释,甚至是虚构而成的。⑤

金观涛指出的这一点极为重要,它至少表明了一个社会的稳定和发展至少要有一个统一的价值和道德基础,而这种价值和道德基础赋予了人们种种经济行为与社会行为的合法性。在此基础上,通过风俗、宗教、法律、习惯等一系列社会压力系统规范和调整人们的行为,并最终形成社会的整体认同。他不仅指出这种价值层面的统一是民族国家存在的基础,而且强调这种价值的统一是社会发展的动力。他在解释为什么传统社会中也存在市场经济,但却未能像现

---

① Gellner E. 1983. *Nations and Nationalism*. Oxford: Basil Blackwell, 7.
② 金观涛. 2010. 探索现代社会的起源. 北京: 社会科学文献出版社, 68-75.
③ 邓正来. 2006. 中国法学向何处去——建构"中国法律理想图景"时代的论纲. 北京: 商务印书馆, 4.
④ 〔法〕阿尔弗雷德·格罗塞. 2010. 身份认同的困境. 王鲲译. 北京: 社会科学文献出版社.
⑤ 〔美〕本尼迪克特·安德森. 2005. 想象的共同体——民族主义的起源与散布. 吴叡人译. 上海: 上海人民出版社.

代社会一样对经济、文化、社会的发展产生如此大的推动力时,说:"人的任何行动都是在某种价值观支配下发生的,并受到道德和正当性框架限定;当某种社会行动缺乏价值动力或不存在道德上终极的正当性时,其充分展开是不可能的。在传统社会,除了天灾、疾病等自然因素造成生产力停滞外,经济不能超增长的主要原因是市场经济的发展及科技的应用缺乏价值动力和道德上的终极正当性,它发展到一定程度就会和社会制度及主流价值系统发生冲突,不得不停顿下来。现代社会完成了价值系统的转化,科技的无限运用以及市场机制无限扩张获得了史无前例的正当性和制度保障。"[1]

我国民族地区教育法治的实现也必须首先找到自己的合法性基础,即统一的价值基础。傣族地区教育法治的困境从根本上也是没有形成这样一个统一的基础,政府官员、学校教师、傣族村民们都是在按照自己不同的价值判断去理解教育法治,去应对教育法律、法规。政府官员们理解中的国家权力主要来自于国家主权,对教育法治的理解主要局限于依法治教和以法治教;而学校教师作为一种国家工作人员,终日疲于应付,虽不认可,但是也无能为力。根据《中华人民共和国教育法》第十四条和第十八条分别指出:"国务院和地方各级人民政府根据分级管理、分工负责的原则,领导和管理教育工作";"各级人民政府采取各种措施保障适龄儿童、少年就学。"由此,教师提出的较多异议是,根据国家法规,保证入学的责任是地方政府,怎么反而能够让我们承担保证学生入学的全面工作?

如果比较一下传统傣族社会的政治生活,就会察觉出现代傣族村民面对国家权力时的心理落差。前面说过,以前傣族村民的经济、文化、政治生活主要局限于村落空间范围内。传统的傣族村寨不仅是一个人们集中居住的聚落,而且还是一个集经济、宗教、军事职能,拥有自主管理权力,相对封闭的一个社会实体。在傣族传统社会中,权力的控制主要是分为召片领、勐的土司和村寨头人等不同的层次,而傣族村社有较大的自主权力,是一个相对独立的权力实体,这种权力连国王也必须尊重。[2] 曹成章也说,在傣族社会中,村社是一个社会构成的基层实体,村社制度是傣族社会中的核心制度。以村社作为一个集社会生活、政治、经济、文化、宗教为一体的一个社会基层的单位,成为傣族社会的构成细胞。[3]

---

[1] 金观涛. 2010. 探索现代社会的起源. 北京:社会科学文献出版社,5.

[2] 傣族社会的这种权力特征也有国外学者称之为"社区权力"。见:Sethakal R. 2000. Community rights of the Lue in China, Laos and Thailand: a comparative study. *Tai Culture*, V(2): 69-103.

[3] 曹成章. 1988. 傣族社会研究. 昆明:云南人民出版社.

傣族村寨的头人是由村民自己选举，并由勐的土司任命。村寨头人如果不公道或没有能力，村民也可以罢免他。每个村寨不仅有头人，还有负责寨子各个方面事务的负责人，分别各司其职、各负其责。村寨中的所有重大事务，如分配上缴的赋税、选举头人、分配土地、兴修水利、接纳新的村民、修建寺庙等等，都要由全村寨的所有村民召开会议决定，而不是由村寨的头人来决定。每个村民对村社事务都拥有充分的参与权和知情权。傣族村民的这种政治权利是由一系列的经济制度和宗教制度保证的。如以经济制度来说，传统社会中，每个傣族村寨的土地是公有的，虽然土地在名分上是属于召片领、土司和头人等，每个村寨都要上缴赋税，并承担相应的义务，但在村寨内，土地实际上是公有的，每一个村民都可以分配到相应的公有土地，土地不能买卖和转让。使用多少土地就要上缴相应的赋税，并承担勐分配下来的相应义务。村民迁出村寨时，要交还土地，新迁入的村民也会分到相应的土地。村寨内的土地在一段时间之后，由于村寨人口的变化，便会重新分配或调整。总之，整个村寨是一体化的。

在傣族村民那里，他们虽然不明白现代社会参与公共事务的政治权利基础是什么，但是最简单的，他们会与以前的政治生活相比较。以前虽然要承担所谓的"封建义务"和"劳役"，但当时人口压力远没有现在这么大，不仅有大量抛弃的荒地，而且从不用种植双季稻就可获得丰裕的经济生活。经济负担不大，而空闲的时间如此多，所以傣族男人们多从事，或更加重视宗教活动。吉登斯认为："现代性的一个明显特征是外在性与内在性这两端之间日渐增强的相互关联。一端是全球化的影响力，另一端是个人的调适……如果传统越来越失去它的控制力，那么日常生活就越来越在地方与全球的辩证性互动下被重构，个人就越来越被迫在不同的选项中权衡生活方式的选择……被反思性地组织起来的生活规划……成了自我认同的建构过程的核心特征。"[①] 所以，对于现代的傣族村民来说，他们对宗教事务的热情，对村寨事务的尽心，并不能完全视为是一种传统习惯使然，某种程度上亦可视为一种"重返"，是对现代社会中社会生活的策略性选择，也是对国家权力的统一性价值基础尚未形成的某种无言表达。

（二）依法治教与教育法治

我国的教育治理话语分别在不同的时期采用过"以法治教""依法治教"和"教育法治"。其中，"依法治教"是使用频率较高的一种提法。据梁兴国查阅，

[①] 〔英〕安东尼·吉登斯．2007．资本主义与现代社会理论：对马克思、涂尔干和韦伯著作的分析．郭忠华，潘华凌译．上海：上海译文出版社．

"依法治教"的提法最早见于 1995 年国家教委发布的《关于实施〈中华人民共和国教育法〉若干问题的意见要求》中,"树立全面依法治教的观念""积极推进全面依法治教"。经他考证,"依法治教"并非来自"依法治国"。"很多人认为'依法治教'是'依法治国'在教育领域的实践,但事实并非如此。'依法治国'是 1990 年代中后期提出的,而'依法治教'却出现得更早,它是 1980 年代中后期'依法治理'活动的产物。"① 后来,虽然提出了"教育法治"的理念,但是由于人们对"法治"的含义理解不尽相同,② 在法治实践中,往往还是"依法治教"为重。

依法治教与教育法治概念有一个基本的区别是,教育法治概念包含一层对法律背后抽象的国家权力合法性的追问。柏拉图和亚里士多德将"法治"最早表述为"法律的统治"(rule of law)。后来,亚里士多德又进一步解释说:"法治应当包含两重含义:已成立的法律获得普遍的服从,而大家所服从的法律又应该本身是制定得良好的。"③ 直至近代,法学家们均或多或少地受到了亚里士多德解释的影响,一直把"获得普遍的服从"和"良法"作为"法治"的应有之义。而在依法治教概念中,这一层意思则引而不发,制定出来的法律具有先天的合法性。

从国家层面来看,无论是从教育革命、教育改革,抑或是到教育法治的话语转变,国家也都是在试图建立和寻找一种能够广为接受的价值观体系。改革开放三十年之后,仅从法律体系的角度看,中国现代法律形式上完全变成了一个立足于现代市民法律文化的法治国家。随着我国教育基本法,以及一系列教育单行法、教育行政法规、地方性法规和大量政府规章相继出台,中国教育法的体系框架已初见端倪。④ 但是,如何在法律的基础之上形成一个价值的社会统一认同机构,这个问题却一直没有解决。国家提出的建立社会主义核心价值观,以及"八荣八耻"等都可视为这方面的努力,但显然这一目标还没有达到。

以金观涛的分析框架来看,我们的法治理论基本上都是基于他所说的第一

---

① 所谓"依法治理",指的是 20 世纪 80 年代后期由国家主导开展的一项社会法制建设活动。当时的"依法治理"分为"地方依法治理"与"行业依法治理"。"前者指的是地方建章立制,努力追求和实现地方各项事业治理的制度化、规范化;后者则从行业出发,要求各部门各行业建章立制,实现治理的制度化和规范化。"在当时背景下,教育领域同其他各行业一样,也积极开展"依法治理"活动,并结合行业特点称之为"依法治教"。见:梁兴国.2010.法治时代的教育公共政策:从"依法治教"到"教育法治化".政法论坛,(6)170-177.

② 人们所谈论的"法治",其含义不尽相同,对此梁治平曾写有文章专门论述。见梁治平;2000.法治:社会转型时期的制度建构——对中国法律现代化运动的一个内在观察.当代中国研究;(2):35.

③ 〔古希腊〕亚里士多德.1965.政治学.吴寿彭译.北京:商务印书馆,167.

④ 劳凯声.2008.改革开放 30 年的教育法制建设.教育研究,(11):4-11.

种类型，即主要是以契约论为基础的个人权利理论。为了解决个人权利来源的合法性问题，17世纪、18世纪，西方古典自然法学派的斯宾诺莎、洛克、孟德斯鸠、卢梭等提出了"天赋权利"概念。罗尔斯在其正义理论中也承认，"作为公平的正义是建筑在一个自然权利的假设之上的。"① 恩格斯在1866年评论西方近代的经典世界观，即法学世界观时指出：在法学世界观里，"代替教条和神权的是人权，代替教会的是国家。以前经济关系和社会关系是由教会批准的，因此曾被认为是教会和教条所创造的，而现在这些关系则被认为是以权利为根据由国家创造的。"② 但是这种政治共同体形成过程中并不是对政府权力合法性的认定不存在风险，当代美国法学家罗纳德·德沃金（Ronald Dworkin）在其著作《认真对待权利》（*Taking Rights Seriously*）中就指出："权利是掌握在个人手中的政治王牌，是要求保护的'道德主张'，也是对抗政府的理由。"③

　　金观涛的第一类民族国家的形成是需要长时间的磨合的，而应该说自鸦片战争以来，从政府到社会在内外交困的情况下，普遍存在一种"追赶"心态。在这种"追赶"心态下，超英赶美，时不我待，从"坚船利炮"到"政治制度"，在追求速度与效率的同时，却忘了背后的社会文化基础。所以，在引进了西方的法治做法，却没有学到梁治平所说的法治精神。为了速度和效率，尽快整合社会的发展资源，我们的法治将权利理解为法律权利，即在主权国家实体法律中得以体现和反映的权利。这种权利是为国家法律所规定并以强制力得以实施和维护的。这时，法律权利的合法性基础在于华夏民族的国家主权，即属于金观涛所说的第二种类型。第二种类型明显会在多民族国家产生不适，因为不同民族之间所沿用的客观的民族认同符号不同。如果不同民族认同符号的客观性增强，极易导致民族分裂和政治动荡，因而有的多民族国家力图淡化民族观念的政治意味，转而采用文化意味更加浓厚的族群（ethnic group）概念。从我国法制实践来看，将权利作第二种解释确实取得了较大的成效，国家在较短的时间内，利用体制优势，全国动员，取得了经济建设的大发展。经济的快速发展也成为政府执政合法性毋庸置疑的证明，正如宋鲁郑所说："中国并不重视权力是如何产生的，衡量的标准是执政的有效性。"④ 但是，这也带来一个潜在的危险，如果经济放缓，或一旦陷入停滞，怎么办？

---

① 〔美〕约翰·罗尔斯.1988.正义论.何怀宏，何包钢，廖申白译.北京：中国社会科学出版社，58.
② 〔德〕马克思，恩格斯.2003.马克思恩格斯全集（第二十一卷）.中共中央马克思恩格斯列宁斯大林著作编译局编译.北京：人民出版社，546.
③ 〔美〕罗纳德·德沃金.1998.认真对待权利.信春鹰，吴玉章译.北京：中国大百科全书出版社，6.
④ 宋鲁郑.2010.从法国大革命的故乡看中国的改革.http://www.zaobao.com/forum/pages2/forum_us100628b.shtml［2010-06-28］.

第二节 单向度推进的困境

"单向度"(one dimension)的概念最初来自于赫伯特·马尔库塞(Herbert Marcuse)那本闻名于世的著作《单向度的人》(*One-Dimensional Man*)。在马尔库塞那里,所谓的"单向度"就是单一的评价标准取代了多元的文化价值。马尔库塞认为,发达的工业社会对技术理性、工具理性的奉行造就了"单向度"的社会与大量"单向度"的人,两者结合在一起的结果就是整个社会只有一个声音,一个思想。从上面关于傣族地区的发展论述中,我们其实已经能够感觉到这种"单向度"发展的趋势对傣族村民的生活带来的压力。

(一)学校教育的单方面强势

学校教育在傣族地区的强势主要表现在两个方面:一个是"拉";一个是"堵"。从"拉"的方面来说,主要是提高学校的吸引力。但是,总体看来,方法比较单一,且效果不佳。为了改善学校办学情况,西双版纳州自20世纪90年代末始,每年中央和各级政府的教育投入均能够达到2000万元。仅2000~2001年度,中央及省级教育专款对西双版纳的支持就达5200万元。同时,西双版纳利用国家"边境口岸学校"项目、世界银行贷款"贫四"项目、国家第二期义务教育扶贫项目(勐海、勐腊二县)、邵逸夫项目和日本"职业教育援助项目"等几个大的教育项目,争取了大量资金,改善了办学条件。[①] 同时,为了提高傣族学生的入学积极性,每位傣族学生入学都会有一定的补助费用,但这项措施只对山区部分学生有效。另外国家关于少数民族招生考试的优惠条件虽然也适用于西双版纳,但从西双版纳的情况来看,这些优惠措施主要是面向高中升大学的学生,与绝大多数傣族学生没有关系。(表5-1)

表5-1 2001~2004年中央及各级政府支持西双版纳州的教育专项经费统计表(单位:万元)

年份	中央	省	州	县(市)	乡(镇)
2001	435.00	1889.67	310.00	10.00	15.00
2002	271.70	1432.03	259.50	647.00	80.40
2003	981.80	1608.36	318.43	508.48	0.00
2004	614.13	1623.17	753.30	388.20	71.67

资料来源:刀瑞廷.2006.透视:站在历史与现实的交汇点上——西双版纳傣族教育发展战略研究报告.昆明:云南美术出版社,210

[①] 刀瑞廷.2006.透视:站在历史与现实的交汇点上——西双版纳傣族教育发展战略研究报告.昆明:云南美术出版社,55-56.

如果"拉"不住，自然就要"堵"。为了"堵"住不上学的情况，无论政府，还是学校、教师都花费了极大的心力和精力。一位校领导表示："只要能完成普九，只要能检查达标，什么方法都用！"

西双版纳傣族自治州为此也出台了一系列的政策，予以保障。其中最重要的两部地方法规亦做出了专门规定。在1993年通过并实施的《云南省西双版纳傣族自治州民族教育条例》中，第三十五条规定："宗教不得干预学校教育和社会公共教育，不得妨碍义务教育的实施。适龄儿童和少年的家长或监护人，信仰上座部佛教的，必须遵守《中华人民共和国义务教育法》，按规定的入学年龄送子女或被监护人到校学习，接受义务教育。在初等义务教育阶段学校学习的适龄儿童和少年，不得入寺当和尚。"第五十七条亦规定，"学龄儿童、少年的父母或监护人未按规定送子女或被监护人就学接受义务教育的，要进行批评教育，经教育仍不送子女或被监护人就学者，由州、县教育行政部门或乡（镇）教育管理委员会视情节处以适当罚款，并责令期限送子女或被监护人就学。"

1999年，西双版纳傣族自治州还出台了《西双版纳傣族自治州僧伽管理若干规定》。其中相关规定有：第十三条，"要出家为僧者，必须向乡镇佛教协会提出书面申请，批准后才能剃发为僧；儿童僧侣必须到学校接受国家九年义务教育，违者罚款500～1000元。"第十四条，"僧人主持必须督促寺内的僧人去上学，协助学校教学工作，并负责本寺的佛学教学工作和该村的佛事活动，违者罚款300～500元。"

在州政府出台政策支持之后，各个乡镇、村委会也纷纷出台自己的土办法。勐海县勐遮乡规定，1名学生从学校流失，村委会要被罚款10元，该学生所在的村民小组要被罚款5元，而校长要被罚款20元。有的村甚至规定学生不到校，对家长每天处以10元罚款。2003年9月5日，勐遮镇政府还专门在曼短村召开"教育处罚"现场会，宣传依法治教。① 景洪市嘎洒镇政府还制定有教育保证金制度。

嘎洒镇教育保证金制度具体执行办法②

（1）每学年开学时，如有不按时到校的学生，由学校将名单开出交到镇政府，然后由镇政府分管领导与村委会联系，通知家长，限三日内报到；

（2）三日内仍未报到者，由镇教育督导办成员亲自做工作，并下发限

---

① 刀瑞廷.2006.透视：站在历史与现实的交汇点上——西双版纳傣族教育发展战略研究报告.昆明：云南美术出版社，66-67.

② 刀瑞廷.2006.透视：站在历史与现实的交汇点上——西双版纳傣族教育发展战略研究报告.昆明：云南美术出版社，67.

期入学通知书；

（3）自通知书下发后15日仍未到校者，则由镇教育督导办成员对学生家长进行教育，并令其按每学期1500元交纳教育保证金，督导办将保证金存入银行；

（4）若不交纳教育保证金，则收取家庭财产作为抵押，直到学生入学并交纳教育保证金为止；

（5）凡交纳教育保证金的家长，须在学生完成九年义务教育之后，凭学校颁发的毕业证书到镇教育督导办领取教育保证金本息；

（6）交纳教育保证金后，如学生未能完成义务教育，保证金一律不予退还，由镇政府将其作为教育基金，奖励那些家庭贫困而又学习努力的学生。

在这种高压态势下，学校教育工作者更是首当其冲。实际情况是，往往督促和落实"普九"工作的责任和压力转移到了学校和教师身上。有的地方出台政策，规定学校如果不能完成"普六"或"普九"，就直接追究校长责任，轻则处罚，重则撤职。在原西双版纳州教委主任刀瑞廷的书中，他还提到过这样一件事，勐海县勐阿中学的校长亲自驾车到学生家去请学生到校读书，回来的路上，学生往往是坐在驾驶室里，而去接学生的教师却只能和学生的行李、单车一起挤在货厢上。① 这种情况在勐海县的勐混镇、勐海镇和勐遮镇尤其严重，这些地方的教师一谈到"普九"就满脸畏惧。下面是陈荟田野考察时收集到的曼罗村九义学校为了控辍而专门建立的家长、佛爷、村领导联系制度的内容：

《曼罗九义学校家长、佛爷、村领导联系制度》②

为了提高入学率、巩固率，完成教育局乡党委、政府下达的指标，提高民族文化素质，为边疆的繁荣、稳定、民族进步贡献人民教师应有的光和热，特制定以下几条：

1. 每半个月召开一次班主任会议，了解班级管理及存在的困难、问题，统计缺、旷、迟到数目。

2. 每月召开一次佛爷会议，反馈童僧在校学习、生活表现情况，同时了解童僧在寺庙里的活动情况。

---

① 刀瑞廷.2006.透视：站在历史与现实的交汇点上——西双版纳傣族教育发展战略研究报告.昆明：云南美术出版社，74.

② 陈荟.2011.西双版纳傣族寺庙教育与学校教育冲突现状及归因分析.教育学报，(2)91-102.

3. 每半月向村领导反映、汇报一次学生在校情况和典型突出学生缺、旷课数目，取得村领导的支持及教管员的配合。

4. 班主任发现学生缺、旷课要及时向村小组长或教管员了解情况，并向校领导汇报。

5. 每月召开一次学生大会表彰先进学生，教育少数个别缺、旷课学生，并按村规民约交付村领导处理。

6. 每学期召开1~2次家长会议，通报学生在校学习生活表现情况，取得家长的通力合作。

勐遮镇中心小学也将"控辍保学"工作与教师津贴紧密挂钩，出台了《勐遮镇中心学校班主任津贴考核细则》。其中关于"控辍保学"的部分条款有：①班主任不得以任何理由拒绝学生入学，严禁排斥差生，出现一次扣5分；②非正常流动1人扣2分，扣完为止；③完成相关控辍保学资料（5分）；④负责该班的留守儿童、学困生、贫困生的管理（5分）。此外，学校将根据考核结果下发考核津贴。考核等级分为优秀、合格、基本合格、不合格四个等级。考核为合格以上者全额发放津贴，基本合格者发放津贴的80%，考核为不合格者则不发放。如有被扣除的班主任津贴则作为奖励金津贴，平均发放给考核优秀的班主任。

强制的措施实际上并未取得明显的效果。很多傣族学生认为自己是被赶鸭子上架，没有办法。从2002年开始，勐海镇政府开始每年对考上大学本科的民族学生，每人奖励2000元，然而，直到2005年，却仅有11人（主要为傣族）考上，并得到了镇政府的奖励。

（二）权力/知识与受教育权

传统的知识观认为，知识由于其纯粹性、客观性，并不与权力产生直接的内在联系。然而，法国社会学家米歇尔·福柯（Michel Foucault）的"权力·知识"理论在近年来情境性知识、地方性知识的介入下，人们已经基本达成了一致，权力与知识之间有着紧密的联系。米歇尔·福柯说，"权力制造知识，而且不仅仅是因为知识为权力服务，权力才鼓励知识，也不仅仅是因为知识有用，权力才使用知识；权力和知识是直接相互连带的；不相应地建构一种知识领域就不可能有权力关系，不同时预设和建构权力关系就不会有任何知识。"[1]

美国教育社会学家迈克尔·阿普尔（Michael Apple）关于"谁的知识最有价值"的提问，也表明了教育知识与权力之间的联盟。在迈克尔·阿普尔看来，

---

[1] 〔法〕米歇尔·福柯. 1999. 规训与惩罚：监狱的诞生. 刘北成，杨远婴译. 北京：三联书店，29.

斯宾塞的关于"什么知识最有价值"的提问过于简单，因为关于应当教什么的冲突是尖锐而深刻的。他通过对作为知识传播机构的学校、知识的形式以及教育者自身的多重分析，揭示出所谓知识的合法性本质上是个意识形态的问题，而学校教育的根本问题是政治和伦理问题。

福柯和阿普尔这里所谈的知识权力还只是"微观权力"。这种权力通过知识的选择将一部分人或群体排除在知识结构之外。傣族学生普遍反映的教学内容太难，根本听不懂，实际上就是这种权力的表现之一。这种"微观权力"本不会涉及宏观的政治权力和制度合法性问题，而如果政策与法规过于强调学校教育的统一性、模式性，则会将这种微观权力所内隐的不平等放大，以至于人们产生这样的怀疑，"如果读书并不能改善我们自身的生活状况，我们为什么一定要上学？""如果考不上大学，为什么还要上高中呢？既然上高中没有用，为什么还要上初中呢？

傣族地区"读书无用论"的盛行与学校系统现行的应试制度有着莫大的关系。从调查的总体情况来看，绝大多数学生和家长不是没有通过入学读书改变自身、自己家庭状况的强烈愿望，只是在与同地区汉族学生，乃至城市里的学生竞争中，取胜的希望过于渺茫。虽然近几年来，素质教育的呼声高涨，但学校的评价、教师的评价和津贴还都是在围绕着升学进行。傣族学生的学业成绩不高，自然在这种竞争体系内逐渐地被边缘化了。

保证每一个孩子的受教育权，曾经作为现代社会打破传统阶层社会特殊权利的主要措施之一而被赋予了极高的期望。劳凯声曾经说："自从进入阶级社会，出现了专门的教育机构——学校以后，受教育就失去了它的平等性，表现为少数人拥有的一项特权。"[①] 然而，如果在现代社会受教育不能实现它本应有的"平等"作用，受教育自身的合法性必然会受到质疑。既然比赛的胜利无望，我们为什么必须要花费时间和精力参加一场本身即不公平的比赛。

2004 年，勐海县对两镇中学 73 位教师问卷调查（有效问卷 73 份）。问卷中有一项问题：你认为巩固学生的校内措施最主要的是？选择改变教育观念和方式，改善办学的占了 87.6%。[②] 虽然这是教师关于学校教育一般性态度的调查，但是也可管窥学校教师们对于国家教育政策和法规的认可程度。在笔者调查期间，一位汉族青年教师向笔者表示，"来这里（指西双版纳）太后悔了，整天静不下心来忙教学的事。开始我还想管管学生，后来干脆管不了，只求他们不闹

---

① 劳凯声.1998.教育法学.南京：江苏教育出版社，92.
② 刀瑞廷.2006.透视：站在历史与现实的交汇点上——西双版纳傣族教育发展战略研究报告.昆明：云南美术出版社，211.

事就好了。教育局把所有的责任都压在我们头上，人家就是不想上学，非逼着上。逼着上，又不是我们教师的事，干什么都压给我们？"傣族家长们对待学校教育及国家教育法规的态度则更多体现了他们圆滑的一面。在勐海县 2004 年调查的 100 名初中家长中，对自己孩子就读的学校感到满意和一般的达到了 96%，而对自己子女的学习情况满意的有 45%，感到一般的占 34%。[①] 虽然表面上真正对学校教育表达不满的傣族家长只是少数，更多家长的实际看法则主要集中在以下三种：第一，学了没有用；第二，有点用，但不大；第三，有用，但对我们来说太难了。总体上说，傣族村民虽然对学校教育，以及国家法规有着种种看法，但并不表示完全否定。

傣族村民们对学校教育的不认同，还可以由他们对待新老傣文的态度例证。现在，西双版纳通行着两套文字系统：老傣文和新傣文。老傣文是历史上流传下来的未经改进的傣文，而新傣文是国家 1954 年在老傣文基础上经过改进，并于 1955 年在西双版纳地区试验推行，此后官方文书和学校傣文教育使用新傣文，民间有的地方新老傣文并存运用，而奘寺中仍然用老傣文。中小学校中所教的也大多是新傣文。新傣文因与傣语的实际读音一一对应，比老傣文规则，简便易学。[②] 然而，傣族村民实际上普遍喜欢使用老傣文，到奘寺里学老傣文也是一些傣族男童入寺的目的。之所以喜欢使用老傣文，一位傣族村民的说法颇具代表性："老傣文好一些。我们的佛经都是老傣文写的，也可以和泰国人、缅甸人和老挝那边的人交流，做生意也方便。学校教的新傣文用处不大，生活中也不用，何况教傣文的老师水平也差。"

综合看来，傣族村民们认同老傣文主要有以下几点：

第一，利于对外交流。新傣文只是在西双版纳地区使用，老傣文除了在西双版纳地区使用之外，省内的孟连、双江、耿马、镇康、景谷、澜沧等县的巴利语佛教和民间仍在使用。新傣文只有 50 余年的历史，而老傣文则有几百年的历史，何况周边的国家和地区，如泰国北部清迈、清莱、南邦、南奔各府的"傣允"，缅甸掸邦的"傣痕"和老挝北部的傣族都在使用老傣文，而无论是历史上，还是现代，西双版纳都与这些国家有着密切的交流和联系，还有很多的

[①] 刀瑞廷 . 2006. 透视：站在历史与现实的交汇点上——西双版纳傣族教育发展战略研究报告 . 昆明：云南美术出版社，210.

[②] 老傣文的声母有 56 个，韵母 210 个，声调符号 2 个，存在大量的同音字现象，且有合体字与缩写字。老傣文字母的排列是非线性的。老傣文的鼻音、塞音作节尾时写在字母的上、下或右。新傣文主要做了如下改进：声母由原来的 56 个改为 42 个，高音组 21 个，低音组 21 个；韵母从 210 个改为 91 个；新傣文把老傣文的两个声调符号改变了字形，并把其位置从字的上头移放到字的末尾。它与傣语的实际读音是一一对应的，同音字大大减少。书写顺序从左到右，线性排列。

傣族同胞侨居在这些国家和地区，他们之间的书信往来、交流沟通都需要依靠老傣文。

第二，佛经，以及傣族的众多古籍文献都是由老傣文写成的。历史上，每座傣族村寨的奘寺中都藏有大量佛经和傣族文化典籍。除一般用棉纸抄写的有关生产生活常识、历法、占卜、医药、法律、道德等的典籍可以保留在村寨里供村人使用外，刻在贝叶上的佛经的管理很严格。每座佛寺里都有一个藏经阁，所有的贝叶经都要统一保管在这里，并由佛爷、和尚严格看管。未经寺主允许，任何人不得擅自进入这里带走经书。凡佛教经典和其他内容的贝叶经是不允许个人带出佛寺藏入私人家中的。所以，很少出现贝叶经在佛寺里流失的现象。①大量的傣族文化典籍也得以通过这种形式流传至今，而阅读这些典籍必须懂老傣文。

第三，傣族人相信，老傣文是佛的文字，有神圣性，与佛沟通必须使用老傣文。目前学者们的共识是，西双版纳傣泐文来源于梵文字母体系，是用于翻撰写巴利语佛教经典的主要文字。前面说过，傣族留存的佛经多夹杂有巴利语，即便是精通老傣文的老僧人有时也不会完全懂得那些词语的意思。尽管如此，傣族人也拒绝将这些词语去掉，或更换成傣语，因为害怕佛祖听不懂而无法沟通。对不懂意思的巴利语词汇尚且如此，更不用说老傣文了。

第四，虽然新傣文看似简单易掌握，老傣文复杂，如老傣文中描述"死亡"的词汇就有许多，根据人生前不同的社会地位，词语的使用会发生变化。但是，因撰写规则容易，懂老傣文基本上都懂新傣文，反之则不然。也有人认为新傣文标音没有老傣文准确。实际上，老傣文应该也不难学。李拂一在《南荒内外》中曾经比较过傣文学习与汉语学习的难易。他说："云南边境的傣文，通行范围最广的约有二支：一为北支傣讷（Dae Nhe）文；一为南支傣泐（Dae Le）文，都容易学。不似汉文的艰深，动辄非十年八年的功夫不可。……学习傣文，就没有这样的困难。字随声衍，成年人有五六个月的学习，再加以一二年的钻研，即可译作了。"②

（三）社会控制与社会惯习

决定民族教育发展的因素是多方面的，单靠学校教育是完不成这一艰巨任务的。学校教育有其自身的优势，也有其自身的不足，如情境性差、单一性、

---

① 江应樑.1983.傣族史.成都：四川民族出版社，535.
② 李拂一.1979.南荒内外.台北：复仁书局，109.

不可选择性，等等。很多研究早已指出，学校教育只有注重整合各个民族所固有的学校外教育资源和教育形式，并化为自己所用，才可能最终促成民族教育的良性发展。傣族学校教育推进中面对的如许困难，实际上也是在这方面做得很不到位所致，究其原因，就在于没有正确处理民族地区学校教育的内外部关系，首先在认识上就不到位。

"民族教育"在国内学界习惯上意指少数民族教育，且在使用时常常被借指少数民族地区的学校教育。这样的使用，在国内学界已经约定俗称，而且经常出现在政府报告、新闻报刊之中。如《云南省西双版纳傣族自治州民族教育条例》第十五条规定："民族教育结构包括基础教育、职业技术教育、成人教育和高等教育。"实际上，将少数民族教育概念略称为"民族教育"会在教育政策与法规的实施过程中造成一定程度上认识的混乱，因为在逻辑上，与民族教育相对的概念即是"非民族教育"，而我们在文化上强调的华夏民族"多元一体"。此外，民族教育在意指某一少数民族教育之时，并未区分该民族的学校内教育与学校外教育。少数民族地区往往存在着大量的非学校教育形式，既有分散的教育，也有集中的教育；既有无形的教育，也有组织化、制度化的教育。从教育内容上来说，少数民族地区的非学校教育内容也可以说是无所不包，有习俗教育、宗教教育、科技教育、道德教育，等等。正如前面所说，学校教育虽然以其自身的优势迅速成为少数民族地区的主要教育形式，但并不意味着学校教育就能够成为少数民族地区教育的主导力量。

从西双版纳傣族地区来看，傣族教育至少应当包括四个方面的内容：学校教育、奘寺教育、村社教育和家庭教育。在傣族传统社会中，除了奘寺教育，村社教育和家庭教育也同样重要。罗阳就认为，傣族老年人，尤其是出过家当过僧者，既是熟悉傣族文化的群体，也是向年轻人传授傣族文化的主体。"一方面，老年人在帮助子女照顾孙辈期间，教小孩说话、念歌谣、唱儿歌、数数等。另一方面，青年人向老年人学习本民族的歌舞，如象脚鼓舞。在婚礼上，老年人要为新婚夫妇拴红线祝福。家里的小孩满月时，要请村中的老人给婴儿洗澡、剃头、栓红线，为婴儿祈福。"[1] 另外，傣族传统的稻作农耕社会中，由于男女性别分工比较明显，如纺纱织布被认为是一个女子应有的技艺，而犁田耙地则是现实男子作用的技能，"不同性别所掌握的活计既体现着日常生产劳动中的相互协作，也是他们富裕模式和社会化过程的重要内容。"[2] 正是由于这些教育形

---

[1] 罗阳. 2007. 云南西双版纳傣族社区与发展. 成都：四川大学出版社, 130.
[2] 杨筑慧. 2009. 传统与现代——西双版纳傣族社会文化研究. 北京：中国社会科学出版社, 148.

式的存在，傣族自古以来就形成了互敬互爱、尊老爱幼的良好风俗。人与人之间和睦亲善，不论外人，抑或自己的亲人都会以礼相待。夫妻相敬如宾，不随便打骂孩子。青年人如果路遇老人必躬身、问候、让路，且在长者面前不说丑话、脏话。傣族的女孩子从五六岁起自幼就在日常生活中注重礼仪。她们守规矩、举止得体，从长辈面前走过时，要拢裙子，弯下腰，轻步而过；老人在楼下时，也不随便在楼上来回走动；男孩子则一般在八岁时入寺学习礼仪和文化。

对于青年人来说，傣族村社教育中还有一项非常重要的教育组织形式，就是青年团体。这类青年团体主要是以年龄阶段为区分，其团体活动主要是围绕着宗教活动展开。田汝康先生曾在《芒市边民的摆》一书中对这一团体的作用和功能有过生动的描述。参加此类团体，不仅是傣族年轻人转换"社龄"的关键环节，[①] 还是傣族青年社会化的主要形式。通过参加青年团体的活动，傣族青年懂得了社会分工，增强了村社的集体认同感，且每个团体会在各种活动中自然地形成某位队长。每当村寨里有赕佛活动，队长一声号召，每位队员都会响应。一般来说，女孩子会帮着在厨房做事，而男孩子会帮忙抬东西，打扫卫生，等等。傣族年轻人与邻村的交往也主要是以此类团体形式开展的。另外，青年男女还可以较为方便的在团体中选择自己的伴侣，在以前，虽然习惯上并不禁止不同团体之间的男女互相嫁娶，但事实上一个男青年是很不容易在另一青年团体中选择恋爱对象的。入团的手续并没有什么严格规定，一般视年龄而定，但也不局限于此。如果有个孩子很出色，他加入团体的时期亦必较早。

这类教育形式通过一系列的道德规定、社会习惯、习惯法得以保障和强化。这种社会规范以一系列的特定期望达致群体规则的实现，既包含调节的方式，也有对产生负面后果的惩罚。在这样的群体中，群体成员一般能够估计出自己可以在规则的范围内走多远，否则就会体会到群体的强制力量，感受到痛苦的后果。有学者称这种规则的惩罚为"3R"，即嘲笑（ridicule）、再教育（reeducation）和排斥（rejection）。以傣族的青年团体来说，虽然平常这些青年团体并没有什么了不得的工作要做。笔者在勐遮考察期间，倒是几乎天天都能看到他们组织斗鸡比赛，当地人谐称他们为"斗鸡协会"。但也正是在这样的团体中，男女青年们获得了公开社交的机会。男女青年们都十分重视自己在团体中相互

---

① 田汝康先生在分析德宏傣族摆的功能时，指出摆夷的社会结构是以社龄为主要原则的，而摆的活动是个人改变社龄的仪式。田汝康先生将傣族村社成员的生命史划分为了四个阶段：小孩时期、青年时期、结婚后时期和老年时期。每一时期即为一个社龄。其中第二社龄开始于参加青年团体在摆中服役。在这一时期是傣族青年真正接受社会训练的时期。见：田汝康. 芒市边民的摆. 2008. 昆明：云南人民出版社，87～98.

结成的这种联系。一个团体中的某个青年的家里如果有佛事活动，团体中其他的青年都要帮忙，出份子之类的。如果不去帮忙，甚或忘了这件事，他就会遭到团体内其他青年的疏远，谁都不会和他说话。如果恰巧本人不在村寨，也会委托自己的父母把钱送到。

所以，在这种文化中成长的孩子，"对于传统教育的寻求和接受传统教育的义务是紧密结合在一起的。在他们那里，教育与钱财无关，所有的人生下来都有受教育的权利。他们虽不曾具备专职教师，但一直受父母和周围长者耳濡目染，很自然把他们作为自己效仿和学习的导师。他们既不需要离开父母外出自谋'职业'，父母或长者也从不担心自己的孩子会变坏或'犯罪'。"[1] 英国学者奈杰尔·拉波特（Nigel Rapport）和乔安娜·奥弗林（Joanna Overing）则把这种现象上升到社会结构的再生产过程去理解，他说，"人类行为中的习惯，其广泛来源正是外部的限定条件和制度性因素决定过程中的各种可能性的汇聚。客观社会结构产生'习惯'：一项具有持久性、延续性的安置体系，其功能就是提供结构客观一致性的社会实践得以产生的基础。如此的安置和实践可统称为'文化'——一个习惯性行为的习得体系，产生并决定个体的行动计划。总之，社会结构产生文化，而文化引发实践，实践最终再生产社会结构。"[2]

从社会控制的角度来说，这些都属于社会控制的无形调控，虽然好像并无法律规定那样明显的刚性，但其力量和作用有时则是现代法律所无法比拟的。从文化人类学的观点来看，对社会的无形调控主要分为两类，一是社会化，二是社会压力。社会压力既是社会化的一个结果，也是对社会化调控机制的补充。美国学者普洛格（Fred Plog）和贝茨（Daniel Bates）在《文化演进与人类文明》（Cultural Anthropology）一书中说，"当人们超越了社会法则的界限，社会压力常会把他们拉回来。这种压力可能是极难察觉，也可能是显而易见，无论其形式如何，它是社会控制的十分行之有效的方法。"[3]当社会化发育良好，社会压力能形成一致的力量之际，一个社会借助无形的调控是可以使其社会各系统处于稳定的平衡状态的，但是当社会化面临解体，社会压力不能形成一致时，社会的冲突和纠纷便不能再借助无形的调控，而必须由统一的组织和统一的法律来实施调控功能。还有另一种情况，社会化本身不成问题，但社会压力

---

[1] 刘达成.1988.论当代原始民族的教育.民族学（1）.

[2] 〔英〕奈杰尔·拉波特，乔安娜·奥弗林.社会文化人类学的关键概念.鲍雯妍，张亚辉译.2005.北京：华夏出版社，2.

[3] 〔美〕F·普洛格，D·G·贝茨.文化演进与人类行为.吴爱明，邓勇译.1988.沈阳：辽宁人民出版社，542.

因无法准确判断犯忌行为而不能形成一致之际,亦需要有形调控。①

法律、法规作为社会控制的一种手段,有时也只可能是最后的手段。弗里德曼曾经说过:"现代社会都是多元的(pluralistic),权威趋于减弱并越来越分散。几乎可以用一种公式化地语言对这个普遍性观点一言以概之:当习惯的力量减弱,当权威受到质疑的时候,对正式法律的需要便应运而生了。"②在民族地区,传统社会的控制更主要的还是依靠无形调控。而在现代社会,如果没有一个统一的道德基础和价值基础,法律只是社会控制的最后一道防线。所以,当法律法规的权威性、合理性、正当性受到普遍质疑,法律亦很难再起什么作用。

第三节 教育促进平等的困境

人生而不平等,却无时不在渴求平等。学校教育能否最终取代奘寺教育,很重要的一点就是它能否取代奘寺教育成为傣族社会文化结构中实现相对平等的途径,即便这种最终实现的平等就像宗教所允诺的那样,可能是虚幻的,或仅仅是形式上的。

(一)何为平等:傣族群众的理解

美国学者穆蒂莫·艾德勒(Mortiner Adler)将"平等"解释为,"当一个事物在某一认同的方面不比另一事物多,也不比另一事物少时,我们可以说这两个事物是平等的。"③美国学者乔万尼·萨托利(Giovanni Sartori)认为,"平等表达了相同性的概念……两个或更多的人或科特,只要在某些或所有方面处于同样的、相同的或相似的状态,那就可以说他们是平等的。"④他进一步认为可以从五个方面来理解平等,即法律政治平等、社会平等、平等利用的机会平等、平等起点的机会平等和经济相同性。根据刘复兴的理解,法律政治平等强调每个人都具有相同的法律、政治权利;社会平等强调每个人具有相同的社会尊严;平等利用的机会平等强调使每个人具有相同的进取机会,为平等能力的人提供平等利用的机会;平等起点的机会平等则强调平等地发挥个人潜力,为每个人提供相同的机会。⑤

---

① 张诗亚. 2001. 祭坛与讲坛——西南民族宗教教育比较研究(第二版). 昆明:云南教育出版社,268.
② 〔美〕劳伦斯·M·弗里德曼. 1998. 法治、现代化和司法. 傅郁林译. 北大法律评论,(1):292-320.
③ 〔美〕艾德勒. 六大观念. 郗庆华译. 1998. 北京:生活·读书·新知三联书店,188.
④ 〔美〕乔·萨托利. 民主新论. 冯克利,阎克文译. 1993. 北京:东方出版社,340.
⑤ 刘复兴. 2003. 教育政策的价值分析. 北京:教育科学出版社,194.

傣族村民对平等的理解和判断则主要是基于自己的佛教知识。毫无疑问，西双版纳傣族的佛教知识主要来源于佛经，然而直接从佛经学习佛教知识的傣族村民是少之又少。一般村民的学习主要是通过壁画完成、赕佛、节庆等场合，以及当地流传的佛教道德故事作为自己的行为标准。"帕"和"都"的佛教知识也多来自资深的住持的口头的非正式传授。总体来说，傣族村民对佛教经典方面的知识了解较少，他们更加注重奘寺礼节、仪式过程、庆典程式，而不是深奥的佛教哲学和教义。在笔者考察期间，只有部分"都"和一些资深老练的村民知道佛教的一些标准概念，如五蕴、无常、无我、寂灭等。可以说，深刻的佛教知识在傣族村民的日常生活中基本上无足轻重，日常生活中，傣族村民比较频繁使用和注重的是佛教中"业"与"功德"的概念。

"业"在傣泐语中称"嘎木"，巴利语为[kamma]，汉传佛教则依梵文[karma]音译为"羯磨"。"业"的观念源于印度的传统宗教，包括印度教、锡克教、耆那教都有"业"的观念。所谓"业"，本指行为或广义地包含因果关系。"业"不同于命运。"业"是个人过去、现在所有行为所引发的结果的集合，业力的结果会主导现在及将来的经历，但是，业的作用并不一定会即时显现，也有可能会经过积累，在今世或来世遇上特殊的条件时才显现。宋立道曾经说过："业的学说是佛教伦理的前提，是价值观的基础。如果说基督教的道德实践要求先承认灵魂不朽、上帝存在及一直自由，那么佛教由于不承认有一外在的主宰者君临万物、超越一切，它强调的业报论，表现在业的解说上，便是自作自受，自己对自己的行为负责并承担后果。……依据这一原则，善因招善果，恶因招恶果是不变的规律。从而信奉上座部佛教的全社会的伦理获得了统一性的基础。"①

首先，"业"的观念为傣族村民提供了一种平等的转换机制。傣族村民们，尤其是那些出过家的人，都知道生命总是处于轮回转世当中。现世的存在只是生生世世中的一次停留，在现世之前，有无数的过去之世，在现世之后，亦会有无数的来世。要想摆脱这种轮回，只有"寂灭"（即涅槃，英文"nirvana"）。"寂灭"在巴利语中为[nibbana]，傣泐语称"勐尼板"。大多数村民并不真实了解"寂灭"之意，常常把它当作一个地方，有些人说是天的顶层，有的人则说超越了天。总之，那是一个极乐世界，永远没有烦恼的地方。然而，所有人也都知道，通向哪里的道路太难了，一位"都"告诉笔者，即便是西双版纳的大长老祜巴也很难到达那里。所以，在西双版纳，无论僧俗信众都只将寂灭看作

---

① 宋立道 . 2000. 神圣与世俗——南传佛教国家的宗教与政治 . 北京：宗教文化出版社，50~51.

较远的理想，而宁愿着意于眼下对业的改善。对业的改善就是要做"功德"（巴利语 punna）。积累功德，避免不善，每个人的"业"就能够得到改善。无论是土司、头人，还是普通村民都需要通过做功能改善自己的"业"。今世如果自己贫穷、愚笨、丑陋，但通过做功德，来生可能很富有、聪明和漂亮；今世即便地位很高，来生能否托生成人也很难说。

在西双版纳，赕佛是做功德的主要方式，但也正如前面所说，并不是赕的钱财越多，功德越大，还要视乎赕佛之人是否诚心实意等。一般来说，虽然赕佛花费很多，但基本上每个家庭还都会量力而行。如果是一个村子集体赕佛，每个家庭供奉的钱财基本上差不太多，傣族村民会视别人供奉多少，自己就供奉多少。大型的佛事活动，供奉钱财的数量已经基本上形成了一种通例，约定俗成，不需要相互比较，大家都知道。笔者在曼宰弄赕白塔仪式中观察到，即便手头没有零钞，不用过问，负责收钱的负责人会自动找给赕佛人相应的金额。

其次，"业"的观念为傣族村民提供了一种平等的心理暗示。佛教容纳所有人，不分性别，不论社会身份、等级，都可信仰，都要赕才能获取功德。前面说过，传统社会中，傣族人依据其来源、土地占有、社会分工、政治地位、负担等因素分成了不同的阶层，但在日常生活中有权势、地位高的头人、土司们，出门遇见佛爷也同百姓一样要脱鞋、去包头、行双膝跪地的大礼。佛教甚至将这种平等心扩展到一切生物。佛教反对杀生，即不允许以任何方式伤害各种生命，倡导"一切众生平等"，对有生命不起分别心的平等慈悲观。

再次，"业"的观念实际上常被傣族村民们解释自己与别人相区别的现实状况。一般来讲，"只有在这些事件经常发生，或者寨里只有一家获得大丰收，使得村民无法解释的时候，他们才归结于'嘎木'。看来，仅仅在经验知识不能提供给满意的答案、或者因果关系不明时，'嘎木'才会被援引。"[①] 但由于判断某人或某事"嘎木"的好坏完全要等到事情发生之后才能得以体现，所以对业力的解释，不同村民则可以不同的方式和理论去解释自己或他人的现实。

谭乐山在自己的书中就提到："村民 Y 和 Z 是邻居。他俩一起长大，一起上国家办的小学。Y 只上了两年小学就去当了沙弥，在寨寺里待了三年还俗在寨里当农民。Y 离开学校时 Z 继续上学直到中学毕业。后来，Z 当了寨子里小学校的老师，几年后，他当上了国家干部，在当地政府机构工作，Y 还在寨里当农民。与 Y 谈到他与 Z 的地位差别时，他总结说，我的'嘎木'坏，Z 的'嘎木'

---

① 谭乐山.2005.南传上座部佛教与傣族村社经济——对中国西南西双版纳的比较研究.昆明：云南大学出版社，79～80.

好。与这一结论相反，Z 认为它们的地位差别与'嘎木'无关，关键在于他用功学汉文、努力完成了学业，是他的努力，不是'嘎木'，使他获得成为国家干部的资格。……对 Y 来说，承认他的'嘎木'坏比承认他无能获得一个令人羡慕的职位要少些尴尬。对 Z 来说，将自己的成就归因于努力与能力似乎比仅仅归诸于'嘎木'更光荣。Y 和 Z 各自的理由的共同点或许在于，你控制不了'嘎木'，所以你无须为他引起的坏事负责。这是因为，村民对'嘎木'的标准构想是，它是你前世所为不可变的结果。"①

虽然前世的业无法改变，但今生由于可以选择做自己喜欢的事情，还是要对自己的选择负责。在上面谭乐山所说的例子中，傣族村民今世还是可以选择学汉文、上中学，然后当国家干部；又或出家、还俗，继续当农民。虽然现世可能存在社会地位、声誉名望、贫穷富贵等差别，但在佛的面前、在轮回中、在功德的获得，以及业面前大家是一样的，是平等的。虽然获得功德大小的条件要视心诚，但是一般村民心中还是有一个赕佛所获功德的排序情况。谭乐山曾经比较分析了诸位学者所收集到的排序，他得出的结论是：那些需要花费大量财富，或者付出较大努力的行为在获取功德方面一般具有较高的价值。所以，村民相应的努力就会获得相应的功德。（表 5-2）

表 5-2　不同学者收集的上座部佛教功德排序一览表

序号	考夫曼 （Kaufman） 泰国中部 1977 年	泰姆拜尔 （Tambiah） 泰国东北部 1970 年	曼宁·纳什 （Nash） 上缅甸 1965 年	斯皮洛 （Spiro） 上缅甸 1982 年	谭乐山 西双版纳 1995 年
1	当比丘	出全资建一所佛寺	建一座佛塔	建一座佛塔	赕玛哈板②
2	建佛寺	当比丘，或儿子当比丘	做一名沙弥的资助人	建一座寺院	为升一名沙弥或比丘出钱
3	儿子受比丘戒	出钱修葺佛寺	建一所寺院	资助一名沙弥	成为僧伽一员
4	游遍泰国佛教圣址	每天供奉和尚事物	捐一口井或一口钟	提供和尚所需	使一个儿子成为僧伽一员
5	捐资修葺佛寺	遵守每一条 wanphraa	供奉一组比丘		坐禅

---

① 谭乐山．2005．南传上座部佛教与傣族村社经济——对中国西南西双版纳的比较研究．昆明：云南大学出版社，73．

② 在西双版纳，个人或单户举办最隆重的仪式，其目的是求得来世的福祉。仪式后，举办者终生享有"玛哈板"的盛誉。

续表

序号	考夫曼 (Kaufman) 泰国中部 1977 年	泰姆拜尔 (Tambiah) 泰国东北部 1970 年	曼宁·纳什 (Nash) 上缅甸 1965 年	斯皮洛 (Spiro) 上缅甸 1982 年	谭乐山 西双版纳 1995 年
6	供奉和尚	严持五戒	布施和尚日常所需		
7	当沙弥		奉养款待俗人		
8	圣日入寺持守八戒				
9	日常持守五戒				
10	Thaud Kathin 时供奉比丘钱和袈裟				

资料来源：谭乐山.2005. 南传上座部佛教与傣族村社经济——对中国西南西双版纳的比较研究. 昆明：云南大学出版社，79～80

需要指出的是，笔者在西双版纳勐遮观察到的情况与谭乐山在曼占宰村观察到的情况相似。村子里只有老年人才对业的理念坚信不疑，中年人并不确定是否存在转世，青年女性们将信将疑，青年男性们则更多表现出了不相信，或不感兴趣。这一点在参加赕佛活动时，表现得尤为明显。一般赕佛当天，一大早上就虔诚地到佛寺中参加活动的都是老年人。如果村中规定，每家都需要出一桌饭、一包烟、一瓶酒，中年人一般所做的工作仅仅是将这些东西搬到佛寺中去。中午时分，打扮一新的青年女性才开始出现，而到了晚上，青年男性则更多地出现在人群中，因为这时候是与村中青年女性交往的最佳时间了。青年男子虽然在老年人的要求下也帮忙干些打扫的活计，但显然并不积极。晚上聚在一起喝酒时，才是他们最快乐的时间。但是，即便是这样，这也毫不妨碍年轻人利用业的理论指导自己的行为，因为"业"对每个人都是平等的，虽然他们更多的是把"业"视为一种命运、福气之类的东西。

（二）社会分层与教育平等

现代人们对教育平等的期望，更多的与社会分层理论有关。对于社会分层，主要有两派观点，即以美国现代社会学奠基人塔尔科特·帕森斯（Talcott Parsons）为代表的功能论和以德国社会学家格奥尔格·齐美尔（Georg Simmel）为代表的冲突论。社会功能论（functional theories of social stratification）把社会不平等和社会分层理解为一种建设性意义的功能，认为社会分层有利于社会秩序的形成。他们认为社会的每一部分都拥有特定功能，所有部分组合在一起构成社会系统。社会系统内存在核心的价值观，确保社会在核心价值观的调解下大致平衡的运转。如果核心价值观的存在并不发挥作用，不同群体之间就会被分化。而冲突论（conflict theories of social stratification）则认为，社会分层必然引起社会冲突，影响社会稳定。20 世纪 70 年代后，冲突理论吸引了越来越多的注意。

教育平等是教育政策与法规的基本价值，其主要理论依据来源于教育社会学中的社会分层理论，认为教育具有在促进社会流动，强化社会平等方面的社会功能。德国社会学家拉尔夫·达伦多夫（Ralf Dahrendorf）：就说过，"如果流动增加，团结的组织就不断为人们之间的竞争所取代，人们投身到阶级冲突中的能量就会减少。"① 现代社会的学校教育，被认为一方面在社会流动、社会分化中具有"筛选器"的功能；同时又具有平衡器、稳定器的功能，曾被视为是实现社会平等的"最伟大的工具"。美国"公立学校之父"贺拉斯·曼（Horace Mann）甚至直接宣称："教育是实现人类平等的伟大工具，它的作用比任何其他人类的发明都伟大得多。"②

美国进步主义教育的代表约翰·杜威（John Dewey）认为，教育至少具有三项职能：将未成熟的社会成员整合到其社会模式之中，即人的社会化职能；促进个人心理和道德等素质生长的发展职能；同时，在存在经济、社会地位等方面存在巨大不平等的情况下，教育能够给人提供公平竞争、向社会上层流动的机会，帮助弱势者摆脱出身群体的局限，改善自身的生存状态，从而减少社会的不公平。由是，教育被视为实现社会平等的最有效的工具，学生入学受教育的权利更是被视为基本的人权而得到法律的保障。但是，法国社会学家皮埃尔·布迪厄（Pierre Bourdieu）却指出文化障碍和经济障碍是阻碍学校教育实现社会平等最重要的因素之一。他甚至认为学校教育可以强化由家庭出身造成的不平等，并有助于各阶级和利益集团之间文化资本分配结构的再生产，即是再生产社会不平等并使之合法化的重要方式。③

教育平等如果从教育法学的视角看来，其主要内容包括教育机会的平等、教育过程的平等和教育结果的平等。理论上来讲，教育机会的平等是实现教育平等的必要但不充分条件，法律形式上的教育机会平等并一定能够实现教育过程和教育结果的平等。这一观点与某些社会学家的观点相类似，经济学中的新

---

① Dahrendorf R. 1959. *Class and Class Conflict in Industrial Society*. Redwood, CA.：Stanford University Press，222.

② 〔美〕约翰·S·布鲁贝克 . 1987. 高等教育哲学 . 王承绪译 . 杭州：浙江教育出版社，66.

③ Bourdieu P. 1977. *Reproduction in Education*，*Society and Culture*（Second edition）. London：Sage Publication Ltd.

古典主义就将社会平等区分为形式上（法律的）的平等和内容的（结果的）平等，而社会阶层理论在某方面可以说是现代社会学家以一种功能主义的态度对新古典主义做出的肯定。他们认为社会流动中个人在机会上的均等就是一种形式上平等的表现。与此相反，马克思的阶级理论则本质上对社会不平等持一种冲突论的观点。马克思的阶级理论认为平等在形式与内容上是不可分离的，结果上的不平等必然表现为形式上的不平等，因而并不存在有什么机会均等的个人流动。

所以，弗里德里希·哈耶克（Friedrich Hayek）就指出："一些人为了实现正义，竟然强硬地主张，所有人都应当以同样的机会为出发点；然而我们需要指出的是，不论这些人的动机多么称道，他们的主张却是一种根本不可能实现的理想。再者，任何妄称已经实现了这个理想或已经接近这个理想的说法，都只能使那些较不成功者的状况变得更糟。尽管人们完全有理由根除现行制度可能对某些人的发展所设置的各种具体障碍，但是欲使所有的人都始于同样的机会，却既不可能也不可行，因为只有通过剥夺某些人所具有的但却不可能提供给所有的人的机会这种方式，才能达致这一点。虽说我们希望每个人都拥有尽可能大的机会，但是，如果我们的目标是使每个人的机会都不能大于最不幸者的机会，那么我们肯定会扼杀大多数人的机会。那种认为所有生活于一个国家的同时代人都应当从同一地位出发的观点，实无异于那种主张应当确使生活于不同时代或不同国家的人获享这类平等的观点；毋庸置疑，这两种观点都与日益发展中的文明不相符合。"①

美国法哲学家约翰·罗尔斯（John Rowls）曾试图在一种互惠的框架下解决这一问题。他提出的两个正义原则的最终表述为："第一个原则，每个人对所有人所拥有的最广泛平等的基本自由体系相容的类似自由体系都应有一种平等的权利。第二个原则，社会和经济的不平等应这样安排，使它们：①与正义的储存原则一致的情况下，适合于最少受惠者的最大利益；②依系于在机会公平平等的条件下职务和地位向所有人开放。"② 约翰·罗尔斯的这两个正义原则是基于这样一个更加一般的正义观，即"所有社会基本善——自由与机会、收入和财富及自尊的基础——都应被平等地分配，除非对一些或所有社会基本善的一种不平等分配有利于最不利者。"③

罗尔斯认为，这样是一种互惠的原则，并且例证道："让我们考虑任何两个

---

① 〔英〕哈耶克.1997.自由秩序原理（上）.北京：生活·读书·新知三联书店，177.
② 〔美〕约翰·罗尔斯.正义论.何怀宏等译.1988.北京：中国社会科学出版社，302.
③ 〔美〕约翰·罗尔斯.正义论.何怀宏等译.1988.北京：中国社会科学出版社，303.

代表人：A 和 B，设 B 是较不利者。实际上，由于我们最关心与最不利者的比较，我们就再假设 B 是最不利者。现在 B 能接受 A 的较好状况，因为 A 的历史是通过改善 B 的前景的方式获得的。假如不让 A 有这种较好地位，那么 B 的状况会比他现在的状况更坏。现在的困难是说明 A 也没有理由抱怨。也许由于他要让渡一部分利益给 B，他得到的就比本来可能得到的要少呢？现在我们可以对这个较有利者说什么呢？首先，清楚的是：每个人的福利都依靠这一个社会合作体系，没有它，任何人都不可能有一个满意的生活；其次，我们只可能在这一体系的条件是合理的情况下要求每一个人的自愿合作。这样，差别原则看来就提供了一个公平的基础，在这一基础上，那些天赋较高者，社会条件较幸运者能够期待别人在所有人的利益都要求某种可行安排的条件下与他们一起合作。"[1]

实际上，罗尔斯的两个正义原则是建立在基于利益差别的合作体系之上的。他首先假设，社会是由一些有着各自不同利益的个人所组成的自由联合体，他们彼此在相互关系中都承认某些行为规范具有同等约束力，并且借由这些规范形成了一个旨在推进所有人利益的合作体系。然而，有学者就指出，社会作为相互增进利益的合作的冒险形式，它不仅具有一种利益一致的典型特征，而且也具有一种利益冲突的典型特征。[2]

这种冲突并不是单纯依靠机会平等就可妥善解决的。针对教育平等问题，现代教育公平理论家瑞典学者托尔斯顿·胡森（Torsten Husen）提出了"均等不相容性"的概念。他认为：一方面，由于遗传性差异，人与人之间是生而不平等的，即遗传性差异与平等之间具有不相容性；另一方面，当代社会对分工要求过高、过细以及专业性过强等都与教育平等之间形成了不相容性。[3]

美国学者卡尔·科恩（Carl Cohen）在《论民主》（*Democracy*）中也指出："人与人之间的差异是实际存在的。这种差异，我们自己不论采取什么态度都不能加以改变。当个人在茫茫人海中行动想达到某种实际目标时，我们就遇到这些差异以强有力的方式或者起帮助作用，或者起阻碍作用。它们必须分别对待，有时它们可能是严重的障碍，有时可能还是不可逾越的。在一个人的世界，人与人之间的差异是大有关系的。"[4]

也许社会最终的平等只是人们的臆想，也许通过学校教育改变自身的命运

---

① 〔美〕约翰·罗尔斯. 正义论. 何怀宏等译. 1988. 北京：中国社会科学出版社，103.
② 袁久红. 2003. 正义与历史实践. 南京：东南大学出版社，102.
③ 张人杰. 1988. 胡森论均等的不相容性. 外国教育资料，(3)：56-57.
④ 〔美〕科恩. 论民主. 聂崇信，朱秀贤译. 2004. 北京：商务印书馆，258.

只是云间的乌托邦。吴康宁对此说道:"人类社会自其诞生至今,尚未有过毫无社会差异的历史。人类一直在为消除各种社会差异进行不懈的努力,并不断有所成功。但这种'成功'的确切含义更多的是'有所缩小',而非'完全消除'。人类社会的发展过程反复表明:即使是消除多年的社会差异,在一定条件下也难免重现;且在旧的社会差异消除之后,或与此同时,还会产生一些新的社会差异。社会差异可谓人类社会的伴随现象。"①

但是,差异和不平等的存在却更加激发了人们追求平等的强烈愿望。法律规定中的平等是现实的、世俗的和形式上的,而傣族村民关注内在的、来世的,通过来世的"业"的转换在动态中实现平等的理想。

田汝康先生曾经这样欣喜地描述傣族社会的平等,他说:"人类是天生不平等的,才智、体力、性别是造成这类不平等的主要因素。一个理想的社会,不仅要将贫富、贵贱这些人为不平等的因素铲除,并且还要想努力将一切天生的不平等弄的平等。但是考察现代政治和教育上的设施,我们决不敢说我们已经达到这样的目的。社会救济的结果只能使一些弱者少受些苦痛,教育的选择更只是加深了淘汰弱者的功用。现代民族政治所做到的恐怕也不过是给弱者一个心理上的安慰而已,使弱者都在心理上比较能够自信,自信他们能够从选举票上产生他们的政府。现代人在民主政治上所获得的安慰远不如摆夷在摆中所获得的来得大,因为摆夷社区确因为摆的存在而将一切天然人为的不平等弄得有个平等的信念。自然,现代宗教中也同样具有同摆一样的效能,只可惜现代宗教控制社会的力量实在来得太弱,而且,宗教上的成就在实际生活中的效果,决不如摆夷社区来得显著。看到了摆的仪式,我们真感到我们社会中实缺乏着一个使弱者与强者间皆能够公平竞争的机会,甚而这种机会还能够提高弱者的成就因而抑制了强者的骄横。"②

---

① 吴康宁.1998.教育社会学.北京:人民教育出版社,111.
② 田汝康.2008.芒市边民的摆.昆明:云南人民出版社,104.

第六章 国外多元文化教育的法规借鉴

很多学者将现代的多元文化教育起源追溯至20世纪60、70年代的民族复兴运动，这样的划分主要基于两点理由，其一，他们所指的多元文化教育是现代学校兴起之后的多元文化教育；其二，正是由于民族复兴运动，多元文化教育作为一个政治问题成为各个国家和政府所必须面对和解决的重要问题，因而广受关注。实际上，历史上的文化交流从来就未曾中断过，大规模的民族融合也屡次发生，没有多种文化之间的教育，这种事情的发生是不可想象的。国外的不说，中国历史上赵武灵王"胡服骑射"就是著名的一例。所以，多元文化教育应有狭义和广义上的两种理解，广义上的多元文化教育既包括学校内的以课程为主的教育形式，也包括众多现代学校外面的诸多制度化，以及非制度化的教育形式。

多元文化教育既是民族复兴运动的产物，更是民族国家形成的副产品。民族国家作为现代社会的政治基础，与工具理性、个人权利共同构成了现代性的三个基本要素。[①] 虽然有的学者宣称随着后现代社会的来临，民族主义以及建构在民族认同基础上的民族国家必然日渐消解，但目前看来，民族国家依旧是现代政治的主要形式。多元文化教育在西方国家遭遇的各种批评，无论是激进者批评它不能促进社会体制改革，还是保守者认为它会威胁社会现状，毁掉国家观念，而且担心它会阻碍部分青年获得参加国家公民文化的发展机会，也多是基于民族国家的政治基调而来的。然而，也正是来自各个国家不同阶层、不同政治力量的批评，日益使得多元文化教育本身多元化。尽管多元文化教育本身

---

① 虽然有很多学者认为市场、现代科技等才是现代性的主要因素，但实际上，古代社会中也早已存在市场流通以及科学技术的应用，只不过其进一步发展遭遇到了传统社会的价值障碍而陷于停滞。笔者这里比较赞同金观涛的观点，现代性的因素必须到社会整体的价值系统中去寻找。见：金观涛.2010.探索现代社会的起源.北京：社会科学文献出版社.

尚处于发展阶段，尽管多元文化教育理论尚不完善，但依然不妨碍各个国家基于自身的历史和政治条件推进多种文化间的理解和交流，并已经形成了一些有益的经验。

第一节　法律认定与实践原则

20世纪60、70年代后，多元文化教育在学校教育系统内蓬勃兴起，并引起诸多国家的高度关注，纷纷立法予以保障和支持，有三点背景情况需要注意：其一，二战后至今的世界范围内的移民潮。发展中国家的大量移民向西方发达国家移动。据1974年统计，大约有1500万移民和他们的家属住在西欧，其中瑞士的劳动力中有25％是移民，法国工人中有11％是移民，德国的移民占总人口的10％。① 美国更是一个移民国家。20世纪50年代以来的移民风潮使得大量欧洲人、拉丁美洲人、亚洲人、非洲人来到美国，使得非英语为母语的人口大约占到美国总人口的40％。② 同时，在欧洲国家内部，人口大量的由发展中城市向工业发达城市移动，即从地中海国家迁移到工业发达国家的中心城市，如德国、法国、比利时、瑞士、荷兰等。移民潮使得欧洲、美洲和澳洲的国家的文化多样性日渐丰富，学生间的文化差异对学校教育的影响也越来越大，不同文化族群之间的矛盾也逐渐凸显，为此，各个国家和政府不得不做出制度上的调整，以缓和社会矛盾。其二，20世纪中后期，在工业社会得到极大的发展的同时，其自身的缺陷也逐渐暴露无遗。无论在生活领域，还是在思想领域，或者文化领域，人们发现自己正在被发达的工业社会同化起来。人们变得不再有能力去追求，甚至也不再有能力去想象与现实完全不同的另一种生活。伴随着罗马俱乐部、芝加哥学派、法兰克福学派，以及后现代主义思潮持续不断地对工业社会同质化生活的批判，马尔库塞的"单向度"概念成为了最为脍炙人口的术语。当人们发现单一化对生活带来的危险时，寻找多样性的可能，以及生存方式成为了共同的追求，而多元文化的概念开始使得人们更加关注从异文化中寻找生活的定位和信心。其三，信息技术的极大发展，使得相互之间沟通交流的便利。马歇尔·麦克卢汉（Marshall McLuhan）在其著名的《理解媒介》（Understanding Media）一书中第一次提出了"地球村"的概念后，这一概念很快便风靡世界。当人们眼界开阔了，文化多样了，认识到还存在诸多不同的生活状态

---

① 滕星. 2010. 多元文化教育——全球多元文化社会的政策与实践. 北京：民族出版社.
② 黄绍湘. 1979. 美国通史简编. 北京：人民出版社，364.

和价值观念之时，惊诧之余，增进理解，减少冲突和矛盾就势必变得极为重要，这也是多元文化教育广受关注的更深层次的原因之一。

(一) 法律认定

多元文化教育虽然广受关注和重视，但是关于如何理解多元文化教育，以及对多元文化教育的批判却从未停止过争论。至今为止，多元文化教育的概念界定依然多样。美国著名的多元文化教育专家班克斯认为："多元文化至少包括三个方面的事情：一种思想和概念，说明所有的学生不管他们属于什么群体，例如属于性别、民族、种族、文化、社会阶层、宗教或特殊者的那些群体，应该在学校里体验到教育平等的思想。一场教育改革运动，它规划并引起学校的改革，以保证少数民族学生取得成功的平等机会。一个持续的教育过程，说明他努力去实现的理想目标——例如教育平等和废除所有形式的歧视——在人类社会中短期内不能完全取得，需要一个过程。"[1] 而据美国学者吉乐瓦·盖伊 (Geneva Gay) 的归纳，他总结了关于多元文化教育的 12 种主要观点。

对多元文化教育的批评则主要集中在两点之上，其一，认为多元文化教育是把复杂的经济、社会问题简化为了文化问题，从而掩盖了对社会现实的批判性。德国学者冈瑟·舒茨 (Gunther Schultze) 就认为，多元文化致命的弱点在于把复杂问题简单化了，在于把民族矛盾的症结从经济利益的竞争转化为文化特色的展示。[2] 其二，以一种文化冲突论的观点看待多元文化教育，认为多元文化教育存在其自身不可调和的内在结构性矛盾。美国马里兰大学的埃德温·洛克 (Edwin Locke) 教授就指出："多元文化不过是试图以一种新的种族主义去纠正原有的种族主义。因为，你不可能一面教育学生你的肤色决定了你的文化认同，一面又教育学生淡化肤色认同意识；你不可能既宣扬多元文化主义，又希望学生对不同文化背景的个体一视同仁；你不可能既强调保持族群文化传统的必要性，又鼓励学生们应当摒弃种族观念而建立个人的自尊。"[3]

正由于以上诸多原因，再加之各个国家的历史、现实情况各异，面对多元文化教育的广泛需求，不同教育体制下的政府反应也不一样，因而表现在政策法规的制定上也存在一定差别，但是总体上来说，还是可寻一点共同的特征和表现。现代社会中，上升到国家法律认定的某种意识形态基本上应该代表某一社会在某一段时期内的主流社会意识。以下这三种趋势在各个国家均有体现，

---

[1] 王鉴，万明钢.2006.多元文化教育比较研究.北京：民族出版社，18.
[2] 李明欣.2001."多元文化"论争世纪回眸.社会学研究，(3)：101-107.
[3] 王鉴，万明钢.2006.多元文化教育比较研究.北京：民族出版社，24.

只是在部分国家表现的较其他国家相对来说更为明显。

1. 从形式平等到实质平等

对平等性的追求体现比较明显的国家多是民族与文化多样的原殖民地国家，如美国、加拿大、澳大利亚等。以美国为例，美国从建国起就是一个民族与文化多样性的社会。在美国，依据不同群体间的文化特征及来源，大致可以划分为土著居民群体、盎格鲁-撒克逊文化群体、欧洲天主教移民群体、黑人群体、拉美裔群体、亚裔群体，及其他民族群体等。据美国人口统计局 2000 年 8 月 23 日发布的统计信息，全美人口 27 515 万，其中，19 665 万白人，3347 万非裔美国人，3244 万拉美裔美国人，1054 万亚裔美国人，205 万美国印第安人，少数民族人口约占全美总人口的 28.53 ％。[①]

美国的多元文化教育是伴随着黑人群体、印第安土著居民群体，以及其他少数民族群体对平等教育权利的诉求和斗争而逐渐获致国家法规层面的认定。其中最著名的案例就是 1954 年的"布朗诉托皮卡教育局案"（Brown v. Board of Education of Topeka）。此案源起一个名为林达·布朗（Linda Brown）的 11 岁黑人女孩要求进入堪萨斯州托皮卡一所公立白人学校学习，遭到拒绝，因为堪萨斯州的法令允许凡是人口在 1 5000 人以上的城镇，得将黑人与白人学校分开。在地方法院驳回原告的诉讼请求后，诉讼至联邦最高法院时，联邦法院最后判决，所谓"隔离而平等"的原则是违背宪法的，必须彻底废除。判决认为，"在公共教育领域，隔离但是平等的原则没有意义。隔离的教育设施内在的是不平等。"此后，"平等保护原则"（Equal Protection Litigation）取代了 1896 年"普莱西诉佛格森"案（Plessy v. Ferguson）判决中的"隔离但平等"（Separate but Equal）原则成为美国教育机会平等诉讼经常援引的法律原则。

为了实现"人人生而平等"的宪法理念，在布朗案判决生效后的十年里，鉴于学校由于富有的白人持续向城市郊区迁移，非白人和穷困家庭的学生的生均经费远远低于白人的标准，教育经费支出呈现出明显的分布不均，不合格的教师充斥贫困地区的学校，为了克服这些情况造成的新的不平等，国会又通过了一系列旨在提高少数民族公民权利的法案。1964 年美国《公民权利法》（Civil Rights Act）规定："不能以种族、肤色、国籍为由拒绝在美国的所有公民参加接受联邦经费援助的计划和活动，不能否认他们享有这些计划和活动的权利，更不能使他们在这些活动中受到歧视。"1964 年《人权法案》（Bill of Rights）第 601 节规定："联邦政府的拨款不得与种族歧视有关。"这两个法案颁布后，

[①] 滕星. 2010. 多元文化教育——全球多元文化社会的政策与实践. 北京：民族出版社.

美国南方的学校为了获得急需的联邦资金，不得不加快了取消种族隔离的进程。1965 年的《初等教育和中等教育法》(Primary Education and Secondary Education Act) 也指出凡主动推动取消种族隔离制度，且认真执行的各州、地方学校可以从联邦政府领取大量资金。这些法律规定取得了较好的效果，据统计，1976 年适龄黑人青年入高等学校者占 20%；适龄黑人青年完成中等教育者约占 72%，而白人约占 85%。[1] 从入学人数来看，两者的比例开始接近了。此后，联邦法院也不断加强对取消种族隔离的司法介入，先后在 1968 年和 1977 年确立了评判学校是否取消种族隔离的标准，即"格林要素"(Green Factors) 和"阿丹姆斯标准"(Adams Criteria)。[2]

在推进学校取消种族隔离制度的同时，美国教育政策与法规的关注重点也开始惠及其他少数民族和文化群体。美国 1964 年通过了《民权法》(Civil Rights Act) 的少数民族教育条款，其主要内容是保证教育部门向少数民族提供就学机会，禁止种族、肤色、国籍方面的教育歧视。1964 年，美国又通过《经济机会法》(The Economic Opportunity Act)，规定每年拨款 3 亿美元，资助贫困学生。1965 年的《高等教育法》及 1972 年的《高等教育法修正案》，规定向贫困学生提供基本教育机会助学金，而这些贫困学生大多数均为少数民族及移民子女。美国《教育总则法》(General Principles of Law Education)（1968 年）明确规定，"为每个公民提供接受高质量教育的机会，不论其种族、肤色、宗教信仰、原国籍、社会阶层如何。""提高学校为下列各类学生提供平等机会的职责相适应的能力：英语会话能力有限的学生，妇女以及社会地位、经济状况或教育条件不良的学生"。

1972 年美国通过了《应急学校援助法》(Emergency School Assistance Method)，该法的立法宗旨为提供援助，消除或防止少数民族集团的孤立，提高

---

[1] 张维平，马立武 . 2004. 美国教育法研究 . 北京：中国法制出版社，11.

[2] "格林要素"实际上是学校一体化的标准，包括学生安置、教师、工作人员、交通、设施、课外活动等。见 Williams J D, Ploski H A. 1979. The Negro Almanac: A Reference Work on the Afro-American (3rd edition) . NY.: The Bellwether Company, 536. "阿丹姆斯标准"来源于著名的"阿丹姆斯案"(Adama v. Richardson)。此案中美国人权办公室在联邦地区法院的要求下于 1977 年制定了取消高校种族隔离的指导性标准，即"阿丹姆斯标准"。这些标准包括：任何一州黑人高中毕业生进入两年制和四年制高等教育机构的比例要与白人高中毕业生的比例相同；传统白人四年制高等教育机构中黑人每年都要有一定比例的增长；到 1982~1983 学年，传统白人院校中黑白学生比例之差至少要减少 50%；各州黑人居民毕业于本科和进入研究生院的比例要同与白人居民相应比例；增加进入传统黑人院校的白人比例。见：Willie C V, Garibaldi A M, Reed W L. 1991. The Education of African-Americans. NY.: Auburn House, 112; 屈书杰 . 2004. 从种族隔离到学校一体化：20 世纪美国黑人教育 . 保定：河北大学博士论文，112.

所有儿童的教育质量。1972 年，美国颁布了《11246 号行政命令高等教育实施条例》，具体规定民权法案在高等教育领域的实施措施。包括：其一，在招生上实行特别招生计划，增加少数民族学生的入学机会，使少数民族学生比例与其民族人口比例相适应；其二，设立各种助学金、贷学金、奖学金，加大对少数民族学生的财政资助，提高少数民族学生完成学业的经济能力；其三，加强补习教育，提高少数民族学生的学习能力，降低少数民族学生的辍学率；其四，聘用少数民族教师，开设少数民族研究课程，设立少数民族研究中心、少数民族俱乐部，举办少数民族文化活动，营造多元化的校园文化氛围，增加大学对少数民族学生的吸引力。

1974 年，美国颁布了《双语教育法案》（The Bilingual Education Act）。该法案为联邦政府资助双语教育计划确立了权威，规定了母语为非英语的少数民族学生可以获得平等的教育机会，教育宗旨是鼓励"双语教育的做法、技术和方法"。在儿童入学问题上，最高法院于 1982 年通过"普雷勒诉杜埃"一案，宣布地方学区不能拒绝为非法移民儿童提供教育资助，当地学校也不能拒绝非法移民儿童入学，从而给予在美国生活的儿童平等的受教育权。

1994 年，美国颁布了《2000 年教育目标法》。该法案确立了八项国家教育目标，其中有关少数民族教育的内容有：要消除美国少数民族学生和非少数民族学生中学毕业率的差距；要明显提高美国大学的研究生、本科生，尤其是妇女和少数民族学生获得数学、科学和工程专业学位的人数；要大大提高合格学生的比例，尤其是少数民族学生进大学的比例、至少完成二年高等教育的比例及获得学位的比例，等等。

可见，美国教育政策与法规中关于多元文化教育的理解，已经不再仅仅局限于文化差异对学生学习造成的障碍，而是把多元文化的概念扩展到了一切学习障碍者的范围。这一转变标志着美国的教育政策和法规对教育平等的强调，已经从形式上的入学平等，转变到了关注教育的最终结果，以及学生融入社会后的生活平等之上。这一转变在 2001 年 1 月 23 日，布什总统签署发布的《不让一个孩子掉队》（No Child Left Behind Act of 2001，NCLB Act）教育改革法案中体现的尤为明显。该法案全面规定了美国教育未来发展的方向，并且成为目前美国联邦和地方制订其他教育法规的依据。该法案明确提出了美国教育改革的 7 个重点领域（titles）：①提高处境不利学生的学业成绩；②提高教师质量；③使英语熟练程度有限的学生（limited English proficient students）转化成英语熟练的学生；④促使了解情况的家长做出选择和革新项目；⑤鼓励建设 21 世纪的安全学校；⑥增加对特批资助（Impact Aid）的拨款；⑦鼓励自由和成绩责任制。①

NCLB 法案明确提出，"多样性是美国最大的特点之一"，并且规定了政府的职责是"确保所有的儿童，无论其背景如何，都有机会获得成功，是联邦政府在教育中的主要责任。"NCLB 法案的主要目的是消除不同群体学生间的成绩差异。"联邦政府将给予各州额外的资金援助和相关的自由，支持各州帮助处境不利学生缩小成绩差距。"NCLB 法案重点关注的所谓学业成就低下的学生，就主要包括少数族裔、低收入家庭、英语学习有障碍者和残疾的孩子。以前，这些学生的成绩很多被平均成绩所掩盖，学校并没有特别关注到他们的不足和落后。其中，保障和提高少数族裔学生的学业成就的措施在美国受到了极高的评价。民权领导会议的主席韦德·亨德森（Wade Henderson）说："现在不是将关注点从关注成绩的问责制转移开的时候，接受高质量的教育是最基本的人权，因而联邦政府应该保证所有的孩子，不管种族、民族、血统、经济地位或残疾与否都能享受这一权利，自 2002 年后，NCLB 成为保障这种权利的主要联邦法律。"②

不仅美国的相关政策与法规开始将对多元文化教育的理解扩展到对实现最终的社会平等概念之上，其他发达的工业社会国家、移民国家也开始以社会平等的框架来关照不同族群、文化群体之间的文化差异。《加拿大百科全书》（*The Canadian Encyclopedia*）就指出，"多元文化"在加拿大至少有三种含义：其一，指一个具有种族或文化异质特征的社会；其二，指族裔或文化全体之间相互平等、尊重的观念；其三，指 1971 年以来加拿大联邦及各省推行的政府政策。③ 2004 年，澳大利亚联邦议会对 2000 年出台的《土著民族教育（目标援助）法案》（*Education for Aboriginal People*（*Objective Assistance*）*Act*）进行了修订，明确提出要为土著民族提供公平合适的教育。为确保土著居民有一个公平、适宜的教育环境，澳大利亚教育体系中的各个环节都要对学前教育、初等教育、中等教育、成人教育做出相应规定，确保土著儿童可以顺利地进入小学、中学并达到与澳大利亚同龄儿童相同的入学率和毕业率，从而提高土著儿童学业的成功率。

2. 从统一要求到自主选择

在移民为主的国家，如果说通过公立学校系统内教育机会平等的概念框架尚可以解决大部分学校教育中的文化差异问题，而在拥有较多土著居民的国家，

---

① 黄海刚. 2009. 美国少数民族教育：现状与趋势. 民族教育研究，(6) 117-122.
② Leadership Conference on Civil Rights. 2008. *LCCR Calls on Presidential Candidates to Lead on Education Reform and Support School Accountability* (Press Release).
③ Marsh J H. 1988. *The Canadian Encyclopedia* (Volume 3). Edmonton：Hurting Publishers，1401.

由于土著居民文化的差异性过于明显，其文化特征又与其传统生活、宗教信仰息息相关，为这类土著居民提供多样的基于其自主权利的教育选择成为诸多国家的基本政策。这类政策的制定不再仅仅是为少数文化族群提供保留其文化的特殊优惠政策，而是为其提供多样的教育选择机会，学生既可以选择保持自身的文化特性，亦可选择融入主流文化之中。无论哪种选择，国家及地方政府的相关法律都将保证其在就业、生活等诸方面实现其平等的公民权利。

印第安人是美国的土著民族。目前，全美有 300 余个印第安人部落，且主要集中在 4 个州，即亚利桑那州、新墨西哥州、加利福尼亚州和俄克拉荷马州。早期，美国政府对印第安人主要推行隔离措施和同化政策，随着美国黑人民权运动的扩展，印第安人文化和教育逐渐得到美国政府的关注和重视，民族自决（self-determination）也逐渐成为美国政府的主要政策。

对印第安部落的教育自决尝试最早始于美国的亚利桑那州。鉴于公立学校体系对印第安原住民教育的失败，1966 年，亚利桑那州纳瓦霍族保留地（Navajo Nation）成立了第一所实验性质的"部落学校"（Indian-controlled school），随后于 1968 年又成立了第一所印第安原住民社区学院（Navajo Community College）戴恩学院。目前，全美一共有 32 所由印第安部落主导和经营的部落学院（tribal-controlled colleges）。部落学校安排有一般普通课程，主要的目的是使学生能够具备参与主流社会的能力，此外，它还将许多部落的传统文化融入课程与教学之中。部落学校教育方案由该部落的原住民共同参设计，其教学内容与方法相对能够配合部落的文化特质。学校的教师和管理人员也保持有适当比例的原住民。早期部落学院是采用社区学院的办学模式，较重视实用课程与职业训练的相关课程，如今的部落学院除开设授予副学士及学士学位的课程外，有些部落学院还开设有研究课程，发展自己的研究设计，并争取原住民观点的研究取向。[①]

1972 年，美国国会通过了第一部有关印第安人教育的专门法案《美国印第安人教育法案》（*American Indian Education Act*）。依据该法案，美国政府应特别补助在保留区就学的儿童和学校，并且补助在都市地区就学的印第安儿童。1975 年，修改此法案时又规定，准许各学区之印第安家长委员会参与监督，指导一些特别的教育活动，并且鼓励发展社区本位学校，鼓励教师设计双语教材，改革课程以增加文化适切性等。1975 年，联邦国会还通过了《印第安民族自决与教育援助法案》（*Indian Self-Determination and Education Assistance Act*）。此法案中包含有自决条款，进一步明确授权印第安部落自行管理所属的学校。

---

① 张建成. 2000. 多元文化教育：我们的课题与别人的经验. 台北：台北师大书苑.

此外，该法案还强调政府应尽量满足部落的需求，应最大化地促进印第安民族参与和他们自己有关的政治和教育事务。在地方部落和联邦印第安事务局（The Federal Bureau of Indian Affairs）磋商并签订契约后，美国联邦政府将提供包括教育在内的各种社会服务，而基于此契约而成立或运营的印第安部落学校则称为契约学校（contract schools）。1978年，国会又通过《部落自主社区学院援助法案》（Tribally Controlled Community College Assistance Act），又称《部落学院法案》（Tribal College Act），进一步强调国家应依据印第安人过去和联邦政府所签订的条约，负起扶持的责任，给予部落学院经费补助。

1998年，全美国印第安部落领袖经过四年的集会讨论，共同发表一本有关土著教育的红皮书，随后克林顿总统亦签署一份名为"美国印第安与阿拉斯加土著教育行政命令"（Executive Order on American Indian and Alaska Native Education）。该行政命令的核心概念完全来自红皮书。红皮书中，印第安人对政府承认部落的统治权和自主权表示了强烈的愿望，他要求总统行政命令的首要任务是建立一个政府和部落间的协商机制，协助政府了解印第安人教育的需要和确保其优先选择的权利。同时，行政命令中也要求教育部建立关于印第安学生学业成就和留校情形的基本资料，并评估印第安语言、文化在教育中有效运用的策略。

美国联邦政府给予印第安部落极大的教育权力，有人认为是美国联邦政府自动放权的结果，实际上却在很大程度上是源于印第安部落文化上的自觉，以及持续不断地向政府提出各种教育诉求。美国联邦政府之所以能够将这些政策上升为联邦法律，一方面是基于对印第安人教育发展欠账的考虑；另一方面，也是最重要的是通过协商解决印第安部落问题，缓和政治上的矛盾。鉴于美国殖民时期，以及向西部拓展时期，与印第安人交往中有过那一段较不光彩的历史，联邦政府需要通过扩大部落自决权利换取对自己政治合法性的认可。尽管如此，美国联邦政府的这一做法还是普遍得到了认同，也为其他殖民国家解决土著居民问题提供了可资参考的范例。

与美国隔海相望，地处大洋洲的澳大利亚面对原住民的教育问题时，也做出了与美国同样的选择。澳大利亚联邦政府回顾全国土著居民教育的总结报告指出，澳大利亚土著居民教育政策（Aboriginal and Torres Strait Islander Education Policy，AEP）长期发展目标有四个，其中首位第一个就是要增进土著居民参与教育决策的权力，协助原住民发展参与决策的能力。2004年，澳大利亚联邦议会对2000年出台的《土著民族教育（目标援助）法案》进行了修订，并于同年开始实施。该法案就着力提高土著居民在教育决策中的参与程度，给土著民族教育更多的自主权。该法案规定政府鼓励土著居民参与教育决策。各级教育部门要吸引土著儿童及家长参与决策学前教育、初等教育、中等教育的计划、分配、评估，参与土著民族学校的规划、发展和评估。为更好地使土著居民参与教育决策，联邦政府还将提供给土著居民参与决策的相关技能的教育和培训，增加土著居民在教育管理部门和学校的工作岗位数量。这些岗位包括管理者、教师、助教、研究人员、学生服务人员、课程咨询人员、社区联络人员以及文化、历史、当代社会、土著民族语言的特殊人员等。该法案还同时规定要把针对土著民族群体制定的有关教育的决策权力扩展到地区、州、领地的水平上。

澳大利亚之所以能够这样放权的一个很重要的原因是土著居民在当地人口中所占比重实际上很低。依据澳大利亚国会于1989年通过的《土著居民教育法》(Aboriginal Education Act 1989) 的界定，"土著居民"指澳大利亚境内的原住民即托列斯海峡岛民。据1983年，Price对澳大利亚人口基本状况的测算，在澳大利亚1500余万人口中96.2%是欧洲血统，主要来源于英国、希腊、意大利，1.22%是土著人或托列斯海峡岛屿人，0.17%是太平洋岛国人，0.46%是中国人，另外2%是其他种族人。①

澳大利亚的文化主体是盎格鲁-撒克逊文化（Anglo-Saxon），其形成的主要来源是英国和爱尔兰的三次移民潮。其人口占去另外一大部分的是来自欧洲，主要是南欧、中欧和北欧，亚洲和大洋洲的移民群体。有学者曾经以族群来源估算澳大利亚的多元文化状况，提出澳大利亚的异族文化（指有别于盎格鲁-撒克逊的文化）人口大约占到30%至40%左右，而据1981年的调查，大约78%的人口是出生在澳大利亚本土，在他们中间，大约88.5%的人，其父母都出生在澳大利亚。因而，异族文化的人口在澳大利亚的比重比30%～40%要低得多。② 虽然两者统计口径，以及对异族文化的理解尚存在偏差，但可以肯定的是，澳大利亚文化的多元已经是不容争辩的事实。在澳大利亚议会中，支持多元文化主义的也占据了多数，所以澳大利亚议会和政府在制定国家民族与文化发展政策时，多使用"多元文化主义"这一术语，其前缀"澳大利亚的"则显示国家执行的多元文化主义是澳大利亚独有的，与其他多元文化主义的西方国家是不同的。③

---

① 自王鉴，万明钢.2006.多元文化教育比较研究.北京：民族出版社，115.
② NMAC. 1999. *Australian Multiculturalism for a New Century: Towards Inclusiveness*. A Report by National Multicultural Advisory Council April 1999, 35.
③ NMAC. 1999. *Australian Multiculturalism for a New Century: Towards Inclusiveness*. A Report by National Multicultural Advisory Council April 1999, 35.

需要指出的是,澳大利亚的多元文化主义并不是分裂的多元,而是基于统一的澳大利亚国民基础之上的文化多元。澳大利亚政府对"多元文化主义"一词还进行了法律界定:在澳大利亚"多元文化主义政策"是承认并赞扬澳大利亚文化多元性的一个概念。它承认并尊重澳大利亚所有人民的所有权利,如享有文化遗产权,使用澳大利亚的公共基础设施和分享共同的民族价值观。它也指制定其他战略和政策的方案。它使国家的管理者对社会经济基础结构和人民社会生活具有多元文化的权利、义务和需求更加敏感,进而能够在社会中不断促进不同文化群体间的和谐发展,并有效利用文化的多元为全体澳大利亚人民带来益处。①

3. 从强制规范到多样发展

从20世纪60、70年代至今,西方诸多发达国家的教育政策和法规都经历了这样一个变迁的过程:自同化教育至整合教育,再到多元文化教育。所谓的同化教育,顾名思义,就是用一种文化特征取代另一种文化特征的教育,以达到一个声音,一个思想的教育。同化教育在教育措施上常常是强制规范,如在20世纪早期,美国西南部的学校中就强制实行"禁止西班牙语"的规定,墨西哥裔的学生如果讲西班牙语,常常会受到身体上的惩罚。所以,当时美国大多数的墨西哥小孩子在上完小学后就辍学不读了。美国的同化教育在20世纪40、50年代遭遇最为严厉的挑战。在当时的芝加哥、底特律等美国北方城市,非洲裔和其他族裔的美国人在教育、就业和住房问题上不断与当地发生矛盾,终于在1943年,积聚的矛盾爆发了。1943年夏天,洛杉矶的墨西哥裔美国人与当地军人发生了严重的冲突,史称"佐特装骚乱"(Zoot Suit Riots)。暴动持续了30多个小时,造成34人死亡,数百万美元财产损失。同年,在底特律与纽约市哈莱姆特区都发生过种族暴动。

从同化教育到整合教育是一大进步,人们开始逐渐意识到单纯地通过威权形式,通过灌输教育根本无法磨灭少数族群基于其自身文化特质的内心认同。正如班克斯所说,由于否认一个人根本的群体认同是非常痛苦的,心理上的折磨过程,要实现上述目标也是不太容易的,这就是同化政策并不易成功的原因。②整合教育的最形象的表述是美国的"熔炉"理论。1966年,英国议会官员罗伊·杰克森(Roy Jenkins)给英国的整合教育下的定义也表达了相同的概念。他说:"不是使同化的过程成为英国教育的政策……而是使机会均等伴随着文化

---

① NMAC. 1999. *Australian Multiculturalism for a New Century: Towards Inclusiveness*. A Report by National Multicultural Advisory Council April 1999, 24.

② Banks J A. 1994. *Multi-ethnic Education: Theory and Practice* (3rd edition). Boston: All yn & Bacon.

差异，并且是在相互容忍的氛围中形成英国自己的文化"。①

整合教育是在对同化教育反思的基础之上提出的，但是整个教育依然受到了来自社会阶层理论、文化冲突理论的挑战。对这些疑问的回答不是仅仅提供少数文化群体平等的政治地位和生活权利所能够解决的，对多元文化教育的理解还需要体现更深层次的文化问题。而这种更深层次的东西则存在于人类持续不断地对自身境地、自身文化的反思之中。人类对生态系统和文化系统诸方面的调节，与动物的一个本质区别是人类可以借助观念系统、价值概念和道德评价等意识形态系统进行协调。人类是唯一能意识到自己行为的后果并对其进行反思的生灵。②

西方各国多元文化教育的发展也都是在不断的反思、研究中逐渐展开的，虽然更多的反思是基于政治压力下的被动反应。多元文化主义得到加拿大官方认同就基于两个因素：③ 其一，20世纪60年代初期移民政策抛弃了所有的种族或民族标准歧视制度（ethnic-blind point system），南欧、中东、亚洲，以及加勒比移民以惊人数量开始涌入加拿大。其二，英法冲突迫使加拿大联邦政府作出相应的政策调整。这种冲突在魁北克省表现得尤为突出。魁北克省的法语系居民高达80%。魁北克人认为盎格鲁人的统治让他们感到不公与偏见。20世纪60年代，使用法语的人数骤降，同时，绝大多数移民子女流入到英语授课的学校。当时在法语学校就读被看作下等人的象征，因为在法语学校学习的儿童主要是法国的劳动者子女、基督教以外的犹太教或其他宗教信仰者的子女、东南亚等国的移民子女和英语系劳动者的子女。

面对魁北克的分离主义，当时的加拿大总理莱斯特·皮尔逊（Lester Pearson）在1963年7月19日建立了"双语双文化皇家委员会"（Royal Committee of Bilingual and Biculturalism）。"双语双文化皇家委员会"成立后，相继发表了四个建议公告：《公用语言》（1967）；《教育》（1968）；《公用语言法》（1969）和《其他民族群体的文化贡献》。这一系列的文件明确了两种语言在教育中的平等地位，尤其是《公用语言法》使得法语成为加拿大两种官方语言之一。该法案规定联邦政府机构的一切文件必须同时使用两种语言。1971年10月8日，加拿大时任总理皮埃尔·特多鲁（Pierre Trudeau）在众议院的讲话时又再次重新

---

① Office for National Statistics. 1996. *Social Focus on Ethnic Minorities* . London：Her Majesty's Stationery office.

② 张诗亚．2001．祭坛与讲坛——西南民族宗教教育比较研究（第二版）．昆明：云南教育出版社，260．

③ Samuda R J. 1986. *The Canadian Brand of Multiculturalism*：*Social and Educational Implications*，*Multicultural Education*：*The Interminable Debate*. London：The Falmer Press，101-102.

申明了官方双语原则，指出多元文化政策是"确保双语框架（结构）中的多元文化"，其政策基础是建立在个人选择自由和国家统一基础之上的。他说："不能对英裔、法裔采取一种政策，对土著居民采取另一种政策，而对其他族裔成员实行第三种政策，国家的统一和团结所需要的共同文化政策，只能是多元文化主义政策。"①

1971年，特多鲁总理提出四点具体方针以保证政府本身成为保障加拿大人文化自由的"最合适的手段"：第一，政府将尽可能帮助所有不同规模和能力的文化群体继续发挥作用，实现对加拿大的贡献；第二，帮助所有文化群体的成员克服充分参与加拿大社会的文化障碍；第三，促进所有文化群体间富有创造性的接触和交流，以利于国家的统一；第四，继续帮助移民掌握至少一种官方语言，以使其充分参与加拿大社会。②

1972年，加拿大联邦政府新设了"多元文化政策部"（Multicultural Policy Department）和担任实施多元文化政策的国务大臣。1973年，"加拿大多元文化咨询审议会"（Canadian Consultative Council Multiculturalism，CCCM）成立，并负责有关政策的制定。实际上，整个70、80年代，加拿大的各个省充当了实行多元文化教育的主体，如1968年，安大略省通过立法保证以法语为媒介的学校教育。1971年，在乌克兰社区的积极努力下，阿尔伯塔省修正了学校法案，建立了最多占50%学习日、使用非官方语言进行教育的指导计划。1974年，萨斯克彻温省议会修正并通过多元文化教育法案，允许使用非英语的语言进行教学，并为这种教育的发展提供财政支持。据相关统计，在1980至1985年间，共有44种不同的语言文化教育安排在加拿大学校教育的课间或课后进行。

1983年，来自加拿大教育界的不同少数民族组成了专门委员会。1984年5月，这个委员会递交了它的第一份报告——《现在平等了》（*Now Equal*）。1982年，加拿大政府把多元文化主义的精神写进了新制定的宪法中。1988年《加拿大多元文化法》通过。进一步明确了加拿大政府的多元文化政策："承认所有加拿大人作为加拿大社会的充分和平等的参与者。"其法律基础是《1982年宪法》《1976年公民法》《加拿大人权法》（1977年）、《加拿大权利和自由宪章》（1982年）和《官方语言法》（1988年）。

英国虽然是个老牌的殖民地国家，但在二战后的移民潮中，其文化的多元

---

① Mallea J R，Young R A，Young J C. 1990. *Cultural Diversity and Canadian Education：Issues and Innovations*. Montreal，Quebec：McGill-Queen's University Press，518.

② Brooks S，Miljan L. 1993. *Public policy in Canada：An Introduction*. Toronto：McClelland & Stewart，252.

性也日渐丰富,有学者甚至称英联邦本身就是个复合的社会。1984 年《英联邦法案》(British Nationality Act)规定,联邦国家的移民允许自由进入英国。但在 20 世纪中期,英国的移民主要还是来自加勒比海、印度和远东地区。英国最重要的民族之一是犹太人,他们涌入英国主要是由于 19 世纪 80、90 年代俄罗斯的压制和 20 世纪 30 年代德国纳粹的迫害。英国另一重要的少数民族群体是爱尔兰人,他们是在 18 世纪工业革命时大量涌入英国的。1971 年,爱尔兰人仍是英国最大的少数民族之一,大约有 70.9 万人居住在英国。①

20 世纪 60 年代的英国教育政策是典型的同化教育政策,其教育的主导思想就是加强移民子女的英语语言教育。许多学校的移民学生必须做和本地学校学生同样的测试题,进行标准英语测验。1964 年,《英联邦移民咨询委员会第二报告》(The Second Report of the Commonwealth Immigrants Advisory Council)明确提出,我们不要企图使移民的不同价值观成为永恒不变的东西,并且明确提出,目前学校班级中的大部分移民学生减缓了正常的教学进度,阻碍了整个班级的进步,这明显对整个班级的小学生来说是不公平的。1965 年《政府传阅文件》(Government Circular)将直接将学校教育的目的限定为"成功地同化移民儿童"。至 20 世纪 70 年代,少数民族学生的文化差异开始得到某种程度上的认同,老师开始学习少数民族的文化和知识,大量的书籍和小册子也有出版。1977 年英国政府的文件《学校教育》(The School Education)指出:"我们的社会是一个多文化、多种族的社会,课程的设置应该反映出对于组成我们这个现存社会的不同文化和种族的深具同情的理解。"1981 年政府的一份重要文件《学校课程》(The School Curriculum)进一步阐明:"学校的教育内容以及教育方法必须恰当地反映我们社会的基本价值观念……学校的工作必须反映与学生的成熟必须达到的要求相关联的许多问题,学校和教师对于它们是很熟悉的。首先,我们的社会已经成为一个多元文化的社会,在学生和家长中现在存在着较多样的个人价值观念。"②

1981 年,《阮姆·顿报告》(Ramp Ton Report)将多元文化教育的重点放在了英国的西印度群岛移民子女、穆斯林家庭的孩子上。阮姆·顿报告的题目是"我们学校的西印度群岛学生",它指出:"……西印度群岛学生低劣成绩的原因不是唯一的,而是普遍意义上的教育制度以及家长不同的态度和期望所造成的。"1985 年形成的《斯旺报告》(Swann Report)是迈克尔·斯旺(Michael

---

① Office for National Statistics. 1996. Social Focus on Ethnic Minorities. London: Her Majesty's Stationery office.

② 滕星. 2010. 多元文化教育——全球多元文化社会的政策与实践. 北京:民族出版社,171.

Swann) 在担任英国民族委员会 (Ethnic Affairs Committee) 主席期间, 在对少数民族学生教育广泛研究的基础上提出的。它指出英国社会已经是一个多元的、多民族的、多文化的社会, 它需要少数民族与主流民族"在一个由共同接受的价值观、时间和实施程序构成的框架内全身心地参与社会建设", 同时"保持他们独特的民族特征"。

澳大利亚也为土著居民子女的学校学习提供了双语、双文化的教育环境。1972 年, 澳大利亚联邦政府首先在北部地方开始推行双语教学。现在有 12 所土著人学校在使用 12 种土著语为其主要的教学用语。目前, 澳大利亚的土著事务部 (Department of Indigenous Affairs) 在南澳大利亚州、昆士兰州和西澳大利亚州的边远地区的少数学校中也开始推行了双语、双文化教育。土著人居住区的学校, 小学一至三年级实行双语教学, 四年级以上则实行英语教学。为了帮助土著居民获得接受高等教育的入学机会, 澳大利亚设立了专门的土著居民中学, 并且还在堪培拉大学还设有土著人与岛民教育中心, 通过特殊政策招收土著人学生。中心的运营经费由政府从土著人与岛民资助项目中划拨, 中心的任务是教学生学习六个月的基础课程、兼顾一些发展课程, 进行一些适应新的学习环境的培养。六个月后经考试合格后上大学学习, 不合格者则重读或进行职业技术培训。

(二) 实践原则

面对多元文化教育的兴起, 各个国家和政府或主动、或被动地都做出了相应的制度性回应。这些制度性回应都是在基于现有的国家制度框架下的调整, 主要表现为教育权力的重新分配问题。从纵向来看, 主要是教育管理权在中央政府、地方政府, 乃至部落与文化群体之间的分配; 从横向来看, 主要表现为课程权的在政府、部落群体、教师、民间中介机构之间的分配; 而斜向来看, 则主要表现为政府利用各种政策间接协调不同利益群体之间的权力关系。这三种权力的分配在各个国家呈现出不同的特点, 但无不是在集权与分权、平衡与制约、严格与灵活三个方面小心地拿捏着尺度和步幅。

1. 集权与分权

集权与分权主要是从权力的纵向分配的主要内容。集权与分权是相对的, 尤其是在 20 世纪末至 21 世纪初, 出现了这样一种情况: 地方分权制的国家开始出现中央集权化地发展倾向, 而中央集权制的国家开始逐步向地方分权。这表明如何在集权与分权之间掌握恰到好处的"度"仍然是各国政府面临的重要问题之一。

美国是典型的教育分权制国家。由于历史上的原因, 美国的教育制度从其诞生之日起就有意识地设计成为一种既能保留多元性, 又能从中求得一致性的制度。美国的教育立法充分体现了"从独立性中求统一性"的精神，这种精神突出地体现在通过立法确认教育权的分配上。① 美国联邦的权力与各州的权力划分，在其宪法修正案第十条中有明确规定："本宪法未授予合众国或未禁止各州行使之权力，皆由各州或人民保留之。"管理教育的权力属于宪法未加列举的权力，因此由各州行使。美国的教育行政权和立法权主要在各州，各州的宪法一般都规定了州政府在教育事务中的自主决策和管理权力。《美国 2000 年教育规程》中也明确提出，联邦政府各州州长负责组织社区办学，并表明组织社区力量办学是办好教育的关键。各州除了对本州教育事务进行一般规定之外，还通过各州设立的学区教育委员会负责本学区的教育，同时，各学区的各级学校又可以按本校实际情况进行管理，不受统一模式的束缚。

美国联邦对教育的管理主要是依据联邦宪法第一条第 8 项之规定，即国会有权为共同防卫和一般福利的目的征收赋税，在教育财政拨款的范围内立法予以间接调控。如美国《高等教育法》（1965 年）第 601 节规定："兹授权到 1979 年 10 月 1 日前为止的每个财政年度拨款 6000 万美元。"美国联邦，以及教育部制定的规章大多为规定自主项目的设立、款项的分配、管理和监督等问题，因而联邦的教育法律对各州只有指导性，没有强制性。正如《不让一个孩子掉队》所指出的"只要对此项计划感兴趣，各州和学区均可通过与联邦教育部部长签定协议的方式而参加进来。"这表明如果州政府不感兴趣，也可以不参与此计划。美国国会为了避免联邦直接控制教育，通常还会在教育法中专门列一节具体说明，如在 1968 年《教育总则法》中就明确规定："所实施的任何方案都不能解释为授权联邦的任何部门、机构、官员或雇员实行指示、解读、控制任何教育机构或学校系统的教学计划、管理计划或人事计划。不能解释为指示、解读、控制任何教育机构或学校系统选择图书馆资源、课本或其他印刷的出版的教学材料，也不能解释为要求分配或运送教师以克服种族的不平衡。"② 但是，正如前面所述，由于联邦教育法律大多有强大的经费支撑，因此，它对各州的行为能起到积极地引导作用。如在《不让一个孩子掉队》的指导下，纽约州制定了"印第安人援助计划"（New York State Indian Aid Program），俄克拉荷马州制定了"移民教育计划"（The Oklahoma Migrant Education Program）等。

20 世纪 80、90 年代，由于美国联邦政府通过教育法补助教育事业，拨款项目越来越多，范围也越来越广，全国各级各类教育事业开始也越来越多地受到

---

① 张维平，马立武. 2004. 美国教育法研究. 北京：中国法制出版社，11.
② 张维平，马立武. 2004. 美国教育法研究. 北京：中国法制出版社，132.

联邦政府的控制。与此同时，由于各州贫富差距扩大，标准不一，教育水平悬殊，少数教育利益集团把持了地方教育主流，要求联邦政府成立教育部的呼声越来越高。1979年10月，詹姆斯·卡特（James Carter）总统签署了第96-88号公法，即《教育部组织法》（Department of Education Organization Act），授权成立内阁级的教育部，但该法案中也明确提出："教育部的建立不会增加联邦政府在教育方面的权力，也不会减少保留给州和地方学校系统及州的其他机构的教育责任。"这意味着美国联邦政府并不会实行教育集权制度。相反，进入新世纪后，联邦政府出现了更多分权的倾向，如2002年1月8日，时任总统的布什签署的《不让一个儿童落后》法案除了要求学校为所有的学生提供高质量的教学，并通过每年的测试、为改善教学方法投资、为父母提供新的学校选择之外，还强调要增加州和学区的灵活性来增加州和学校的绩效责任。

中央集权型的典型代表是法国。法国自拿破仑时期就开始中央集权式的教育管理体制。1806年，拿破仑主持制定并颁布了《帝国大学令》，1808年，在他的主持下又建立了帝国教育制度。该制度明确了法国实行中央集权的教育行政体制，加强了国家对教育的控制和管理，教师一律成为了国家的官吏。依照该制度，法国设立帝国大学，并作为全国的教育行政机关，负责全国的教育管理工作；全国设立了27个大学区，学区设立学院、中等学校和小学；国家对教学计划、课程等实行统一管理。此后，这项制度一直延续了下来，虽然期间历经多次教育改革，也多次提出要下放部分教育权力，但至今国家与地方的权限划分变化甚小。法国中央政府依然大权在握。法国的中央集权教育体制在面对多元文化教育时，其制度反应的弹性相对较小。20世纪60年代以前，由于法国的移民还较多来自于意大利和波兰，其参与和融合到法国社会生活中相对较为容易，而到70年代后期，由于葡萄牙以及北非国家的移民增加，教育中的文化差异和文化障碍问题凸显出来。法国政府对此的反应是设立"实验入门班级"，其主要目的是教会移民子女法语，以便为升学做准备。（表6-1）

表6-1　法国学校入门班级设置举例[①]

	入门班级1班	入门班级2班
固定构造为升学所设班级	学年度入学的完全班级	不完全班级学年中途入学的学生
	从出生国转学来的法国者	无就学经验的儿童
柔软构造	曾在国外上过学的儿童，可中途进入普通班级的儿童	无就学经验的儿童可编入班级1班（年龄较大儿童）

---

① 滕星．2010．多元文化教育—全球多元文化社会的政策和实践．北京：民族出版社，195．

20 世纪 70 年代中期，一方面由于法国国内少数民族文化自主权复归运动的活跃；另一方面由于 1973 年始的经济危机，为了保障本国人的就业，法国开始采取停止接受新移民和鼓励移民归国的政策。但是鉴于移民归国可能遭遇的母语障碍问题，法国政府不得不做出让步。1973 年，法国政府与葡萄牙政府就"就学于基础教育的外国儿童的母语教育"达成协定。该协定规定，法国小学的正式课程时间中要安排适当时间的葡萄牙语内容。此后，法国政府也同意大利、阿尔及利亚、摩洛哥、南斯拉夫等国缔结了相似的协定。80 年代后，尤其是法国社会党上台之后，学校的改革和民主化得到了较大的推动。1981 年 7 月，"优先教育地域（ZEP）"的确定，以及 1981 年 12 月法国政府与阿尔及利亚政府签订的关于向在法国学习的阿尔及利亚儿童提供教育援助的协定都可视为法国政府在促进多元文化教育方面的积极举动，但由于法国本身的教育体制和历史现状，这一改变过程注定是漫长的。

英国的教育行政体制显然居于美国和法国两种体制之间，所以很多学者将其称为"混合制"或"结合制"。英国的国家教育和科学部（The State Department of education and Science）只负责英格兰的全部教育以及威尔士的继续教育和整个大不列颠大学的教育，而对北爱尔兰、苏格兰除大学以外的教育和威尔士除大学和继续教育外的教育都实行自治。此外还需要注意两点，其一，英国公立教育制度和独立学校制度依然存在；其二，英国的地方教育管理部门享有一定的独立自主权。这些都为英国多元文化教育的顺利开展提供了制度上的支持和保障。

总体上来看，多元文化教育的实施，扩大地方政府或地方教育行政部门的自主权力是各个国家的主要选择。2004 年，澳大利亚联邦议会修订的《土著民族教育（目标援助）法案》就明确规定，联邦教育部部长代表联邦政府与教育机构制定相关的协议来管理和运作作为年度资金的经常性支出，而各州州长可以根据地区实际，制定相应的政策法规来执行条例规定的内容，以确保联邦提供的经费达到预期目标。

2. 平衡与制约

多元文化教育的概念一经提出之后，争论就没有停止过。各种各样的担心和忧虑纷至沓来，有人担心它产生出新的种族主义思想，也有人担心对多元文化的强调弱化民族国家的统一基础，并且对接受主流文化教育的儿童形成逆向歧视。从目前多元文化发展的现状来看，这些担忧显然是过虑了，且不说多元文化教育的发展还远没有形成对主流文化造成冲击的程度，从另一方面来看，一个宽容、包容的社会显然要比一个狭隘、强制的社会更加容易形成统一的价值观念和更加安全与团结。即便如此，各个国家在实施多元文化教育时也还是较为重视如何平衡各种文化群体与利益群体之间的关系，其具体做法有三：

其一，通过立法、司法程序形成平衡与制约。美国是三权分立的国家，其在法律制定时明显保留了"平衡与制约"的特色。美国的立法程序之一就是总统签署法律是指生效，但总统也可推翻或否决任何法律，除非众议院和参议院各有三分之二的多数票推翻他的否决。司法部门对教育立法的影响也极为明显，法院可以在对实际案例进行判决时准用已制定的法律，但通常法院推翻的过程往往均是基于维护宪法的基本精神的目的。如 1954 年-1964 年，美国南方及边界的许多州将"自由选择计划"（freedom of choice）作为取消学校种族隔离的措施。他们打破原有单一种族的学区，重新划分学区，并将学生以就近原则安排在邻近学校上学。家长如果不同意，也可以自由选择。但这种措施的后果依然是白人上白人学校，黑人上黑人学校，邻近入学的措施使得居住区隔离成为了许多许多学区保持学校隔离的工具和借口。1968 年，在"格林诉新肯特县学校委员会"（Green v. School Board of New Kent County, Virginia）一案中，最高法院裁决"自由选择计划"违宪，与布朗案的原则抵触，要求学校委员会立即承担起取消学校种族隔离的任务，并确定了学校一体化的标准，即后来的格林要素。

英国在制定教育政策时为了避免随意性、主观性，也有一套规范的程序。在教育立法过程中，英国政策比较重视专家、学者的作用和听取社会各方面的意见，以提高立法的科学性和代表性。通常情况下，英国政府在进行某项教育立法时会任命一个专家委员会对有关问题进行调查，并提出政策报告。然后，政府会根据报告，确定政策意向，并形成书面文件，反复征求有关各方的意见，最后形成正式的政策性文件。既定的政策如果需要上升为法律，政府首先需将其以法案的形式递交议会审议，经过议会三次辩论，表决通过，交由女王签署后，即成为法律。英国关于少数民族教育政策的制定通常也会遵循这样的程序。

其二，通过法规与政策实施的反馈机制形成平衡与制约。2004 年，澳大利亚联邦议会对 2000 年出台的《土著民族教育（目标援助）法案》进行了修订。修订后的法案于同年开始实施。为了解拨款的情况和绩效，该法案规定，在资助年度结束以后，有关教育部门必须向国会提交报告，提供本年度与经费使用相关的信息。这些信息包括：①绩效信息，包括国家和地区，政府和非政府部门通过使用拨款发展土著居民教育所取得的成绩；②部长委员会报告中有关工作、教育、培训和青年事务的相关信息；③国家土著民族文学和数学项目的进展；④土著民族的学前教育入学率；⑤土著民族的 10 至 12 学级的入学率；⑥土著民族的职业教育和培训人数；⑦土著民族完成义务教育和训练的人数。① 国会通过年度报告可以对各相关教育部门的各个指标进行统计和考核，了解拨款的使用情况，以及法案的实施情况，同时有效监督拨款的实施。这既是对该拨款年度中法案实施情况的总结，也是对签订协议的各教育机构的测评。通过"目标—协议—拨款—反馈"的全环节机制，澳大利亚的法案实施显得更为有效与合理。

其三，通过课程设置与课程决策主体的多元化形成平衡与制约。课程是学校教育的核心，课程权力的分配问题是教育政策的关键所在。课程权力的分配主要有三个维度：课程标准颁布机构（主体）；教科书的编审及教材的编写的规则；课程决策权。② 胡东芳曾于2005年对美、英、法、德、日五国的课程权力分配做过系统的比较研究，其内容展示如表6-2，表6-3：

表 6-2 各国课程标准颁布机构比较③

国别	中央（邦或州）	地方	学校	备注
美国	州政府公布小学各科课程纲要	各地方教育委员会组织课程委员会规定学区内学校课程标准	各校依据教育委员会规定的课程基准编制课程	联邦政府及州政府、全国性有关教育的民间财团、大学研究机构等提供课程编制有关资料
英国	中央教育科学部虽未直接指定课程标准，但通过督学、教师手册及讲习会，可指导校长、教师有关教材教法	课程的编制，虽属地方教育行政机关的权限，具体的课程编制则委任校长办理。地方教育行政机关的督学，常指导校长及教师有关课程编制方法	各校负责编制课程	1. 教育科学部督学，除编制教师手册外还在教育科学部主持的讲习会担任指导工作 2. 通过全国性研究发展机构"学校课程实验审议会"进行课程研究、发展及指导工作
法国	教育部长公布课程及编制课程有关细目	大学区校长或督学为使教育内容适应地方需要可依自己权限变更或调整部分课程	小学校长依据教育部长公布的课程及编制课程有关细则安排教学时间	
德国	1. 各邦教育部制定公布"教学计划书" 2. "各邦教育部长常设会议"从全国的立场，调整课程编制的基本方针	各地方在原则上不参与课程编制工作	各校在"教学计划书"的范围内，参酌地方及学校的特性编制适当的课程	教育部编辑教师手册及说明书分发各校

---

① 姜峰，刘丽莉.2009.澳大利亚促进民族地区教育均衡发展政策研究《土著民族教育（目标援助）法案》述评.民族教育研究，(5)：112-115.
② 胡东芳.2005.谁来决定我们的课程？——主要国家课程权力分配比较研究.外国教育研究，(3)：30-34.
③ 胡东芳.2005.谁来决定我们的课程？——主要国家课程权力分配比较研究.外国教育研究，(3)：30-34.

续表

国别	中央（邦或州）	地方	学校	备注
日本	文部大臣（教育部长）公布"小学校学习指导要领"	1. 都、道、府、县教育委员会制定各地方课程 2. 市、町、村教育委员会制定课程编制的基本事项	各校在中央及地方的课程标准范围内参酌地方需要及学生的特性，编制课程	文部省除主管研究及讲习会外，还编辑适合教师使用的说明书分发各校教师参考

表6-3　五国课程决策概况①

国别	课程标准及具体细目	课程结构	教科书编制	教科书选用
美国	无全国统一标准，各州自定纲要性标准，具体细目由各学区"课程各委员会"制定	州或地方学区规定至少学习的科目	由出版商根据各州、学区需要编辑出版，无需审定，各团体对编制有影响	大多是地方学区在经州认可的目录单中选定；学校也有很大的选择权
英国	无全国统一标准，只有"教师手册"供参考；地方当局、校长自定标准	国定基本科目，其余由地方及学校自定	由出版公司聘请专家自由编写、自由发行，无需审定	在征求教师意见后由校长决定
法国	全国统一标准由教育部"学校教育总局"制定，并报"国民教育最高审议会"审定。地方可根据实际情况修订，学校、教师也有一定修订权力	国定基本科目，地方、学校定修科目	以国家标准为依据，由教育部及大学区督学、大学教师自由编订，自由发行。无严格审定制度	教员参加"教员会议"讨论决定选用，并报上级审核
德国	无全国统一标准，各州自定标准。具体细目由"教学计划委员会"提出方案，报州教育部批准	由州决定基本科目，学校决定选修科目	由出版公司出版后经各州文教部审定，合格后进入市场"自由竞争"，教师也在研制教材	由学校决定或由地方教科书选择委员会裁定
日本	国家有总的标准，由文部大臣颁布。在此框架内，地方教委可酌情拟定地方课程标准。各校再据此酌情修订	由文部大臣颁布的规则中明确规定，地方有一定权力	教科书编制及发行需经文部大臣审定后才能流通	公立学校选定权在所辖教委。国立及私立学校由校长决定选用

从上面图表的对比当中，我们可以看出存在各国课程权力当中的一个普遍趋势是逐渐将课程决策的权力逐渐下放。即便是在中央高度集权的法国，这种变化也较为明显。以前，法国课程政策的制定、执行及实施都是由中央政府总揽。法国教育部不仅提出教育法案、确定经费、发布命令、制定教育大纲，甚至还规定教学方法、考试内容和时间等等。进入21世纪以来，法国在教育控制方面进行了一系列的分权和放权的变革，虽然基本上还没有动摇中央集权模式，

---

① 胡东芳.2005.谁来决定我们的课程？——主要国家课程权力分配比较研究.外国教育研究，(3)：30-34.

但也出现了部分变化。这种变化在表 6-4 中可能显示的更加清楚。

表 6-4　五国课程决策主体权限一览表[①]

	美国				英国			法国			德国			日本		
	课程标准具体细目	课程结构	教科书编制	教科书选用	课程标准具体细目	课程结构	教科书编制	教科书选用	课程标准具体细目	课程结构	教科书编制	教科书选用	课程标准具体细目	课程结构	教科书编制	教科书选用
国家	△				△	△			△							
地方	▲	▲	△	▲	▲	▲	△		△	▲	△	▲	▲	▲	△	▲
学校		▲	△	▲		▲	▲	△		▲		▲		▲		▲
教师				▲			△	▲			▲			△		
家长及学生				△							△					
其余团体		△	△			△				△						

注：有主导权或重要影响力的以"▲"表示；有一定参与权、建议权、影响力的以"△"表示

从上表中可以看出，五国中，地方和学校大体上拥有课程决策的大部分权力。实际上，这图表还没有完全将课程制定过程中的多样主体完全体现出来。以美国为例，美国主要是通过州的课程政策来影响学校和学生，但是在州之下，还有地方的教育委员会、学区教育委员会，以及中间学区委员会等。这些委员会同样拥有制定和修改教学大纲的权力。此外，美国的教师还可以通过教师联合会影响国家的课程政策，地方学校和教师也有权自订课程、自选和自编教材，甚至美国的学生也可以通过竞选决策委员会成员进而影响课程设置。美国的学生家长也可以通过家长组织，或其他非正式渠道影响课程决定。

虽然近十年来，地方分权制国家的课程设置有明显的权力集中现象，但总体上还是在地方分权的框架下进行的调整。如美国联邦政府《2000 年目标》法令就"建议"各州建立全州的课程和学业成绩标准，也可"自愿"采用国家制定的课程和学业成绩标准。虽然规定"自愿"，但是否采用却关系到是否能够得到联邦政府的经费资助。为了推行这一法令，总统还通过国会申请了一笔 62 亿美元的贷款。

英国的教师在 20 世纪 60 年代以前拥有绝对的课程权力，但其后，英国政府开始逐渐干预教育。在 1981 年发布了指导性文件《学校课程》之后，1986 年秋开始实施全国学科专门标准和一般标准制定的考试大纲。《1988 年教育改革法》(*Education Reform Act 1988*) 是英国教育史上重要的教育法律之一。依据该法

[①] 胡东芳. 2005. 谁来决定我们的课程？——主要国家课程权力分配比较研究. 外国教育研究，(3)：30-34.

案,英国第一次对课程进行了统一规定。它将课程分为三类,即核心课程、基础课程和选修课程。核心课程和基础课程最为重要,统称国家课程,由国家统一制定课程标准。其中核心课程有:数学、英语和科学。但是,法案中特别规定威尔士地区的威尔士语学校里将威尔士语列为核心课程,而该地区的非威尔士语学校中,威尔士语被列入基础课程。国家课程在实行过程中,虽然前后有一些变动,但是至今仍然发挥作用。目前在作为基础课程的现代外语中包括了威尔士语、爱尔兰语和苏格兰盖尔语(Gail),而其他可供选择的外语还有将近20种。在实施多元文化教育上,英国政府还是为地方保留了一定的权力。

在加拿大和澳大利亚,实施多元文化教育时也很注意课程制定过程中多元主体的参与。1982年温哥华学校委员会民族关系政策手册就专门规定:委员会将指导校长与所有雇员、家长、学生组织即受委托人合作,制定实施民族关系政策的准则;校长要向所有的职员、学生以及全部学校团体传达委员会的民族关系政策和准则。要制定出相应规定,让学校领导能使雇员、父母和学生组织了解这一政策并且采取步骤付诸实施;委员会要指导校长并鼓励温哥华的学校发展对多元文化的理解的计划。这样的计划应该涉及所有的学校委员会以及学生家长。在加拿大,联邦政府政府这样做是吸取了教训的。从20世纪50年代起,加拿大联邦政府一开始是直接主管印第安人教育,到了70年代初,联邦政府开始与省政府或各地方教育局签订协议,把印第安儿童融入各省与地方的学校系统内。近三十年来,这些印第安人学校的课程结构一直是由非印第安人来设计和决定,即便是关于印第安文化、历史、语言等课程的安排,也都与土著居民无关。后来,大多数这样的学校都被定义为了不成功的例子。

在澳大利亚,许多教育项目是由土著居民自己计划并管理的。为了促进土著居民教育发展,澳大利亚政府专门设立了相关机构以保证决策涉及土著居民的教育和公共事务之时能够听到来自土著居民的声音。澳大利亚有全国性的土著居民与岛民研究所,还有土著居民与岛民委员会,平时除了协助政府解决土著居民的就业、住房等问题外,重要的职责之一就是代表土著居民向联邦政府提出在教育方面的要求。此外州、地方的教育部门还设有专门负责土著人教育的机构,其职责是执行教育部有关政策,同时培养土著人行政管理人员和教师等。

3. 严格与灵活

制定多元文化教育政策与法规时,各个国家都在立法、司法和行政等诸环节上体现了严格与灵活的相对结合。教育法规的结构和用语,以及条款之间都是比较严格的,不仅表现出了较高的逻辑性,而且具有较强的可行性。如20世纪 70 年代以来，加拿大政府把许多文化、教育事业的管理权下放到各省政府，而地方政府主要是通过立法确保公立中小学校以各种形式投入多元文化教育与学习。1978 年，加拿大曼尼托巴省修正的公立学校条例，不仅允许少数民族语言成为教育语言，而且明确规定其学时最多占到正规学时的 50%；而魁北克省实施母语教育计划则规定本地语言和文化的教育应占一半学习日。

教育法规与政策的严格性还表现在教育工作中特别强调依法治教，即确保教育工作依照法律进行，对于违反教育法律的行为必须依法制裁。美国历史上著名的"小石城事件"就是一个典型案例。在美国，判例法是美国法律的主要渊源。教育领域的法律除了州一级的议会通过教育法律之外，主要就是判例法，同时判例法也是美国联邦政府制约州级教育管理权的主要手段。1954 年，在联邦最高法院在著名的布朗案中判决"隔离而平等"的原则违宪之后，公立学校中的种族隔离制度还是依然存在，历史上曾经是奴隶最集中、奴隶制度最顽固的几个州更是对这一判决百般抵制。1954 年，美国阿肯色州小石城 9 名黑人学生要求进入公立的白人学校就读，而当时的阿肯色州州长奥瓦尔·福布斯（Orval Faubus）竟然以"防暴"为名，调动州国民警卫队在学校设置警戒线，阻止 9 名黑人学生入校，公然抵抗联邦法院的判决。当时的美国总统艾森豪威尔一再下令要求执行最高法院判决，但福布斯依然不与理睬。虽然艾森豪威尔总统本人也极其厌恶布朗案判决，但为维护司法权威，他不得不调动军队和飞机，"护卫"黑人学生入学。为了此次行动，联邦政府在当年共计花费了 3400 多万美元。艾森豪威尔事后扬言："为维护联邦宪法，我必须采取我掌握的任何手段！"

美国教育法律的灵活性也是诸国家中最高的。其一，它通过成文法与判例法的相互作用而保持一定的灵活性。美国的成文法实际上还有两套，一套是联邦制定的，另一套是州制定的。联邦制定的成文法并没有强制性，只有州或学区在接受联邦经费的时候才有强制性，而州制定的成文法有强制性。一般来说，联邦的教育法是针对某一教育问题而专门制定，而州的成文法则是对州内教育问题的全面规定。联邦的教育成文法主要提供经费，而州则确立标准。虽然教育是州的"保留权力"（reserved powers），但是州在制定成文法的时候首先要受联邦宪法的公民保护内容限制，同时还受到由其产生的判例法的限制。美国很多重要的教育原则都是通过判例法确定的。由于州可以决定其自己的公立教育系统，进而保持了相当高的灵活性。其二，美国的教育法律经常会频繁修改，进而保持相当的灵活性，有利于与实际情况吻合。美国的教育法律一般在 5 年左右就会修改一次，联邦政府制定的有关民族教育的法律更是如此，如美国联邦 1972 年制定的《印第安人教育法》，已经过了多次修改。其三，美国教育法律条款中还明确划分了刚性条款（rigid articles）和弹性条款（elastic clause）。所谓的弹性条款就是保持了一定灵活性的条款，是没有明确规定行为模式或后果的一种法律规则。法官在适用弹性条款时有自由裁量权，既可扩大解释又可限缩解释。其四，美国教育法律在权力划分上本身就赋予了教育行政部门和学校一些"警察权力"，即"为了公众利益限制个人自由的权力"，还在有些问题上赋予了自由斟酌权。

实际上，保持多元文化教育灵活性最好的办法是给予教师较大的教学自主权，使得教师能够有足够的权力、时间、精力统整各种教育资源，并展开多种形式的教学。在这方面美国教师的教学自主权有明确的规定：如在教师教学内容方面，明确规定只有三条：其一，不可以忽略课本以及教学大纲的要求；其二，不可以采用与教学不相关的材料；其三，不可以在校内鼓吹与课程相悖的观点。在教学方法方面的规定有：其一，不可以采用存在争议的教学方法；其二，不可以对教育政策所设定的教法持异议。在评价学生的方面有：其一，不可以对学生做出诋毁性评议；其二，不可以给学生打低分。这些规定明确、简单，但也同时给予了教师相当大的自主空间。

而在澳大利亚，教师被赋予了更多的权力。在澳大利亚，每一个州都有自己的课程标准，教师按照课程标准组织学习活动，至于选择什么样的内容和形式，则全部由教师自己决定，没有统一的规定。澳大利亚的课程评价完全由教师自己掌握。有的州每年只对小学三、五、七年级的学生进行一次统一的语文和数学的测试。测试题目完全依照课程标准，题目也很开放。虽然每个学期，学校都会有相应的课程计划，但是每一个教师都会参与到课程计划的制订过程当中，而且往往课程计划也都只是一些比较概括性的安排，具体的课程内容安排都是由教师自己完成。如果教师在教学中碰到困难，如资源的组织、外出实践等等，教师可以找校长，然后由学校组织。

加拿大的教师在实施多元文化教育时，也拥有随时调整课程计划、课程教学形式的权力。如温哥华的一些学校原本为许多本地印第安儿童提供了"文化充实计划"（Cultural Enrichment Programs）。其主要做法是每天在选定的时间内，从正规班级中选出本地印第安儿童来讲授印第安人的小说和民间工艺。但由于后来一些教师发现印第安儿童与正规教育中的其他儿童的距离逐渐被拉大了，于是他们开始让全班所有的学生每周都用一定量的时间去接触印第安文化的材料。

此外，澳大利亚的教育工作者针对边远农牧区、海岛土著人、岛民和其他一些因特殊原因不便入学的学生提供远程教育，其就学方式也保持了充分的灵活性。澳大利亚建有自己的远距离教育中心，机构名称为"培训与教育开放网络中心"（Open Training and Education Net-work）。远距离教育中心由现代化设备所装备，如卫星电视、录音录像、图像电话、电传、电子邮件等。远距离教育中设置的课程科目齐全，但课程结构安排灵活，且没有学习顺序限制，学生可以按照自己的意愿的速度学习。学生就学方式简单，只需入学时到校注册，教师面见学生后会把教材、作业辅导材料一并邮递给学生本人或监护人。一次邮寄8个星期的学习辅导材料。学生作业则在两周后寄回学校，教师的批改情况再通过录音反馈给学生。但是，远距离教育的考核比较严格，学生必须定期参加国家规定的各种水平考试，学校对学生的学籍也有严格的管理，因而保证了学习效果。[①]

第二节　政策措施及法规保障

多元文化教育的理念在半个多世纪内得到多数发达国家政策与法律层面的认可，一方面既表明了这种理念对于构建一个多元、稳定的社会是有利的，而且这种理念已经开始逐渐为广泛的社会阶层所认可；但是从另一方面来看，之所以还需要予以政策与法规的保障，说明多元文化教育展开的过程并不顺利。法规从某种意义上来说既是最强有力的措施之一，有时也只能说是最后的保障。如果说得到政策与法规的认可算是基本上解决了多元文化教育的社会意识问题，那么这种社会意识能否化为人们的自觉意识，并成为人与人之间自觉的交往准则，还需要多元文化教育在教育研究、师资培训、经费和环境保障方面做出更多的努力。

（一）加强研究

很多国家多元文化教育政策与法规的制定、修改、补充等等实现都会进行大量的调查研究。这些调查研究既是对以往政策与法规实施情况的一种检查和反馈，同时也为新的政策与法规的制定提供了依据。

美国联邦政府在成文法中往往专门规定，授权学者要开展研究，如1964年，美国《人权法案》就授权学者进行教育机会均等的评量研究。1966年，约翰·霍普金斯大学的教授詹姆斯·科尔曼（James Coleman）与其助手在联邦教育总署的授权下，对60万不同种族、家庭背景和宗教信仰的儿童进行了长达两

---

① 滕星.2010.多元文化教育——全球多元文化社会的政策和实践.北京：民族出版社，120~122.

年的调查后,发表了题为"教育机会均等"的报告,即著名的"科尔曼报告"(*The Coleman Report*)。

科尔曼主要调查了四个方面的问题:其一,公立学校中种族隔离的程度;其二,学校向不同种族提供平等教育机会的程度;其三,学生标准测验中的成绩;其四,学生成绩与他们所上学校的种族组成的关系。其调查结论为:绝大多数美国儿童在种族隔离的学校学习,除亚裔外,少数民族儿童的成绩一般低于白人儿童;在同一地区,不同种族学校其办学条件的差别并不像人们想象的那样大;影响学生成绩的主要因素是学生家庭的社会经济地位,尤其是父母的受教育程度;来自社会经济地位较低家庭的学生,当有机会进入来自家庭社会经济条件较优越的儿童所读的学校时,一般都能取得较好的成绩。报告指出,三分之二的非白人1年级学生在90%以上的学生都为非白人的学校上学;同样,三分之二以上的非白人12年级学生在50%以上的学生都为非白人的学校上学。事实说明,黑人教育状况仍待提高,报告建议采取多方面措施:其一,提高黑人学校的质量标准,使得被融合的学生具有更多的成功机会;其二,采取切实措施帮助家长参与学校教学计划;其三,被融合的学校需要对教师进行在职培训;其四,取消或改革学校中按能力分组的做法;其五,反种族隔离措施应在所有从低到高的学生中实施,以增加他们成功的机会。在这个报告的基础上,1967年,美国人权委员会发表了题为"公立学校的种族隔离"(*Segregation in Public Schools*)的报告。报告指出,充足的教育资源虽然不是达到教育机会均等的充分条件,至少是必要的条件。①

一般来讲,各国联邦政府,或州政府所授权调查少数民族教育问题的组织多是非政府组织,主要是大学、教育中介组织,甚至还包括少数民族团体。即便是授权政府部门,或是由司法部门展开的调查,也都会赋予该研究团体或组织充分的独立调查权力,以保证调查的公正与可信。英国《1976年种族关系法》(*The Race Relations Act 1976*)中规定,种族主义受害者可通过法律要求赔偿。与就业相关的案件可向工业法庭(Industrial Tribunal)提出诉讼,包括教育在内的非就业方面的可向地方法庭提出诉讼。教育机构的管理者和经营者,将作为责任主体。原告也可向种族平等委员会(Commission for Racial Equality)请求帮助,获得建议、处理或法律代表。②但鉴于有些公共部门在执行消除种族歧视政策时的消极态度,在1997年,英国内政部便授权高等法院法官威廉·麦克

---

① 张维平,马立武.2004.美国教育法研究.北京:中国法制出版社,183~184.
② 高靓.2004.英国少数民族教育政策的特点分析.民族教育研究,(4):82~85.

佛森（William MacPherson）独立调查，并做出研究报告。该报告于1999年提交。在此份报告基础上，英国《2000年种族关系法》（修正案）便将禁止种族歧视的要求扩大到了几乎所有公共部门，并且规定部门高层领导对与本部门种族歧视问题的出现负有不可推卸的责任。

澳大利亚多元文化教育的顺利推行更是与政府持续不断的政策研究有着密切的关系。自20世纪60、70年代开始，澳大利亚政府就不断公布政府相关部门的研究报告，以便及时调整多元文化教育政策的内容。

表6-5　澳大利亚政府多元文化研究报告一览表

年代	报告名称	发布机构	主要内容
1966	探索中的岁月	联邦政府	指出民族问题的关键是倡导民族平等与多元文化主义
1973	关于移民外流的调查	移民咨询会议委员会	集中于一系列聚居地服务的范围内的讨论
1977	多元文化社会的澳大利亚	民族事务会议	提出了社会内聚、机会平等、文化平等三大主义
1978	对移民最新公布的计划和工作的回顾	移民咨询会议委员会	提出了四个制定澳大利亚民族政策的指导原则
1979	多元文化主义和它对移民政策的含义	人民议会民族事务会议委员会	指出了在移民政策基础之上建立一个多元文化社会所需的条件
1979	民族电视服务部门的公众协议	民族电视台	提出民族电视事业将致力于促进澳大利亚多元文化之间的相互容忍和欣赏
1980	回顾多元文化与移民教育	多元文化事务协会	报告强调应该将英语作为对移民的第二语言和公共语言教授，以此促进对多民族文化的学习
1982	所有澳大利亚人的多元文化主义：国家地位的发展	人口和民族事务协会	提出当多元文化主义在"民族事务"的文件中充分讨论并经常使用时，标志着在少数民族的权利被真正地重视了
1982	对最新公布的计划和工作的评估	多元文化事务协会	宣称澳大利亚可能是世界上对移民和多元文化最具包容力的国家，在一些关键领域，澳大利亚的供给是独一无二的
1986	不要满足于主流文化——主流文化已成为少数人的文化	移民和多元文化计划与工作委员会	提出了澳大利亚民族文化政策的四个主要基本原则
1986	多元文化主义未来的趋势	多元文化事务协会	分析了非英语语言背景的人们在社会和经济生活中的不平等经历，进一步倡导建立一个广泛参与和平等的社会
1988	澳大利亚的责任	多元文化事务协会	指出政府有责任引导大众的观念与意识，并形成多元文化主义的广泛理解
1989	为了多元文化的澳大利亚的全国议程	联邦政府	说明了多元文化主义的基本原则是建立在三个权利和三个义务之上的

续表

年代	报告名称	发布机构	主要内容
1995	多元文化的澳大利亚——面向和超越2000年	国家多元文化咨议会议	旨在建立一个宽容和富于全球竞争性的社会的长远发展上
1999	新世纪的澳大利亚多元文化主义：迈向包容的社会	国家多元文化咨议委员会	在大量调查数据的基础上提出了今后澳大利亚多元文化主义政策的主要任务及其需要解决的重点问题

资料来源：王鉴.2004.澳大利亚的多元文化主义政策.世界民族，(4)：37-43.

实际上，澳大利亚还专门设有研究学校多元文化教育的委员会，即1973年成立的学校委员会（the Schools Commission）。成立之初，该委员会便发表了的题为"澳大利亚的学校"（Schools in Australia）（1973年）的报告，但是报告中只有11项关于移民教育的内容，该委员会也承认"没有对移民儿童的教育问题进行细致的调查"。学校委员会成立之后，课程开展中心（CDC）作为一个独立的法人实体在堪培拉成立。1970年，教育研究与发展委员会（the Education Research and Development Committee）也在堪培拉成立了。教育研究与发展委员会与1975年至1976年设立的四个重点领域咨询小组（Priority Area Advisory Groups，PAAGS）的主要任务之一就是观察多元文化教育，并撰写报告。

在澳大利亚皇家专门调查委员会（Royal Commissions and Committees of Inquiry）之中，还有一个关于学校移民语言教学的委员会（Committee on the Teaching of Migrant Languages in Schools）。该委员会是于1947年由澳大利亚劳动党政府成立的，授权调查国立和非国立学校移民语言教学，并提供可行的方法和建议。1977年1月成立的澳大利亚民族事务委员会（Australian Ethnic Affairs Council，AEAC）下有三个支委会：定居计划委员会（Settlement Programs）、多元文化教育委员会（Multicultural Education）及共同协商会议和民族调解委员会（Community Consultation and Ethnic Media）。该委员会发表的最有影响的出版物就是《澳大利亚是一个多元文化的社会》（Australia as a Multicultural Society）。事实上，这个报告只是该委员会给澳大利亚人口与移民委员会绿皮书（1977）《移民政策与澳大利亚人口》（Immigration Policies and Australia's Population）的一份递呈。虽然，在当时澳大利亚是否是一个多元文化的社会还存在广泛争论，但在这个报告中却没有受到丝毫质疑。[1]

---

[1] 王鉴，万明钢.2006.多元文化教育比较研究.北京：民族出版社，124~125.

(二) 师资培训

多元文化教育成功与否在很大程度上取决于教师，正如英国的斯旺报告所说："在一个多元文化社会以至整个世界，所有学校和所有教师要有准备为他们的学生生活于其中做出职业性的责任。"

20 世纪 80 年代以来，美国的教育培训机构开始重视对学校教师的多元文化教育资格的培训，并且在国家相关的政策与法律之中，还有专门条款保障培训的任务与内容。美国联邦教育法对师资的规定主要是提供经费，如 1972 年《印第安人教育法》中规定："……为这种方案的教学人员提供在职教育。"联邦教育法所规定的一般是培训特殊师资，而从事多元文化教育的教师培训则多属于此类。一般联邦法律中还会明确规定职前、职后培训的方式、培训数量，以及为教师和教育人员提供的奖学金、工资和津贴等。

此外，美国各州的教育行政部门也可根据本州实际情况，在落实国家多元文化教师培训的任务和内容方面做出相应的调整。一般来说，美国地方教师培训的计划允许充分地展示地方文化和民族语言的特色。美国的丹佛市就制定了相关计划并展开活动。丹佛主要是由西班牙裔、非洲裔、亚洲裔的美国人构成。其计划主要有以下几个要点：其一，教师不仅要有理论知识，而且要有机会把理论付诸实践；其二，专家的指导必须要和地方教育组织的领导长期统一起来；其三，专家有效指导与教师专业发展有机结合；其四，教育部门领导班子的建设会确保多元文化的而知识与技能有计划地、适度地在这个地区传授。[①] 据 1977 年美国多元文化教育委员会的调查，美国境内 48 个州及华盛顿哥伦比亚特区中至少有一所师资培训机构设有多元文化相关科目及课程内容。而在加利福尼亚，许多当地学校甚至已和高校合作，实行"见习教师计划"（Trainee Teachers Program）为学校教师提供了一个把理论学习和直接的教学经验相结合的途径。[②]

为了规范多元文化教师的培训，美国全国师范教育认可审议会（National Council for the Accreditation of Teacher Education，NCATE）在 94 项规定标准中，还明确指出 5 项多元文化教育标准：其一，给学生提供有关受多元文化影响的知识和技能；其二，符合各种文化和特殊地区人们的个别学习需要；其三，多元文化和全球的观点；其四，接受来自不同经济、种族、文化等背景的学生；

---

① 王鉴，万明钢. 多元文化教育比较研究. 北京：民族出版社，2006：184.
② Banks, J A, Banks C A M. 2003. *Handbook of Research on Multicultural Education*（2nd edition）. Hoboken, NJ.：Jossey-Bass.

其五，学校教师的组成要有不同的文化代表性。① 美国人权委员会（American Council of human rights）对多文化和多种族学校中教师也提出了要求，主要有：其一，具有民族平等的态度和价值观；其二，具有多民族的哲学观和种族平等的信念；其三，具有综合不同种族观点的分析、评论能力；其四，能对美国社会中复杂的种族属性给予客观、公正的理解。

目前，美国多元文化教师培训工作已经形成了比较成熟的模式，被称为"多元文化师资培训的建议性模式"（Suggested Models for Multicultural Teacher Education）。这一模式强调让教师拥有在多元文化背景中进行有效教学的必备的约束、能力、自信和知识内容。根据这一模式，教师职业成长分为三个阶段：接受阶段（acquisition），即指向建立一个核心的关于种族多元化的文化信息库阶段；发展阶段（development），即强调创造一个多元文化教育的个人哲学和思辨阶段；关联阶段（involvement），即把注意力放在与学生在课堂上共同完成多元文化教学的阶段。在师资培训的内容方面，这一模式强调：其一，理解多元文化教育的概念；其二，获取有关种族多样的一些基本的文化知识；其三，学习如何去分析他们自身和学生的种族态度与价值；其四，为完成课程多元文化教育而培养不同的方式技巧。

尽管美国多元文化教师的培训已经在国家、州和地方三个层面展开，但是还需要注意的是，由于多元文化教育本身的复杂性，多元文化教师培训的质量评价标准，以及建立在此基础之上的多元文化教学资格证书制度仍然在实践当中遇到了极大的困难。尽管美国 50 个州中有 25 个州已经相继颁布或允许对文化多样和语言不通的学生的教师进行资格培训，但现在的评价方式还只是以是否经过双语训练，能否熟练使用双语，而对双语教学的课堂实践关注不够。另外，美国 50 个州中的半数没有制定具体的多元文化教学资格证书。在美国佛罗里达、加利福尼亚、纽约、伊利诺伊、新泽西、德克萨斯六个州，大约有三分之二的学生是说本民族语言的学生。目前，这六个州之中有四个州，纽约和佛罗里达除外，已经建立了职业资格证书制度。在这六个州中受过多种语言，或其他相关领域培训的教师数量紧缺。②

澳大利亚政府也很注意培养土著居民教师。在澳大利亚，土著居民教师的培训有正式培训和非正式培训两种。非正式培训包括在全澳大利亚的高中培训土著居民教师，这种培训经常举办。此外，正式的培训也经常举办。澳大利亚

---

① 黄森泉. 2000. 原住民教育之理论与实际. 台北：国立编译馆.
② Manning M L, Baruth L G. 2000. *Multicultural Education of Children and Adolescents*. Boston：Allyn & Bacon.

还有正式的"土著教学辅助员制度"(Indigenous Auxiliary Teaching System)。联邦政府不仅经常组织土著教学辅助员观摩、学习经验丰富的非土著人教师讲课,而且在澳大利亚土著事务部的支持下,悉尼大学从 1975 年开始培训土著人教学辅助员。1984 年,悉尼大学教育系还开始正式培训土著教师。在澳大利亚北领地州,土著人教学辅助员在巴特切勒学院学习之后,还可以进入查尔斯·达尔文大学再学习两年以获得全面的教学知识。

澳大利亚政府一般会给予土著居民教师诸多优惠照顾,如土著居民的教师要比城市中的教师工资要高,且经常安排有由政府出资的参观学习机会。2004年澳大利亚联邦议会通过的《土著民族教育(目标援助)法案(修订案)》还明确规定,澳大利亚当地政府开发和实施专门培养和培训土著民族教育专业人员的课程。这些教育专业人员包括管理者、教师、助教、研究人员、学生服务人员、课程咨询人员、社区联络人员等。与此配套的,还要提供和研究适宜的教学方法,尽量设法帮助土著居民克服受教育的障碍,并建立合理的教育和评估机制。

(三)经费拨付

美国制定的教育法律一般都有强大的经费予以保证实施,尤其联邦制定的民族教育法律更是如此。美国联邦教育法条文中都会有"授权拨款"这一条文,而且是专项拨款。自 20 世纪 60 年代中期以来,美国国会先后通过了关于支持贫困儿童教育、流动人口教育、父母未受过高等教育学生的教育、双语教育、移民教育、印第安人教育、黑人学校、西班牙裔学校等问题的专门法案或条款,并按法案建立了相应机构负责划拨专款。如美国联邦教育部双语教育与少数民族语言事务司每年划拨双语教育专项经费 3.75 亿美元;教育部印第安人教育项目每年经费 8000 万美元等等。[①]

美国建立完善的教育经费预算制度,从而确保了教育经费的稳定增长。美国的教育经费实行分级管理,联邦、州和地方各负其责。一般来说,地方学区的教育经费由学区教育委员会提出预算计划,并制定相应的征收财税方案,经地方议会审议通过后,由税务部门征收。所征收的税款全部用于学区教育事务,缺额部分由各州拨款资助。地方教育当局负责拨款的使用和管理。各州的教育经费主要用于支持地方教育事务,以及高等学校的教学和科研。联邦政府的教育经费预算由总统提出,经国会批准后由教育部门负责执行。美国的教育经费

---

① 张维平,马立武.2004.美国教育法研究.北京:中国法制出版社,176.

主要来自于税收，如财产税、公司税等。为了保障经费能够得到恰切的使用，美国联邦教育法会在法律条文中设置一系列明确的规定。这些规定从立法技术上来讲，一般会包括如下几个部分：

第一，明确拨款额度，以及使用目的。有的联邦法律的授权拨款不只是当年的，往往还对以后几年，甚至几十年都规定了拨款。例如，1958年的《国防教育法》第三章，"为加强科学、数学、现代外语和其他紧要科目的教育所提供的经费援助"部分规定："兹授权为到1959年6月30日截止的财政年度及今后5个财政年度中的每一个财政年度各拨款7000万美元……"这样，一直到1978年都规定了拨款的数额。1978年，联邦政府授权拨款的额度达到1.35亿美元，几乎比第一年的授权拨款额度增加了一倍。需要注意的是，虽然拨款数额有明确规定，但并不是实际的拨款额度，法律规定的额度只是实际拨款的最高额度。实际拨款的额度还需要由国会两院各自的拨款委员会讨论决定，一般来说都会少于授权额度。国会两院会根据所要解决的问题、国家的财政状况，以及物价指数上涨情况和问题可能解决的程度等酌情考虑。

第二，明确分配方式，以及付款办法。美国联邦政府的拨款比较常用的分配方式是"平衡分配"，也就是缩小贫富差别，原来收入高的州所得的款额少，而收入低的州所得的款额多。但联邦政府为了鼓励地方的积极性，对拨款差额也有控制，即"拨款率不得低于33%，或高于66%。"[①] 2002年《不让一个孩子掉队》法案中，联邦政府还明确规定了拨款范围，如将调整对学校贫困学生的比例要求，从原来的50%降低到40%。这样就有更多的学校能够得到联邦政府资金，以提高办学质量。美国联邦教育法中规定的常用付款方法有以下几种：以是否需要偿还为标准，可分为拨款与贷款两种；以支付方式为标准可分为全付、分付、预付、追付等。采用不同的付款方式，一方面有利于及时纠正经费使用当中出现的问题，另一方面也是为了更有效地使用经费。在2002年的《不让一个孩子掉队》法案中，还出现了立法通过金融手段拨付款项的做法，如"联邦政府打算通过增加对特批资助项目和印第安人事务局的拨款来加强这些学校的建设。"并"设立'部落投资改善基金'（Tribal Capital Improvement Fund）。基金将用于改善印第安人事务局所属学校建筑物的质量，并清理积压的维修项目。"

第三，明确检查评价，以及违反处理。这种条文在美国联邦教育法中是比较严格的，有时条文还会明确规定禁止经费使用的项目，如1972年《教育修正

---

① 张维平，马立武. 2004. 美国教育法研究. 北京：中国法制出版社，183～184.

法》中就规定"禁止所拨经费用于汽车运送学生"。教育经费拨付之后，联邦政府主要的检查手段有两个，其一是通过年度报告，如 1968 年《教育总则法》B 部分"联邦教育活动的计划和评价"就有如下规定："每年 11 月 11 日以前，卫生、教育和福利部部长应该向众议院的教育和劳工委员会及参议院的劳工和公共福利委员会提交一份年度报告，评价所实施的方案在达到立法目的方面的效果，并提出改进这一方案的建议，以便有效地达到立法目的。"其二是通过联邦总审计长（The Federal Auditor General）的评价。联邦总审计长的主要任务是防止联邦和州，以及地方的教育机构弄虚作假。

美国联邦教育法所规定的处理办法主要包括停止付款、撤回付款、赔偿付款等。如在《不让一个孩子掉队》法案中，关于促进非英语为母语的学生的英语水平提高中就明确规定："作为申请联邦基金的部分条件，各州应当建立成绩目标，以保证英语熟练程度有限的学生在三年之内英语达到熟练程度，应当保证英语熟练程度有限学生核心课程的标准至少达到与用英语授课的班级一样严格。""对那些没有达到他们自己设定的英语熟练程度有限学生成绩目标的州，联邦政府将扣除该州负责的全部《初等和中等教育法》的项目资金的管理费用中的 10％。"

美国联邦教育法中的惩罚措施也都会规定明确的标准和尺度。如《印第安人教育法》中就规定："按照本法或修正的 1934 年 4 月 16 日法的拨款或派生拨款，以及合同或转包合同的承受机构的工作人员、指导人员、代理人或雇员，或者任何与承受机构有关系的人，无论是谁贪污、有意挪用、盗窃或骗取这类拨款、派生拨款、合同或转包合同的现款、存款、动产或不动产，将被处以不超过 1 万美元的罚款，或不超过两年的监禁，或两者并罚，但是，如果贪污、挪用、盗窃或骗取的款额不超过 100 美元，那么他将被处以不超过 1000 美元的罚款或不超过 1 年的监禁，或两者并罚。"①

在其他国家中，对多元文化教育的支持和经费保障多是通过专项拨款的办法解决，如加拿大联邦政府每年都会设立专门款项，用来支持全国性的族裔文化组织，多元文化协会，移民的语言教育，各省的少数民族语言项目，高等院校的少数族裔教学和研究，以及少数族裔文学创作和出版等等。澳大利亚对土著居民的教育也投入的大量的经费。澳大利亚的土著学生免交学费，这笔费用由土著事务部每年拨给州政府的经费中支出。一般来说，澳大利亚联邦政府拨付给各州的教育经费，会由各州自行决定是用于土著居民的英语提高计划，还

---

① 张维平，马立武．2004．美国教育法研究．北京：中国法制出版社，77．

是用于少数民族文化教育计划。此外，需要一提的是，澳大利亚各州用于土著居民教育的经费也多会大幅度向多元文化教育倾斜，如北领地区土著人口占28%左右，但仅用于土著居民教育的经费就将近占去了一半。

（四）环境保障

朱世达在评价美国的肯定性行动（Affirmative Action）时提到过四个悖论：其一，虽然少数民族有平等进入申请人的队伍，然而在整个以精英原则排队的队伍中却根本排不上名次，入选机会仍然是零；其二，虽然测验手段在理论上应该是对所有的人平等的，但由于美国主流文化是盎格鲁-撒克逊的，测验的内容有可能有偏向，更偏向于白人；其三，在招工与招生中无论是实行美德为标准的精英原则，还是实行照顾少数种族的比例原则，都有欠公正。如果实行前者，那么在目前美国的公司和大学中，黑人的比例将大大降低。如果实行后者，那么在雇工、招生与合同授予中则会造成对白人的反向歧视；其四，是"错误的婚姻"心态。许多非白人年轻人在毫无思想准备的情况下被推进了大学，这无疑像是一场错误的婚姻，使他们产生了绝对的失望感。[1] 所以，仅仅是在校园内通过课程安排的多元是无法保证多元文化教育达致最终的目的，多元文化教育还需要社会方面做出相应的保障。

多元文化教育的顺利开展是一个系统工程，不可能仅仅局限在校园之内。学校内的教育与学校外的社会环境有着紧密的联系和互动，仅仅将多元文化教育的目光局限于学校教育，显然是远远不够的。这里的环境保障意指将学校系统视为一个整体，即注意到学校内部系统之间的协调和整合，亦注意到了创设有利于学校中开展多元文化教育的社会环境。

加拿大就比较注重多元文化教育资源的学校系统内整合。根据加拿大的法律规定，凡是在联邦印第安与北方事务部（Department of Indian and Northern Affairs Canada）注册的，并且尚留在土著居民保留区（Aboriginal Reserve）或王冠领地（Crown Land）的印第安人和因纽特人（Inuit），联邦政府必须负责其教育事项。注册登记的印第安人如果搬离土著居民保留区，他们的教育就会和没有注册登记的印第安人一样，其教育事项由各省负责，但联邦政府还是会向其就学社区的教育当局提供该生学费。

从幼儿园到大学，乃至土著居民的社会教育，加拿大联邦政府都有相应的计划和安排提供经费上的资助。虽然印第安人保留区内没有自办的印第安大学，

---

[1] 朱世达. 2000. 当代美国文化与社会. 北京：中国社会科学出版社，383~384.

为了改善印第安人落后的社会与经济状况对印第安青年人造成的升学障碍，联邦印第安与北方事务部（Indian and Northern Affairs）通过一项"大学与学院入学准备方案"（University and College Entrance Preparation），为注册登记的印第安学生就读各省成人的大专院校提供财务上或其他方面的支持。在社会教育方面，加拿大联邦政府还通过各机构内的不同项目对土著居民的就业等提供资助。

在加拿大，很多大学还专门设置有为土著居民提供的学士、硕士学位的专业课程，如萨斯克彻温印第安联邦大学。此校成立于1976年5月，是加拿大里贾纳大学的分校，但拥有独立的学校行政权。学院由土著居民管理，设立的目标在于提供土著居民和非土著居民学生受教育的机会，并保护、诠释土著居民的历史、语言和传统艺术。该学院设有印第安教育学系，提供学士学位的本科课程。（表6-6）

表6-6 加拿大萨斯克彻温印第安联邦大学部分印第安课程

学院	学系	学位	开设课程
教育学院	印第安教育学系	教育学士（教育学士后阶段/实际经验）	教育行政：印第安教育与过程/印第安健康教育/印第安教育/适合印第安教育的课程/印第安语言艺术：口头与写作沟通/两种不同文化语言的学习过程
艺术学院	艺术学系	艺术学士（含艺术史）	传统印第安艺术/印第安艺术的平面设计/印第安艺术的三维空间设计/北美印第安艺术研究/早期印第安艺术/印第安艺术与20世纪/北美的前哥伦比亚艺术/艺术与土著民国际会议/萨斯克彻温印第安艺术
人文学院	英语系	人文学士人文荣誉学士人文硕士	发展英语/文学与写作/有说服力的写作/创意写作/现代英文结构/北美印第安文学/加拿大文学/20世纪文学/文本书

资料来源：滕星. 2010. 多元文化教育——全球多元文化社会的政策和实践. 北京：民族出版社，63

此外，该学院还有科技学院也专门开设了印第安文化课程。在该学院的社会工作课程和商业与公共行政课程安排中，也有专门的印第安文化课，并且提供学士和硕士学位。

在校内外环境的整合上，1976年，英国国会还专门通过了《种族关系法》予以明确规定。迄今为止，该法案一直是英国解决种族问题的基本依据。该法中不仅对入学条件，向学生提供的膳食、交通、补助金和其他服务，以及职业团体的训练，教职员工的晋升、调动、解聘等各个方面中存在的歧视行为做了清楚的说明和规定，而且成立了一个独立的种族平等委员会（The Commission for Racial Equality）。该委员会被授予了广泛的权力和职责以消除种族歧视，确保机会平等，并审查法案的执行情况。教育权是实现种族平等重要的内容，种族关系委员不仅对《种族关系法》中与教育相关的部分进行了详细的解释和说明，还撰写了题为"教育与种族关系法"的报告。该报告进一步明晰了直接歧视、间接歧视、教唆他人歧视等法律概念，阐明了联邦教育机构、地方教育当局、职业训练团体、慈善机构，以及就业、广告等领域与教育相关的部门在促进种族平等上的法律责任。

在澳大利亚，联邦政府不赞成设立单一的民族学院提供给大部分的土著居民就读，而是希望土著居民能在一般的大学之中受教育。澳大利亚政府出资成立两个民间组织："飞地系统"（enclave system）或"支持系统"（supporting system）。这两个组织虽然是由政府出资，但是政府完全授权民间组织执行。这两个民间组织协助政府提供土著军民在职业上、社交上、学业上，以及语言上的各种咨询服务。

第七章 教育法规因应的策略与建议

也许有人怀疑,在现在科学技术如此发达的时代,进行一项他们看来需要浪费国家大量财税收入,而不知道是否能够取得有足够说服力效果的多元文化教育根本没有必要。在这个问题上,并非人人认同多元文化教育的重要性,有的国家内部也未达成共识。显然,简单地对这种看法做出其判别标准明显的带有强烈的工具性色彩的断定并不能自证多元文化教育的价值,毕竟任何目的性达成都需要借助工具性中介。实际上,多元文化教育的价值并不需要人人一致赞同,"世界上没有哪种价值未曾被人反对过,即便是对母爱大概也不例外",[1]只要我们有充分的理由视之为有价值的理念就已足够。

还有一部分人质疑多元文化教育,其理由不是未得到所有人的赞同,而是认为国情不同。他们说国情不同有时指的是发展中国家的落后状态。他们的观点是,人们现在更关心的是如何改善自己的经济生活。这种说法至少有两大层面的错误:

其一,教育的根本是培养、增长人性,而不是降低为,甚至固化为培养社会角色。多元文化教育有助于人们对自身固有的文化模式反思,而这种反思性就是人性极为重要的组成部分。人类"与动物的一个本质区别是人类可以借助观念系统、价值概念和道德评价等意识形态系统进行协调。人类是唯一能意识到自己行为的后果并对其进行反思的生灵。"[2] 德国存在主义哲学家卡尔·雅斯贝尔斯(Carl Jaspers)甚至将人的反思性提升至文明起源的高度。他认为,当人们开始反思自己存在的意义之时,文明才真正开始了。

---

[1] Sen A K. 1999. Development as freedom. (The John Hopkins University Press and the National Endowment for Democracy's International Forum for Democratic Studies). *Journal of Democracy*, 30(3): 3~17.

[2] 张诗亚. 2001. 祭坛与讲坛—西南民族宗教教育比较研究(第二版). 昆明:云南教育出版社, 260.

其二，文化的多样性为教育的发展，为人的发展，为国家的发展本身提供了大量的资源和动力。几乎没有证据能够证明经济的发展与文化的发展是非此即彼，相互冲突的，相反的是，大量的证据表明，经济的发展需要文化的价值支持，如斯韦伯所指出的那样，清教徒的精神特质是促进了资本主义发展的原动力。文化间的交流还是促进经济发展的重要推动力，因为市场经济的基础是异质性。你有的，我没有，我有的，你没有，这样才会产生交换的必要性。

傣族地区的奘寺学童现象尤其是一个值得注意的事例。西双版纳一直是农耕社会中的膏腴之地，衣食无忧，傣族村民自然对精神生活的追求要远远高于物质生活，加之烟瘴阻隔，在相对封闭的地理环境中其文化特质保存得比较完整。异质性文化特征愈明显，文化交流中所凸显的价值愈大，对多元文化教育的需求也愈强烈。我国的教育法规在傣族地区表现出的诸多不适，根本上就是对这种文化的异质性特征关注不够。

那么，教育法规应当如何因而应之呢？张维平在谈到如何从制度层面实现终身教育理念时，说过两个问题：一个问题是从制度上如何保证可选择的教育内容的问题。"当一个人在任何时候、任何地方，不论是出于谋生还是其他目的，需要选择教育时，就能够选择到所需要的教育。"[①] 另一个问题是从制度上如何保证个人对教育选择的自主性和灵活性的问题，即应当在时间、地点及学习方式、方法等方面给学生提供自主、灵活多样的选择。他所说的这两个问题其实是任何国家教育政策与法规都会涉及的两个制度性问题，一个是对学习内容的规定；另一个是对学习方式、方法的安排。面对奘寺学童现象，我国教育法规的因应和调整也主要是在这两个方面展开。

第一节　教育法规因应策略

教育法规的因应策略在理论形态上指的是对解决以上两个主要问题的一些前提假设的思考，而在实际操作层面则指的是为了协调矛盾和冲突需要改善或创造的一些内外部条件。在本节和下节，我们将对这两个主要问题提出一些基本的设想。

（一）宗教的保守性与合理性

张诗亚曾经十分形象地描述了宗教教育的保守性："转经筒一转，一转，又

[①] 张维平，唐卫民．2007．自由教育—高等院校普通教育发展研究．北京：科学出版社，82．

一转，非常形象地表明了宗教教育及其所传承的宗教，甚至以之作为种子观念的整个民族文化传统本身，都是在一个平面的重复之中循环。这个循环是个典型的封闭系统，其所传承的既得性质既是合理的，也是保守的。"①

上座部佛教的一个重要特征是它的保守性。上座部佛教是一个相当保守的部派，它禁止对原始教法做任何废除或修改，只容许添加能令原始佛教更精确的说法。"我们无权增添经律，而使佛法在不同时空因缘或任何外在环境的影响下发展，以致丧失原始教义。这样的增添，直接或间接地导致佛法堕落成有神论或自我论，或更严重地退化回古老的神秘主义。我们害怕做这样的事，所以乐于接受我们是懦夫的指控。"②"这种排斥，不仅仅是因为对方是'外来文化'而对之采取不接纳的态度，从宗教学的意义上来分析，还在于信徒对于自己追求的'希望'所怀的虔诚心情所必然产生的逻辑结果。"③ 正是因为如此，上座部佛教是唯一保存了古老纯正佛教教法的部派。上座部佛教的这种基于原始教义的保守性由于另外两种因素的作用而愈益强烈。其一是语言的障碍，傣族的学者和僧侣懂巴利文、傣文，但不懂汉语的佛教经典，而非傣族的学者和僧侣又大多不懂巴利文，因而很难涉足其中。因为无法涉足，教派之间的交流就大大减少，进而无法对经典的解释互相印证，进而增添、删改。其二是地理环境的障碍。马曜先生曾经说过："'傣泐'地区在南疆，长期和内地处于隔绝状态，因此是保留我国古代越人文化最多和受汉文化影响最少的地区。"④ 在某种程度上，正是由于上座部佛教的这种保守性，才促成了西双版纳召片领的统治历史从公元1180年召片领一世"帕雅真"开始，一直延续到1955年召片领末世"召孟罕勒"，共计44世，约800年。"一个家族，靠世袭担任统治者，管辖一个地区，能维系达800年之久的时间，这在中国乃至世界历史上都是罕见的。"⑤

应当承认，傣族这种具有极大保守性的宗教教育，在其民族文化形成和发展的过程中起过巨大的作用，它是傣族文化生态系统中对内外两种系统的适应所必然导致的。"所谓对外在系统的适应，主要是对地域、资源、灾变等的适应。这种适应所导致的，主要是一种生产、生活资源的攫取方式的改变，是生存方式的改变，是物质层面上的适应；而对内在系统的调节和适应，无论个体

---

① 张诗亚．2001．祭坛与讲坛——西南民族宗教教育比较研究（第二版）．昆明：云南教育出版社，388．
② 佛使比丘．1950．上座部佛教的某些殊胜特色（未发表），1950年12月6日缅甸仰光举行第六次结集会议的演讲稿．香光书乡编译组译．
③ 常霞青．1988．麝香路上的西藏宗教文化．杭州：浙江人民出版社，73．
④ 高立士．1992．西双版纳傣族的历史与文化（序）．昆明：云南民族出版社．
⑤ 云南民族学会傣族研究委员会．傣族文化论．2000．昆明：云南民族出版社，93．

与群体，还是群体与群体，则主要是社会层面上、精神或心理层面上的适应。"①这种保守性是与其原来的民族文化生态系统相互适应的，但是，在一个急速变化的时代，傣族的奘寺教育这种旨在维持原有文化生态结构的教育模式，其不适应性必然凸显。

认识到宗教及其教育的保守性，并不代表我们可以将民族地区的宗教和宗教教育中的消极、荒谬方面视为宗教和宗教教育的主要方面，进而坚决、果断地，或审慎地予以取缔，明令禁止。历史早已证明，宗教的存在实际上是有深厚根基的。

宗教及其教育为什么能在少数民族地区发挥如此大的作用，这与宗教的缘起有莫大的关系。宗教一起源就不是世俗的，是超于人之上的，是属于神的。美国人类学教授罗伯特·路威（Robert Lowie）指出："野蛮人视为神圣的东西，不是那呆板的物件，却是那黏着在那物件上的超自然的力量。"② 所以，宗教一旦产生，便会拥有强大的力量对民族文化的全体进行统和，又因为它是属于神的，它对民族文化的统和必然是自上而下的，无所不包的。因而，学校教育对民族地区教育资源的整合，不仅不可能回避宗教问题，还要善于利用宗教中的合理方面。张诗亚在《祭坛与讲坛》一书中提出，宗教存在的合理性可以从两个方面来理解，一是产生的合理性，二是存在的合理性。实际上，他说的是一个事物的两个方面，两者本身即有密切关联，因为宗教的产生必然是基于某种需求，而其能够持续存在也必然是由于这种需求的持续存在。

前面说过，宗教也有其自身的一套知识体系。佛教在传播和教育过程中甚至还产生出一套自己的逻辑体系——因明学，与西方的辩证逻辑、形式逻辑比肩而立。这两种知识体系本无优劣之分，在某种程度上还是互补的，否则无法说明，为何在现代化程度愈高的国家，宗教活动愈发活跃。虽然宗教有一套自己的知识体系，但这套知识体系能否满足人们认识世界、认识自己的需要，还需要在实践中得以检验，因而，形成的知识体系并不能成为宗教存在合理性的理由。在笔者看来，宗教之所以能够持续存在，是在于它是对人类存在意义的关注，是关涉人类终极关怀的解释，是对人性本身的解读。一种解释可以被驳倒，但对人类存在意义的追寻却无法被抛弃。正是宗教对人类存在意义本身的持续关注，使得现代科学知识无法完全代替宗教，自然宗教教育也将会持续存在。

---

① 张诗亚.2001.祭坛与讲坛——西南民族宗教教育比较研究（第二版）.昆明：云南教育出版社，226.

② 〔美〕罗伯特·路威.1984.文明与野蛮.吕叔湘译.北京：生活·读书·新知三联书店，215～216.

宗教对人类存在意义的关注，从宗教信仰的起源和演变过程当中可以清晰地看出来。德国心理学家威廉·冯特（Wilhelm Wundt）对宗教崇拜和信仰的起源及演变研究的四阶段说：即魔力和鬼神崇拜阶段，图腾崇拜阶段，英雄崇拜和多神崇拜阶段，以及世界宗教或人道宗教阶段。① 在魔力和鬼神崇拜阶段，人们心中的鬼神或是由于恐惧和敬畏而产生，此时的自然力量并没有人格化。随后在漫长的演化中，人们对鬼神的崇拜转变为对本氏族的崇拜，即图腾崇拜阶段。这说明此时人的主动性已经增加，进而开始逐渐依靠氏族，依靠群体的力量对抗自然力量，而到了英雄崇拜阶段，人的自信心则愈发增强。世界宗教产生的一个重要标志是从宗教中人格化的神转变为超人格的神。对此，冯特指出："由于世界的苦难和贫穷，人们渴望把现实世界改变成一个来世的幸福世界，从而产生了拯救的观念。来世和拯救观念开始占据这个崇拜时期。……这表明，在英雄理想时期之后，出现了向人性迈进的时期，也就是世界宗教时期。这是一个经历了从英雄理想向宗教理想发展的时期。"②从中不难看出，从原始宗教的诞生，到世界宗教的普及，宗教一直没有脱离人这一主题。

此外，宗教及其教育存在的合理性也为民族教育发展提供了超越现实的可能。封闭的系统面临着开放的环境，这为傣族地区的民族教育的新的发展也提供了机遇，如果学校教育能够迎接这种挑战，成功地将傣族固有的民族文化资源整合、内化，其意义必将是巨大的。

一方面来看，宗教不仅仅是一种信仰，它的理性方面则为超越提供了基础。世界宗教的普及更多的是借助其形式严整的理性表述，以出于理性的目的渗透进入人的理念深处，进而才成为一种信仰，并且主宰人的一切行为。宋立道对佛教的理解也是如此。他说，"佛教，一方面是佛陀创造而由僧侣们的学术活动所维持延续的思想体系；另一方面是普通人宁愿从神话角度来理解的宇宙观。前者是人生哲学，后者则是一种宗教信仰。"③

从另一方面来看，宗教的戒律似乎是保守的，是僵化的，是不通人情的。但是，需要注意到的是，戒律的守持只是手段，是工具。手段的使用是与目的无法分离的。以佛教来说，佛教的"四圣谛"（苦谛：世间之苦；集谛：苦之原因；灭谛：苦之消灭；道谛：灭苦之法）是教义之根本，而世间有无量苦则是"四圣谛"的逻辑起点。无量苦来自人自身，关键在于"七情六欲皆是苦"，因而，必须通过"持戒"等灭苦。"只追求天堂太过简单、平淡，不够怡人，而努

---

① 世谨．宗教心理学．1989．北京：知识出版社，28～29．
② 世谨．宗教心理学．1989．北京：知识出版社，37．
③ 宋立道．2000．神圣与世俗：南传佛教国家的宗教与政治．北京：宗教文化出版社，49．

力追求的是超脱永无止境的创造、控制与毁灭的影响。佛教徒寻求究竟的自在、解脱和灭除包括永远生活在天堂的所有束缚，因为究竟灭除所有的束缚才能为今生带来究竟的安乐，创造、控制与毁灭的力量对于想解脱天、人束缚的心没有任何作用。"[1]

宗教的目的显然是出世的。所谓出世性，指它号召人们的眼光不要局限于眼前的现实，而要注目于更为遥远的未来，追求来生甚至更远的多少世之后的福报，因此它提出的是超出现实的价值理想。从某种意义上来说，这种超越性既是对现实苦难中信众的补偿，又是对现实的批判。太虚大师提出的创建人间佛教的理想既是一例。这种反思性和批判性正是我国目前学校教育中所缺乏，只要善加引导和利用，作用便会相当明显。毕竟，价值观念不是依靠灌输能够成功传播的，正确价值观念的形成必须在反思、批判中，相互比照中才能够确立。经历这样一个过程确立的价值观念，才是牢固的。

(二) 学校教育与宗教相分离

我国《宪法》第三十六条规定："国家保护正常的宗教活动。任何人不得利用宗教进行破坏社会秩序、损害公民身体健康、妨碍国家教育制度的活动。"《教育法》第八条也规定："教育活动必须符合国家和社会的公共利益。国家实行教育与宗教相分离。"关于我国教育法中所规定的"教育与宗教相分离"原则，有几个方面必须先澄清一下：

首先，我国《教育法》中所说的教育与宗教相分离的教育实际指的是现代学校的公共教育。宗教以及宗教教育的存在时间要远远长于现代学校制度。马克思早就说过，人类是在其幻想和神话中度过其童年的。宗教的存在甚至可以追溯到人类意识最初萌发之时，而其留存发展至今，没有相应的教育形式存在是不可想象的。所以，从根本上讲，教育是完全不可能与宗教相分离的。虽然，现在的教育概念从狭义上来讲指的是学校教育，但在谈到民族教育时，对这一概念的使用必须审慎，因为民族地区不仅大量地存在诸多宗教教育现象，更有极为丰富的非学校教育的形式和内容存在。

其次，学校教育与宗教相分离，并不是指学校教育必须要与宗教知识相分离。现在诸多国家的大学里专门设有宗教学学科，并面向所有学生开设了宗教通识课程，既是例证。

---

[1] 佛使比丘.1950.上座部佛教的某些殊胜特色（未发表），缅甸仰光举行第六次结集会议的演讲稿．香光书乡编译组译．

从发生学角度来看，宗教是人类意识产生之时，自我意识萌发的结果，也是人类向内、向外审察，试图理解自我与外部这个世界的结果。德国哲学家恩斯特·卡西尔早就指出，"从人类意识最初萌发之时起，我们就发现一种对生活的内向观察伴随并补充着那种外向观察"，"我们几乎可以在人的文化生活的一切形式中看到这种过程。在对宇宙的最早的神话学解释中，我们总是可以发现一个原始的人类学与一个原始的宇宙学比肩而立：世界的起源问题与人的起源问题难解难分地交织在一起。宗教并没有消除掉这种最早的神话学解释，相反，它保存了神话学的宇宙学和人类学而给它们以新的形态和新的深度。"① 前面说过，宗教构成的三个方面是：对人以及人以外的世界的认识；强烈而执着的情感；系统而严格的仪式。作为人类认识世界和自己的一种知识体系，宗教知识更是学校教育无法回避的。

再次，无论是教育者，抑或是受教育者，宗教信仰自由都是各个国家宪法所赋予其公民的基本权利。每个国家的公民都有信仰宗教的自由，也有不信仰宗教的自由；既有信仰这种宗教的自由，也有信仰那种宗教的自由，学校教育根本无法禁止。学校教育能够禁止的是宗教信仰教育。"如果在学校中强行进行宗教信仰教育，在一时一地必然只能向学生灌输某一种宗教信仰，而剥夺了学生信仰其他宗教的自由或者不信仰宗教的自由。这与宗教自由的原则显然是相违背的"，所以，"教育与宗教相分离只能是宗教与教育的办学权、管理权相分离，只能是宗教信仰教育与学校教育相分离，而必要的宗教知识教育，则是学校教育所不可或缺的内容。"②

目前，在我国的中小学教育中，有关宗教的通识课程仍属于空白，而其他国家早已有这种实例存在。在法国，国家的公立学校是不涉及宗教教育内容的世俗学校，但是还是会将宗教知识作为文化课程在中小学教授，主要的宗教教育是由私立学校完成的。而在其他国家，无论是公立学校，抑或是私立学校，都明确规定开设宗教教育课程。德国《基本法》第七条第三项就规定，德国宗教课程是学校中的正规教学课程，即意味着宗教课程是不仅需要纳入学校的教育计划，而且属于必修课程。

由此可知，将宗教知识纳入学校教育的课程体系是可行的，但是在我国傣族地区，宗教知识如果进入课堂，如何保证教育内容的客观和中立，是一个很大的问题。傣族地区的上座部佛教在漫长的衍化过程中，已经完全融入了傣族

---

① 〔德〕恩斯特·卡西尔.1986.人论.甘阳译.上海：上海译文出版社，5.
② 娜木罕.2009.学校教育中的宗教文化问题.中央民族大学学报（哲学社会科学版），(3) 95～99.

的日常生活之中。原始宗教与上座部佛教之间的相互渗透表明上座部佛教已经沉淀于傣文化的深层结构之中，成了普通傣族村民的生活方式。上座部佛教本身的世俗性特征，更是为这种努力增加了难度。

上座部佛教与其他宗教，甚至与汉传、藏传佛教最大的区别就是它的世俗性。这种世俗性集中体现在两个方面：一方面是上座部佛教与政权的关系；另一个方面是奘寺教育。在上座部佛教与政权的关系上，可以明显看出，虽然上座部佛教在傣族地区建立比较完整的宗教组织系统，有一定管理宗教事务的自主权，但依然对政权组织有依附关系。西双版纳的"祜巴""都"无权参与地方事务的决策，也没有任免地方统治者的权利，同时，"祜巴""都"的任免还需由上一级奘寺决定，并报当地统治者批准。从经济上来看，这种依附关系更加明显。傣族地区的奘寺没有独立的寺院经济，虽然有一些佛寺在民族改革之前有少量田产，但奘寺的主要收入还是来自于傣族村民的赕。奘寺的经济收入的使用权还是掌握在召勐或头人手中。正因为如此，奘寺的收入不会威胁到世俗头人、土司的财政收入，因此在上座部佛教历史上，没有出现过像唐朝时那样大规模的灭佛运动。从奘寺教育来看，这种世俗性更加明显。从教育目标上来看，奘寺教育的主要目的不是为了培养专门的神职人员，而是为了培养广大的佛教信众。上座部佛教供奉佛陀而不供奉菩萨，并且不将佛陀当作神，而是看作高僧或导师，修行的目的是求得个人解脱，即"阿罗汉果"，[①] 也并不是为了成佛。从教育过程来看，僧侣的戒律要求比较宽松。"都"级以下的僧人可以随时还俗，且僧人还可以和村中青年自由交往。奘寺中的"都"和"帕"只有在关门节至开门节期间（三个月）不能从事任何劳动，其余时间则可回家帮忙劳动。如家中有事，僧人也可回家居住几天。正是由于上座部佛教的这种世俗性，它才得以与普通傣族村民的生活结合得如此紧密。有学者将上座部佛教传入傣族地区的过程称之为"傣族化"和"化傣族"，从另一方面亦说明了上座部佛教与傣族村民的世俗生活密不可分的关系。

由于上座部佛教固有的世俗性，在教育中便很不容易将宗教知识中的荒谬的东西与其民族文化知识区分开来，尤其是将那些已经被实践证明了的明显荒谬的东西作为其民族文化传统的种子观念之时。如经书《赕喃》上说："如果不做赕，人要生病，要受到下列十种痛苦：①各地方要发生战争，相互争杀，血流满地；②各勐各头人间，要发生战争，要死人；③要发生灾荒，要饿死人；④宣慰、波郎，对群众要进行拷打，扣留，要多收银钱；⑤要发生有路没有人

[①] 巴利语和梵语皆为［arahant］，亦音译为"阿拉汉""阿罗诃"。

走的现象；⑥父母亲要分开，不得死在一起；⑦有房子没有人住；⑧男女老幼全得各种疾病死亡；⑨不相信宗教的人将会死在战争中，要互相残杀；⑩坝子里将充满着各种鬼。"①对此，必须保持一定的警惕。

第二节 相关的建议和措施

费孝通在其《乡土中国》一书中曾经说过："现代都市社会中讲个人权利，权利是不能侵犯的。国家保护这些权利，所以定下了许多法律。一个法官并不考虑道德问题、伦理观念，他并不教化人。刑罚的用意已经不复'以儆效尤'，而是在保护个人的权利和社会的安全。尤其在民法范围里，他并不是在分辨是非，而是在厘定权利。在英美以判例为基础的法律制度下，很多时间诉讼的目的是在获得以后可以遵守的规则。一个变动中的社会，所有的规则是不能不变动的。环境改变了，相互权利不能不跟着改变。事实上并没有两个案子的环境完全相同，所以个人的权利应当怎样厘定，市场成为问题，因之构成诉讼，以获取可以遵守的判例，所谓 test case。"② 其实，他在这里表明了法律规章所应具有的两个特征，一是法律规章的目的是确定行为的规则；二是法律规章必须因时、因地、因人制宜。抽象地说，这两个特征内在的就构成了一对矛盾的统一体，一方面要寻求一个明确的行为准则，另一方面，又要求这一规则保持相当的弹性。在英美法系国家，这种弹性以判例法的形式得到了极大的保证。以美国为例，美国《宪法》一共七条二十一款，但在此基础上产生的判例却浩如烟海，以致法官判决时最主要的工作就是在大量的判例中寻找适用于本案的案例。我国是大陆法系国家，这种弹性只能在教育法规体系的横向结构、纵向结构，乃至斜向结构之间保持适当张力（tension）来实现。概括起来，这种适当的张力应当有三种意蕴：一是联系但不割裂；二是互补而不排斥；三是微妙的平衡。③ 基于这种构思和出发点，考虑到奘寺学童现象的具体文化生态，以及我国教育政策与法规的整体环境，本书提出以下几点建议。

（一）放松入口，把住过程和出口

我国《义务教育法》第十一条明确规定："凡年满六周岁的儿童，其父母或

---

① 《民族问题五种丛书》云南省编辑委员会.1983.傣族社会历史调查（西双版纳之三）.昆明：云南民族出版社，105.
② 费孝通.2008.乡土中国.北京：人民出版社，57.
③ 祈型雨.2006.利益表达与整合——教育政策的决策模式研究.北京：人民出版社，342.

者其他法定监护人应当送其入学接受并完成义务教育。"[①] 于 1992 年 3 月 14 日发布的《中华人民共和国义务教育法实施细则》第十三条中也有明确规定:"父母或者其他监护人不送其适龄子女或者其他被监护人入学的,以及其在校接受义务教育的适龄子女或者其他被监护人辍学的,在城市由市或者市辖区人民政府及其教育主管部门,在农村由乡级人民政府,采取措施,使其送子女或者其他被监护人就学。"这一项规定的初衷是由地方政府和家长承担保障适龄学生接受并完成九年义务教育的责任,但是现实的情况是,在西双版纳,这种责任和压力反而转移到了学校和教师的身上。这种压力或责任的转移是我国现阶段公立中小学校及其教师与政府的行政法律关系的必然结果。

长期以来,我国的公立中小学校都是政府的隶属单位。我国《教育法》第三十一条规定:"学校及其他教育机构具备法人条件的,自批准设立之日起取得法人资格。学校及其他教育机构在民事活动中依法享有民事权利,承担民事责任。"《教育法》颁布后,中小学校虽然确立了其教育机构的法人地位,但这种法人仅具有民法意义。"法人地位的确立只意味着任何组织(包括政府)和个人都不应侵犯学校的民事权利。"[②] 一般来说,政府与公立中小学校的关系,有两种情况:一种是外部行政关系,一种是内部行政关系。所谓外部行政关系,是指中小学校作为一般的社会组织接受政府管理时的行政关系;而内部行政关系是指教育行政与中小学校是上下级的内部组成单位之间的关系,属于行政法调整范围之内的关系。在我国,由于中小学校面向社会办学的民事活动极为有限,且中小学校不能像企业一样去经营,不能以学校的财产担保、抵押,因而充其量只是一种具有不完全民事能力的"准法人"。同时,在现行体制下,政府对中小学校拥有绝对的行政事务权,可以随时根据管理的需要发布命令,控制着学校的人事、财政,以及教学。中小学校与教育行政部门的内部行政关系性质较为突出。在这种情况下,政府自然不可避免地会将保障义务教育的入学任务下压给学校。

同时从教师来看,中小学教师也无法逃避这种压力的转移。虽然,依据我国 1993 年颁布的《教师法》,中小学教师实行聘任制。1995 年的《教育法》又进一步明确了教师聘任制度,以及教育职员制度和专业技术职务聘任制度。在聘任制度下,教师的法律地位是自由职业者,教师与学校在遵守双方地位平等的原则下,教师与学校签订聘任合同,进而明确双方的权利、义务和责任。但

---

① 此规定引自 2006 年 6 月 29 日第十届全国人民代表大会常务委员会第二十二次会议修订后的《中华人民共和国义务教育法》。原《义务教育法》于 1986 年 4 月 12 日由第六届全国人民代表大会第四次会议通过,其中也有相同规定。

② 周光礼.2005.教育与法律——中国教育关系的变革.北京:社会科学文献出版社,29.

是，对于公立中小学校来说，目前的教师聘任行为仍属于行政行为，聘任合同属于行政合同，教师与学校的法律关系仍然是内部行政关系，受行政法的调整范围之内。目前，我国还没有对教师应该具有什么样的具体法律地位明确规定，虽然《教育法》对教师的界定是"履行教育教学职责的专业人员"，但这只是教师职业地位的确认，而不是教师法律地位的确认。

中小学教师属于国家雇员，中小学校是国家的事业单位，虽然这种法律关系无法使得教师和学校摆脱来自政府的压力，但是也同样是因为这种关系，使得地理位置偏僻，经济发展相对落后的中西部民族地区的教师岗位对当地村民有着极大的吸引力。在西双版纳考察期间，许多傣族年轻人都表达了对教师职业的向往。一些村民甚至认为能够成为教师是他们上辈子积的功德所致，如果当不上教师则会因自己的"嘎木"不好而感到遗憾。民族地区教育的发展，最终还是要依靠民族地区的教师，保持民族地区教师职业的这种优越感和吸引力显得尤为重要。

因此，在这样的现实情况下，笔者建议将西双版纳地区的义务教育的实现由入口控制，转向过程控制和出口控制。笔者认为，在西双版纳这样特殊的文化生态环境下，与其将大量的时间、精力投入在防堵学生逃学上，不如将这些注意力集中在学校教育的过程上，通过提高教育质量，吸引学生主动入学。

现在国内的义务教育实践一般是将《义务教育法》第十一条中的"入学并完成义务教育"理解为，学生必须在固定的学校空间内，按照国家颁布的教学大纲和教学计划完成整个的九年义务教育过程，同时，这个学校必须是符合国家规定的学校，即公立学校和得到批准的民办学校。实际上，这种理解是有误的，我国 2006 年修订的新《义务教育法》第十四条还有规定："根据国家有关规定经批准招收适龄儿童、少年进行文艺、体育等专业训练的社会组织，应当保证所招收的适龄儿童、少年接受义务教育；自行实施义务教育的，应当经县级人民政府教育行政部门批准。"这条规定实际已经暗含了接受义务教育的另一种可能，只是由于旧的《义务教育法实施细则》当中没有针对这一条的相关配套规定，而新《义务教育法》又没有明确什么情况下应当批准，什么情况下应当不批准，所以，教育行政部门基于自身考虑，大多倾向于不批准。

义务教育保障的是学生基本的受教育权，然而受教育权并不等于入学权。从法理上来看，国家教育权源于家庭教育权的让渡，因而义务教育的强制性只能是在家长无法保障孩子接受达到一定标准的教育时，国家教育权才具有强制性。实际上，许多发达国家已经承认了在家教育（homeschooling）的合法性，并且取得了较好的效果。日本 2006 年颁布的新的教育基本法就明确规定，国家和地方政府应当尊重家庭教育的自主权,并且日本学界一般认为,在满足一定的条件下,如家庭教育能使孩子习得最低限度的生活能力,并且接受定期检查等,家长可以拒绝将孩子送到公立或私立学校去接受义务教育。① 美国则从20世纪70年代开始就发展家庭学校。据统计,截止2003年,美国大约有170～210万适龄学生在家接受教育。特别是最近20年来这一数据增长得更快,平均每年的增长率为7%至15%。② 有研究结果表明,家庭学校的学生在全国的标准化测试中胜过公立学校的学生,也有很多的孩子成为了名牌大学的学生,名牌大学也比较愿意招收来自家庭教育的学生。③ 这些经验足以证明入学并不是保障学生受教育权的唯一途径。

国外还有很多私立中小学和教会学校也承担有义务教育的责任。相对来说,私立中小学和教会学校由于拥有更多的自主权,因而能够在课程内容和教学方式上更加灵活,又因其主要面对社会办学,能够将社会对教育的需求及时地反映在自己的教学过程中,以及教学内容的选择上。

义务教育是由国家强制实行的教育,但义务教育并不一定必须由国家的公立学校统一实施。马克思曾经说过:"国家举办的教育常被看作是政府的,其实也不尽然。在马萨诸塞州每一个市政府都有责任保证所有的儿童受到初等教育。掌管学校的委员会是地方性组织,它们委派学校教师挑选课本。教育可以是国家的,而不是政府的。政府可以委派视察员,视察员对教学过程本身虽然无权干预,但应当监督法律的遵守。"④ 1922年,美国俄勒冈州议会通过一项法律,要求该州所有儿童必须进入公立学校完成义务教育,进而引致一个名为"姐妹会"公司的上诉。这个公司是一个从小学教育中盈利的公司,而州议会的这项法律导致该公司收入锐减。"姐妹会"提出诉讼的理由是,办学校是一种财产权,而宪法规定个人的财产权不被随意剥夺;同时还认为该法律剥夺了家长控制其子女受教育的权利。美国联邦最高法院最终判决该项法律违宪。这一判决除了确认私立学校可以存在之外,还确认了学生完全可以通过私立学校完成义务教育的原则。

也许有人担心,如果入口放松,能否保证傣族学生在家,或在奘寺接受到

---

① 张步峰,蒋卫君. 2006. 现代私塾"孟母堂"能否见容于法治. 法学,(9):6-11.

② Home School Legal Defense Association2006. Homeschooling Research. http://www.Hslda.Org/research/faq.asp [2006-12-08].

③ 傅松涛,毕雪梅,张东会. 2007. 教育组织形态的历史回归与超越——当代美国家庭学校的组织形态分析. 比较教育研究,(10):22-27.

④ 〔德〕马克思,恩格斯. 1960. 马克思恩格斯选集(第二卷). 中共中央马克思恩格斯列宁斯大林著作编译局编译. 北京:人民出版社,375.

达到国家标准的教育。实际上，这不是一个能否达到的问题，而是必须达到的问题，政府可以通过一系列的政策和措施保障这种达到。在俄罗斯，在家上课的孩子也是必须参加学校考试的，但是考试的要求则因学校而异，有月考、季考、学期考、学年考等诸多类型。通过考试者，可继续在家学习，而没有通过者，则必须回校上课，随班学习及补考或留级。① 美国在 20 世纪 80 年代为了规范全国的家庭学校教育，全国州教育委员会协会（National Association of State Boards of Education，NASBE）还专门提出了 5 条建议，对教育者的资格，以及学生的评价体系做了规定：①不入公立或私立学校的适龄儿童必须在地方或州一级的公立学校系统注册登记，以便教育行政部门观察效果；②各州应为家庭教学建立统一的标准，如家长的资格认证、教材的选用等等；③各州应要求家长定期地向学校官员汇报学生的学习情况，以保证家长能胜任教学；④各州应建立标准一致的评价体系，定期评估在家上学的孩子的学业成绩；⑤建立试读和对在家上学者失败后的补救措施，以便及时吸纳那些家庭教学失败的儿童及时返回公立学校进行教育。②

同时，美国的相关法律也对在家教育的内容和方式有明确的规定，如申请在家教育时，家长陈述的理由需符合各州法律规定的豁免；家长还必须达到特定的教育水平或具有州教育资格；在家教育必须达到一定的课时，并包含一些特定的核心课程；必须参加标准化考试，或者其他类型的考试等等。如果是基于宗教豁免原因而实施的"在家教育"，各州一般会允许不受以上项目的限制。③ 即便是在教育集权制最为严格的法国，在家上学也是一种合法的义务教育形式。在法国，申请在家上学的方式相当简单，只要每学年初向市政府提出申请即可。法国的教育管理部门则每年派出专业的教育督察，到学生家里探视孩子的学习环境，并检验学习成果，如果达不到教育部门制定的标准，家长就必须送孩子到学校上学。在西双版纳，放松对义务教育入学的管理，也可借鉴这些做法，并在不同的地区采取相应的措施，如在僧阶评定时，抑或在申请佛学签证前往缅甸、泰国留学时可以通过某种标准考试作为硬性指标等。

（二）建立教学的常模评价制度

入口放松，对学校教育的过程管理和出口管理提出了更多的要求。目前我国对学校教学质量的过程管理和出口管理的主要手段还是考试，如达标测验、

---

① 肖甦. 2000. 在家上学，到校考试——俄罗斯普教新形式. 俄罗斯文艺，(3)：79-80.
② 屈书杰. 1999. 在家上学——美国教育新景观透视. 外国中小学教育，(1)：40-42.
③ 高秦伟. 2010. 美国"在家教育"的合宪性及其法律规制. 比较教育研究，(6)：25-29.

会考等等，但是，考试制度相对还是比较杂乱，不仅考试的性质和种类繁多，而且在考试管理上也存在多重干预。有鉴于此，有学者建议实行教学管理与考试管理分离，仿照西方发达国家构建外部统一的考试评价体系，并由独立的中介机构完成。实际上，教学管理与考试管理相分离并不能从根本上解决现在中小学教育中出现的诸多困境，问题的关键不是考，还是不考的问题，也不是由谁来考的问题，而是考的目的是什么。考试的功能是多样的，可用于诊断、监控，也可用于选拔、授证。我们反对应试教育，不是反对考试，而是反对一切围绕着考试展开教学，并以考试成绩为唯一的标准评价学生的学业成就和教师的绩效。

在少数民族地区，由于文化的差异，知识结构的不同，少数民族的学生在以主流文化为主要考试内容的标准化考试面前自然成了弱势群体。但是，在少数民族地区的学校教育中忽视主流文化的学习更是不可能的。在世界联系日益密切的今天，忽视主流文化的学习，不仅不会对改善少数民族地区经济、社会发展的现状有所助益，从长远来看，文化的故步自封只会导致文化的日渐僵化和衰落。何况，从现在少数民族地区群众的主观愿望来看，他们并非没有融入主流文化的意愿，即便是在学校教育中矛盾和冲突比较剧烈的西双版纳地区，普通的傣族村民也是十分渴望能够进入国家的主流阶层。对于他们来说，能考上大学，或能够当上公务员，不仅对于个人来说是莫大的荣耀，对于家庭，甚至整个村寨来说都是一件非常值得夸耀的事情。他们的痛苦只是由于学习内容较难，评价标准又只是单一的考试成绩，这样就基本上中断了他们融入主流文化的路径。

笔者认为，在西双版纳，对学生的评价可以采取标准评价模式，以了解基础知识和技能的掌握情况，利用反馈信息及时调整、改进教学，但是，这种标准评价模式应当建立在基本的教学目标基础之上，其目的应当是判断学生是否达标，以及达标的程度如何，而不能仅仅是为了升学考试。同时，应当尝试建立学生学业和教师绩效的常模评价制度。所谓的常模，指的是该团体在测验中的平均成绩。常模评价就是以常模为参照标准评定学生成绩和教师绩效。以学生团体测验的平均成绩作为参照标准，即可以说明某一学生在团体中的相对位置，也可以区分出某班级在该地区中的相对位置。这种评价的标准是学生和教师的相对水平，而不是绝对水平。建立常模评价制度，并不是要完全取代标准评价。用以衡量学生是否达到预期的教学目标，还是需要标准参照测验的，它有利于具体了解学生对某单元知识和技能的学习和掌握情况。在控制义务教育出口时，尤其需要一套标准的考试评价制度。这套考试评价制度可由省和地市两级共同建立。申请通过其他教育方式完成义务教育的学生,必须参加并通过此标准考试。这可以作为西双版纳地区完成义务教育的硬性规定。

在现行的教育考试制度下,常模评价与标准评价的区别在于,常模评价是注重团体内部的评价,是一种内向评价;而标准评价是着眼于国家整个教育环境的评价,相对于评价团体而言,是一种外向评价。常模评价制度的建立在某种程度上可以弱化考试测验的外向选拔功能,以常模评价为主要的教师绩效评价方式自然也可缓解教师的教学压力。常模评价方式如果运用得当,从积极方面来说,还可在西双版纳地区引入良性的教学竞争机制。

在西双版纳地区,妥善运用教师常模评价制度,有两个方面需要注意:

其一,常模评价制度应当与多样的教学计划配合使用。西双版纳傣族地区,由于地理位置、宗教派别、经济发展水平等因素,不同的地区之间仍存在较大差别。景洪和勐腊地区的宗教影响较勐海地区要弱,但相对来说,景洪由于是西双版纳首府,对外交通和交流频繁,景洪的学校教育要比勐腊和勐海容易得到认同。勐腊比较特殊的地方在于,它的地理环境比较适合种植橡胶树,因而村民比较富裕,而勐海的经济作物主要是茶叶、甘蔗等。同时,西双版纳的坝区和山区之间对学校教育的需求也存在差异。

这些不同的特点和差异要求学校的教育内容和教育方式要做出相应的调整,因此需要改变现行的统一的教学大纲和教学计划,允许不同的地区和学校拥有一定的教学自主权。其实,在西双版纳的现代学校嵌入的历史上曾经有过这样的举措,并且取得了较好的教学效果,只是后来没有坚持下去。据《景洪县志》载,1961 年,景洪县将全县小学分为 3 类,分别执行不同的教学计划。其中,第一类小学执行《云南省城镇小学教学计划》,开设语文、写字、算术、常识、社会主义、历史、地理、自然、体育、图画、音乐、劳动等课程;第二类小学执行《云南省农村小学教学计划》,开设课程与第一类小学相同,只是各科教学时数有所不同;第三类小学执行《景洪县坝区小学教学计划》,课程设置与前两类学校略有不同。一年级不设汉语文和汉文写字课,改设汉语会话(每周 6 课时);汉语文和汉文写字从二年级起开设;一至四年级均设傣文课(一年级每周 8 课时,二年级每周 6 课时,三四年级每周 2 课时);音乐、图画、体育合为一科称"唱游"。到了 1962 年,根据澜沧江江南、江北的差异又将坝区小学分为两类,全县小学分为 4 类,第一类小学全部使用汉语文进行教学;第二类学校以汉语文教学为主,兼用民族语言辅助教学;第三类以学汉语文为主,兼学傣文;第四类以学傣文为主,中、高年级加授汉语文。4 类小学课程设置略有不同,各科教学时数不同。1964 年,根据实际情况的不同,又将第一类小学分为两类，将农场小学作为一类，原第一类中其余小学为第二类，全县小学共分5类，执行不同的教学计划。各类小学课程设置与前相比变化不大，各类小学社会主义课均改为周会，六年级均设生产常识，一类学校增设手工，各科教学时数有所变动。① 这种教学计划的安排极大地考虑了不同地区不同学生的特点和教育需求，值得我们借鉴。

其二，常模评价制度应当课程取消主副科之分。区分主科与副科主要还是出于应试目的。所谓主科就是应试必考的科目，或占分数比例较大的科目，主要是指语文、数学和英语三科；而副科就是应试不考，或占分数比例较小的其他科目。主科与副科之分明显地划分了知识的等级，会强化学生学习的功利性目的。更糟糕的是，学生评价，乃至教师评价也都会与主科与副科的区分建立联系。在西双版纳，不仅教地方课程和校本课程的教师不受重视，在笔者考察时发现，很多学校的副科均面临相同的问题。有的老师教了多年的副科，却一直不能晋升职称。勐遮的一位体育老师，教了十年的体育课，却一直没能评上二级教师，无奈之余，校长只好安排其教了两年数学，最终才解决其职称问题。勐海三中的 AM 老师也是这样。他是勐海三中唯一的一位傣语教师，但就是因为上的是傣语课，一直评不上二级教师。但是，好在家中还有一些橡胶林和鱼塘，生活相对还比较富足。他对笔者说：“即便是永远评不上，我还是会教下去。我喜欢傣族的文化，不给钱，我也教。"所以，这样的评价方式不改变，即便建立国家、地方和学校的三级课程制度，其教育效果也会大打折扣。

（三）学校内开设宗教通识课程

《中华人民共和国宪法》第三十六条规定："中华人民共和国公民有宗教信仰自由。任何国家机关、社会团体和个人不得强制公民信仰宗教或者不信仰宗教，不得歧视信仰宗教的公民和不信仰宗教的公民。国家保护正常的宗教活动。任何人不得利用宗教进行破坏社会秩序、损害公民身体健康、妨碍国家教育制度的活动。"在西双版纳这样的佛国世界中，学校教育完全与宗教知识相脱离，不仅是学校教育系统将自己封闭起来的一种重要因素，更重要的是学校教育在对傣族学生的宗教教育上完全失去了引导能力。奘寺教育中"都"级僧人的缺乏不仅使其承担不起高质量的宗教教育责任，而且僧人们自身佛学修养的不足，宗教信仰约束力的下降，以及戒律守持的宽松，反而使得傣族村民开始向泰国、缅甸等国寻求宗教教育需求的满足。

---

① 景洪县地方志编撰委员会．2000．景洪县志．昆明：云南人民出版社，817．

文化空间的延伸是无法被领土的界限所阻隔的。半个多世纪以来，国家教育进入傣族地区，既可视为现代国家建构过程的一部分，也可视为国家权力扩张的过程，但民族地区的地方性空间虽然受到来自国家集中性权力的限制，但并不是任由国家穿透的。20 世纪 40 年代，费孝通就指出，基层社会取外部因素为我所用的方面，特别是基层社会以不同的方式——通常是顺应外部需要的方式和语言，建构自主性空间或防卫来自外部的管辖权竞争。① 奘寺教育构筑的自主性空间之一是上座部佛教文化圈。东南亚小乘佛教文化圈在 11 至 14 世纪最终形成，② 由源头国家斯里兰卡及与中国云南相邻的泰国、老挝、缅甸等国家共同组成。傣族地区地理位置特殊，虽然很早以前就有商人经由傣族地区前往东南亚，并形成了几条古商道，但实际对其影响不大。后来，上座部佛教使印度文明可以直接传到傣族地区。经济的繁荣虽然离不开与外地的交流，然而其最显著的意义在于它使傣族地区与东南亚各国联系的性质发生了根本性转变，即傣族地区与东南亚各国由最初小规模经济上的联系迅速上升为一种文化上的交流。③

历史上，中国境内的傣族与泰国的泰族、老挝的老族、缅甸的掸族虽然由于各种原因跨境而居，行政区划上分属不同国家，可是同样的语言和文字、同样的生活习俗，而且边民互市、交往和通婚从未断绝，因而彼此之间的联系与交往历来十分密切。"文革"时期，僧人中不愿还俗者大多迁往这几个国家。这几个国家的僧侣在"文革"期间还为西双版纳信教的群众提供宗教帮助，如滴水、为孩子取名等。20 世纪 80 年代，国家宗教政策恢复后，由于国内僧人主持不足，当地傣族群众便去国外请。据 1981 年的统计，当时全州共有比丘 36 人，其中 35 人来自缅甸。1982 年，比丘人数增至 44 人，其中缅籍比丘 13 人。近年来，由于西双版纳地区佛教的世俗化，奘寺管理不规范，比丘越来越年轻。少数佛爷举止行为不检点，小和尚们也容易沾染恶习。所以，来自缅甸的僧人更为当地傣族群众所敬仰。加之佛学签证申请相对比较容易，西双版纳州的小和尚们多以能到泰国进修为荣。据不完全统计，2005 年公派到斯里兰卡留学的有 4 人，泰国 10 人，缅甸 5 人，此外，还有不少学僧自费赴泰、缅等国学习巴利语、阿毗达磨等高级佛学课程。④

这些现象决定了国家必须对傣族地区的宗教及其宗教教育加以引导。国家

---

① 费孝通、吴晗等.1948.皇权与绅权.上海：上海观察社.
② 贺圣达.2011.东南亚文化发展史.昆明：云南人民出版社，169.
③ 云南民族学会傣族研究委员会.2000.傣族文化论.昆明：云南民族出版社.
④ 云南省佛教协会.2005.2005 年 11 月 1 日关于云南上座部佛教情况的调研报告（未发行）.

对西双版纳的宗教，以及宗教教育的管理主要是通过佛教协会完成的。1957年，西双版纳州成立了"中国现象佛教协会西双版纳分会"，并于1996年改为"西双版纳傣族自治州佛教协会"，会址设在西双版纳总佛寺，下辖景洪市佛教协会、勐海县佛教协会、勐腊县佛教协会。各县属佛教协会又下辖若干佛协小组。佛协小组成员一般由学识较高和德高望重的僧侣和居士组成，主要负责处理乡镇或一定区域内若干个村寨的佛教事务。并在对所辖村寨佛寺中有争议的事务以及惩处犯戒僧侣时，佛协小组具有决定权。此外，各村寨还有奘寺管理员，主要负责佛寺的财务、基础假设、环境卫生，以及对外联络等。奘寺管理员接受佛协小组和村民小组的双重管理。佛协小组和奘寺管理员由民主选举的方式产生，一般同期换届。虽然制度建立起来了，但是由于上座部佛教本身的世俗性过于强烈，以及"都"级僧人的缺少，佛协小组对佛寺僧人的管理往往无法起到相应的作用。

1990年5月17日，西双版纳州统战部、州教育委员会和州第四次人口普查办公室联合颁发了一份文件。文件承认："帕"在奘寺教育中所达到的教育水平相当于小学生的水平，"都"级相当于初中生，"祜巴"级相当于高中生，但是低于中等专业技术学校学生的水平。据谭乐山了解，按政府规定，西双版纳（或其他中国边疆地区）的中专或技校毕业生有资格从政府那里领到每月15元的额外津贴。这是州政府不愿将"祜巴"与中专技校同等对待的原因。[①] 然而，政府对奘寺教育的承认，以及将之对等于国家教育中的相应阶段，并没有使僧人在还俗后具有中学生的资历去竞争世俗的工作，出家为僧的经历也不再是寻求较高社会地位的有利条件。这项政策几乎没有起到什么作用。

因此，笔者建议在西双版纳的中小学内开设宗教通识课程，在教学内容上可以仿照英国建立统一的，取得共识的宗教通识教学大纲和计划。（表7-1）宗教通识课程应当不仅仅教授佛教知识，同时还必须兼顾其他宗教，如基督教、伊斯兰教、印度教，以及一些原始宗教的知识。这样可以使学生在完成义务教育时能对世界上大多数国家的宗教有基本的认识和了解。在宗教教育内容的选择上，必须坚持只教宗教教义教理，而不教修行方法。这样学生对宗教只有理解，而没有行动，不仅可以避免宗教信仰的灌输，也可避免不同宗教背景的家长反对。同时，国家必须用法令领导，审慎监督，并建立适当的配套措施，如设立中小学的宗教教育师资培育课程，满足中小学对宗教教育师资的需求。学

[①] 谭乐山.2005.南传上座部佛教与傣族村社经济——对中国西南西双版纳的比较研究.昆明：云南大学出版社，89.

校也可聘请僧人到学校讲解教义,但必须得到政府和佛协的同意。

表7-1　英国中小学校宗教教育课程内容的规定①

年龄阶段	课程	主要内容
5至7岁	基督教为必修,任一其他宗教为选修	介绍主要人物与历史事件,了解宗教仪式、庆典与法器的意义。讲述宗教故事,并以学生的人生经验,来增加他们对故事的了解。教导学生是非对错的观念。
7至11岁	基督教为必修,再加上两种其他宗教为选修	加强道德与人格情操的发展。以宗教的历史背景来吸收知识,着重于古圣先贤安身立命的典范。思考宗教对家庭社会的影响,以宗教的角度探讨人生的意义与奥秘。建立积极进取的人生观,以及个人有不同宗教信仰的自由与权利。
11至14岁	基督教为必修,再加上其他宗教为选修	以某一特定期间为研究对象,指出不同宗教的共同特质,比较不同宗教在世界各地所造成的影响。加强精神与道德的发展,将所学的宗教教育应用到其他所修的学科上。
14至16岁	基督教为必修,再加上一种其他宗教为选修	以比较不同宗教和教派,或是比较同一宗教或教派中的不同传统,作为加深宗教教育的方法。研究宗教对人们面对、处理时代现象的影响。带领学生体会抽象的、超乎日常生活领域的宗教观念。发展学生辩护某一哲学或宗教立场的能力,进一步探讨宗教理念。

资料来源:泰晤士报.1994.英国新宗教教育政策.明慧译.http://www.buddhistweb.org/2014/04/31599 [2014-4-7]

在中小学开展宗教教育,必须确立一定原则。这些原则可以借鉴西方发达国家的普遍做法,总体来说有三点:

其一,中立性。不同的宗教对世界的解释是不同的,即便同一个宗教的不同教派之间也往往有相当大的差异和争论,因此,学校中宗教教育内容所持的基本态度必须保持中立。在英国,这种中立性是在教育当局的主持下通过"取得一致的教学大纲"保证的,而在荷兰,其1920年颁布的基础教育法明确规定,教师要对各种宗教教义予以充分尊重,并保持中立。美国对宗教的处理一般采取三种形式:一是将宗教学、宗教史、宗教文学等作为世俗知识光明正大地纳入课程体系;二是将宗教融入相关的课程中,如历史、文学和社会研究等;

---

① 英国除了神学院、宗教系、神学系外,大学教育并未安排宗教教育课程,而是把宗教教育的责任交给中小学。此课程内容的规定由明慧译自英国1994年7月6日的泰晤士报(The Times)。1994年7月6日,英国《泰晤士报》报道了英国政府对宗教教育的新政策,并刊登了当时的教育部长巴顿(John Patten)、英国大主教凯瑞(Dr. George Carey)与全英教科书决策委员会主席戴尔林(Sir Ron Dearing)三人的大幅照片,描述他们热烈推动宗教教育的情形。新宗教教育政策规定英国公立或私立中小学生,由五岁到十六岁,至少必须研读两种宗教科目:即以基督教为必修科,另任选佛教、印度教、伊斯兰教、犹太教、锡克教中的任一种为选修。在中学会考时,宗教列入考试科目之一。当时还公布了全英国中小学校的宗教教科书及教学大纲与指南,其中也包括佛教教学大纲。

三是公开开设宗教课，但仅仅强调宗教的道德和精神价值。[①] 讲授时则注重客观，反对持宗派立场。

其二，规范性。规范性特征主要表现在对宗教教育内容和教师的选择上。英国有教派学校，但是教派学校只允许每周教授两次本派的教义，同时政府对基础教育的质量有明确的标准要求。荷兰的宗教学校虽然有较大的自由，但是也必须完成政府对基础教育的最低要求，而在瑞典，由国家教育委员会编订的课程手册甚至详细列举了宗教教学的内容。在对教师的选择上，主要是由政府决定，但在有的国家，宗教团体亦有决定权，如在德国，宗教教师就需要获得教派和国家的共同认可。

其三，选择性。公立学校中虽然设立的宗教教育课程，但是否上课的决定权还是在家长和学生手中。在德国，学生14岁之前是由家长帮其选择相关宗教的教育课程，而14岁之后则交由学生自己决定，无宗教信仰的学生也可选择"伦理""宗教艺术""圣经故事"等替代课程。英国虽然有一套成体系的义务教育阶段宗教教育课程模式，但家长和教师还保持了相当大的自主权利，他们都有权力要求不参加与其信仰相冲突的教义教学活动，而针对某些拥有特殊宗教信仰的家庭，其规定也表现出相当大的可选择性，如犹太教家庭的学生可以豁免修读宗教教育课程，天主教徒也可以上自己的宗教教育课程等。

（四）提升教师课程开发能力，整合教育资源

所谓的整合教育资源，是指要能够将学校教育与民族传统文化中的积极因素融合在一起，共同成为推动民族现代化进程的动力。这种融合是必需的，因为现代化绝不意味着简单的工业化，更不意味着某些经济指标的提高。民族教育资源的整合关键是要建立并保障一套国家、地方和学校的资源选择机制。我国现在的课程政策实行的是国家课程、地方课程和校本课程三级制度。然而，在实际的学校教育过程中，地方课程和校本课程往往被边缘化了。国家课程被强化，并不是地方课程和校本课程设计得不够好，与此相反，很多能够顺利开展的校本文化课程很受学生欢迎，如在傣族地区开设的传统武术课程就反响极好。造成地方课程和校本课程被边缘化的主要原因，更多的是在于后面的保障机制没有跟上。其首要的是对学生、对教师、对学校的评价方式和标准没有改变，仍旧延续的是应试教育的老一套。这一套评价方式和标准又与教师的工资、津贴，以及学校的经费来源直接挂钩。在现实的经济压力和社会压力下，地方

[①] 郑崧. 2002. 教育世俗化与民族国家. 比较教育研究，(11): 27-31, 45.

课程和校本课程自然不受重视。

需要认识到,教师是整合教育资源的主要力量。不仅教地方课程、校本课程的老师需要整合民族地区的教育资源,教主课的老师,如果能将主课的教学内容同民族地区当地的实际联系起来教学,教学效果也会大大提高。国家在制定主课的教学内容时,一般很少能够照顾到各个地方不同的生活情况,而将国家课程内化为民族地区当地的有效教育资源,这一任务只能由教师来承担。但是,现在的问题是民族地区教师整合民族教育资源的能力薄弱。由于能力的不足,致使教书时只能按照统一的教学大纲和教学计划按部就班。同时,因为教师的考核的主要依据又是教学大纲和教学计划,这样的做法对教师来说就是最稳妥的,于是教师整合民族教育资源的意愿又进一步弱化。

教师整合教育资源的能力薄弱,最直接的表现就是教学过程中的双客体化。所谓双客体化,是指学生和教师在教学过程中对教学内容的双重客体化。在这一过程中,教学内容变成了一种外在的,脱离于主体而独立存在的客观抽象性的理性或逻辑形式,成为了存在本身。同时,教师和学生也不是认识论意义上的主体,仅仅是位于教学内容面前的东西。教师与学生在教学过程中的双客体化现象可能在西双版纳傣族地区表现得尤为明显。西南大学的聂吉风曾于2010年详细记录过勐遮嘎拱九义学校初3(1)班的一堂思想品德课的教学情况。这堂课的教学内容是"受教育权"。其片段如下:[1]

> 教师:我们首先一起读下课本第一段的内容。
> 学生:教育是以促进人的发展,社会的进步为目的……
> 教师:课本上说,我们每一个人都必须接受九年义务教育,那么九年义务教育的含义是什么?(稍微停顿)书上是怎么说的呢?
> 学生:义务教育具有强制性,是由国家强力保证其推行和实施……
> 教师:要做到真正的珍惜受教育机会,应该如何做呢?好!一起朗读以下课本上的内容。
> 学生:其一,认真履行按时入学的义务……

这样的授课方式,学生不仅不喜欢,教师本身也很难从教学中体会到乐趣和成就感。教育成了教书,教师也就成了教书匠。因此,提升民族地区教师的教育资源整合能力是改善目前民族地区教育现状的关键环节。但是,现在遗憾的是我国的高等师范教育中正好缺乏这一块。

---

[1] 聂吉风.2011.西南民族地区基础教育价值取向偏差及纠正——基于西双版纳勐遮镇的实地调查.重庆:西南大学硕士论文,24.

国外也是通过培养和提高教师的课程开发能力解决整合教育资源的问题的。在国外教师培训中，教师的课程开发能力是培训的主要内容。需要注意的是，国外的课程概念与国内的课程概念并不一致。课程的概念源于拉丁文"curriculum"，其在最初使用时，所包含的观点是将各种教育资源和要素作为一种整体来看待。到了16世纪后半期，当时为了认证完成大学的学业的需要，才使用这样一个拉丁词汇。所以，"'curriculum'是整体地审视教育课程的组织的思想，也是重视毕业时'出口的管理'的教育思想。"而所谓的"curriculum"开发能力指的是"寻求一种将学习者的经验内容的总体从整体的角度去改善的专门特性"。从中不难看出，"curriculum"的概念与国内课程概念的最大区别就是"将约束在单个学科中的教师的专业特性扩大到学校教育的整体"。[1] 这种课程开发的理念需要教师能够在不断的反思、讨论中自我学习、自我思考，并且在实际中有足够的空间和权力将自己的反思体现在教学当中，同时通过来自家长、学生，以及老师之间的不断反馈进一步完善。

由于对教师课程开发能力的重视，很多国家都设立专门的教师课程研究中心，协助教师发展自己的课程开发能力，并建立了一套相对比较完善的集研究、发展和整合为一体的课程开发模式。我国民族地区的教育资源整合也可借鉴这种"RDI"(Research, Development, Intergration) 三位一体的模式。不仅要在我国的高等师范教育中专门为民族地区教师开展这样的培训，还可以在地方和省级两个层面上建立不同的课程研究开发中心，并将这种研究、培训同来自教学一线的教学经验紧密结合，并在不同的制度层面予以政策法规的支持和保障。

---

[1] 任友群.2000.日本教师的课程开发能力.外国教育资料，(5)：49-53.

第八章 结 语

　　上座部佛教传入西南地区的历史来看，应当是经历了一个从抵触、冲突到顺应、结合再浑然一体的过程。这一过程从本质上来说是一种文化融合的过程。

　　入滇之初，上座部佛教即遭到原始宗教的强烈抵抗，以至佛教徒在寨子中无立足之地，只得栖身山林。故傣语称其为"帕滇"或"帕厅"，意为"山和尚"。后来，上座部佛教在顺应世俗政权，以及傣族地区原有宗教的基础之上，并与之结合，最终成为了傣族最具代表性的文化象征之一。宣扬"佛法与王法一致"便是其召片领与佛法相融，并接受教义的结果。"在西双版纳第一代召片领叭真已获得'至尊佛主'（Shom-rdieb Phya Pien Chao）之称，召片领及其议事厅也借宗教之助推行其法令，他们多在宗教节日决定重要的政治措施或任免下属官员，以提高其政策法令的权威。佛教寺院授予封建统治者以高级僧侣的尊称，而高级僧侣晋升时又要获得召片领或召勐的赐封或认可。这种互相支持、互相利用的关系，使佛教首先在统治阶级中站住了脚跟，然后又借助统治阶级之力在全民中推广。"[①] 西双版纳的上座部佛教还建立起了与世俗政权上的村寨、"播""陇""勐"相适应的奘寺管理体系。一般的奘寺就是村寨佛寺，而那些有着较长历史的，同时又于行政单位"播""陇"相对应的佛寺被称为"瓦告"，意中心佛寺。与"勐"对应的佛寺往往是该勐僧阶最高的僧侣，傣语称"波苏勐"或"瓦拉扎滩"。"波苏勐"的主持负责全勐的宗教事务，而"瓦告"仅负责一片。最高级别的佛寺称为"瓦龙"，与西双版纳最高行政召片领对应，其下辖"瓦扎捧"和"瓦专董"。每月的"楞丙"，即上半月的15日（望日）和"楞拉"，即下半月的14日或15日（朔日），各寺的"都"级与"祜巴"级僧人须集中于中心佛寺举行讲经、省察等佛事活动。

　　上座部佛教的成功传入，为我们学校教育的顺利开展提供了借鉴。一种外来的文化形式，如果想要在本地扎下根来，其必然要与当地的民族文化深层相

---

① 张公瑾.1986.傣族文化.长春：吉林教育出版社，146.

结合。同样，现代教育的发展，也必须植根于民族文化的深层之中。与民族文化相融合，并不代表单纯地与之相附和，而是要把现代意识、现代生活方式引入、融合同时保留现代教育中的积极因素。不重视现代教育的民族，也必将失去现代性。

现代教育与民族文化相融合应当是一个相互滋养的问题，而不是强化矛盾和冲突的问题。不是你胜我败，而是在相互交流中共同发展。以傣族的文字为例，大家公认傣族的文字受到了上座部佛教的重大影响，但傣文并没有因此而成为巴利文、梵文的变种或分支。张公瑾先生在文章中指出："泰傣民族语言在长期的历史发展过程中，一直保留着古代百越语言的核心部分，并未发生变异。这些语言在早期吸收了较多汉语的成分，中期吸收了较多巴利语和梵语的成分，现在分布在云南省和中南半岛各国，依然保留着各语言间的同源特色。"[1]

同时，中国的汉语的发展本身也受到了佛教的影响。"中国语音既不适于佛经的转读与歌赞，欲达到此种目的则必须参照梵语的拼音，而求汉语适应的转变，于是二字反切之学因此进步，反切盛行，声音分辨趋于精密与正确，因此四声得于此时成立。可知魏晋虽有人从事声韵的研究，而至齐梁大为兴盛者，实有受佛经转读的影响。"[2]

所以，多种文化的差异性存在实际为教育提供了丰富、充沛的教育资源。在笔者看来，文化冲突实质上是一种"人为事物"（artificial），仅仅存在于一种文化对另一种文化的强行统一上，力图用一种模式、一种标准去评价和判断之时。人有两种类型的妄想症。一种当然是十分明显的，就是那种绝对的不协调的、拟声的胡乱地讲话的类型。另一种远远不那么明显，就是绝对的协调的妄想症。[3] 只有这时，文化的差异性才会被放大、强化，乃至认为文化的本质属性就是强调你与我的不同，进而划分出"你们"与"我们"。这种思想表现在国家政策与法规上就是似乎一种同质的文化、一种同质的群体才是安全的、才是可靠的，殊不知，只有复杂、多元、斑斓的社会文化才会为整个国家、整个民族的发展提供取之不尽的动力，提供后继发展之源流。多元文化教育也就是基于这样一种理念，各种文化之间本不存在绝对的冲突，相反的是各种文化之间却是以相互交流而滋养的。人类学研究者已经表明，许多情况下，假想的族群冲突可以有不同的解释。前南斯拉夫公开宣扬种族冲突，塞尔维亚人与克罗地亚

---

[1] 西双版纳少数民族研究所，云南西双版纳贝叶文化研究中心．首届全国贝叶文化学术研讨会论文集（上册）．2001：144-145．

[2] 刘大杰．1957．中国文学发展史（上卷）．北京：古典文学出版社，285．

[3] 〔法〕埃德加·莫兰．复杂性思想导论．陈一壮译．2008．上海：华东师范大学出版社，73．

人之间发生冲突的真正原因是"为控制权力和经济财富的竞争"。[1] 塞缪尔·亨廷顿（Samuel Huntington）把作为冲突来源的文化差异提高到了文明的层次，但自 1946 年以来冲突的经验数据似乎并不支持亨廷顿的观点。[2]

当然，上面只是从抽象意义的层面来谈文化冲突，现实中还是存在诸多具体的、复杂的矛盾和冲突。那么，我们所必然面临的一个问题就是：我们的教育是要缓解冲突，还是要增进这种冲突？面对这个问题，文化保守主义固不可取，文化激进者也多于事无补。激进的改革者一般坚持认为种族主义是导致少数民族社会经济，以及教育问题的唯一原因，而不愿意去发现更为复杂的变量去改善现状。我们更愿意以一种宽容、反思的态度去坚持多元文化教育。

正如联合国教科文组织在其《教育——财富蕴藏其中》（Learning：The Treasure Within）一书中指出的那样，"真正的多元文化教育应当既能满足全球和国家一体化的迫切需要，又能满足农村或城市具有自己文化特定社区的特殊需要。""许多观察家对文化的多元性及其在多元文化教育中的表现形式深表怀疑。他们赞同文化的多样性（现今世界上有谁能否定它呢？）同时又怀疑通过教育来加强这种多样性是否周到？他们担心这将使不同的特性具体化，使种族中心主义增强。使种族冲突加剧，并使现有的民族国家解体。今天，极端的民族主义导致政治上的分裂主义和社会解体确实不乏其例，更不要说直至种族灭绝的大屠杀和因仇恨而产生的种族清洗运动。然而，种族的多样性并不会神奇地消失，因为发生许多冲突而去指责多元文化政策是不现实的，这些冲突往往正是由于不承认种族的多样性或要消灭这种多样性而产生的。"[3] 然而，忧虑和怀疑还会继续存在，不同的政治力量也会有不同的考量，多元文化教育也远未达到自己的目标。各个国家在实践多元文化教育时，并不能说有多少成功的经验可资借鉴，每个国家都尚在摸索一条适合自己国情的新的办法。

在多元文化情境下，教育的真正权力来自于文化赋予，而非法律，或其他。所谓的法律，应当包括"法"和"律"两部分。"法"部分是指法律设立所依赖的哲学观和价值观；"律"部分是为实施这些价值观而设置的规范准则。在古汉语中，"法"更多表达的是形而上，而"律"则属于形而下的部分。现代教育法治之所以出现诸多问题，很大程度上可能就是过于注重了后者，以为"律"就

---

[1] Olsen M K G. 1993. Bridge on the Sava：Ethnicity in Eastern Croatia，1981—1991. *Anthropology of East Europe Review*，11（1-2）：61-71.

[2] Chiozza G. 2002. Is there a clash of civilizations? Evidence from patterns of international conflict involvement，1946-1997. *Journal of Peace Research*，39（6）：711-734.

[3] 联合国教科文组织中文科. 1996. 教育——财富蕴藏其中. 联合国教科文组织中文科译. 北京：教育科学出版社，225.

代表了"法",以"律"的概念代替了"法"的意向。我们习惯犯的错误便是,总是以概念去批判实际中的东西,而概念往往是教条的,面对鲜活现实中的反驳,它只能被作为说教来嘲弄。约翰·罗尔斯(John Rawls)早就说过:"任何定义的价值都依赖于它产生的理论是否健全,仅凭自身,一个定义是不可能解决任何基本问题的。"① 法的价值不应仅仅体现为实践中的保障自由、安排制度和规范行为等等,它最重要的作用应是改变我们的精神世界。法的实践不应只是被看作一种规训向度,更应作为一种超越向度而存在的。它要求我们在实践法的过程中,要不断地理解和反思制度或规训本身存在的客观逻辑和理性基础,并给出令人满意的回答。

在这种框架之内,探讨教育法律移植,或国家法与习惯法的关系首先就要追问:教育法治是否有其自身的精神家园?这种精神家园是否是自治的,与人的关系如何,其精神是自律的还是他律的,其存在是形式的还是物质的,其历史是意义的还是逻辑的。对这些问题的回答,仅在分析法学框架内是无法回答的,因而,笔者坚持研究教育法治应当拥有两种视角。第一种视角即是外部视角,也可称之为跳出的视角,即从社会事实出发打量制度与规范的合理性;第二种视角为大历史的视角,必须把教育法律规范,放在整体的社会发展过程中去看待。

在这两种视角下,现代教育法治需要解决向后看和向前看的两对关系。无论是作为社会个体的人,抑或是作为个体的社会,其发展都摆脱不了两个终极性问题的困扰:从哪里来和到哪里去?从哪里来决定了现在的发展状态,而到哪里去决定了你未来的选择。把这两个维度放到教育法治的研究上来看,现代教育法治需要解决两个主要问题就成了:第一,与传统的关系。这里涉及一个历史观的问题。如果把社会发展看成是一个连续的有机体。社会就会有它的历史,它的经验。社会就能够缓慢地从它的历史中学习,它部分地以它的过去为条件。因而传统和对传统的忠诚和怨恨、信任和不信任就在社会生活中起了重要作用。如果把历史看成是断裂的,或者跳跃的,那么现代意义上的教育法治显然是个外来的和尚。第二,与后现代的关系。后现代对现代性的批判一般会导致两个结果:向传统转向,抑或走向价值和历史的虚无主义,一切都被解构了。后现代主要发挥的还是一个批判的功能,建构的东西还是很少。转向传统的典型代表,在政治哲学领域,就是列奥·施特劳斯(Leo Strauss)。在对自由

---

① 〔美〕约翰·罗尔斯. 正义论. 何怀宏等译. 1988. 北京:中国社会科学出版社,130.

主义批判的基础上，它转向亚里士多德和柏拉图。① 然而，即便转向，也是一个上升的过程。"历史是会重复的，但绝不会在同一个水平上，如果所说的事件具有历史重要性，如果这些事件对社会有着持久的影响，就更是如此。"② 这样去理解教育法治，其框架必定是整体主义的，其目的是在与确定该事件在某一个复杂结构之内，在某个整体之内所起的作用。这个整体不仅包括当代的部分，而且包括时间前后相继的短期发展阶段。

最后，我愿用一段卡西尔的话作为本书的结语："作为一个整体的人类文化，可以被称之为人不断自我解放的历程。语言、艺术、宗教、科学是这一历程中的不同阶段。在所有这些阶段中，人都发现并且证实了一种新的力量——建设一个人自己的世界、一个'理想'世界的力量。哲学不可能放弃它对这个理想世界基本统一性的探索，但并不把这种统一性与单一性混淆起来，并不忽视在人的这些不同力量之间存在的张力与摩擦、强烈的对立和深刻的冲突。这些力量不可能被归结为一个公分母。它们趋向于不同的方向、遵循着不同的原则。但是这些多样性和相异性并不意味着不一致或不和谐。所有这些功能都是相辅相成的。每一种功能都开启了一个新的地平线并且向我们展示了人性的一个新方面。不和谐就是与它自身的相和谐；对立面并不是彼此排斥，而是相互依存：'对立造成和谐，正如弓与六弦琴。'"③

---

① 〔美〕列奥·施特劳斯. 自然权利和历史. 彭刚译. 2006. 上海：上海三联书店.
② 〔英〕卡尔·波普尔. 历史决定论的贫困. 杜汝楫，邱仁宗译. 2009. 上海：上海人民出版社，8.
③ 〔德〕恩斯特·卡西尔. 人论. 甘阳译. 1986. 上海：上海译文出版社，228.

参考文献

〔意〕D. 奈尔肯,〔英〕J. 菲斯特 . 2006. 法律移植与法律文化 . 高鸿钧等译 . 北京:清华大学出版社 .

〔法〕阿尔弗雷德·格罗塞 . 2010. 身份认同的困境 . 王鲲译 . 北京:社会科学文献出版社 .

〔英〕阿兰·沃森 . 1999. 法律移植与法律改革 . 尹伊君,陈成霞译 . 外国法译评,(4):14-16.

〔印〕阿玛蒂亚·森 . 2002. 以自由看待发展 . 于真译 . 北京:中国人民大学出版社 .

〔法〕埃德加·莫兰 . 2004. 复杂性理论与教育问题 . 陈一壮译 . 北京:北京大学出版社 .

〔美〕埃德蒙斯·霍贝尔 . 2006. 原始人的法:法律的动态比较研究(修订译本). 严存生译 . 北京:法律出版社 .

〔英〕埃里克·夏普 . 1988. 比较宗教学史 . 吕大吉等译 . 上海:上海人民出版社 .

〔美〕艾德勒 . 1998. 六大观念 . 郗庆华译 . 北京:生活·读书·新知三联书店 .

〔法〕爱弥儿·涂尔干 . 2000. 社会分工论 . 渠东译 . 北京:生活·读书·新知三联书店 .

〔英〕安东尼·吉登斯,克里斯托弗·皮尔森 . 2001. 现代性——吉登斯访谈录 . 尹宏毅译 . 北京:新华出版社 .

〔德〕奥特弗利德·赫费 . 1998. 政治的正义性——法和国家的批判哲学之基础 . 庞学铨,李张林译 . 上海:上海译文出版社 .

〔古希腊〕柏拉图 . 1957. 理想国 . 吴献书译 . 上海:商务印书馆 .

〔美〕保罗·蒂利希 . 1988. 文化神学 . 陈新权、王平译 . 北京:工人出版社 .

保明所 . 2007. 南传佛教在傣语传承中的作用 . 版纳,(2):53-61.

〔美〕本尼迪克特·安德森 . 2005. 想象的共同体——民族主义的起源与散布 . 吴叡人译 . 上海:上海人民出版社 .

蔡寿福 . 2001. 云南教育史 . 昆明:云南教育出版社 .

苍铭 . 2005. 云南边地移民史 . 北京:民族出版社 .

曹成章 . 2006. 傣族村社文化研究 . 北京:中央民族大学出版社 .

岑仲勉 . 1979. 据《史记》看出缅、吉蔑(柬埔寨)、昆仑(克仑)、暹罗等族由云南迁去 . 东南亚历史论丛,(2):61-75.

〔加〕查尔斯·泰勒 . 1997. 承认的政治(上). 董之林,陈燕谷译 . 天涯,(6):51-60.

〔加〕查尔斯·泰勒 . 1997. 承认的政治(下). 董之林,陈燕谷译 . 天涯,(1):150-158.

常霞青.1988.麝香路上的西藏宗教文化.杭州：浙江人民出版社.
陈荟.2009.西双版纳傣族寺庙教育与学校教育共生研究.重庆：西南大学博士学位论文.
陈荟.2011.西双版纳傣族寺庙教育与学校教育冲突现状及归因分析.教育学报，(2)：91-102.
陈立鹏.2004.中国少数民族教育立法研究.北京：中央民族大学博士学位论文.
陈启伟.2009."存在的就是合理的"不是黑格尔的命题.读书，(1)：65-67.
褚建芳.2005.人神之间——云南芒市一个傣族村寨的仪式生活、经济伦理与等级秩序.北京：社会科学文献出版社.
《傣族简史》编写组.2009.傣族简史.北京：民族出版社.
〔英〕丹皮尔.1975.科学史及其哲学和宗教的关系.李珩译.北京：商务印书馆.
刀波.1998.试论南传上座部佛教对傣族教育的积极影响.民族教育研究，(3)：23-28.
刀福东.2006.傣族农村人力资本投资回报初探.中国教育经济学年会会议论文集，92-100.
刀国栋.2007.傣泐.昆明：云南美术出版社.
刀瑞廷.2006.透视：站在历史与现实的交汇点上——西双版纳傣族教育发展战略研究报告.昆明：云南美术出版社.
刀述仁.1985.南传上座部佛教在云南.法音，(1)：18-27.
刀学良.2003.求学旧忆//岩罕主编，中国人民政治协商会议西双版纳傣族自治州委员会文史民族宗教联络委员会编.西双版纳文史资料（第十六辑）.昆明：云南美术出版社.
〔苏〕德·莫·乌格里诺维奇.1989.宗教心理学.沈翼鹏译.北京：社会科学文献出版社.
邓正来.2006.中国法学向何处去—建构"中国法律理想图景"时代的论纲.北京：商务印书馆.
杜鹃.2003.选择性减少，风险性增加——以橡胶树与曼勒村傣族商业化土地利用为例//尹绍亭，深尾叶子.雨林啊胶林.昆明：云南教育出版社.
〔德〕恩斯特·卡西尔.1986.人论.甘阳译.上海：上海译文出版社.
费孝通.2008.乡土中国.北京：人民出版社.
费孝通，吴晗等.1948.皇权与绅权.上海：上海观察社.
佛使比丘.1950.上座部佛教的某些殊胜特色（未发表）.1950年12月6日缅甸仰光举行第六次结集会议的演讲稿.香光书乡编译组译.
傅松涛，毕雪梅，张东会.2007.教育组织形态的历史回归与超越——当代美国家庭学校的组织形态分析.比较教育研究，(10)：22-27.
高鸿钧.2007.法律移植：隐喻、范式与全球化时代的新趋向.中国社会科学，(4)：117-130，208.
高立士.1990.傣族谚语.成都：四川民族出版社.
高立士.1992.西双版纳傣族的历史与文化.昆明：云南民族出版社.
高靓.2004.英国少数民族教育政策的特点分析.民族教育研究，(4)：82-85.
高秦伟.2010.美国"在家教育"的合宪性及其法律规制.比较教育研究，(6)：25-29.
高师宁，杨凤岗.2010.从书斋到田野：宗教社会科学高峰论坛论文集（下卷）.北京：中国社会科学出版社．

耿建尉．2006．试论当今世界宗教的影响．世界宗教文化，(3)：6-9．

龚锐．2003．西双版纳傣族宗教生活的世俗化倾向——以嘎洒、勐罕、大勐龙三镇为例．民族研究，(2)：38-45，109．

龚锐．2006．在异域与本土之间——中国西双版纳打洛镇傣族与缅甸掸族的跨境宗教文化交往．贵州民族研究，(3)：37-42．

龚锐．2008．圣俗之间——西双版纳傣族赕佛世俗化的人类学研究．昆明：云南人民出版社．

辜鸿铭．1998．中国人的精神//中国精神·百年问声．深圳：海天出版社．

郭家骥．1998．西双版纳傣族的稻作文化研究．张文力译．昆明：云南大学出版社．

郭家骥．2006．西双版纳傣族的水文化：传统与变迁——景洪市勐罕镇曼远村案例研究．民族研究，(2)：60-68，112．

〔英〕哈耶克．1997．自由秩序原理（上）．北京：生活·读书·新知三联书店．

〔德〕汉斯-格奥尔格·伽达默尔．1988．科学时代的理性．薛华，高地，李河等译．北京：国际文化出版公司．

何贵．2000．党的阳光雨露哺育我成长//岩罕主编，中国人民政治协商会议西双版纳傣族自治州委员会文史民族宗教联络委员会编．西双版纳文史资料（第十三辑）．昆明：云南民族出版社．

何蓉．2007．佛教寺院经济及其影响初探．社会学研究，(4)：78-95，247．

河清．1999．文化个性与"文化认同"．读书，(9)：101-106．

贺圣达．2011．东南亚文化发展史（第二版）．昆明：云南人民出版社．

〔美〕赫伯特·马尔库塞．1989．单向度的人——发达工业社会意识形态的研究．刘继译．上海：上海译文出版社．

〔美〕赫尔伯特·A.西蒙．1988.关于人为事物的科学．杨砾译．北京：解放军出版社．

〔德〕黑格尔．1988．黑格尔早期神学著作．贺麟译．北京：商务印书馆．

胡东芳．2005．谁来决定我们的课程？——主要国家课程权力分配比较研究．外国教育研究，(3)：30-34．

胡玉萍．2003．文化视野中的美国少数民族教育问题与对策．比较教育研究，(8)：17-21．

黄海刚．2009．美国少数民族教育：现状与趋势．民族教育研究，(6)：117-122．

黄克剑．1996．人韵——一种对马克思的读解．北京：东方出版社．

黄森泉．2000．原住民教育之理论与实际．台北："国立编译馆"．

黄绍湘．1979．美国通史简编．北京：人民出版社．

黄映玲．2006．生态文化．昆明：云南教育出版社．

〔美〕黄宗智．2007．经验与理论：中国社会、经济与法律的实践历史研究．北京：中国人民大学出版社．

〔英〕霍布斯鲍姆，兰格．2004．传统的发明．韩莉译．南京：译林出版社．

江应樑．1983．傣族史．成都：四川民族出版社．

江应樑.2009.摆夷的经济文化生活.昆明：云南人民出版社.

姜峰,刘丽莉.2009.澳大利亚促进民族地区教育均衡发展政策研究——《土著民族教育（目标援助）法案》述评.民族教育研究,（5）：112-115.

金观涛.2010.探索现代社会的起源.北京：社会科学文献出版社.

景洪县地方志编撰委员会.2000.景洪县志.昆明：云南人民出版社.

〔英〕卡尔·波普尔.2009.历史决定论的贫困.杜汝楫,邱仁宗译.上海：上海人民出版社.

〔德〕卡尔·雅斯贝尔斯.1991.什么是教育.邹进译.北京：生活·读书·新知三联书店.

〔美〕科恩.2004.论民主.聂崇信,朱秀贤译.北京：商务印书馆.

〔美〕克利福德·吉尔茨.2002.文化的解释.韩莉译.上海：上海译林出版社.

劳凯声.1998.教育法学.南京：江苏教育出版社.

劳凯声.2008.改革开放30年的教育法制建设.教育研究,（11）：4-11.

〔美〕劳伦斯·M.弗里德曼.1998.法治、现代化和司法.傅郁林译.北大法律评论,（1）：292-320.

李拂一.1955.十二版纳志.台北：正中书局.

李拂一.1979.南荒内外.台北：复仁书局.

李明欣.2001."多元文化"论争世纪回眸.社会学研究,（3）：101-107.

李啸虎,田廷彦,马丁玲.2005.力量：改变人类文明的50大科学定理.上海：上海文化出版社.

联合国教科文组织中文科.1996.教育——财富蕴藏其中.联合国教科文组织中文科译.北京：教育科学出版社.

梁漱溟.2005.梁漱溟全集.济南：山东人民出版社.

梁兴国.2010.法治时代的教育公共政策：从"依法治教"到"教育法治化".政法论坛,（6）：170-177.

梁治平.2000.法治：社会转型时期的制度建构——对中国法律现代化运动的一个内在观察.当代中国研究.（2）：.

〔美〕列奥·施特劳斯.2006.自然权利和历史.彭刚译.上海：上海三联书店.

〔法〕列维-布留尔.1981.原始思维.丁由译.北京：商务印书馆.

林祖鉌.2010.入学不是保障受教育权的唯一途径——从"孟母堂"事件谈《义务教育法》入学规定的缺陷.教育探索,（10）：22-24.

刘达成.1988.论当代原始民族的教育.民族学,（1）：.

刘大杰.1957.中国文学发展史（上卷）.北京：古典文学出版社.

刘复兴.2003.教育政策的价值分析.北京：教育科学出版社.

刘隆,王科.1990.西双版纳国土经济考察报告.昆明：云南人民出版社.

刘岩.1993.南传佛教与傣族文化.昆明：云南民族出版社.

刘岩.1999.傣族//杨福全,段玉明,郭净.云南少数民族概览.昆明：云南人民出版社.

〔美〕罗伯特·路威.1984.文明与野蛮.吕叔湘译.北京：生活·读书·新知三联书店.

罗吉华.2009.文化变迁中的文化再制与教育选择——云南猛罕镇中学傣族和尚生的个案研究.北京：中央民族大学博士学位论文.

罗美珍.1981.从语言上看傣、泰、壮的族源和迁徙问题.民族研究，(6)：56-62.

〔美〕罗纳德·德沃金.1998.认真对待权利.信春鹰，吴玉章译.北京：中国大百科全书出版社.

罗阳.2007.云南西双版纳傣族社区与发展.成都：四川大学出版社.

吕思勉.2008.中国民族史两种.上海：上海古籍出版社.

麻国庆.2000.全球化：文化的生产与文化认同—族群、地方社会与跨国文化圈.北京大学学报（哲学社会科学版），(4)：151-160.

〔意〕马可波罗.1953.马可波罗行纪.冯承均译.北京：正蒙书局.

〔德〕马克思，恩格斯.1995.马克思恩格斯选集（第二卷）.中共中央马克思恩格斯列宁斯大林著作编译局编译.北京：人民出版社.

〔德〕马克思.1979.政治经济学序言·导言.中共中央马克思恩格斯列宁斯大林著作编译局译.北京：人民出版社.

马戎.2004.民族社会学——社会学的族群关系研究.北京：北京大学出版社.

〔加〕马歇尔·麦克卢汉.2000.理解媒介：人的延伸.颜建军等译.北京：商务印书馆.

马曜，缪鸾和.1989.西双版纳份地制与西周井田制比较研究.昆明：云南人民出版社.

马玉华.2007.国民政府边疆民族政策初探.贵州民族研究，(5)：98-107，136.

〔美〕迈克尔·W.阿普尔.2003.意识形态与课程.黄忠敬译.上海：华东师范大学出版社.

勐海县地方志编纂委员会.1997.勐海县志.昆明：云南人民出版社.

〔美〕米歇尔·W.拉莫特.2006.学校法学：案例和观念.许庆豫译.南京：江苏教育出版社.

〔法〕米歇尔·福柯.1999.规训与惩罚：监狱的诞生.刘北成，杨远婴译.北京：生活·读书·新知三联书店.

〔美〕米歇尔·沃尔德罗普.1997.复杂：诞生于秩序与混沌边缘的科学.陈玲译.北京：生活·读书·新知三联书店.

《民族问题五种丛书》云南省编辑委员会.1983.傣族社会历史调查（西双版纳第二册）.昆明：云南民族出版社.

娜木罕.2009.学校教育中的宗教文化问题.中央民族大学学报（哲学社会科学版），(3)：95-99.

〔英〕奈杰尔·拉波特，乔安娜·奥弗林.2005.社会文化人类学的关键概念.鲍雯妍，张亚辉译.北京：华夏出版社.

〔美〕内尔达·H.坎布朗-麦凯布，马莎·M.麦卡锡，斯蒂芬·B.托马斯.2010.教育法学——教师与学生的权利.江雪梅，茅锐，王晓玲译.北京：中国人民大学出版社.

〔新西兰〕尼古拉斯·塔林.2003.剑桥东南亚史.贺圣达，陈明华，俞亚克等译，昆明：云南人民出版社.

潘蛟.1995.勃罗姆列伊的民族分类及其关联的问题.民族研究，(4)：17-28.

〔美〕普洛格，贝茨.1988.文化演进与人类行为.吴爱明，邓勇译.沈阳：辽宁人民出版社.

祈型雨.2006.利益表达与整合——教育政策的决策模式研究.北京：人民出版社.

〔明〕钱古训.1980.百夷传（江应梁注释本）.昆明：昆明出版社.

〔美〕乔·萨托利.1993.民主新论.冯克利，阎克文译.北京：东方出版社.

〔美〕乔治·瑞泽尔.2005.当代社会学理论及其古典根源.杨淑娇译.北京：北京大学出版社.

邱开金.2008.民族文化传承与学校教育的张力——云南西双版纳农村傣族男童教育问题的调查研究.民族教育研究，(2)：97-102.

屈书杰.1999.在家上学——美国教育新景观透视.外国中小学教育，(1)：40-42.

屈书杰.2004.从种族隔离到学校一体化：20世纪美国黑人教育.保定：河北大学博士论文.

瞿明安.1999.变动中的宗教——当代西双版纳傣族宗教生活世俗化的特点.世界宗教研究，(1)：127-134.

任继愈.1981.宗教词典.上海：上海辞书出版社.

任友群.2000.日本教师的课程开发能力.外国教育资料，(5)：49-53.

任长松.2008.美国家长的择校权与美国的"在家上学".全球教育展望，(10)：62-66.

申健，曾崇明.2007-6-11.景哈乡为农民花钱指点迷津.西双版纳报.

沈南山，李森.2009.美国中小学教育绩效评价制度改革及启示——以马里兰州绩效责任政策为例.比较教育研究，(9)：81-86.

石中英.2007.教育机会均等的内涵及其政策意义.北京大学教育评论，(4)：81-88，191-192.

世谨.1989.宗教心理学.北京：知识出版社.

宋恩常.1986.云南少数民族研究文集.昆明：云南人民出版社.

宋立道.2000.神圣与世俗：南传佛教国家的宗教与政治.北京：宗教文化出版社.

宋蜀华.1978.从樊绰《云南志》论唐代傣族社会.思想战线，(6)：58-65.

苏国勋.2004.从社会学视角看"文明冲突论".社会学研究，(3)：23-31.

苏力.1996.法治及其本土资源.北京：中国政法大学出版社.

〔德〕苏为德.1992.现代化和宗教辩证法.世界宗教资料，(4).

太虚.2005.太虚大师全书（第九册）.北京：宗教文化出版社.

谭乐山.2005.南传上座部佛教与傣族村社经济：对中国西南西双版纳的比较研究.昆明：云南大学出版社.

滕星.2010.多元文化教育——全球多元文化社会的政策与实践.北京：民族出版社.

滕志妍.2009.世俗时代的宗教与学校教育关系问题研究——政策解读与案例透视.兰州：西北师范大学博士学位论文.

田汝康.2008.芒市边民的摆.昆明：云南人民出版社.

〔加〕W.F.麦凯，〔西〕M.西格恩.1989.双语教育概论.严正，柳秀峰译.北京：光明日报出版社.

汪利兵，邝伟乐.2003.英国义务教育学龄儿童"在家上学"现象述评.比较教育研究，(4)：

64-68.

王海涛.2001.云南佛教史.昆明：云南美术出版社.

王鉴.2001.近年来西方多元文化课程与教学研究简论.西北师大学报，(5)：53-57.

王鉴，万明钢.2006.多元文化教育比较研究.北京：民族出版社.

王启梁.2006.习惯法民间法研究范式的批判性理解——兼论社会控制概念在法学研究中的运用可能.现代法学，(5)：19-27.

王懿之.1990.傣族源流考//王懿之，杨世光.贝叶文化论.昆明：云南人民出版社.

王懿之.2000.民族历史文化论.昆明：云南美术出版社.

〔加〕威尔·金利卡.2005.少数的权利：民族主义、多元文化和公民.邓红风译.上海：上海世纪出版集团.

〔加〕威尔·金利卡.2009.多元文化的公民身份——一种自由主义的少数群体权利理论.马莉，张昌耀译.北京：中央民族大学出版社.

〔德〕乌尔里希·贝克.2004.风险社会.何博闻译.上海：译林出版社.

吴康宁.1998.教育社会学.北京：人民教育出版社.

吴之清.2008.贝叶上的文明——云南西双版纳南传上座部佛教社会研究.北京：人民出版社.

西双版纳傣族自治州教育委员会.1998.西双版纳傣族自治州教育志.昆明：云南民族出版社.

西双版纳少数民族研究所，云南西双版纳贝叶文化研究中心.2001.首届全国贝叶文化学术研讨会论文集.景洪：西双版纳报社.

〔美〕悉尼·明茨.2004.甜蜜的权力与权力之甜蜜.历史人类学学刊，2(2)：143-163.

肖甦.2000.在家上学，到校考试——俄罗斯普教新形式.俄罗斯文艺，(3)：79-80.

谢远章.1982.《召树屯》渊源考.云南社会科学，(2)：91-96.

谢远章.1989.泰—傣古文化的华夏影响及其意义.东南亚，(1)：18-30.

徐继存.2011.教育学知识的限度及其意义.教育学报，(1)：28-33.

〔古希腊〕亚里士多德.1965.政治学.吴寿彭译.北京：商务印书馆.

岩峰，王松，刀保尧.1995.傣族文学史.昆明：云南民族出版社.

杨学政，韩军学，李荣昆.1993.云南境内的世界三大宗教——地域宗教比较研究.昆明：云南人民出版社.

杨雪政.1999.云南宗教史.昆明：云南人民出版社.

杨筑慧.2009.传统与现代——西双版纳傣族社会文化研究.北京：中国社会科学出版社.

姚荷生.1990.水摆夷风土记（影印本）.上海：上海文艺出版社.

〔德〕尤尔根·哈贝马斯.2009.合法化危机.刘北城，曹卫东译.上海：上海世纪出版集团.

尤中.1994.云南民族史.昆明：云南大学出版社.

袁久红.2003.正义与历史实践.南京：东南大学出版社.

〔美〕约翰·S.布鲁贝克.1987.高等教育哲学.王承绪译.杭州：浙江教育出版社.

〔美〕约翰·博德利.2010.人类学与当今人类问题.周云水,史济纯,何小荣译.北京:北京大学出版社.

〔美〕约翰·罗尔斯.1988.正义论.何怀宏等译.北京:中国社会科学出版社.

〔英〕约翰·麦奎利.1989.二十世纪宗教思想.高师宁、何光泸译.上海:上海人民出版社.

〔美〕约翰·泰勒·盖托.2010.上学真的有用吗?.汪小英译.北京:生活·读书·新知三联书店.

云南民族学会傣族研究委员会.2000.傣族文化论.昆明:云南民族出版社.

云南省编辑委员会.1983.傣族社会历史调查.昆明:云南民族出版社.

云南省佛教协会.2005年11月1日关于云南上座部佛教情况的调研报告(未发行).

云南省勐海县地方志编撰委员会.1997.勐海县志.昆明:云南人民出版社.

曾昭旋,曾宪伟,谢港基.1999.人类地理学概论.北京:科学出版社.

〔美〕詹姆斯·A.班克斯.2010.文化多样性:基本原理、课程与教学.荀渊等译.上海:华东师范大学出版社.

〔美〕詹姆斯·C.斯科特.2011.弱者的武器.郑广怀,张敏,何江穗译.上海:译林出版社,2011.

张步峰,蒋卫君.2006.现代私塾"孟母堂"能否见容于法治.法学,(9):6-11.

张公瑾.1986.傣族文化.长春:吉林教育出版社.

张公瑾.1998.文化语言学发凡.昆明:云南大学出版社.

张公瑾、王锋.2002.傣族宗教与文化.北京:中央民族大学出版社.

张建成.2000.多元文化教育:我们的课题与别人的经验.台北:台北师大书苑.

张人杰.1988.胡森论均等的不相容性.外国教育资料,(3):56-57.

张诗亚.2001.祭坛与讲坛——西南民族宗教教育比较研究(第二版).昆明:云南教育出版社.

张诗亚.2005.强化民族认同:数码时代的文化选择.北京:现代教育出版社.

张维平,马立武.2004.美国教育法研究.北京:中国法制出版社.

张维平,唐卫民.2007.自由教育——高等院校普通教育发展研究.北京:科学出版社.

赵世林.2002.社会形态演化与傣族佛教文化传承.中央民族大学学报(哲学社会科学版),(5):59-65.

郑鹏程,丁波.2000.中国宗教流变史.武汉:湖北人民出版社.

郑崧.2002.教育世俗化与民族国家.比较教育研究,(11):27-31,45.

郑毅.2011.傣族佛寺教育与义务教育的冲突及其缓解——兼议"威斯康辛州诉约德"案.贵州民族研究,(1):142-147.

周光礼.2005.教育与法律——中国教育关系的变革.北京:社会科学文献出版社.

朱德普.1993.泐史研究.昆明:云南人民出版社.

朱世达.2000.当代美国文化与社会.北京:中国社会科学出版社.

庄孔韶.2009.人类学通论.太原:山西教育出版社.

Banks J A, Banks C A M. 2003. *Handbook of Research on Multicutral Education* (2nd edition). Hoboken, NJ.: Jossey-Bass.

Banks J A. 1994. *Multi-ethnic Education: Theory and Practice* (3rd edition). Boston: Allyn & Bacon.

Berger P L. 1967. *The Sacred Canopy: Elements of a Sociological Theory of Religion*. Garden City: Doubleday & Company, Inc.

Borchert T. 2008. Worry for the Dai Nation: Sipsongpanna, Chinese modernity and the problems of Buddhist modernism. *The Journal of Asian Studies*, 67 (1): 107-142.

Bourdieu P. 1977. *Reproduction in Education, Society and Culture* (2nd edition). London: Sage Publication Ltd.

Brooks S, Miljan L. 1993. *Public Policy in Canada: An Introduction*. Toronto: McClelland & Stewart.

Chiozza G. 2002. Is there a clash of civilizations? Evidence from patterns of international conflict involvement, 1946-97. *Journal of Peace Research*, 39 (6): 711-734.

Dahrendorf R. 1959. *Class and Class Conflict in Industrial Society*. Redwood, CA.: Stanford University Press.

Gellner E. 1983. *Nations and Nationalism*. Oxford: Basil Blackwell.

Gombrich R F. 1988. *Theravada Buddhism: A Social History from Ancient Benares to Modern Colombo*. London, New York: Routledge & Kegan Paul.

Higginson J H. 1961. The centenary of an English pioneer in comparative education: Sir Michael Sadler (1861-1943). *International Review of Education*, 7 (3): 286-298.

Home School Legal Defense Association. 2006. *Homeschooling Research*. http://www.Hslda.Org/research/faq.asp [2006-12-08].

Mallea J R, Young R A, Young J C. 1990. *Cultural Diversity and Canadian Education: Issues and Innovations*. Montreal, Quebec: McGill-Queen's University Press.

Manning M L, Baruth L G. 2000. *Multicultural Education of Children and Adolescents*. Boston: Allyn & Bacon.

Margalit A, Joseph R. 1995. National self-determination//Kymlicka W (ed.). *The Rights of Minority Cultures*. Oxford: Oxford University Press.

Marsh J H. 1988. *The Canadian Encyclopedia* (Volume 3). Edmonton: Hurtig Publishers.

NMAC. 1999. *Australian Multiculturalism for a New Century: Towards Inclusiveness*. A Report by National Multicultural Advisory Council April 1999.

Office for National Statistics. 1996. *Social Focus on Ethnic Minorities*. London: Her Majesty's Stationery office.

Olsen M K G. 1993. Bridge on the Sava: ethnicity in Eastern Croatia, 1981-1991. *Anthropology of East Europe Review*, 11 (1-2): 61-71.

Samuda R J. 1986. *The Canadian Brand of Multiculturalism: Social and Educational Implications, Multicultural Education: The Interminable Debate*. London: The Falmer Press.

Schilpp P A. 1949. *Albert Einstein, Philosopher-Scientist*. Evanston, IL: Northwestern University Press.

Sen A K. 1999. Development as freedom (The John Hopkins University Press and the National Endowment for Democracy's International Forum for Democratic Studies). *Journal of Democracy*, 10 (3): 3-17.

Spiro M E. 1966. Buddhism and economic action in Burma. *American Anthropologist*, 68 (5): 1163-1173.

Swearer D K. 1981. *Buddhism and Society in Southeast Asia*. Chambersburg: Anima Books.

Willie C V, Garibaldi A M, Reed W L. 1991. *The Education of African-Americans*. NY.: Auburn House.

附 录

附录一 《云南省西双版纳傣族自治州民族教育条例》

云南省西双版纳傣族自治州民族教育条例

（1993年3月21日西双版纳傣族自治州第八届人民代表大会第二次会议通过 1993年4月7日云南省第七届人民代表大会常务委员会第二十九次会议批准 1993年5月1日起施行）

第一章 总 则

第一条 为发展西双版纳傣族自治州民族教育事业，提高各族人民的社会主义觉悟和科学文化素质，巩固和发展平等、团结、互助的社会主义民族关系，促进经济发展和社会进步，根据《中华人民共和国民族区域自治法》《中华人民共和国义务教育法》和有关法律、法规，结合本州实际，制定本条例。

第二条 民族教育必须坚持社会主义办学方向，为社会主义现代化建设服务，同生产劳动相结合，培养德、智、体全面发展的建设者和接班人。

第三条 各级人民政府必须把民族教育放在优先发展的战略地位，贯彻教育为本，科技兴州的战略方针，把民族教育纳入国民经济和社会发展的规划，使民族教育与全州经济和社会发展相适应。

第四条 各级人民政府应当采取特殊政策和措施，分阶段普及九年制义务教育，加强基础教育，发展职业技术教育和成人教育，扫除青壮年文盲，增加教育投入，改善办学条件，加强教师队伍建设，提高教育质量，注重办学效益。

第五条 全社会都应当尊师重教，自觉关心、参与和支持教育。鼓励企业、事业单位、个人和其他社会力量办学。

第六条 州内一切国家机关、社会团体、企业事业单位、学校、村民（居民）委员会和全体公民都必须遵守本条例。

第二章 管理体制

第七条 全州民族教育工作实行由各级人民政府负责，分级办学、分级管理，教育行政部门主管，民族工作主管部门和其他部门配合的体制。

第八条 各级人民政府的主要职责：

（一）认真贯彻国家有关教育工作的法律、法规和方针、政策，切实加强对民族教育工作的领导。

（二）决定发展教育事业的重大问题和特殊政策，制定发展民族教育规划、计划，并负责组织实施。

（三）制定本级政府和同级教育行政部门发展民族教育的任期目标责任制，并定期检查，实行政绩考核。

（四）统筹规划经济、科技、教育的发展，组织实施农村智力开发。

（五）制定分步实施九年制义务教育和基本扫除文盲的方案。

（六）多渠道筹措教育经费，增加教育投入，逐步达到省、州规定的校舍建设标准和教学设备配置标准。

（七）加强教师队伍和教育干部队伍的建设，改善教师的工作、学习和生活条件，提高教师的社会地位。

（八）每年向同级人民代表大会或其常务委员会、乡（镇）人大主席团以及上一级人民政府报告民族教育工作。

第九条 州、县教育行政部门的主要职责：

（一）统筹州、县基础教育、职业技术教育和成人教育。编制自治州发展与改革民族教育、加强基础教育、扫除青壮年文盲、发展职业技术教育和成人教育的规划、计划，优化教育结构，提高教育质量。

（二）审定学校内部管理体制改革方案，对学校领导实行考核。

（三）根据国家和省的有关规定，结合本州实际，确定学校布局、规模、办学形式、教学用语、专业设置、教学内容和招生方案。

（四）组织编写傣文教材和傣文扫盲教材。

（五）加强教育、教学研究工作，组织教育理论和各科教材、教法的研究；进行教育、教学改革试验；制定中、小学德育工作和各科教学管理目标的实施方案。

（六）对学校领导、教师和教育行政管理干部进行管理、培训和考核。

（七）统筹和指导勤工俭学的有关工作。

（八）管理和监督教育经费的使用。

（九）履行上级政府和教育行政部门赋予的其他职责。

第十条　乡（镇）教育管理委员会的主要职责：

（一）具体实施乡（镇）民族教育发展计划和农村智力开发计划。

（二）办好本乡（镇）中、小学和农民文化技术学校。在本乡（镇）中、小学落实德育工作和各科教学管理目标实施方案。

（三）在乡（镇）人民政府领导下，多渠道筹措教育经费，使辖区内的学校逐步达到省、州规定的基本办学条件、校舍建设标准和教学设备配置标准。

（四）协助县教育行政部门管理、培训、考核教师和学校领导。

（五）履行上级人民政府和教育行政部门赋予的其它职责。

第十一条　州、县两级人民政府设立教育督促机构，配备专职督学，对下级人民政府的教育工作、下级教育行政部门和学校工作进行监督、检查、评估、指导，保证国家有关教育的法律、法规、方针、政策的贯彻执行和教育目标的实现。

第十二条　州、县民族工作主管部门的主要职责：

（一）参与拟定民族教育发展计划。

（二）协助教育行政部门办好寄宿制、半寄宿制民族中、小学校和民族班，发展民族教育。

（三）参与农村扫盲和职业技术教育工作。

第十三条　计划、财政、人事、劳动、税务、金融、民政、农业、林业、科技等有关部门应当在资金、物资、技术、师资等方面支持民族教育事业的发展。

第十四条　公安、司法、文化、体育、广播电视、新闻、出版、工商行政、税务、卫生、环保等部门和工会、共青团、妇联等群众团体，应在各自职责范围内，采取措施，创造良好的社会教育环境，积极促进民族教育事业发展。

第三章　教育结构

第十五条　民族教育结构包括基础教育、职业技术教育、成人教育和高等教育。

第十六条　根据自治州不同的经济、社会发展和文化、教育基础状况，分阶段、有步骤地实施义务教育。

本世纪末，在全州基本普及初等义务教育；在占全州人口百分之七十的地区基本普及九年制义务教育。

州、县实施义务教育的方案，应分别报请州、县人民代表大会或其常务委员会审议决定。

第十七条　逐步增设旨在重点培养各少数民族学生的各级各类学校。

州设立民族完全中学、民族师范学校，并创造条件，逐步扩大学校规模。

县设立全寄宿制的民族中学和民族小学。

各乡（镇）设立半寄宿制的民族高小班。

各完全中学和中等专业学校可设立民族班。

各级政府对专设的民族学校（班）的民族学生给予一定的生活补助。其他学校的民族学生，经济上有困难的发给人民助学金，生活补助标准和人民助学金发放标准由州、县人民政府制定。

第十八条　积极发展幼儿教育。办好城镇幼儿园，因地制宜开办农村幼儿园或增办学前班，逐步使各少数民族的幼儿能接受学前教育。

第十九条　创造条件为盲、聋、哑、弱智儿童和少年，开办特殊教育学校和弱智班，州举办盲、聋、哑学校，县举办弱智辅读学校（班）。

第二十条　积极发展职业技术教育：

（一）各县办好一至二所示范性的职业技术学校。

（二）普通中学应积极推行高中后、初中后、小学后或初二、高二年级分流的职业技术培训。

（三）中等专业学校应根据本州的经济和社会发展需要设置专业，并有计划地举办各种短期专业技术培训班。

第二十一条　多形式、多层次、多渠道地发展成人教育，逐步建立和完善成人教育体系，提高从业人员的素质：

（一）办好西双版纳电大分校；与省内外成人高校联合，积极开展职工大学、业余大学、夜大学、函授、自学考试、电视师专等教育。

（二）州、县开办业余中等文化学校和成人教育培训中心，各行业要大力开展岗位培训。

（三）巩固和发展乡（镇）、村农民文化技术学校，各村公所要充分利用当地小学举办业余学校、假日学校或设教学点。

（四）抓好农村扫盲工作，各县、乡（镇）要制定规划，协调社会力量，广泛开展扫盲工作。

在使用傣文的地区，可以用傣文扫盲。

第二十二条　加强师资培养培训工作，州重点办好民族师范学校，各县应当进一步办好教师进修学校。

第四章　学校管理

第二十三条　各级各类学校都必须把德育放在学校工作的首位。用马列主义、毛泽东思想和建设有中国特色的社会主义理论教育学生。对学生进行党的基本路线教育，爱国主义、集体主义和社会主义思想教育，近代史、现代史教育和国情教育，民族团结教育、民主法制教育和文明行为的养成教育。

第二十四条　中、小学要由"应试教育"转向全面提高国民素质的轨道，面向全体学生，全面贯彻教育方针，全面提高教育教学质量。

第二十五条　中、小学实行校长负责制，建立健全学校民主管理制度，依靠教职员工办好学校。

第二十六条　普通中学、中等专业学校和职业技术学校在招生时，要采取措施逐步增加各少数民族学生的比例。

第二十七条　各级各类学校应建立各种管理制度，严格学校纪律，树立良好校风、学风，建设健康、生动的校园文化。

第二十八条　各级各类学校应按国家规定的课程计划和教学大纲组织教学。加强教学研究，改革教学方法，提高教学质量。

第二十九条　各级各类学校都应积极推广使用全国通用的普通话和规范文字。

以招收少数民族学生为主的小学，有民族文字的，要用民族语言文字教学，并使用全国通用的语言文字教学；没有民族文字的，要用民族语言辅助教学。

民族中学可开设傣文选修课。州民族师范学校应开设傣、汉双语文师资班。

第三十条　中小学均应开设并上好劳动技术课和劳动课，加强劳动教育和生产技术教育。

第三十一条　各级各类学校应根据国家的规定，加强学校的体育卫生工作，开展形式多样的美育活动，促进学生身心健康发展。

第三十二条　初等义务教育阶段，除试验学校外，学制基本为六年，农村小学应积极发展学前一年教育。

第三十三条　各级各类学校不得随意停课，因特殊情况需停课的，应报县以上教育行政部门批准。停课后，必须补足所停课时。

第三十四条　各级各类学校都应根据本校的情况，拓宽勤工俭学路子，开办校办产业，改善办学条件，提高教职工的福利待遇。

第三十五条　宗教不得干预学校教育和社会公共教育，不得妨碍义务教育的实施。适龄儿童和少年的家长或监护人，信仰上座部佛教的，必须遵守《中华人民共和国义务教育法》，按规定的入学年龄送子女或被监护人到校学习，接受义务教育。在初等义务教育阶段学校学习的适龄儿童和少年，不得入寺当和尚。

在学校学习的和尚及佛爷，必须遵守学校纪律，学校对他们不得歧视。

在学校内，不得进行宗教活动，禁止迷信活动。

第三十六条　任何单位、团体或个人，不得侵占破坏学校的校舍、场地和其它设施；学校的场地、校舍因特殊情况需要移作他用的，必须经县以上人民政府批准，并给予相应补偿。

第三十七条　学校和有关主管部门，应采取措施，禁止中、小学生进入营业性舞厅、酒吧和其他不适宜中、小学生活动的场所。

第五章　教育经费

第三十八条　各级各类教育所需经费，由各级人民政府或者办学单位按规定标准负责筹措，并予以保证。

各级人民政府努力增加对教育的投入，确保教育事业优先发展。

第三十九条　各级人民政府用于民族教育的财政拨款应逐年增长，增长比例应高于财政经常性收入增长率百分数的两个百分点，并使按在校学生数平均的教育费用及其公用部分在扣除物价上涨因素之后，逐年有所增长。

按国家规定，在城镇和农村征收教育事业费附加，教育事业费附加主要用于义务教育。

国家支援不发达地区发展资金和边境建设事业补助费，每年应有一定比例用于教育事业；少数民族机动金，每年应有15％用于教育事业。

乡（镇）的财政收入应当重点用于实施义务教育。

第四十条　各级人民政府应鼓励多渠道、多形式集资办学和社会各界人士捐资助学。

集资或捐款应按集资、捐助者的意向使用。各级人民政府教育行政部门对其使用方向应当给予指导。

第四十一条　州、县人民政府建立人民教育基金制度。人民教育基金筹集的具体办法，由州人民政府制定。

人民教育基金，主要用于实施义务教育，发展民族教育事业。

第四十二条　各级人民政府和有关部门应支持学校建立勤工俭学基地，开展勤工俭学、发展校办产业，并在周转金、贷款和税收上给予照顾。勤工俭学所上缴的税金，财政部门应全部返回教育行政部门，作为发展教育的资金。

第四十三条　对贫困地区接受义务教育的学生免收杂费；规定收取杂费的学校，对家庭经济困难的学生，应酌情减免杂费。

减免杂费的金额，其办学经费属财政拨款的由财政拨给。

收取杂费的地区、标准和办法，由州人民政府教育行政部门会同有关部门制定。

第四十四条　除法律、法规及省人民政府规定征收的费用外，任何单位、组织不得向学校征收、摊派费用。

实施义务教育的学校，除规定收取杂费和代收的费用外，未经教育行政部门和财政、物价主管部门核准，不得增加收费项目和提高收费标准。

经教育、物价部门核准，非义务教育阶段的学生，学校可适当提高学杂费收费标准；户籍不在居住地的学生，学校可根据实际情况参照有关规定制定收费项目和标准。

第四十五条　州、县、乡（镇）人民政府教育行政部门和财政、计划、审计部门，对教育经费的拨款、投向和效益应加强监督、检查和审计，严格管好、用好教育经费。

第六章　教育工作者

第四十六条　本条例所指的教育工作者是从事教育工作的教师、学校和教育行政部门的管理干部。

第四十七条　教育工作者要努力学习党的基本路线和建设有中国特色的社会主义理论，积极宣传和贯彻执行国家的教育方针及民族政策，尊重各少数民族的风俗习惯，从民族地区的实际出发，做好本职工作。

第四十八条　教育工作者要忠诚人民教育事业、认真履行职责，加强职业道德修养，教书育人、服务育人、管理育人，为人师表，热爱边疆、热爱教育、热爱学生，按国家和上级教育行政部门的规定要求，全面完成教育教学任务。

第四十九条　教育工作者要积极参与教育改革，钻研业务，学习少数民族语言文字，努力提高教育教学理论水平和实践能力。

第五十条　实行教师资格考核制度，考核合格的发给资格证书；不合格的，通过进修考核，仍不合格者，不得聘为教师。

教师资格考核，按云南省教育委员会制定的教师资格考核的具体标准和办法进行。

第五十一条　学校行政干部，从事学校行政管理工作的工龄可计算为教龄，在本州内享受教龄补贴和基本工资向上浮动百分之十的待遇。

第五十二条　凡在本州内长期从事教育工作的教育工作者，在工资、福利、住房、医疗、子女就业和升学等方面予以优惠。对有一定工作实绩，经州、县人民政府审批，分别按不同地区，每到一定工作年限享受向上固定一级工资的待遇。其具体办法由州人民政府制定。

第五十三条　经州教育行政部门考核合格，取得傣文、汉文双文合格证者，在双文教学工作中，教学效果好的，工资向上浮动一级。能使用民族语言辅助教学，提高汉文教学质量的，由县教育行政部门给予专项奖励。

第五十四条 充分发挥合同教师在民族教育中的作用。合同教师同公办教师享受同等的政治待遇。教学成绩突出的合同教师，可以优先录用为公办教师。

合同教师工资的最低保证数，由各级人民政府根据省人民政府的有关规定确定，并使其报酬逐步达到相当于公办教师的工资水平。

县、乡（镇）人民政府应当建立合同教师福利基金，用于解决合同教师的福利待遇、生活困难补助和"老有所养"的问题。

合同教师必须经县级教育行政部门培训、考核合格，取得合同教师合格证后，方能聘用。

县教育行政部门应制定合同教师管理实施办法。

第七章 奖励与处罚

第五十五条 在发展民族教育中，达到下列条件之一的，分别由州、县人民政府给予表彰或奖励：

（一）按期实现民族教育发展规划，达到任期目标的县、乡（镇）人民政府。

（二）全面提高教学质量，民族教育工作成绩显著的教育行政部门和学校。

（三）国内外支持民族教育，成绩突出的组织和个人。

（四）在发展民族教育工作中，做出突出贡献的校长、教师及其他教育工作者。

第五十六条 有下列情形之一的，由上级人民政府和有关部门依照管理权限对其主要负责人和有关责任人员给予行政处分：

（一）无特殊原因，未能达到实施义务教育必备办学条件的。

（二）因工作失职，造成入学率、巩固率和教学质量明显下降的。

（三）学校管理松弛，造成学校混乱，学校财产遭受损失的。

（四）违反教师职务聘约，给教育、教学工作造成损失的。

（五）将学校校舍和场地转让或者移作他用，妨碍教育的。

第五十七条 学龄儿童、少年的父母或监护人未按规定送子女或被监护人就学接受义务教育的，要进行批评教育，经教育仍不送子女或被监护人就学者，由州、县教育行政部门或乡（镇）教育管理委员会视情节处以适当罚款，并责令期限送子女或被监护人就学。

第五十八条 招收应当接受义务教育的适龄儿童、少年做工、经商或从事其他雇用性劳动的，按国家有关禁止使用童工的规定处罚。

第五十九条　有下列情形之一，由自治州、县、乡（镇）人民政府或有关部门依照管理权限对有关责任人员给予行政处分；构成犯罪的，由司法机关依法追究刑事责任：

（一）工作失职，在学校基本建设中造成严重浪费的。

（二）克扣、挪用、贪污、盗窃教育经费的。

（三）玩忽职守造成师生伤亡的。

第六十条　有下列情形之一，由有关部门给予行政处分；违反《中华人民共和国治安管理处罚条例》的，由公安机关给予行政处罚；构成犯罪的，由司法机关追究刑事责任：

（一）利用宗教，干预教育事业的。

（二）扰乱学校正常教学秩序的。

（三）从事封建迷信活动，妨碍学校教学的。

（四）侮辱、殴打教师、学生的。

（五）体罚学生情节严重的。

（六）侵占或者破坏学校校舍、场地和其他设备、设施的。

第六十一条　当事人对依照本条例给予的行政处罚决定不服的，可以在接到处罚决定之日起十五日内向作出决定机关的上级行政机关申请复议。当事人对复议决定不服的，可以在接到复议决定之日起十五日内向人民法院起诉。逾期不申请复议、不起诉又不履行处罚决定的，由作出处罚决定的机关申请人民法院强制执行。

第八章　附　则

第六十二条　本条例由州人民代表大会通过后报云南省人民代表大会常务委员会批准后生效，并报全国人民代表大会常务委员会备案。

第六十三条　本条例的具体应用问题，由西双版纳傣族自治州人民政府教育主管部门负责解释。

附录二 《西双版纳傣族自治州僧伽管理若干规定》

西双版纳傣族自治州僧伽管理若干规定

（1999年7月15日经西双版纳傣族自治州佛教协会第五届二次理事会议通过）

为了规范我州僧伽行为，严肃戒律，加强佛教的自身建设，促进依法管理佛教事务，使我州佛教事业健康发展，根据佛教的教规教义和国家有关的法律法规及我州实际，特制定本规定。

一、僧伽的职责和义务

第一条　僧人必须遵循佛陀的教规教义，弘扬佛法，续佛慧命，遵纪守法，爱国爱教。

第二条　僧人必须认真学佛，钻研佛学，学习各种科学技术和有关法律法规，教人止恶行善，服务社会。

第三条　僧人必须每天都上殿参加早、晚课诵。

第四条　僧人必须爱寺如家，勤打扫清洁卫生，做好寺院的美化绿化工作。

第五条　僧人必须保护好佛经、佛像、佛寺、佛塔、佛教植物和历史古迹。

第六条　僧人必须随时着装整齐，勤洗澡、勤换装，保持身体健康。

第七条　僧人必须在每月（傣历）初14剃发，有胡须者每日刮一次。

第八条　僧人必须用语文明，礼貌待人，一视同仁。

第九条　僧人必须遵守僧阶，尊老爱幼，互相尊重。

第十条　僧人必须提倡简朴的生活，省吃俭用。

第十一条　僧人必须维护佛教界的合法利益，对违法行为作斗争。

第十二条　僧人必须协助政府贯彻落实有关的宗教政策。

二、其他规定

第十三条　要出家为僧者，必须向乡镇佛教协提出书面申请，批准后才能剃发为僧；儿童僧侣必须到学校接受国家九年义务教育，违者罚款500—1000元。

第十四条　僧人主持必须督促寺内的僧人去上学，协助学校教学工作，并负责本寺的佛学教学工作和该村的佛事活动，违者罚款300—500元。

第十五条　僧人必须年满20周岁，并懂基本的佛学知识，同时向乡镇佛教协小组提出书面申请，乡镇佛协小组提出意见后提交市县佛教协会审批，颁发证书后才能举行授比丘县发戒为比丘戒为比丘，违者罚款 300—500 元。

第十六条　比丘戒腊必须满 20 夏，且佛学知识渊博，为人正直，思想好、作风正派，在信教群众中有一定的威信，对社会有一定的贡献，由信徒向乡镇佛协小组推荐，乡镇佛协小组向县市佛教协会提出书面申请，县市佛教协会提出书面意见后，提交州佛教协会审批颁发证书后，才能举行升座仪式为姑巴长老。违者罚款 300—500 元。

第十七条　境外僧人到西双版纳居住传教，必须到边防、公安、安全等部门办理有关手续，并请示宗教事务部门后方能进入。祖籍在西双版纳，也必须按规定到当地公安机关办理有关手续后，才能居住，违者罚款 500—1000 元。

第十八条　比丘必须有 3 夏戒腊，并懂得最基本的佛学知识，才能当主持，违者罚款 200—300 元。

三、僧伽禁条

第十九条　禁止僧人有杀生和打架斗殴行为，违者罚款 500—1000 元，并强行还俗，清除佛门。

第二十条　禁止僧人有偷盗行为，违者罚款 500—1000 元，并强行还俗。

第二十一条　禁止僧人有邪淫行为，违者罚款 500—1000 元，并强行还俗，清除佛门。

第二十二条　禁止僧人饮酒、吸烟，违者罚款 500—1000 元，违犯三次者，强行还俗，清除佛门。

第二十三条　禁止僧人吸食毒品，违者罚款 500—1000 元，并强行还俗，清除佛门。

第二十四条　禁止僧人有欺诈行为，违者 500—1000 元，并强行还俗，清除佛门。

第二十五条　禁止僧人蓄胡须留长发，穿俗人的衣服、帽子，戴金银首饰和涂香抹粉。违者罚款 50—100 元，违犯三次者，强行还俗，清除佛门。

第二十六条　禁止僧人进入娱乐场所（包括电影院、录像厅/室、酒吧、的高、歌舞厅、卡拉 OK 厅、电子游戏室、网吧、美容美发店、按摩院、夜市场等），违者罚款 100—300 元，违犯三次者，强行还俗，清除佛门。

第二十七条　禁止僧人参与赌博活动违者罚款 100—300 元，违犯三次者，强行还俗，清除佛门。

第二十八条　禁止僧人用自行车、摩托车、机动车携带女子（母亲、长辈除外）招摇过市，违者罚款 300—500 元，违犯三次者，强行还俗，清除佛门。

第二十九条　禁止僧人与女子（母亲、长辈除外）单独行走，违者罚款 100—200 元，违犯三次者，强行还俗，清除佛门。

第三十条　禁止僧人卜卦、看相、煽动是非，违者罚款 500—1000 元，违犯三次者，强行还俗，清除佛门。

第三十一条　禁止西双版纳州境外僧人，未经许可在西双版纳境内居住和化缘，违者罚款 500—1000 元，并按有关法律提交公安机关依法处理。

第三十二条　禁止僧人以佛教和佛协组织名义进行非法活动，违者罚款 500—1000 元，情节严重的，强行还俗，清除佛门。

第三十三条　禁止僧人以佛教和佛协组织名义，进行非法买卖，谋取私利，违者罚款 800—1000 元，情节严重的，强行还俗，清除佛门。

第三十四条　禁止僧人夜间在寺外用餐、过夜（特殊情况例外），违者罚款 100—300 元，违犯三次者，强行还俗，清除佛门。

第三十五条　禁止僧人信仰其他宗教，违者强行还俗，清除佛门。

第三十六条　禁止接受有身体缺陷和年龄 50 岁以上者出家为僧。

第三十七条　违反本规定，构成犯罪的，强行还俗后，移交公安机关依法追究法律责任。

第三十八条　西双版纳州境内的僧人必须遵守本规定。

第三十九条　本规定授权各乡镇佛协小组对违反本规定的僧人进行处罚，乡镇佛协小组处理不了的，上交县市佛教协会处理，县市佛教协会无法处理的，提交由州佛教协会处理。

第四十条　罚款所得，全部作为开展佛教活动经费来处理。

第四十一条　本规定由西双版纳傣族自治州佛教协会负责解释。

四、附则

第四十二条　本规定从 1999 年 7 月 28 日开始施行。

附录三 《南传佛教教职人员资格认定办法》

南传佛教教职人员资格认定办法

(2009年5月8日中国佛教协会第七届理事会第四次会议通过，2010年1月10日公布)

第一条 根据《宗教事务条例》和国家有关规定，以及中国佛教协会有关规章制度和南传佛教教义教规及传统，制定本办法。

第二条 本办法所称南传佛教教职人员（以下简称教职人员）是指受过比库戒、具有相应职称或荣誉称号的比库（都、法、召章）、帕希提（吴巴赛）、帕萨米、帕祜巴、帕松列、帕松列尚卡拉扎等南传佛教僧侣。

第三条 教职人员应当具备以下基本条件：

（一）拥护中国共产党的领导，拥护社会主义制度，爱国爱教，遵守国家的法律、法规、规章和政策，维护民族团结。

（二）坚持独立自主自办的原则，积极引导信教群众与社会主义社会相适应。

（三）热爱佛教事业，信仰纯正，品行良好；受过正规的佛学教育，有一定的佛教学识；遵守教规戒律和佛教协会的规章制度。

（四）身体健康，六根具足。

第四条 教职人员除具备本办法第三条规定的基本条件外，按职称或荣誉称号不同还应具备以下条件：

（一）比库（都、法、召章），年龄在20岁以上，本人自愿出家并经父母同意；在当地州（设区的市）或县（市、区）中心佛寺培训、考察1个月以上，有一定的佛教学识。

（二）帕希提（吴巴赛），受比库（都、法、召章）戒10腊以上，年龄在30岁以上；戒律严明，具有较高的佛教学识，在信教群众中有一定威信；具有管理寺院和本寺僧团的基本能力。

（三）帕萨米，受比库（都、法、召章）戒15腊以上，年龄在35岁以上；戒律严明，在云南佛学院接受过培训，有较高的佛教学识；能管理好本寺僧团，能引导信教群众过好宗教生活。

（四）帕祜巴，受比库（都、法、召章）戒 20 腊以上，年龄在 40 岁以上，戒律严明，在云南佛学院受过正规教育，有较高的佛教造诣和较强的教务管理能力。

（五）帕松列、帕松列尚卡拉扎，受比库（都、法、召章）戒 40 腊以上，具有佛学本科或相当于本科以上学历，有深厚的佛教造诣及献身佛教事业的精神，品德高尚，在信教群众中有较高威望。如佛教造诣很深、持戒严谨、信教群众特别需要，戒腊标准可适当放宽。

第五条　教职人员认定程序：

（一）比库（都、法、召章）人选由本人所在地信教群众推荐，本人同意，经所在寺院管理组织同意并提出申请，经县（市、区）佛教协会审核同意后报州（设区的市）佛教协会认定。

（二）帕希提（吴巴赛）、帕萨米、帕祜巴人选由本人所在地县（市、区）佛教协会提出，经州（设区的市）佛教协会审核同意后报云南省佛教协会认定。其中，如本人在州（设区的市）佛教协会任职，由该佛教协会提出，报云南省佛教协会认定；如本人在云南省佛教协会任职，由云南省佛教协会提出并认定。

（三）帕松列、帕松列尚卡拉扎人选由云南省佛教协会提出，报中国佛教协会认定。省、州（设区的市）佛教协会在认定教职人员时，应当对拟认定人选进行考察，听取各方意见。

第六条　省、州（设区的市）佛教协会认定教职人员后，应按照《宗教教职人员备案办法》的有关规定，向政府宗教事务部门备案。

第七条　在本办法生效前已经按照南传佛教教义教规认可的教职人员，一般不再按本办法规定的程序重新认定，但要按《宗教教职人员备案办法》履行备案程序。

第八条　教职人员跨县（市、区）、州（设区的市）从事教务活动，时间在 1 个月以上的，需经其僧籍所在地和前往从事教务活动地佛教协会同意，并分别报当地宗教事务部门备案。

第九条　教职人员资格证书由中国佛教协会统一制定式样，由云南省佛教协会统一颁发。

第十条　教职人员所在寺院和所任职的佛教协会，负责对教职人员进行监督和管理，并定期进行考核。

第十一条　教职人员有下列行为之一的，视情节轻重分别给予劝诫、暂停教职人员资格、撤销教职人员资格等惩处：

（一）违反国家法律、法规、规章和政策的；

（二）违犯佛教戒律和有关规章制度的；

（三）散布不利于社会稳定和谐言论的；

（四）不称职的。

第十二条　劝诫的决定由教职人员所在寺院或者所任职的佛教协会作出；暂停教职人员资格、撤销教职人员资格的决定，按照认定其教职资格的程序和权限作出。

第十三条　对教职人员作出暂停或者撤销教职人员资格的惩处决定的，应当报原备案的人民政府宗教事务部门备案。

第十四条　被作出暂停教职人员资格惩处的教职人员确有悔改表现，取得信教群众谅解，可以撤销惩处决定。撤销惩处的决定，按照作出惩处决定的程序和权限作出，并报原备案的人民政府宗教事务部门备案。

第十五条　教职人员辞去教职，应提前3个月向认定其教职的佛教协会提出申请，由认定其教职的佛教协会审核同意后，收回其证书，并报请原备案的人民政府宗教事务部门备案。

第十六条　本办法由中国佛教协会负责解释。

第十七条　本办法自公布之日起实施。

附录四　访谈提纲

一、学生家长的访谈提纲

本次考察的访谈主要采用半开放式访谈。被访谈人主要为学生家长。因为傣族男孩进入寺庙当和尚时年龄尚小，未必完全理解当和尚的社会含义和文化含义，为他们做出决定的大多还是孩子的父母，因而了解他们的看法则相当重要。此外，村社中老人的看法也相当重要，他们往往是传统的守护人，对传统有着自己独特的看法和理解。

访谈伊始，需要了解被访谈人的背景资料，主要包括三部分：

1. 被访谈人及其家庭的基本情况，包括：被访谈人的年龄、性别、职业，以及在村社中有无担任重要的社会角色，如波章、赞哈等；被访谈人家庭成员的基本情况及其社会关系，如有无儿女、儿女的年龄、妻子或丈夫是否是本村人等。如果有已经外嫁的女儿，要特别了解嫁到何处、配偶的情况。

2. 被访谈人及其家庭在校受教育情况，如学历、傣文水平（包括读、写能力等）。

3. 被访谈人家庭的基本经济情况，如水田、旱田、胶林各有多少亩，年收入多少，有无从事其他工作等。

4. 一个家庭中父母与子女之间的权利义务关系。例如：如何赡养老人？子女分家出去以后是长子负责赡养？幼子负责赡养？还是共同赡养或采取其他的形式？

本访谈的核心问题包括：

1. 您当过和尚没有？您是几岁时当的和尚（有些年长者是在"文革"后重新入寺当的和尚）？

如果当过，为什么要当（自愿还是父母意见）？当了多长时间？为什么还俗？您现在看来，自己当和尚对自己的生活有什么影响（当和尚的经历在自己一生中是很重要的经历吗）？

如果没当过，您当时是由于什么原因没有当，或是基于什么考虑没有当？您认为没当和尚对自己的生活有什么影响？

2. 您认为当不当和尚很重要吗？

如果被访谈人无法明确表达，可通过以下几个问题从侧面了解：

您认为只有当过和尚才是"有文化"的人吗？

您认为当和尚的传统是否必须保持？

3. 您的儿子当过（或现在当）和尚吗？

如果是现在正在当和尚，您是基于什么样的考虑？如果是以前当的，您现在还愿意让自己的孩子当和尚吗？为什么？

送孩子到佛寺，您最大的希望是（培养信仰、学好傣文，抑或是锻炼生活能力）？

如果没有，或不愿意自己的孩子当和尚，是基于什么样的考虑？

4. 您对当过和没有当过和尚的人怎么看？

5. 您如何看待寺庙里的佛爷与和尚？

6. 您经常参加佛事活动吗？

7. 您对生与死如何看待？

8. 如果与别人有了矛盾，您一般采取什么态度解决（冷静对待，抑或是忍让回避）？

9. 您觉得傣族人最优秀的品格有哪些？

10. 您觉得怎样的人才可以称得上是真正的傣人？

11. 您认为怎样的人才能称得上是很有能力或很高尚的人？

12. 您认为学校教育和寺庙教育哪个更重要？两者同时进行是利大于弊，还是弊大于利？

13. 您最关注孩子哪些方面？（可以排序）

如学习成绩、听话、会做家务、安全、健康……

14. 您觉得傣族人的信教意识会越来越强，还是会逐渐淡化？

二、奘寺学童的访谈提纲

1. 你认为既当和尚又上学累吗？从佛与上学之间互相影响吗？

2. 你更喜欢佛寺，还是更喜欢学校？

3. 傣文和汉文，哪个比较好学？

4. 你认为学习哪种语言更重要？

5. 到佛寺当和尚是你自主决定的，还是顺从父母意愿（抑或是出于村寨的压力、怕读书、好玩等）？

6. 你今后的理想是什么，或最想干什么？

（佛爷、村干部、教师、农民、经商、导游、科学家等……）

7. 你对你自己现在的学习成绩怎么看？

8. 别人欺负你，你怎么办？（反抗、讲道理，还是忍让）

对还俗的和尚，还需要询问以下几个问题：

1. 您认为佛教对自己影响是否很大？（很大、较大、一般、没有影响、说不

清楚）

2. 如何看待自己当和尚的经历，是后悔还是庆幸？

三、学校教师的访谈提纲

1. 您认为傣族学生与汉族学生哪方比较好管理？
2. 您认为傣族学生中，是男生学习成绩好，还是女生学习成绩好？
3. 在学习科目中，您认为傣族男生哪些科目学习成绩较好，哪些较差？
4. 您认为和尚学生身上最大的优点是什么，最大的缺点又是什么？
5. 您认为当和尚对学生的学校学习影响如何？（较大、一般、没有影响）
6. 您认为当和尚的经历对学生哪些方面影响最大？（文化、信仰、生活、人格等）
7. 您认为在傣族人的意识里，学校教育和寺庙教育，哪个更重要？
8. 您认为傣族人的宗教信仰意识是否会逐渐减弱？
9. 您认为现在傣族学生教育中最大的问题是什么？您为什么这样想？

附录五　笔者田野调查作业期间所拍摄图片

景洪市主要商业街上的标语"控辍保学，人人有责"　摄于 2010 年 11 月 20 日

曼垒景佛寺内的教学堂　摄于 2010 年 11 月 20 日

为佛事活动作准备的小和尚　摄于 2010 年 11 月 20 日

为第二天佛事活动做准备的见习和尚　摄于 2010 年 11 月 20 日

中缅寺对面街边打台球的小和尚　摄于 2010 年 11 月 20 日

勐遮曼宰弄的青年在组织斗鸡，图中站在场地中间的就是队长　摄于 2010 年 11 月 21 日

从景洪赶来勐遮参加赕白塔活动的表演人员　摄于 2010 年 11 月 21 日

"波章"正代行宗教职责，为村民诵经　摄于勐遮曼宰弄佛寺 2010 年 11 月 21 日

佛事管理小组在核对账目　摄于 2010 年 11 月 21 日

勐遮曼宰弄奘寺墙上的壁画　摄于 2010 年 11 月 21 日

勐遮曼宰弄佛寺赕白塔中，每家一桌菜、一包烟、一瓶酒（1）　摄于2010年11月21日

勐遮曼宰弄佛寺赕白塔中，每家一桌菜、一包烟、一瓶酒（2）　摄于2010年11月21日

勐遮中缅寺的白塔曾在20世纪50年代制作成明信片广为流传　摄于2010年11月21日

摩托车是日常必备的交通工具　摄于勐遮曼宰弄佛寺2010年11月21日

赕白塔当晚，大家一起欢聚　摄于2010年11月21日

附 录 / 269

赕佛的钱财直接交给佛事管理小组（1）　　摄于 2010 年 11 月 21 日

赕佛的钱财直接交给佛事管理小组（2）　　摄于 2010 年 11 月 21 日

同村落女性的穿戴都表现出很大程度的同质性（1）　摄于勐遮曼宰弄佛寺 2010 年 11 月 21 日

同村落女性的穿戴都表现出很大程度的同质性（2）　摄于勐遮曼宰弄佛寺 2010 年 11 月 21 日

附　录 / 271

赕佛间期在广场上修习的童僧　摄于 2010 年 11 月 21 日

为迎接双基检查，勐遮镇上正在刷新教育标语　摄于 2010 年 11 月 21 日

272 / 西双版纳奘寺学童现象及其教育法规因应研究

正在厨房做午饭的童僧　摄于 2010 年 11 月 21 日

正在为明天佛事活动做准备的小和尚　摄于 2010 年 11 月 21 日

佛事活动管理小组成员正在核对当天赕佛的账目（1）　摄于勐遮曼宰弄佛寺 2010 年 11 月 21 日

佛事活动管理小组成员正在核对当天赕佛的账目（2）　摄于勐遮曼宰弄佛寺 2010 年 11 月 21 日

正在上网的中缅寺的小佛爷（右）和大佛爷（左）　摄于 2010 年 11 月 22 日

正在上网的中缅寺的小佛爷（左）和小和尚　摄于 2010 年 11 月 22 日

勐海三中校内课间的童僧　摄于 2010 年 11 月 24 日

勐海三中校内的童僧正在劳动　摄于 2010 年 11 月 24 日

勐海三中的童僧们在打篮球　摄于 2010 年 11 月 24 日

后 记

　　从内容上来看，全书基本可以分为三个部分：第一个部分是通过文献研究，对西双版纳奘寺教育及傣族文化的源流进行了梳理，对现代学校教育制度嵌入西双版纳傣族社区的曲折历程进行了描述。通过文献整理，我逐渐发现这样一个事实：从学校教育进入傣族社会的历史细节来看，该过程之所以历经波折，其主要原因并不在于现代教育制度本身。清末民初，国民政府在西双版纳办学，施行了较多的优惠措施，但依然无法吸引学生入学，甚至出现了"学差"现象。研究过程中，我逐渐意识到，究其根源应当归结为像傣族社会这样一个"水泼不进"的富足、封闭、稳定的社会在面对现代性因素带来的开放、风险时的自然反应。西双版纳传统社会的政教体制、社会阶层虽然固化，但其社会结构贫富分化并不明显，处于自给自足的小农经济形态，这些因素结合在一起使得传统傣族社会维持了一种"超稳定"的结构。当然，这一点是我在后面解析西双版纳傣族社会文化生态时才开始明白的。面对这样的一个傣族社会生态，对于嵌入的学校教育来说，要想"进的来""站得住""发展好"，就必须要在教育内容和教育手段上保持一种开放、宽容、灵活的选择机制。这也是为什么在上世纪50年代，曾有几所学校一度发展的相当不错，甚至得到了傣族村民的认同的原因。

　　本书的第二个部分主要是对西双版纳傣族社会的文化生态、奘寺教育的制度化形式以及奘寺学童现象的影响因素进行了考察和分析。

在本部分中，我把学校教育和奘寺教育放在西双版纳傣族社会文化生态变迁的大背景下加以考察，也试图从个体、制度和结构三个层面去理解奘寺教育的功能和意义。之所以这样是因为我坚信奘寺学童现象中的行为、事件都是有意义的，必须把它们与各种关系统合起来考察，才能真正揭示其背后的价值和意义。不得不承认的是，当我沉浸在收集来的大量资料、文本中探寻其意义时，脑中始终有个疑问：这是真相吗？无论如何，我实际都处于一种文化客位的位置，我既有的价值和观念，即研究中所说的"前见"都不可避免地参与到了本书的写作过程中，正如宗教信仰者和无神论者在理解和解释宗教的作用、意义和功能时的看法会迥然不同。尽管写作中，我一直小心翼翼，避免妄下结论，但依然免除不了这种"断见"。因此，事实上，本书的写作过程也是我不断建构傣族文化、奘寺教育意义的一个过程。我期望自己的这本书有足够的解释力度，同时能够为读者提供大量、丰富的信息，让读者能够自己去判断和思考。我也期望其他专精于傣族研究的学者、专家，特别是傣族专家能从其"局内人"的角度对本书提出批评和指正。

本书的第三部分梳理了国外发达国家多元文化教育的政策措施，并在此基础上为我国傣族教育的发展提供了一点建议。发达国家在多元文化教育方面已经积累了很多的经验，也有很多好的措施和政策去保证不同族群的文化权利和教育权益，但是，这样就能够完全解决族群文化认同与国家认同的关系问题吗？现实是虽然进行了几十年的多元文化教育，随着近几年欧洲移民数量的大幅增加以及经济发展状况的持续低迷，欧盟很多国家的民族主义情绪不断膨胀，各个族群之间的矛盾也日益凸显。与发达国家不同的是，大多数发展中国家还处于一个现代民族国家的构建过程中，很多政府都担心文化多元会助长族群的独立意识和分离意识。在这方面，西方发达国家的多元文化教育政策也无法提供太多的理论借鉴。我认为理想中的多元文化教育应当能够为个体或族群的认同感提供一种妥协和协商的框架，使它们在相互竞争中达到平衡。然而，达到这个目标并不容易。20世纪70年代起，加拿大就采用了多元文化教育政策，但依然面临着分离主义、民族偏见和种族主义等急需解决的问题。在本书的最后，虽然我提出了一些建议，但这些建议在教育实践中是否有效，能起到多大作用还要受到很多因素的影响和制约。这些可能的影响因素既有政策、制度层面的，也有教育工作者的理解和能力层面的。或许，这些建议也只是我自己的个人理想。虽然，我未从法理学的高度去阐释这些建议的合法性和合理性，但有一点我是确定的，即国家教育法律的权威性、原则性和区域发展的层次性、文化的多样性之间必须保持适当的张力，在政策与法规的落实上也要做到因势利导。

本书的写作是一个自我审视、检验的过程。我头脑中原有的认识、既定的结论和看法在现实中不得不一遍一遍接受痛苦的再造。当然，从中我也获得了很多的乐趣，其中最重要的就是在资料与观念的冲突中有一种的获得解放的满足感。这时我才真正理解老师一直强调的田野工作的重要性。我原以为研究是一大堆非常枯燥的概念、逻辑、理论的堆砌，从来也没有想到过研究也还可以如此地贴近生活。我所接触的每一个访谈对象都是活生生的，他们的高兴、忧虑甚至也影响到了我的写作。在本书的写作中，我开始有一种感觉：做人和做研究是可以统一的。

每件作品都期望得到认同，本书同样期望得到人们的认可，但我知道书中尚有诸多问题需要进一步论证，还有诸多表述不尽准确。本书对于奘寺教育在整个傣族社会结构中的作用和功能论述不够集中，也不够系统。在理论阐述上，我也明显感觉有些差强人意。这都说明自己功力不够，以后需要改进。

最后，要感谢维平老师。老师对学生的愚笨给予了极大的宽容。从师多年，着实袒护、担待不少。到重庆读书，也是老师一力促成，真是无以为报。要感谢诗亚老师对学生的细心敲打。老师敲鼓多用重锤，往往是当头棒喝，却叫人心服口服。庄子说"夏虫不可语冰。"学生愚疑，多劳老师费心了。

还要多年来帮助、提携我的众多老师、师兄、师姐、师弟、师妹，以及同学们，承蒙照顾，感念甚多。感谢我的家人和朋友们，一路支持相伴。

感谢所有帮助过我，而我未能回报，忘了回报，甚至无以回报的朋友们！

刘晓巍

2015 年 7 月 27 日于云南大理